Christoph Delp

KRAFTTRAINING FÜR KAMPFSPORTLER

pietsch

Einbandgestaltung: Patricia Braun, www.patriciabraun.de

Titelbild: Nopphadol Viwatkamolwat

Bildnachweis:
Alle Fotos stammen von von Nopphadol Viwatkamolwat, www.astudioonline.com.

ISBN 978-3-613-50797-5

1. Auflage 2016

Sie finden uns im Internet unter www.pietsch-verlag.de

Lektorat: Susanne Fischer
Innengestaltung: Jürgen Knopf, Medien und Printprodukte, 74321 Bietigheim
Druck und Bindung: Graspo CZ, 76302 Zlín
Printed in Czech Republic

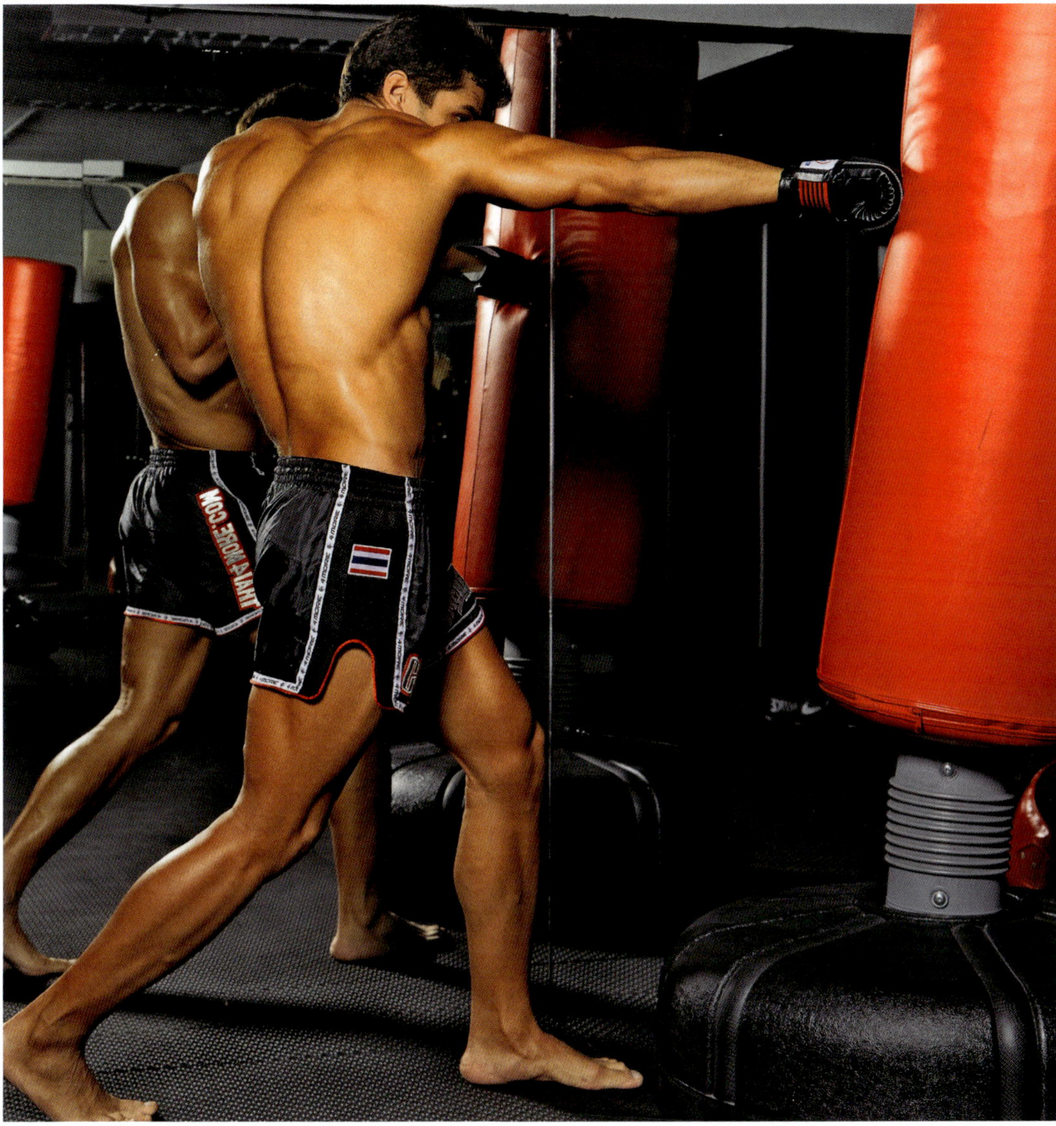

Danksagung

Ich bedanke mich bei Florian Schmidt (Transatlantic Fitness GmbH) für die Produktberatung und bei der Firma Transatlantic Fitness GmbH (www.transatlanticfitness.com) für die Bereitstellung von Produkten für das Foto-Shooting. Auch möchte ich mich bei Chalomejit Looktarn Junkate bedanken, in deren Fitnessstudio »Hot Man Factory« in Bangkok die Gym-Aufnahmen gemacht wurden.

Transatlantic Fitness GmbH
Am Haag 10
82166 Gräfelfing
www.transatlanticfitness.com

Hot Man Factory
21/85-86 Level 1, (RCA) Phetchaburi Road
Rama 9, Bangkapi, Bangkok, Thailand 10240
www.hotmanfactory.com

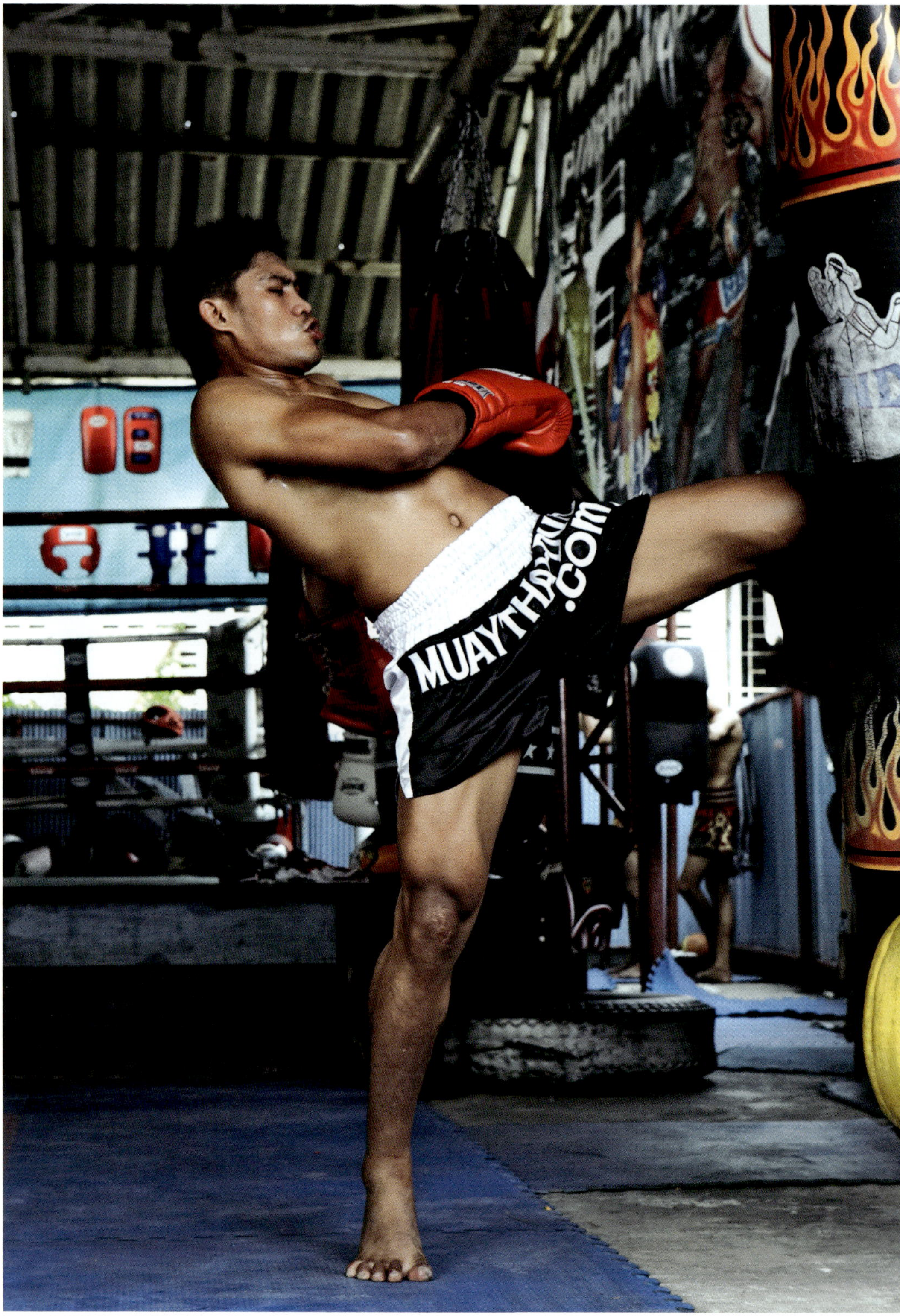

Inhalt

I. Grundlagen des Trainings

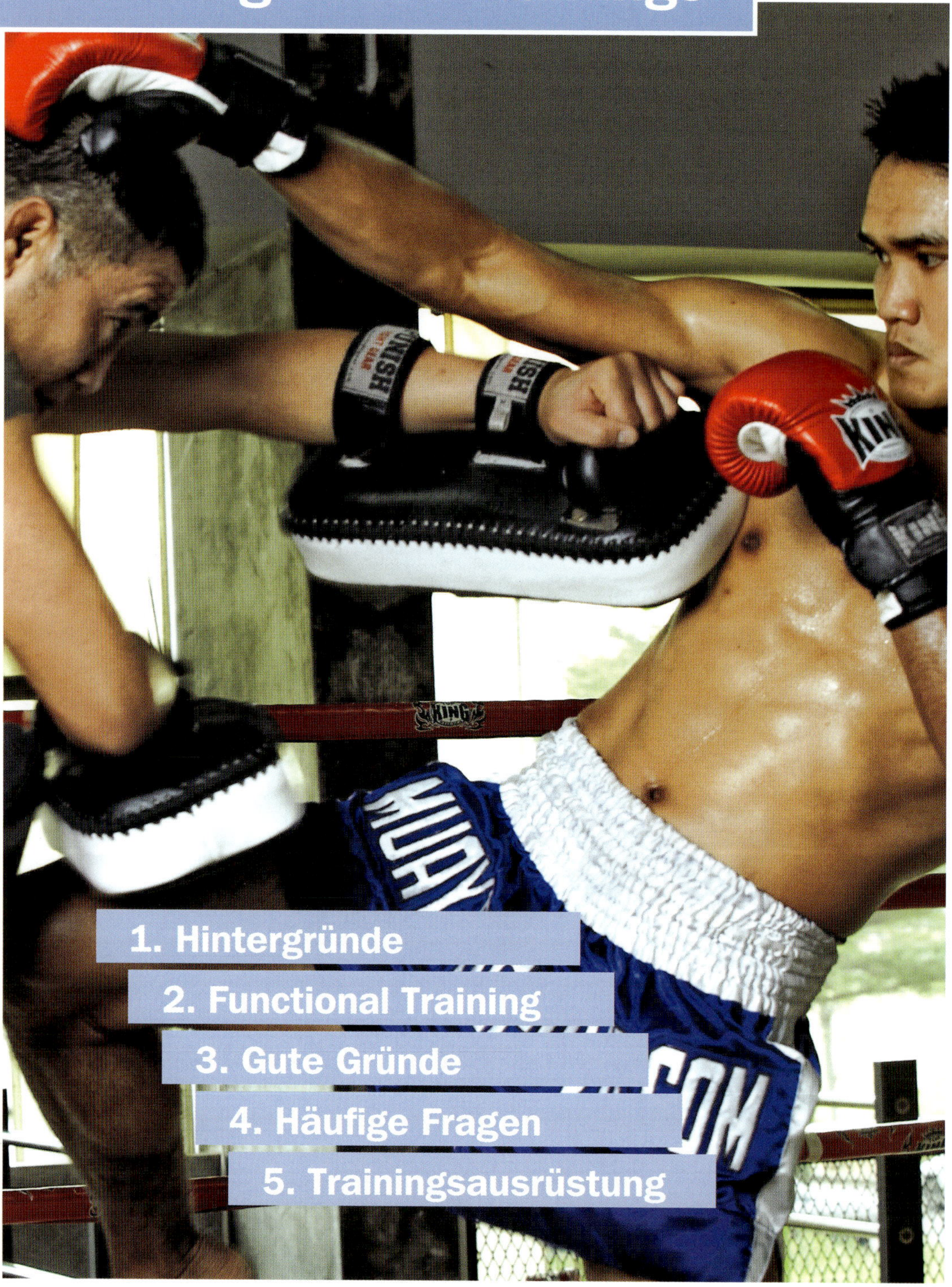

1. Hintergründe
2. Functional Training
3. Gute Gründe
4. Häufige Fragen
5. Trainingsausrüstung

1. Hintergründe

Krafttraining ist für Kampfsportler ein wichtiger Trainingsinhalt, um eine größere Leistungsfähigkeit zu erreichen. So entwickeln Sie mehr Schlag-, Stoß-, Wurf- und Trittkraft und können gegnerische Techniken besser verarbeiten. Außerdem können Sie gezielt Muskelungleichgewichte beseitigen, die ansonsten die Entstehung von Verletzungen begünstigen. Aus diesen Gründen ist das Krafttraining nicht nur grundlegend für Wettkampf- und Freizeitsportler in Kontaktdisziplinen, sondern auch Kampfsportler aus kontaktlosen Disziplinen profitieren von dem Krafttraining; die Techniken werden schneller und die Verletzungsanfälligkeit verringert sich.
In den letzten Jahren hat sich gezeigt, dass mit funktionellem Training die besten Ergebnisse beim Aufbau der körperlichen Leistungsfähigkeit erzielt werden. Deshalb nutzen Kampfsportler funktionelle Übungen, und zwar solche, die auf die Anforderungen im Kampfsport ausgerichtet sind. Es werden Übungen mit dem eigenen Körpergewicht ausgeführt sowie Geräte eingesetzt, die sich in möglichst freien und komplexen Bewegungen heben, werfen, halten und ziehen lassen. Auch Gewichte werden im Training weiterhin genutzt, wozu Übungen gewählt werden, die möglichst frei durchführbar sind, damit der ganze Körper veranlasst wird, die Übungen zu stabilisieren. Die früher oft beliebten Maschinenübungen werden hingegen nur noch wenig im Training eingesetzt, da sich bei solchen Übungen der Körper in einer durch Stützpolster stabilisierten Position befindet und die Bewegungen und Übungspositionen kaum den kampfsportspezifischen Anforderungen ähneln.
Dieses Buch informiert Sie ausführlich über das funktionelle Krafttraining von Kampfsportlern. Sie erfahren die Grundlagen zum Training und wie Sie die richtigen Trainingsgeräte auswählen. Sie lernen die wichtigsten Übungen zum Aufbau von Muskelkraft und Explosivität kennen, sowie solche, die der Kräftigung der Stabilisatoren dienen. In dem Buch sind Trainingspläne und Workouts enthalten, nach denen Sie Ihr Training gestalten können, oder aber Sie nutzen diese als Anregung für den eigenständigen Trainingsaufbau.

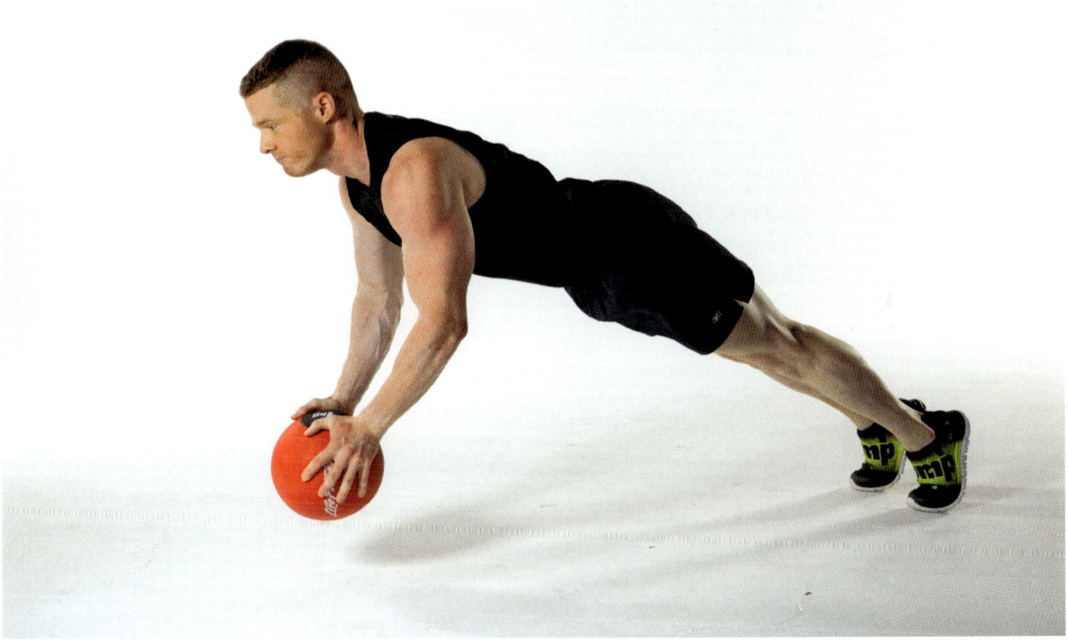

2. Functional Training

Im funktionellen Training geht es darum, den Körper ganzheitlich zu trainieren. Als Kampfsportler führen Sie Bewegungen aus, die den Anforderungen Ihrer Kampfsport-Disziplin ähneln, und damit der Körper ausgeglichen trainiert ist, üben Sie auch deren Gegenbewegungen. Wichtig ist, dass Sie bei allen Übungen Ihren Körper stabilisieren und Ausweichbewegungen vermeiden. Das Verhindern von Verletzungen muss immer gewährleistet sein, denn es geht darum, das Leistungspotential als Kampfsportler zu verbessern. Es ist hingegen nicht beabsichtigt, hohe Kraftleistungen und komplexe Bewegungen über Fehlstellungen zu bewerkstelligen und so den Körper zusätzlich zum Kampfsport zu belasten.
Für das funktionelle Training werden immer mehr Übungen und Geräte angeboten und entwickelt. Beachten Sie dabei, dass Sie solche Übungsvarianten wählen, die Ihrem Leistungsniveau entsprechen. Oftmals benötigen Sie gar keine zusätzlichen Geräte, denn bereits mit dem eigenen Körpergewicht lassen sich sehr gute Trainingsergebnisse erzielen.

Training von komplexen Bewegungen

Jede Kampfsport-Technik – gleich ob Schlag, Stoß, Wurf oder Tritt, erfordert ein komplexes Muskelzusammenspiel. Damit Sie die Ausführungskraft einer Technik vergrößern, genügt es deshalb nicht, einzelne Muskelgruppen isoliert zu kräftigen, wie dies über viele Jahre an Maschinen in Fitnessstudios praktiziert wurde. Vielmehr führen Kampfsportler beim funktionellen Training vorrangig freie Übungen aus, bei denen mehrere Gelenke bewegt und somit zahlreiche Muskeln aktiviert werden. Die Muskeln werden gekräftigt und lernen besser zusammen zu agieren, was die Verletzungsgefahr vermindert und auch ermöglicht, die Kampfsport-Techniken kraftvoller und explosiver auszuführen.

Kräftigung der Gelenkstabilisatoren

Als Kampfsportler sollten Sie auch die stabilisierenden Muskeln an Ihren Gelenken trainieren, um Verletzungen des Bewegungsapparates durch Fehlstellungen und Ausweichbewegungen zu vermeiden wie beispielsweise durch Hand- oder Fußumknicken. Mit dem regelmäßigen Training der Stabilisatoren reduzieren Sie deutlich die Verletzungsgefahr an Sehnen, Bändern und Gelenken. Dazu werden im funktionellen Training vielfach Übungen auf instabilem Untergrund ausgeführt, welche auch Gleichgewicht und Koordination fördern. Der Körper muss die instabile Position ausbalancieren, wobei kleine ausgleichende Bewegungen erfolgen und somit die Stabilisatoren gekräftigt werden. Das Training der stabilisierenden Muskeln erfolgt zuerst durch Halteübungen auf einem instabilen Untergrund, beispielsweise durch den Einbeinstand auf einem Therapiekreisel oder Balance-Pad. Fortgeschrittene können auch mehrgelenkige Übungen wie Kniebeugen auf einem instabilem Untergrund ausführen.

Training der Core-Muskulatur

Für jeden Kampfsportler ist ein gezieltes Training der Core-Muskulatur, wie die stabilisierenden Muskeln der Körpermitte oftmals bezeichnet werden, ein wichtiger Bestandteil im Krafttraining. Denn die Muskeln der Körpermitte müssen nicht nur gegnerische Treffer verarbeiten können, sondern die Körpermitte ist auch eine entscheidende Komponente für die Kraft- und Energieweiterleitung bei allen Kampfsport-Techniken. Sind die Core-Muskeln schwach und ungleich trainiert, dann kann eine Bewegungskette wie beispielsweise ein Kniestoß nicht optimal erfolgen und stabilisiert werden. Es sind deshalb im Krafttraining viele intensive Rumpfübungen in alle Bewegungsrichtungen auszuführen, und auch das Rotationstraining darf nicht vernachlässigt werden. Übungen wie Rollouts und Bein-Anziehen im Hang haben sich als wirkungsvoll erwiesen, aber auch Übungen auf instabilem Untergrund wie dem Gymnastikball erzielen gute Resultate für die Kräftigung der Core-Muskulatur.

Gestaltung eines Workouts

Im funktionellen Training führen Sie kurze, intensive Workouts aus, bei denen Sie zwischen den Übungssätzen möglichst kurz pausieren. Ein Workout inklusive Auf- und Abwärmen wird oft für eine Dauer von 60 Minuten gestaltet; ist aber auch in kürzerer Zeitspanne möglich. Machen Sie besser häufig kurze Workouts, anstatt lange intensive Workouts eher selten auszuführen. Ansonsten wäre auch eine längere Regenerationsphase nötig, die bei den Trainingseinheiten im Kampfsport einschränken würde.

Ein Workout enthält üblicherweise zwischen fünf und zwölf Übungen, wobei zwei bis vier intensive Sätze ausgeführt werden. Ein Übungssatz dauert zumeist 30–90 Sekunden, was abhängig vom Trainingsziel bei der Kraftentwicklung ist, also der gewählten Trainingsmethode. Pausieren Sie möglichst kurz zwischen den Übungssätzen, um die Intensität des Workouts hoch zu halten. Damit nach einem Übungssatz die geforderten Muskelgruppen regenerieren können, empfiehlt es sich, einen Satz für andere Muskelgruppen folgen zu lassen. Sie können beispielsweise die Bewegung »Druck nach vorne« und die Gegenbewegung »Zug nach hinten« hintereinander üben. Danach können Sie wieder zur ersten Übung übergehen. Sie können aber auch Zirkeltraining machen, bei dem Sie hintereinander einen Satz von jeder Übung ausführen; es wird nur zehn bis fünfzehn Sekunden zwischen zwei Übungen pausiert, um die nächste Position einzunehmen. Nach einer Zirkelrunde mit allen Übungen können Sie dann zwei bis drei Minuten pausieren, bevor Sie die nächste Zirkelrunde starten. Diese Trainingsform lässt sich sehr gut mit Intervall-Timer im selbstständigen Training zuhause ausführen, wobei es motivierend ist, bis zum jeweiligen Signalton durchzuhalten, ohne monoton die Übungen abzählen zu müssen. Sie können aber auch weiterhin die Übungswiederholungen abzählen, wenn Sie diese Art des Trainings bevorzugen.

Übungen und Trainingsgeräte

Für Kampfsportler gibt es eine Vielzahl von funktionellen Übungen, die zur Körperkräftigung bei den Workouts einsetzbar sind. So können Sie ein effektives Training zuhause ebenso wie im Kampfsport-Verein oder Fitnessstudio durchführen. Zahlreiche Übungen sind mit dem eigenen Körpergewicht möglich. Außerdem werden Übungen mit Trainingsgeräten wie Medizinball, Schlingentrainer, Physio-Ball, Kurzhanteln und Kettlebells eingesetzt sowie mit Geräten, die den Körper in ein Ungleichgewicht bringen wie Therapiekreisel oder Balance-Pads. Beachten Sie bei der Auswahl der funktionellen Übungen, dass Sie Ihrem Leistungsniveau entsprechend üben. Durch Internetforen und Youtube-Clips wird man leicht angespornt, schwierige Übungsvarianten im Training zu nutzen. Oftmals werden diese Übungen jedoch mit Fehlstellungen bewältigt und so der Körper überlastet. Dies ist nicht der Sinn des funktionellen Krafttrainings, denn das Leistungspotential des Körpers soll mit effektivem und gesundem Training verbessert werden; nicht hingegen der Körper belastet und verletzt werden.

Für das Workout ist nicht entscheidend, dass Sie eine Vielzahl von Geräten zur Verfügung haben. Es kommt vielmehr darauf an, dass Sie sich überlegen, was Sie trainieren müssen, um Ihren Körper leistungsfähiger zu machen und um Schwachstellen zu beseitigen, damit Sie sich bestmöglich vor Verletzungen schützen. Agieren Sie beim Training kreativ: Wenn Sie keine Klimmzug-Stange zur Verfügung haben, dann nutzen Sie ein Handtuch und legen es um eine Treppe, um sich gerade oder aus der Schräglage hochzuziehen. Machen Sie das Beste aus Ihren vorhandenen Trainingsmöglichkeiten, denn beim funktionellen Training soll auch die geistige Leistungsfähigkeit gefördert werden, indem sich der Sportler in das Training einbringt und nicht wie früher oftmals üblich einen Plan aus Kraftübungen mit hohen Wiederholungszahlen abarbeitet. Erhöhen Sie die Trainingsanforderungen schrittweise durch Veränderung der Körperposition, ebenso wie mit Zusatzgewichten und instabilen Untergründen. Ihr Körper wird dadurch immer leistungsfähiger und sein Kraftpotential für die Kampfsport-Techniken erhöht.

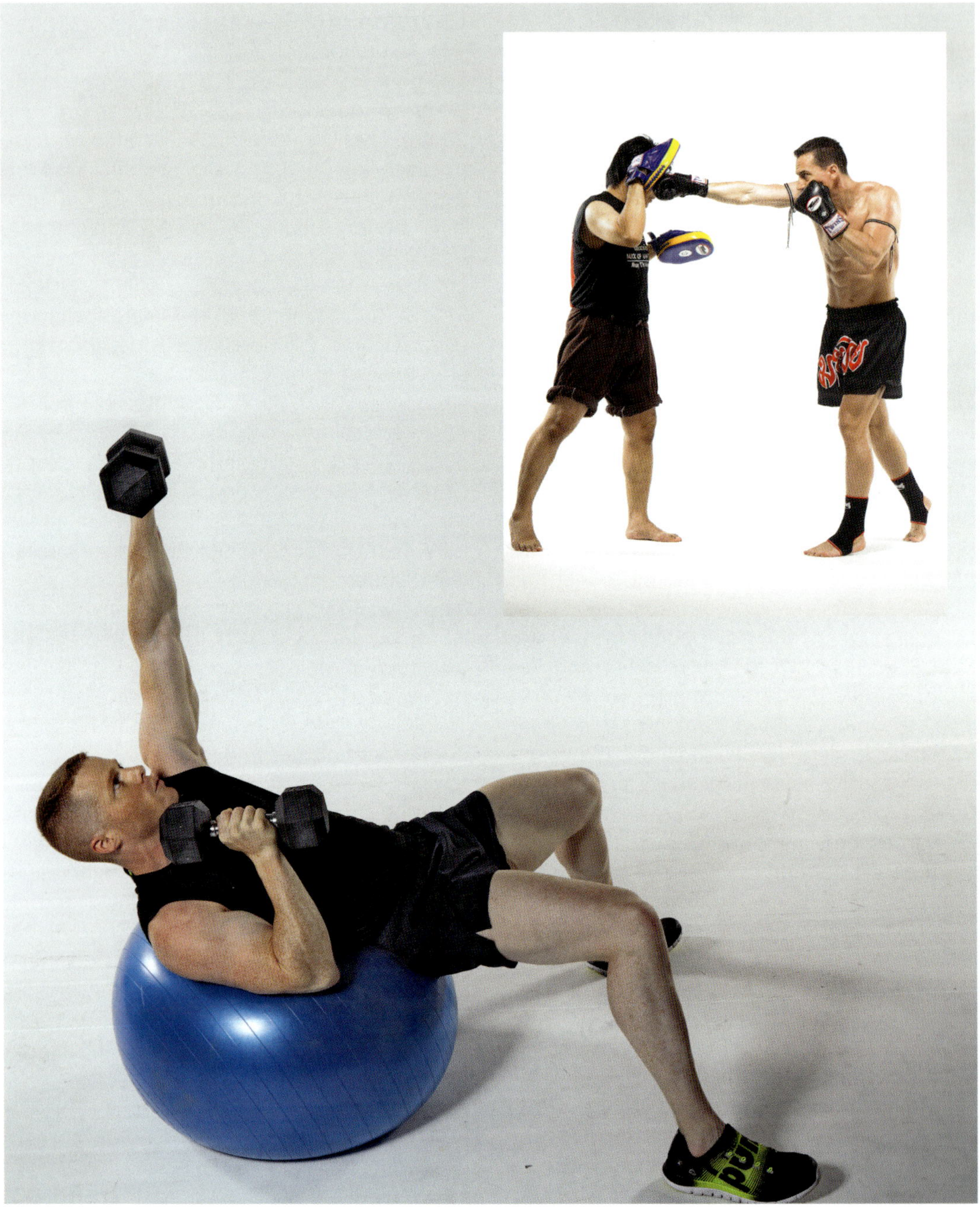

Boxen mit dem Gymnastikball als instabilem Untergrund.

3. Gute Gründe

Das funktionelle Krafttraining hat für Kampfsportler aller Disziplinen zahlreiche positive Effekte – Ihre Kampfsport-Techniken werden kraftvoller und schneller, und außerdem werden Sie weniger anfällig für Verletzungen. Für Freizeitsportler ist deshalb das Krafttraining mit funktionellen Übungen zu empfehlen; für Wettkämpfer ist es unverzichtbar, um bestmöglich auf den Kampf vorbereitet zu sein.

- **Kraftvolle und explosive Techniken**: Bei dem funktionellen Training werden viele mehrgelenkige Übungen ausgeführt, um ein verbessertes Zusammenspiel der Muskelgruppen zu erzielen. Das führt zu einem gesteigerten Leistungsvermögen, denn die Kampfsport-Techniken werden effizienter und besser koordiniert ablaufen. Auch trainieren Sie, die Kraft und die Energie besser von einer Körperstelle zu einer anderen zu übertragen. Indem Sie explosive Übungen nach einem kurzen Vorspannen ausführen, trainieren Sie, große Energie und Kraft aufzubauen und diese dann schnell und effizient von einer Körperstelle zur anderen zu transferieren. Bei einem geraden Boxschlag wird beispielsweise die Kraft von den Beinen über Hüfte, Rumpf, Schultern bis zu der schlagenden Faust geleitet. Diese Bewegungskette können Sie u. a. durch einarmige Stoßübungen mit dem Medizinball verbessern, insbesondere wenn Sie diese mit Hüftdrehung ausführen.

- **Besseres Verarbeiten gegnerischer Treffer**: Beim funktionellen Krafttraining trainieren Sie das Muskelzusammenspiel, kräftigen intensiv den Rumpf, trainieren die gelenkstabilisierenden Muskeln und beseitigen Muskelungleichgewichte. Wenn Sie gegnerische Treffer einstecken müssen, dann können Sie diese besser verarbeiten. Dies gilt aber nicht nur für die recht häufigen Bauchtreffer, sondern es wird ebenso ein besserer Schutz an Oberschenkeln und Unterschenkeln erzielt, und auch Kopftreffer können Sie mit einer gestärkten Muskulatur besser absorbieren.

- **Verminderung von Verletzungen und Verschleiß**: Indem Sie die Stabilisatoren trainieren und Ungleichgewichte der Muskulatur beseitigen, werden Sie weniger anfällig für Verletzungen. Fängt der Gegner beispielsweise Ihren Kick, dann werden Sie stabiler stehen in Folge von regelmäßigem Training einbeiniger Übungen auf instabilem Untergrund. Eine ausgeglichen trainierte Muskulatur verhindert, dass der Körper Ausweichbewegungen vollführen muss, die zu Überlastungen führen und langfristig vorzeitigen Verschleiß verursachen können.

- **Effektives Training örtlich ungebunden**: Es werden Bewegungsrichtungen trainiert sowie ergänzende Übungen für individuelle Zielsetzungen ausgeführt. Machen Sie sich bewusst, welche Bewegungsrichtungen geübt werden sollen, und kräftigen Sie diese dann mit den vorhandenen Trainingsmöglichkeiten; wenn keine Trainings-Tools vorhanden sind, dann trainieren Sie mit dem eigenen Körpergewicht und variieren die Intensität beispielsweise durch Anheben eines stützenden Körperteils. So lässt sich überall ein effektives Training durchführen, unabhängig vom Vorhandensein bestimmter Trainingsutensilien.

4. Häufige Fragen

Zum funktionellen Krafttraining für Kampfsportler werden oftmals die folgenden Fragen geäußert.

Was ist funktionelles Krafttraining?
Als Kampfsportler gilt es, Übungen auszuführen, die den wichtigsten Bewegungen in der Kampfsport-Disziplin ähneln, mit dem Ziel, dass die Muskeln in der Bewegungskette besser zusammenarbeiten und somit bei der Kampfsport-Technik eine größere Leistung ermöglichen. Hierbei sind mit fortschreitender Trainingserfahrung oft auch explosive Übungen auszuführen. Allerdings muss die Gegenbewegung im gleichen Verhältnis gekräftigt werden, da diese Muskeln die Kampfsport-Technik stabilisieren und gegebenenfalls abstoppen müssen. Sind die Muskeln der Gegenbewegung nicht kräftig genug, kann eine Technik nicht im optimalen Bewegungsumfang ausgeführt werden, und außerdem verursacht dies Ausweichbewegungen, die anfällig für Verletzungen machen. Falls bei Ihnen Muskelungleichgewichte vorhanden sind, dann gilt es, sich auch diesen im Krafttraining zu widmen. Es gilt außerdem, die Rumpfmuskulatur ausgewogen zu kräftigen. Eine gute entwickelte Körpermitte ermöglicht nicht, nur gegnerische Treffer besser auszuhalten, sondern ist auch grundlegend beim Kraft- und Energietransfer einer Kampfsport-Technik sowie aller anderen Bewegungen. Ein weiterer wichtiger Aspekt ist die Kräftigung der gelenkstabilisierenden Muskulatur, beispielsweise von Knie- und Fußgelenken. Dazu werden häufig Übungen auf instabilem Untergrund ausgeführt.

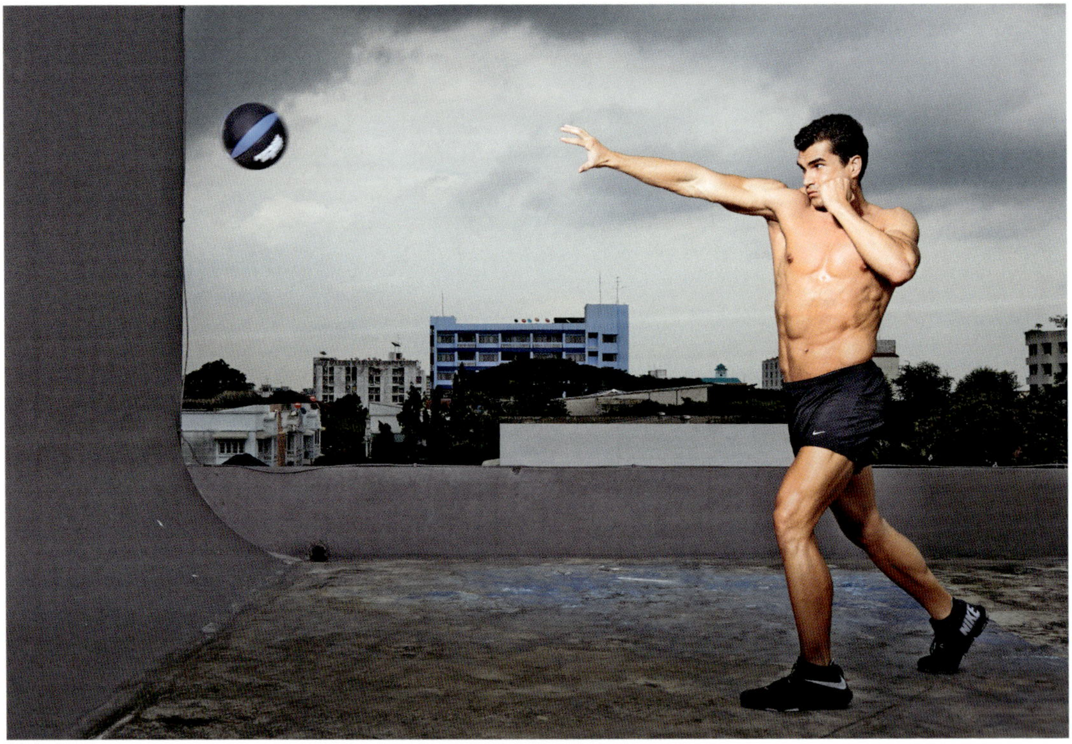

Der »Boxstoß« mit dem Medizinball als funktionelle Kraftübung.

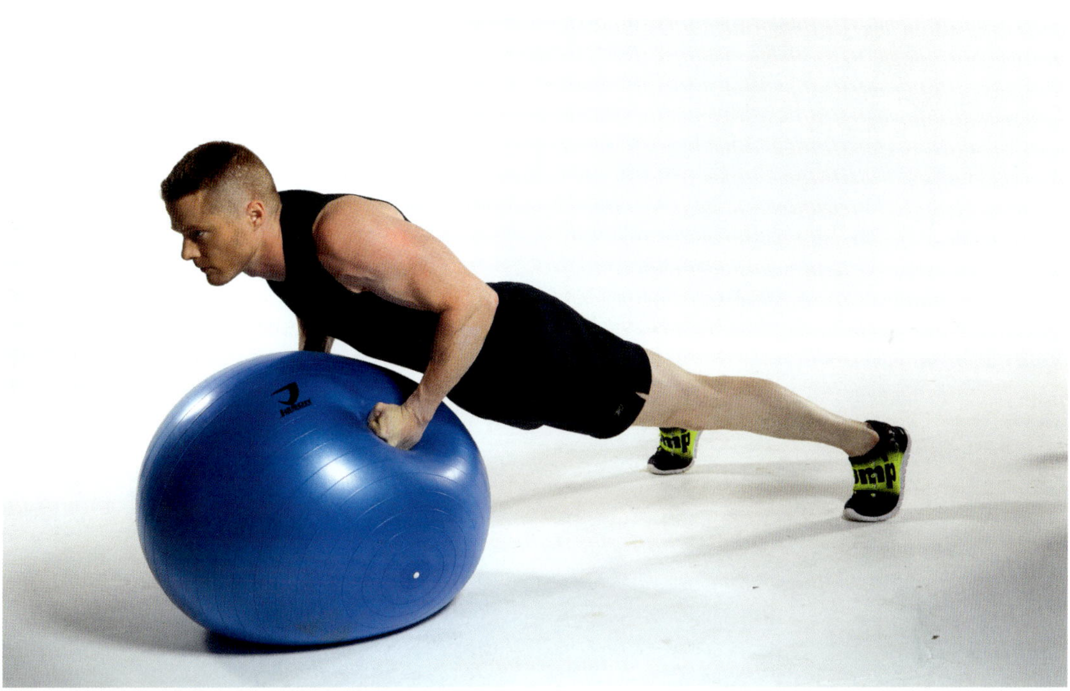

Für wen eignet sich funktionelles Krafttraining?
Als Wettkämpfer ist es grundlegend, den Körper zu kräftigen, um mehr Kraft in den eigenen Techniken zu entwickeln und gegnerische Treffer absorbieren zu können. Dazu soll der Körper so trainiert werden, dass die Muskulatur möglichst effizient arbeitet, was der Idee des funktionellen Trainings entspricht. Es sollen hingegen normalerweise keine großen Muskelmassen aufgebaut werden. Auch für Kampfsportler, die ohne Wettkampfambitionen trainieren, ist ein zusätzliches funktionelles Krafttraining von großem Nutzen, denn es ermöglicht, die Techniken besser auszuführen, und schützt außerdem vor Verletzungen, da Stabilisatoren gekräftigt und Muskelungleichgewichte vermieden werden.

Kann ich mit funktionellem Training kräftige Muskeln aufbauen?
Die funktionellen Übungen ermöglichen ein sehr effektives Training der Muskeln. Es werden vorrangig komplexe Übungen ausgeführt, d. h. Übungen, die gleichzeitig mehrere Muskelgruppen aktivieren und somit ein besseres Muskelzusammenspiel bewirken. Dies ermöglicht Ihnen, bei den Kampfsport-Techniken mehr Muskelkraft freizusetzen und somit kraftvoller zu agieren. Das funktionelle Krafttraining bewirkt auch Muskelwachstum. Dieser Effekt lässt sich jedoch durch Übungsauswahl, Trainingsintensität und Ernährung steuern, so dass Sie einen ungewollten Gewichtsanstieg vermeiden können, aber auch, falls gewünscht, einen Gewichtsanstieg durch mehr Muskelmasse erzielen können.

Wie kann ich Krafttraining mit Kampfsport-Training kombinieren?
Als Kampfsportler ist das Verbessern der sportartspezifischen Leistungsfähigkeit immer das primäre Trainingsziel. Das Krafttraining soll ermöglichen, die Ziele im Kampfsport besser verwirklichen zu können. Legen Sie deshalb zuerst die Kampfsport-Einheiten im Wochenplan fest und machen Sie Ihre Kräftigungseinheiten an den kampfsportfreien Tagen. Überfordern Sie Ihren Körper nicht mit zu viel und zu intensivem Krafttraining, da sich ansonsten die gewünschten Ergebnisse im Kampfsport nicht einstellen können.

Als Freizeit- beziehungsweise Amateursportler erreichen Sie gute Fortschritte, wenn Sie dreimal wöchentlich Kampfsport trainieren; mindestens zweimal ist grundlegend. Halten Sie möglichst einen Tag Abstand zwischen zwei Kampfsport-Einheiten; an zwei bis drei dieser freien Tage bietet es sich an, Krafttraining zu machen. Falls Sie jedoch im Anschluss an das Kampfsport-Training einige Kraftübungen ausführen, dann üben Sie mit hohen Wiederholungszahlen.

Kann das Training in ein Stadium von Übertraining führen?

Ein Kampfsportler trainiert bereits intensiv seine Kampfsport-Disziplin, weshalb es wichtig ist, den Einsatz von zusätzlichem Krafttraining im Wochentrainingsplan abzustimmen. Denn häufiges Training kann zu Übertraining führen, wenn der Körper nicht genügend Zeit zur Regeneration erhält. Wie lange der Körper für die Erholung benötigt, ist von der Reizsetzung, Regeneration und Ernährung abhängig. Umso intensiver Sie trainieren, desto mehr müssen Sie Ihren Körper unterstützen und pflegen, damit er kontinuierlich seine Leistungsfähigkeit steigern kann. Allgemein wird empfohlen, dass zwischen dem Training der gleichen Muskelgruppen ein bis drei Tage pausiert werden soll. Im dritten Abschnitt finden Sie Trainingspläne für unterschiedliche Trainingsziele, die zeigen, wie Sie Kampfsport und Krafttraining kombinieren können.

Was für Übungen soll ich machen?

Das funktionelle Training zielt darauf ab, den ganzen Körper ausgewogen zu trainieren, das Muskelzusammenspiel zu verbessern, die Stabilität und die Explosivität zu fördern sowie gegebenenfalls Muskelungleichgewichte zu beseitigen. Es sollen Druck-, Stoß- und Zugbewegungen gemacht werden, Übungen für den Rumpf sowie Stabilisierungsübungen. Die Beine und das Gesäß werden mit Beuge- und Streckübungen gekräftigt. In diesem Buch sind Übungen für die Grundbewegungen enthalten und solche, die auf spezielle Anforderungen in Kampfsport-Disziplinen ausgerichtet sind. Bei der Übungsauswahl ist entscheidend, dass Sie in Ihrem Wochentrainingsplan die Bewegungsrichtungen ausgeglichen kräftigen, d. h. Bewegung und Gegenbewegung mit der gleichen Satzanzahl üben. Wählen Sie dagegen nicht nur Übungen, welche die Bewegungen Ihrer Kampfsportart simulieren, da ansonsten Muskelungleichgewichte entstehen können, die eine erhöhte Verletzungsanfälligkeit hervorrufen.

Was für Voraussetzungen benötige ich für das Training?

Beim funktionellen Training werden möglichst oft freie Bewegungen ausgeführt, und viele der Übungen sind mit dem eigenen Körpergewicht möglich. Allerdings erfordern manche Übungen spezielle Voraussetzungen beziehungsweise Zusatzgeräte. Wenn Sie keine gute Möglichkeit haben, um die Zugbewegungen auszuführen, dann ist der Erwerb von Schlingentrainer, Klimmzug-Stange oder dickem Seil empfehlenswert. Außerdem ist der Medizinball ein hervorragendes Trainingsgerät, da er sich für das Explosivtraining mit Würfen und Stößen einsetzen lässt ebenso als Zusatzgewicht und instabiler Untergrund. Weiterhin sind Faszienrolle, Gymnastikball, Kettlebells und Kurzhanteln effektive Geräte und recht günstig zu erwerben. Sie können funktionell nutzbare Trainingsgeräte sukzessive erwerben, immer dann, wenn Sie sich im Training neuen Anforderungen stellen wollen. Es ist dagegen unnötig, gleich zu Beginn zahlreiche Anschaffungen zu tätigen.

In Kampfsport-Vereinen und Fitnessstudios sind häufig eine Vielzahl von funktionellen Trainingsgeräten vorhanden, oben genannte Geräte ebenso wie Sandbags, Ringe, Battleropes, Keulen, Hammer und Schlitten, mit denen Sie Ihr Training abwechslungsreich gestalten können. Das Buch ist aber bewusst so gestaltet, dass sich auch zuhause mit minimalen Voraussetzungen ein sehr wirkungsvolles Training durchführen lässt.

Wie intensiv soll ich trainieren?

Das Ziel als Kampfsportler lautet, sich in der Kampfsport-Disziplin zu verbessern; das Krafttraining soll unterstützen, die Kampfsport-Ziele zu erreichen. Die Trainingseinheiten im Krafttraining sollen nicht so intensiv sein, dass die Muskulatur danach eine lange Regenerationszeit benötigt und auf die nächste geplante Kampfsport-Einheit verzichtet werden müsste. Die Kraft-Workouts sollen eher kurz gehalten sein, und die Übungen müssen technisch perfekt in korrekter Körperhaltung möglich sein; Ausweichbewegungen zur Bewältigung einer Anforderung sind zu vermeiden. Das Krafttraining muss progressiv erfolgen, d. h., die Anforderungen sind kontinuierlich zu steigern. Damit dies kontrollierbar erfolgen kann, empfiehlt es sich die Trainingsleitungen in einem Trainingsbuch zu protokollieren.

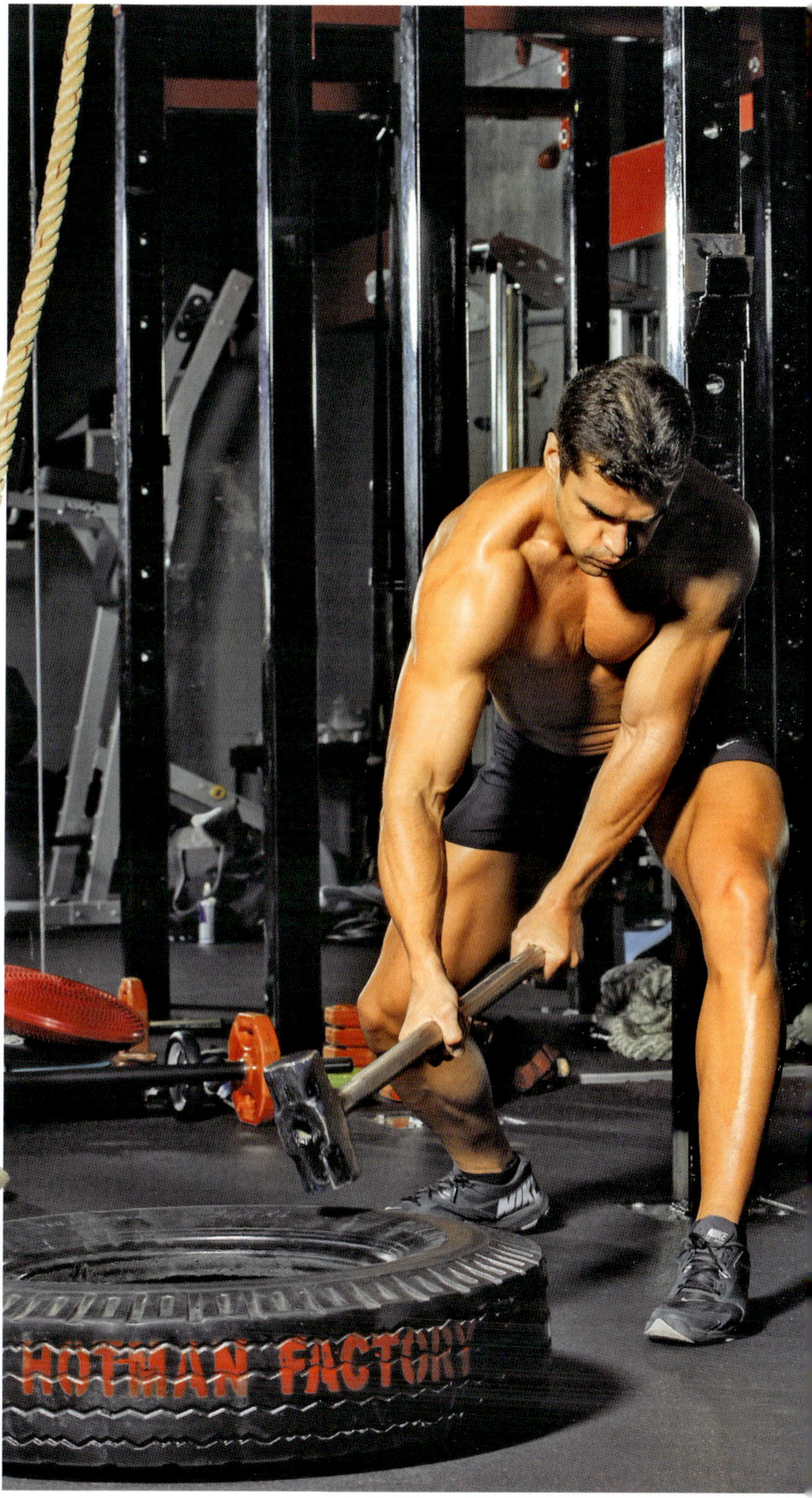

Das Training mit dem Hammer. Wenn verfügbar, können Sie dies im Training einbauen, ansonsten können Sie mit den zahlreichen Trainingsalternativen wie Medizinball-Schleudern und Schwüngen – wie in diesem Buch vorgestellt – ähnliche Effekte erzielen.

5. Trainingsausrüstung

Das eigene Körpergewicht ist im funktionellen Training das wichtigste »Trainingsgerät«, denn damit können die meisten Muskeln und Bewegungsrichtungen gefördert werden. Zusätzlich können eine Vielzahl von Trainingsgeräten genutzt werden, und es werden auch noch immer neue Geräte entwickelt. Dies bedeutet aber nicht, dass Sie für effektives Training möglichst viele Geräte benötigen. Die Geräte dienen dazu, unterschiedliche Aspekte hervorzuheben, und helfen, Eintönigkeit zu vermeiden.

In Kampfsport-Gyms und Fitnessstudios sind zahlreiche Geräte vorhanden. Wenn Sie zuhause trainieren, dann können sich einige Anschaffungen lohnen. Sie können aber bereits mit den Workouts in diesem Buch loslegen, ohne sich Geräte anzuschaffen, da zahlreiche Übungen ohne Geräte angeboten werden.

Empfehlenswerte Trainingsgeräte für das Training zuhause

Die Voraussetzung für ein ausgewogenes Körpertraining ist, dass Sie eine Möglichkeit haben sich hochzuziehen, beispielsweise an Stange, Seil oder Treppe, bei der mit einem Handtuch die gewünschte Höhe bestimmt werden kann. Ist dies nicht gegeben, dann empfiehlt sich der Kauf einer Klimmzug-Stange oder eines Schlingentrainers – oder aber, Sie müssen die Zugübungen an einem anderen Ort machen und dazu die Workouts aufteilen.

Als weiteres Trainingsgerät empfiehlt sich die Anschaffung eines kostengünstigen Gummi-Medizinballs, damit auch Würfe und Stöße in das Workout integriert werden können. Wenn Sie nicht die Möglichkeit haben, zuhause gegen eine Wand oder auf den Boden zu werfen, dann bietet sich das Üben im Keller oder draußen an, ebenso kann das Bodenschleudern auf eine dicke Matte geübt werden.

Die Hartschaumrolle, z. B. Blackroll® oder Grid®, ist ein Trainingsgerät, dessen Anschaffung auch sehr lohnend ist, denn die Rolle hilft ungemein gegen Verspannungen und Verhärtungen und kann eine Reduktion der Regenerationszeit bewirken. Weitere Trainingsgeräte können mit der Zeit ergänzt werden und so fortlaufend neue Übungen integriert werden, um den Körper mit neuen Trainingsreizen zu fordern.

- **Klimmzug-Stange**: Für die Zugbewegung von oben nach unten können Sie eine Klimmzug-Stange einsetzen. Ebenso können Sie daran die Zugbewegung von vorne nach hinten üben, indem Sie die Stange in mittlerer Position befestigen oder aber sich aus der Rückenlage an Seil oder Handtuch vom Boden hochziehen. Die einfachsten Modelle der Klimmzug-Stange werden in den Türrahmen gedreht und kosten ab zirka 20 EUR. Es sind auch weitaus aufwendigere Vorrichtungen mit Wand- oder Deckenbefestigung ab zirka 100 EUR erhältlich.

- **Medizinball**: Der Medizinball ist nicht nur zum Werfen und Stoßen ein hervorragendes Trainingsgerät, sondern eignet sich auch als Zusatzgewicht und instabiler Untergrund. Es sind mittlerweile eine Vielzahl solcher Bälle verfügbar, die unterschiedliche Trainingsaspekte hervorheben: klassische Bälle aus Leder oder Kunstleder, Bälle aus Gummi oder Rutton (Wall Balls), große weiche Bälle (Soft Balls), Schleuderbälle für das Bodenwerfen (Slam Balls), Bälle mit Griffen (Grip Balls) und Medizinbälle mit Schlaufe. Für das Training daheim eignen sich insbesondere die Gummibälle, die bereits ab 20 EUR erhältlich sind, aber auch deutlich teurer angeboten werden, sowie die klassischen Bälle, die zwischen 30 und 100 EUR kosten. Beabsichtigen Sie, beim Training daheim Wurfübungen gegen eine Wand und auf den Boden auszuführen, ist der Kauf eines Gummiballs vorzuziehen, da dieser seine runde

Form behält. Ansonsten können Sie frei zwischen Gummiball und Lederball wählen. Wenn Sie häufig trainieren, dann können sich auch die anderen Modelle lohnen, beispielsweise ein großer Soft Ball, der sich besonders für das Partnertraining eignet, aber in der Anschaffung recht teuer ist.

- **Faszienrolle und Massageball**: Mit einer Hartschaumrolle, oft als Faszienrolle bezeichnet, können Sie aktiv gegen Verspannungen vorgehen und Ihre Regeneration beschleunigen. Meistens werden die Rollen mit einem Durchmesser von etwa 15 cm und einer Länge von etwa 30 cm eingesetzt, die ab zirka 30 EUR erhältlich sind. Sie können auch die Trigger Point Massagerolle (The Grid®) nutzen, die im Handel für zirka 40 EUR angeboten wird. Auch Massageball, Lacrosse-Ball und Tennisball sind sehr wirkungsvoll bei der Behandlung von schmerzenden Körperbereichen und Triggerpunkten. Der Massageball wird im kleinen Durchmesser von 8 cm ab zirka 10 EUR verkauft und in der größeren Ausführung von 12 cm ab zirka 15 EUR.

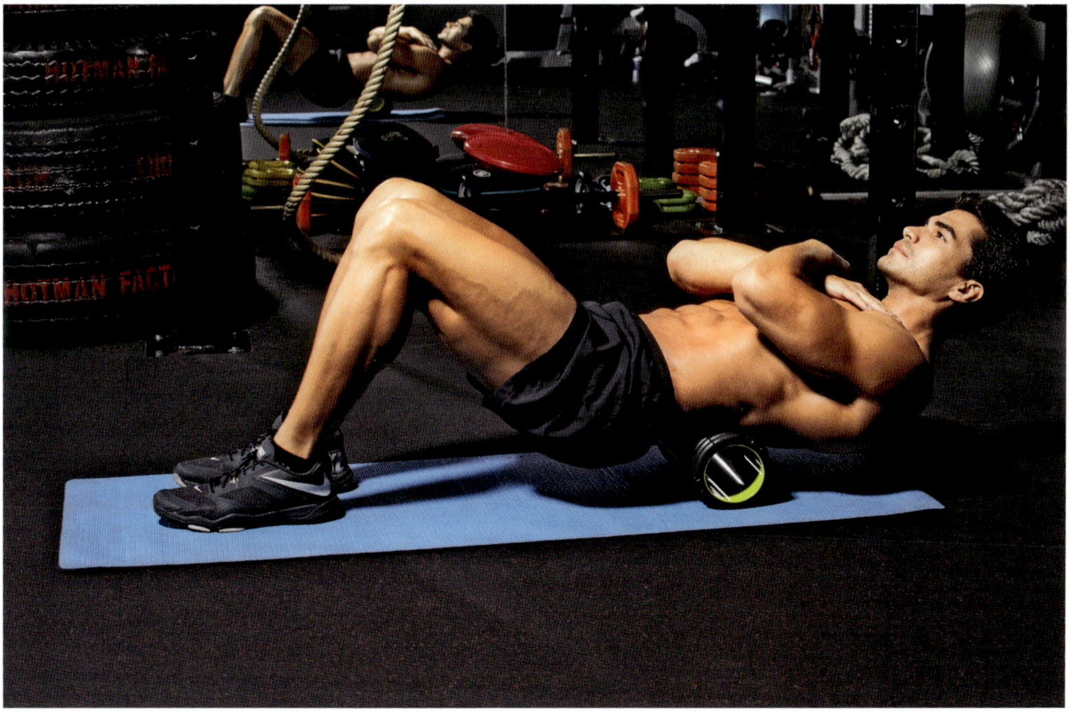

Das Abrollen mit der harten schwarzen Grid®-Rolle. Für Einsteiger empfiehlt sich die orange Grid®-Rolle, da diese weicher ist.

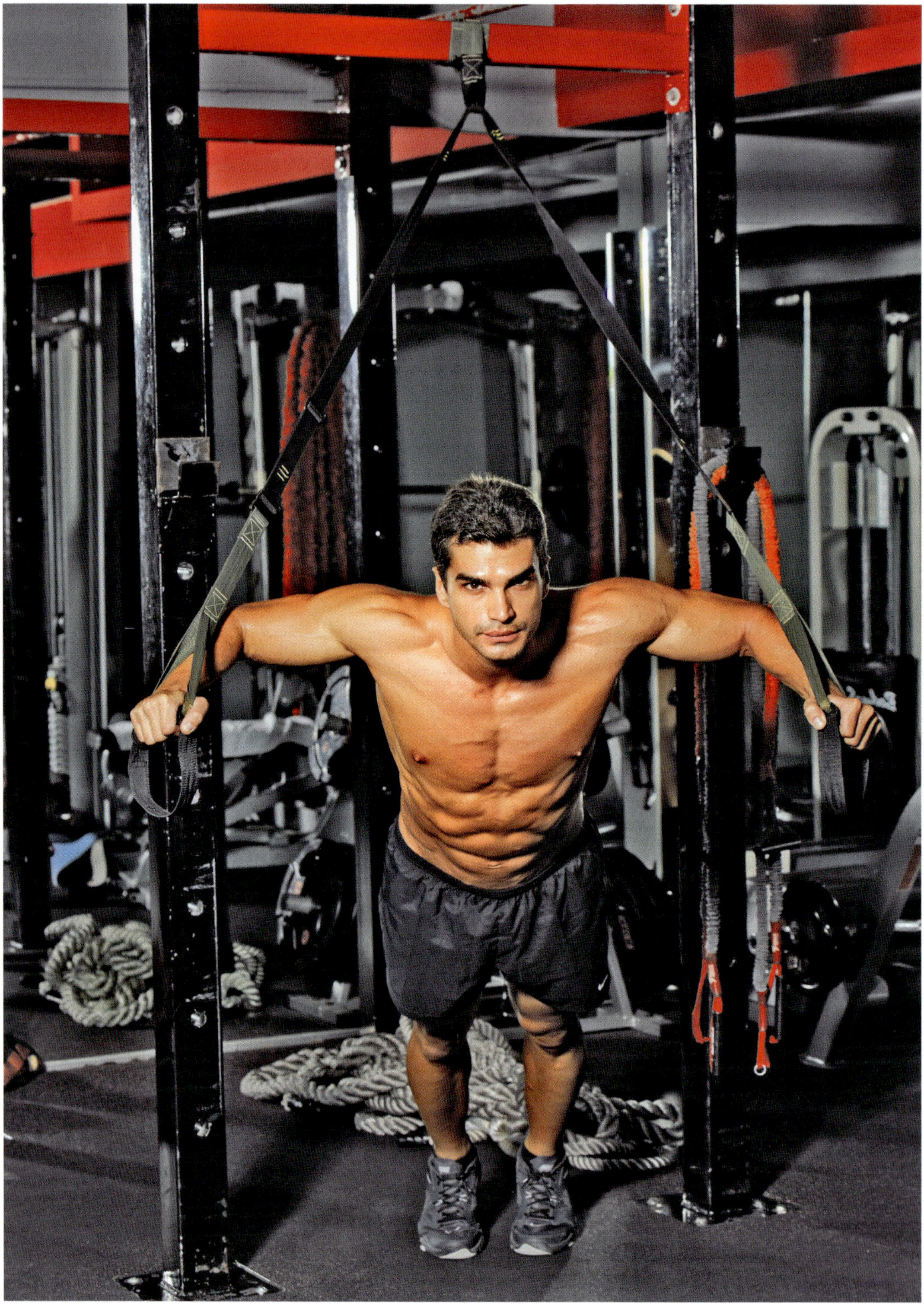

Das Training mit dem Schlingentrainer.

Ergänzende Trainingsgeräte

Die folgenden Geräte lassen sich sinnvoll im Krafttraining von Kampfsportlern einsetzen und sind zumeist recht kostengünstig zu erwerben. Überlegen Sie jedoch, ob Sie diese Geräte wirklich benötigen. Beispielsweise können Sie ein oder zwei Kissen als instabilen Untergrund nutzen, wenn auch Therapiekreisel und Balance-Pad etwas besser kontrollierbar sind. Das Fehlen von Trainingsgeräten darf nicht als Ausrede dienen, um mit dem Krafttraining auszusetzen oder sogar ganz darauf zu verzichten. Wählen Sie Übungsalternativen, mit denen Sie Ihr Training ausführen können.

Wenn Sie sich ein umfassendes Gym im Keller oder in der Garage aufbauen wollen, dann können noch weitere Trainingsgeräte ergänzt werden wie eine Hantelbank, ein dickes Seil (Tau) zum Hochziehen, ein dicker Reifen für Schlagübungen mit einem großen Hammer sowie Keulen zum Schwingen.

- **Gymnastikball**: Der Gymnastikball, auch Fitnessball, Stability-Ball oder Physio-Ball genannt, ermöglicht vielfältige Einsatzmöglichkeiten im funktionellen Krafttraining. Sie können den Ball als instabilen Untergrund nutzen, indem Sie sich mit Händen oder Füßen darauf abstützen, ebenso können Sie Rumpf oder Gesäß darauf positionieren. Der Körper muss die Übungsbewegung auf dem Ball ausbalancieren, wodurch die stützende Muskulatur und die Core-Muskulatur intensiv gekräftigt werden. Nutzen Sie eine Ballgröße, bei der im Sitz Ihre Kniegelenkswinkel etwas mehr als 90 Grad betragen. Wenn Sie die Füße darauf positionieren, können Sie auch eine kleinere Größe wählen. Ein Gymnastikball ist ab zirka 15 EUR erhältlich.

- **Schlingentrainer**: Der Schlingentrainer ist ein hervorragendes Trainingsgerät, um die Muskulatur des ganzen Körpers zu trainieren. Er lässt sich leicht handhaben und auch auf Reisen mitnehmen, da er wenig Gewicht hat. Der populärste Schlingentrainer ist der TRX®, den es ab zirka 180 EUR zu erwerben gibt. Es gibt aber zahlreiche günstige Geräte ab 40 EUR, die den Anforderungen zumindest bei den meisten Übungen genügen.

- **Intervall-Timer**: Das Training mit Zeitintervallen erfordert einen Timer. Sie können einen Online-Timer nutzen, von denen zahlreiche im Internet kostenlos angeboten werden. Ein solcher Timer lässt sich leicht finden, indem Sie in eine Suchmaschine »Online Intervall Timer« oder »Online Tabata Clock« eingeben, wie z. B. www.tabatatimer.com und www.beachfitness.com/tabata. Außerdem sind kostenfreie Apps verfügbar. Sie können aber auch einen Timer kaufen, beispielsweise von der Firma Gymboss ab zirka 20 EUR.

- **Trainingsmatte**: Sie können eine Trainingsmatte, beispielsweise eine Yoga-Matte, für die Übungen in Bodenlage und im Kniestand einsetzen. Auch ist die Matte zusammengerollt als instabiler Untergrund nutzbar. Alternativ können Sie auf einem Teppich oder einem großen Handtuch üben. Eine Trainingsmatte kostet ab zirka 15 EUR.

- **Therapiekreisel**: Ein Therapiekreisel dient als instabiler Untergrund, um die stabilisierenden Muskeln zu kräftigen. Dazu stützen Sie sich mit den Füßen oder mit den Händen auf dem Kreisel ab. Auch können Sie den Kreisel kombiniert mit einem anderen Gerät einsetzen, indem Sie beispielsweise die Hände auf einem Medizinball aufstützen und die Füße auf einem Therapiekreisel oder umgekehrt. Ein Therapiekreisel wird im Fachhandel ab zirka 25 EUR verkauft.

- **Balance-Pad**: Auf dem Balance-Pad, einem dicken Schaumstoffkissen, üben Sie, Ihre Position auszubalancieren. Damit intensivieren Sie Übungen und kräftigen die stabilisierende Muskulatur. Sie können sich ein- oder beidbeinig auf das Kissen stellen oder aber die Hände oder die Knie darauf stützen. Das Balance-Pad können Sie im Fachhandel ab zirka 30 EUR erwerben.

- **Sprungseil**: Um sich vor dem Training aufzuwärmen oder im Anschluss an das Krafttraining noch die Ausdauer zu fördern, bietet sich das Sprungseil an. Die einfachsten Modelle werden bereits ab zirka 10 EUR verkauft. Es werden aber auch aufwendigere Modelle hergestellt, die jeden ausgeführten Sprung mitzählen und erheblich teurer sind.

- **Kurzhanteln**: Empfehlenswert sind Kurzhanteln mit Sternverschluss und unterschiedlichen Gewichtsscheiben, damit sich das Hantelgewicht schnell verändern lässt. Für einen männlichen Kampfsportler mittlerer Statur sollten zumindest zwei Kurzhanteln inklusive Gewichtsscheiben von jeweils 15 kg Gewicht verfügbar sein. Wenn Sie langfristig trainieren und eher kräftig sind, dann empfehlen sich zwei Kurzhanteln inklusive Gewichtsscheiben von jeweils 30 kg. Die Preise sind abhängig von Hersteller und Verarbeitung sehr unterschiedlich; ein Set aus zwei Kurzhanteln mit insgesamt 30 kg Gewicht kostet etwa 20–40 EUR. Das Sortiment lässt sich mit Hantelbank und Langhantel erweitern.

- **Kettlebells**: Die Kettlebells eignen sich gut für das funktionelle Training, da bei den Übungen, beispielsweise beim Schwingen, eine Vielzahl von Muskeln zusammen agieren und außerdem auch die Griffkraft gefördert wird. Die Preise sind abhängig von Verarbeitung und Gewicht; die günstigsten ordentlich verarbeiteten Modelle sind ab zirka 20 EUR erhältlich.

- **Sandbag**: Die Sandbags sind Taschen mit Haltegriffen, die sich für das Training der Griffkraft, für Schwungübungen und als Zusatzgewicht eignen. Die Sandbags werden mit unterschiedlichen Gewichten angeboten. Es gibt mittlerweile auch Varianten, die man mit Sand oder Wasser füllen kann, so wird ermöglicht, dass man sie ungefüllt auf Reisen mitführen kann. Die Sandbags kosten im Fachhandel zwischen 20 und 60 EUR.

- **Slide**: Ein Slide-Trainer wird häufig eingesetzt, um im Ausfallschritt nach hinten zu gleiten ebenso wie im Liegestütz mit den Händen nach oben oder zur Seite zu gleiten, lässt aber eine Vielzahl weiterer Übungen zu. Damit wird eine intensive Aktivierung der stabilisierenden Muskulatur erzielt. Häufig wird der Valslide® genutzt, der als Paar im Handel ab zirka 35 EUR verfügbar ist. Sie können aber auch günstigere Slide-Trainer nutzen oder aber ein beziehungsweise zwei zusammengefaltete Handtücher.

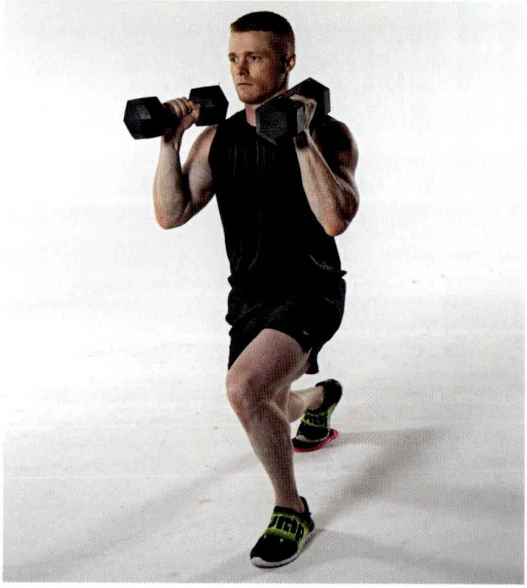

Das Training mit dem Slide-Trainer.

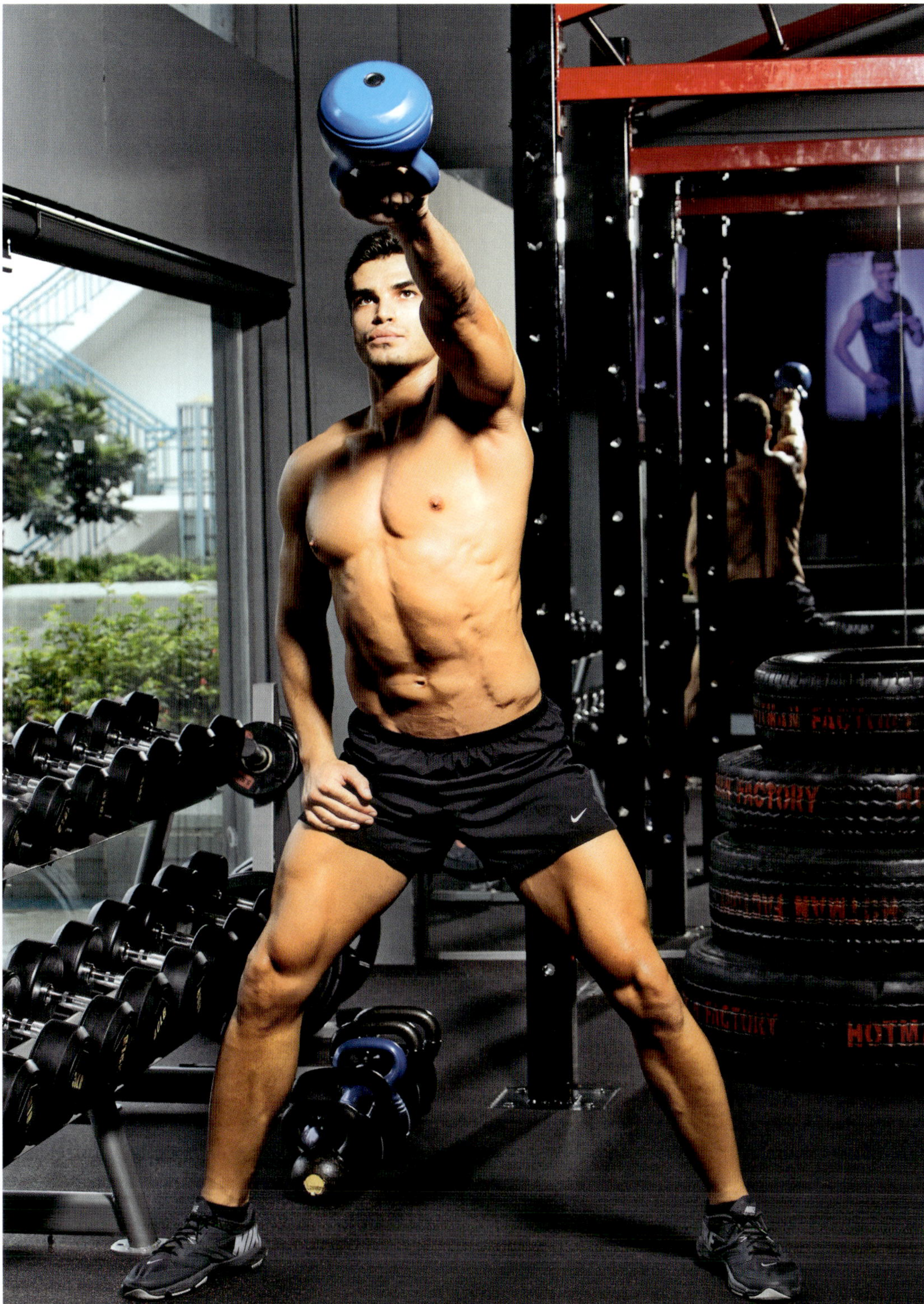

II. Methoden und Übungen

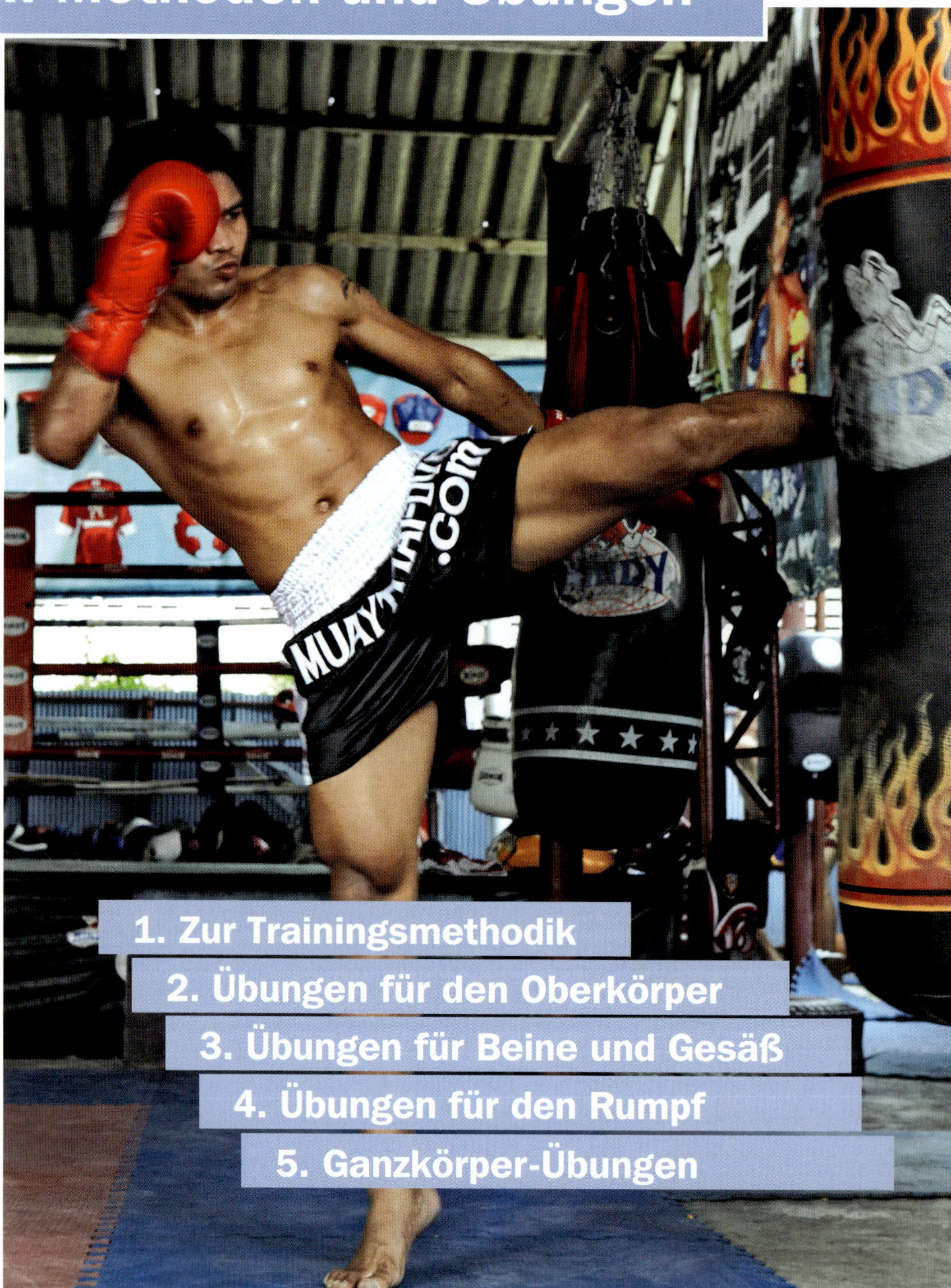

1. Zur Trainingsmethodik

Kampfsportler nutzen funktionelles Krafttraining, um einen leistungsfähigen Körper zu entwickeln, der optimal vor Wirkungstreffern, Verletzungen und Verschleiß geschützt ist. Beim Training gilt dabei immer als erste Priorität, dass Verletzungen vermieden werden; der Bewegungsapparat soll nicht durch zu hohe Trainingsintensität und fehlerhafte Übungsausführung zusätzlich zum Kampfsport belastet werden.
In diesem Abschnitt werden zuerst die Übungen für den Oberkörper vorgestellt, dann für den Unterkörper und schließlich für den Rumpf. Außerdem werden effektive Ganzkörperübungen beschrieben. Es sind muskelaufbauende Übungen ebenso enthalten, wie solche, die der Verbesserung der Explosivität dienen.
Die Übungen sind so zusammengestellt, dass alle wichtigen Muskelgruppen effektiv trainiert werden. Auch werden zahlreiche Varianten angeboten, damit das Training dem Leistungsniveau angepasst werden kann und ortsungebunden ist. Es sind Übungen für die grundlegenden Bewegungsrichtungen enthalten und solche ergänzt, die auf die Erfordernisse spezieller Kampfsport-Disziplinen ausgerichtet sind. Es wird auf ein ausgeglichenes Körpertraining geachtet sowie auf ein intensives Training der Core-Muskeln, der sogenannten tieferliegenden Muskulatur von Bauch und Rücken; die Core-Muskeln sind für Kampfsportler sehr wichtig zur Leistungserbringung wie zum Schutz. Wenn Sie ein fortgeschrittenes Trainingslevel erreichen, dann wählen Sie möglichst oft einbeinige oder einarmige Ausführungen sowie Übungsvarianten auf instabilem Untergrund, denn diese anspruchsvollen Übungen müssen ausbalanciert werden, was den Rumpf und die Gelenkstabilisatoren kräftigt.
Mit den vorgestellten Übungen können Sie den gesamten Körper effektiv kräftigen und somit Ihre Leistungsfähigkeit im Kampfsport deutlich steigern. Es sind funktionelle Übungen ausgewählt, die möglichst auch im selbstständigen Training daheim ausführbar sind. Trainieren Sie regelmäßig nach den im Buch vorgestellten Trainingsprinzipien und stellen Sie somit ein effektives Training sicher.

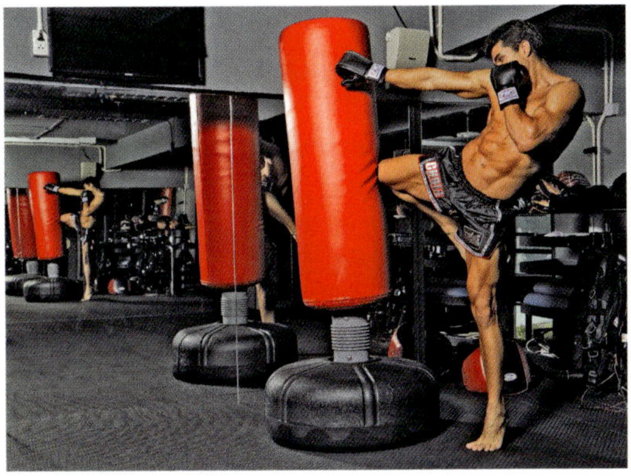

Die richtige Übungszusammenstellung

Stellen Sie Ihre Übungen so zusammen, dass Sie den Körper ausgeglichen trainieren – dies gilt für Oberkörper, Unterkörper und Rumpf. Achten Sie darauf, dass Sie nicht nur die Muskeln trainieren, deren Bewegung den typischen Bewegungen in Ihrer Kampfsport-Disziplin entspricht. Einige Kampfsportler aus dem Vollkontakt beispielsweise konzentrieren sich auf Bewegungen nach vorne wie Brust-Drücken und Liegestütze, um effektive Schlagtechniken zu entwickeln. Hierbei ist jedoch zu beachten, dass die entgegengesetzte Bewegungsrichtung – also der Zug nach hinten – mit der gleichen Intensität trainiert werden muss, da er die Schlagbewegung ausgleichen und stabilisieren muss. Nur mit einer kräftigen Rückenmuskulatur können Sie eine Schlagtechnik im optimalen Bewegungsumfang und somit mit großer Wirkung ausführen. Weitere oftmals auftretende Schwachstellen aufgrund von einseitigem Training sind die hintere Oberschenkel- und Gesäßmuskulatur sowie die seitliche Rumpfmuskulatur. In den entsprechenden Buchabschnitten wird verdeutlicht, wie diese Körperpartien effektiv trainiert werden.

Bei der Zusammenstellung der Übung ist nicht entscheidend, dass Sie den Körper an einem Tag ausgeglichen trainieren, sondern über den Wochentrainingsplan hinweg verteilt, da die Möglichkeit besteht, die Workouts aufzuteilen.

Die geeignete Übungsintensität wählen

Wählen Sie eine Intensität, die Ihrem Leistungsstand entspricht, denn es ist grundlegend, die Übungen technisch korrekt auszuführen. Vermeiden Sie es hingegen, die Bewegungen durch Ausweichbewegungen und Fehlstellungen zu bewältigen – dies ist nicht der Zweck des funktionellen Trainings. Generell sollten Trainingseinsteiger im Krafttraining die Übungen zuerst mit geringer Belastung ausführen, also Belastungen eher mit zu niedriger als zu hoher Intensität wählen, da sich der Körper an das Training gewöhnen muss. Auch ist zu beachten, dass sich Muskeln schneller an die Anforderungen anpassen als die Sehnen und Bänder.

Sie finden in diesem Buch Übungen für unterschiedliche Leistungsniveaus unterteilt nach Schwierigkeitsgraden in Level 1 (Einsteiger), Level 2 (Leicht Fortgeschrittene) und Level 3 (Fortgeschrittene). Dabei gilt, dass Sie auch mit einem leichteren Schwierigkeitsgrad als dem bereits erreichten Trainingslevel üben können, indem Sie die Intensitäten/Gewichte entsprechend steigern. Außerdem sind viele Möglichkeiten angeboten, die Übungen zu intensivieren oder zu vereinfachen, damit das Training dem Leistungsniveau entsprechend möglich ist. Wählen Sie Schwierigkeitsgrad und Übungsvariante immer so, dass Ihnen die Ausführung korrekt gelingt.

Im Krafttraining mit Zeitintervallen, wie in diesem Buch in den Workouts vorgeschlagen, wird ein Übungssatz 30–60 Sekunden lang ausgeführt. Sie können den Satz auf bis zu 120 Sekunden verlängern, falls es Ihr Ziel ist, vorrangig die Kraftausdauer zu fördern. Wenn Sie während eines Übungssatzes merken, dass Sie Ausweichbewegungen einsetzen, dann wechseln Sie während des Satzes zu einer leichteren Variante der Übung, um den Satz zu vervollständigen. Gelingt es Ihnen jedoch, eine Übung länger als die Satzdauer auszuführen, dann können Sie die Belastung steigern, indem Sie eine intensivere Variante oder ein höheres Übungsgewicht nutzen. Steigern Sie aber die Intensität nur so weit, dass Sie noch mindestens 30 Sekunden lang die Belastung korrekt ausführen können.

Die Trainingspläne und Workouts sind entsprechend nach Schwierigkeitsgraden aufgeteilt, damit Sie Ihre Leistungsfähigkeit effizient aufbauen können.

Trainingsreize setzen (Progression)

Training hat zum Ziel, die körperliche Leistungsfähigkeit zu steigern. Dazu müssen Sie Ihren Körper beim Krafttraining ebenso wie beim Kampfsport-Training fordern, Leistung zu erbringen. Durch die Belastungen in der Trainingseinheit ermüdet der Körper, baut also seine Leistungsfähigkeit ab. In der Regenerationsphase, die unmittelbar nach dem Training beginnt, reagiert der Körper auf die Anstrengung mit Anpassungsvorgängen. Üben Sie in der Trainingseinheit mit einer größeren Intensität als in der vorherigen Trainingseinheit, dann setzen Sie einen überschwelligen Reiz. Dies veranlasst den Organismus, in der Regenerationsphase ein größeres Leistungsniveau zu entwickeln. Es ist deshalb beabsichtigt, im Training kontinuierlich die Anforderungen zu steigern. Allerdings stellt der Organismus das größere Leistungsvermögen nur für eine bestimmte Zeit zur Verfügung; wird es nicht genutzt, dann verringert sich die Leistungsfähigkeit wieder. Auch ist anzumerken, dass die möglichen Leistungssteigerungen mit fortlaufendem Training immer geringer werden und dass es spätestens nach zwölf Wochen Umstellungen am Training geben muss, da sich der Körper ansonsten auf die Anforderungen einstellt.

Intensivieren der Belastungen

Die erste Option, die Belastung zu intensivieren, ist, die Satzlänge zu verlängern beziehungsweise mehr Wiederholungen auszuführen. Sie können eine Intensivierung von zirka fünf Sekunden Belastungszeit oder einer Wiederholungen pro Woche erreichen, vorausgesetzt, Sie regenerieren genügend und ernähren sich angemessen.

Erreichen Sie die Obergrenze für eine Satzleistung gemäß der gewählten Trainingsmethode, dann wählen Sie eine andere Intensivierungsoption. Bei Übungen mit Zusatzgewicht, beispielsweise mit Hanteln, Medizinball oder Kettlebells, können Sie nun das Gewicht erhöhen, aber nur so weit, dass Sie die Übung noch technisch korrekt in der beabsichtigen Zeitdauer beziehungsweise mit der geplanten Wiederholungszahl ausführen können.

Eine andere Möglichkeit, eine Übung zu intensivieren, insbesondere für das Körpergewichtstraining, ist es, die Position der abstützenden Kontaktpunkte zu verändern. Wenn Sie beispielsweise die Füße beim Liegestütz enger zusammenbringen, dann wird die Übung intensiver. Auch können Sie das Gewicht verlagern, oder aber Sie intensivieren die Übung umfangreich, indem Sie einen abstützenden Körperteil anheben.

Fortgeschrittene können instabile Untergründe wie Gymnastikball, Balance-Pad, Therapiekreisel oder Kissen einsetzen, was die Übungen deutlich intensiviert und die stabilisierenden Muskeln kräftigt.

Sie können die Muskelbeanspruchung während einer Übung erhöhen, indem Sie Teilbewegungen in der Endbewegung nach unten oder oben machen oder aber bei einer dynamischen Übung im Bewegungsablauf mehrere Positionen statisch halten.

Trainieren Sie regelmäßig

Ein regelmäßiges Training ist grundlegend, um kontinuierlich die Leistungsfähigkeit zu verbessern. Seltenes und sehr intensives Krafttraining ist hingegen nicht empfehlenswert, da dies nicht zu einer Verbesserung des Leistungsvermögens führt, sondern vielmehr den Bewegungsapparat zusätzlich intensiv belastet.

Es empfiehlt sich, dass Sie Kampfsport mindestens zweimal, besser dreimal wöchentlich üben und Krafttraining zumindest zweimal wöchentlich ausführen, um Leistungsverbesserungen erreichen können. Die optimale Häufigkeit ist davon abhängig, wie intensiv Sie trainieren und wie gut entwickelt Ihr Leistungsvermögen bereits ist. Umso besser Sie trainiert sind, desto detaillierter muss der Trainingsplan ausgearbeitet werden, damit Leistungsverbesserungen erreicht werden.

Damit Sie Ihr Leistungsvermögen halten können, gilt die Regel, dass Sie wöchentlich mindestens einmal Kampfsport und mindestens einmal Krafttraining für alle wichtigen Muskelgruppen beziehungsweise Bewegungsrichtungen ausführen müssen. Pausieren Sie hingegen länger vom Training, dann baut der Körper seine Leistungsfähigkeit wieder langsam ab. Wenn Sie eine Verletzung haben, dann gilt es, diese Körperpartie zu schonen; sie können dann aber andere Körperpartien trainieren. Bei einer Krankheit allerdings müssen Sie vom Training pausieren, um keine Verzögerung des Heilungsprozesses zu riskieren.

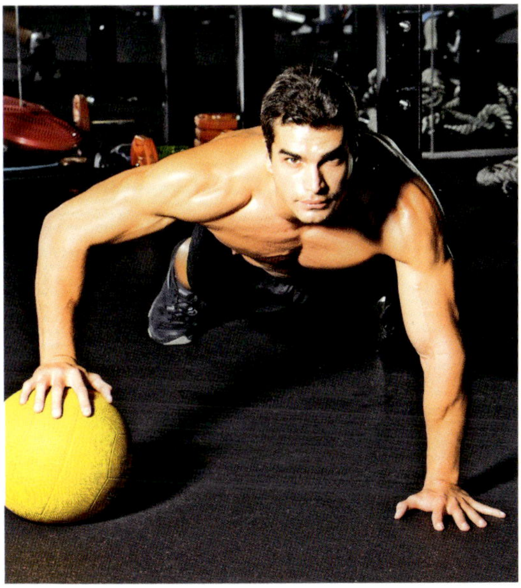

Konzentrierte Trainingseinheiten

Es hat sich in den letzten Jahren gezeigt, dass mit kurzen, intensiven Trainingseinheiten die besten Trainingsergebnisse erzielt werden. Oftmals wird eine Trainingszeit im Hauptteil von 30–60 Minuten empfohlen. Für das Krafttraining von Kampfsportlern bietet sich das effektive Zirkeltraining an, wie es auch bei den Workouts in diesem Buch eingesetzt wird. Beim Zirkeltraining machen Sie von einer Übung einen Satz und folgen direkt mit einem Satz der nächsten Übung. Wenn Sie einen Intervall-Timer nutzen, dann geben Sie als Übungszeit 30–60 (120) Sekunden ein und als Pausenzeit zwischen den einzelnen Übungen 10–15 Sekunden. Nachdem Sie für alle Übungen einen Satz ausgeführt haben, machen Sie eine Pause von zwei bis drei Minuten und beginnen schließlich wieder mit der ersten Übung. Ein Zirkel kann eine Übungsmenge von 5–12 Übungen haben, je nachdem wie intensiv die Übungen sind und wie viele Sätze Sie in der Trainingseinheit geplant haben; üblicherweise sind 2–4 Sätze geeignet.

Alternativ können Sie so trainieren, dass Sie erst eine Bewegungsrichtung (Muskelgruppe) kräftigen und dann deren Gegenbewegung (Gegenspieler), was sich beispielsweise für Druck nach vorne und Zug nach hinten anbietet. Dann führen Sie wieder die erste Übung aus und fahren so fort, bis Sie alle Sätze gemacht haben. Anschließend beginnen Sie mit dem nächsten Übungspaar.

Sie können zwar auch so vorgehen, dass Sie erst alle Sätze einer Übung machen, bevor Sie mit der nächsten Übung beginnen. Dieses Vorgehen erfordert aber, dass Sie ein bis drei Minuten zwischen zwei Übungssätzen pausieren, wodurch sich die gesamte Trainingszeit für das Workout deutlich verlängert.

Angemessene Regenerationsgestaltung

Nach einer Trainingseinheit benötigt die aktivierte Muskulatur eine Pause, um sich zu erholen und ein größeres Leistungsvermögen zu entwickeln. Dabei gilt: Sie dürfen weder zu kurz noch zu lange pausieren. Denn pausieren Sie zu lange, dann baut der Körper das Leistungsvermögen wieder ab; pausieren Sie zu kurz, dann kann sich der Körper nicht erholen und ein erhöhtes Leistungsvermögen bereitstellen – es kann sich sogar ein Zustand von Übertraining entwickeln. Als Kampfsportler gilt es, bei der Trainingsplanung die Gesamtbelastungen im Wochenplan zu berücksichtigen, also die Kampfsport- und die Fitnesseinheiten.

Üblicherweise wird als Erholungsdauer zwischen zwei Krafttrainings-Einheiten für dieselben Muskelgruppen ein Zeitraum von ein bis drei Tagen empfohlen, was von Trainingsintensität und Leistungsstand abhängig ist. Achten Sie auf Ihren Körper: Wenn Sie sich kräftig und leistungsbereit fühlen, dann können Sie trainieren. Fühlen Sie sich allerdings müde und schlapp, dann trainieren Sie andere Körperpartien oder verzichten Sie auf eine Trainingseinheit. In diesem Buch finden Sie Pläne, die zeigen, wie Sie die Trainingswoche sinnvoll gestalten können (siehe Seiten 131–135).

Sie können auf die Regenerationsphase einwirken, indem Sie auf genügend Schlaf und Erholungsphasen achten. Auch können Sie durch Massagen z. B. mit der Faszienrolle und Saunabesuche die Regenerationsphase etwas verkürzen. Entscheidend ist außerdem, wie Sie sich ernähren. Wählen Sie gesunde Nahrungsmittel und verzehren Sie genügend Eiweiß, das Sie mit einer großen Menge an Gemüse ausgleichen; dies wird ausführlich auf den Seiten 186-189 beschrieben.

Stabile und korrekte Körperposition

Bei den Übungen ist eine korrekte Körperposition entscheidend, denn diese ermöglicht effiziente Bewegungen und effizientes Weiterleiten von Kraft und Energie. Liegen hingegen Defizite vor wie eine Schiefstellung des Körpers, dann können Bewegungen nicht optimal erfolgen, und die Leistungsfähigkeit ist eingeschränkt. Aus Fehlhaltungen

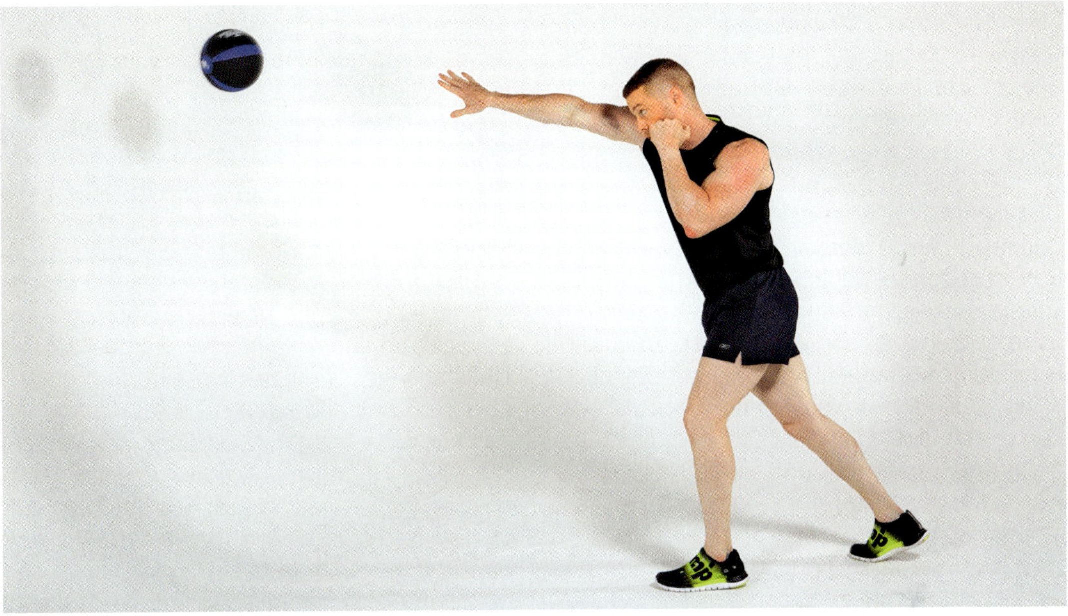

entstehen Ausweichbewegungen, welche Verspannungen, Verletzungen und langfristig Gelenkabnutzung verursachen. Sie müssen Ihrer Körpermitte, dem Zentrum der Kraft, besondere Aufmerksamkeit widmen. Sind Rumpf, Becken und Schultern in einer stabilen Position, dann ist der Körper leistungsfähig, da alle Bewegungen über diese Körperpartien verlaufen.

Nehmen Sie zuerst eine stabile Ausgangsposition ein. Bringen Sie die quer verlaufende Bauchmuskulatur in Spannung, indem Sie den Bauchnabel nach innen ziehen – ohne dabei die Luft anzuhalten. Achten Sie auf gerade Hüften und spannen Sie die Gesäßmuskulatur an. Halten Sie die Schultern gerade, spannen sie erst etwas nach hinten und lassen sie dann leicht nach unten sinken. Der Kopf ist gerade und mittig ausgerichtet, und das Kinn leicht zur Brust gezogen.

Achten Sie im Stand darauf, dass Fußgelenke, Knie, Hüften, Schultern und Ohren sich etwa senkrecht übereinander befinden sowie gerade ausgerichtet sind, damit der beste Schutz für die Gelenke sichergestellt ist.

Atmung

Die korrekte Atmung ist vom Trainingsziel beziehungsweise der Trainingsmethode abhängig. Bei den Übungen zur Körperkräftigung – gleich ob mit Körpergewicht oder mit Zusatzgewicht wie Kurzhanteln, Kettlebells oder Medizinball – verfahren Sie wie folgt: Atmen Sie bei Druck- und Stoßbewegungen während des Senkens in die tiefe Position ein und atmen Sie während der Streckphase aus; bei Zugbewegungen atmen Sie aus während des Ziehens und atmen ein beim Rückkehren in die Ausgangsposition.

Führen Sie die Übungen jedoch sehr langsam aus, halten Positionen über einige Sekunden oder über den kompletten Übungsverlauf, dann atmen Sie durchgehend gleichmäßig ein und aus.

Bei explosiver Übungsdurchführung, beispielsweise »K 43: Beidbeiniger Strecksprung« oder »K 11: Einarmiger Bruststoß«, atmen Sie ein, während Sie sich in die Startposition begeben, und atmen aus während der explosiven Phase.

Wenn Sie Sprung-, Stoß- und Wurfübungen mit hohen Wiederholungszahlen zur Förderung der Kraftausdauer ausführen, dann können Sie wie zuvor beschrieben atmen, oder aber Sie atmen durchgehend gleichmäßig; dies kann helfen, den Puls etwas zu senken, und gelingt dies, dann können Sie die Leistung länger erbringen.

Übungsdurchführung

Beginnen Sie in der stabilen Ausgangsposition und halten Sie die aufgebaute Körperspannung durchgehend aufrecht. Üben Sie konzentriert und achten Sie auf technisch korrekte Bewegungen. Vermeiden Sie Ausweichbewegungen wie Verdrehen des Körpers, denn dies führt nicht zu einem besseren Trainingsergebnis, sondern erhöht die Verletzungsgefahr und kann vorzeitigen Gelenkverschleiß verursachen.
Trainieren Sie Ihren Körper ausgeglichen, die rechte und die linke Körperseite mit der gleichen Intensität. Kräftigen Sie eine Bewegung (Muskelgruppe) mit der gleichen Satzzahl, wie Sie die Gegenbewegung (Gegenspieler) trainieren, beispielsweise die Zugbewegung nach hinten ebenso wie die Druckbewegung nach vorne. Wenn Sie Ihr Training in unterschiedliche Workouts aufteilen, dann achten Sie darauf, dass die Bewegungen im Wochenplan ausgeglichen vorhanden sind. Auch müssen Sie alle in diesem Buch als wichtig vorgestellten Bewegungsrichtungen zumindest einmal pro Woche trainieren.
Einseitiges Training kann ebenso wie eine Verletzung dazu führen, dass sich Muskelungleichgewichte bilden. Solche Schwachstellen sind zu beseitigen, da diese zu verringerter Leistungsfähigkeit führen und die Verletzungsgefahr erhöhen. In einem solchen Fall trainieren Sie die doppelte Anzahl an Sätzen für die schwächere Muskulatur, bis sich wieder ein ähnliches Kraftverhältnis einstellt und sich die Körperhaltung bessert.
Trainieren Sie intensiv, aber ohne Schmerzen. Falls eine Übungsbewegung schmerzt, dann müssen Sie stoppen. Lässt der Schmerz umgehend nach, überlegen Sie, was die Ursache war, und machen Sie die Übung erneut. Tritt der Schmerz wieder auf, dann wählen Sie eine andere Übung für dieselbe Bewegungsrichtung, oder Sie beginnen die nächste Übung im Trainingsplan. Lässt der Schmerz jedoch auch im Ruhezustand nicht nach, dann beenden Sie das Training und suchen Sie einen Arzt auf. Es ist davon abzuraten, den Schmerz wegzutapen, eine solche Maßnahme stellt nur im Ausnahmefall und nach Absprache mit Arzt oder Krankengymnasten eine Option dar.

Info

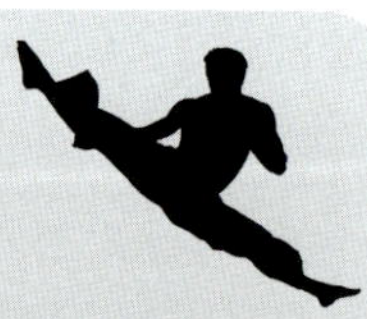

Übungsdurchführung und Trainingslevel

Nehmen Sie die Ausgangsposition ein und führen Sie die Übung entsprechend der Beschreibung durch. Wiederholen Sie die Übung so lange beziehungsweise so oft, wie dies die von Ihnen gewählte Trainingsmethode verlangt. Achten Sie dabei auf technisch korrekte Ausführung. Beginnen Sie, Ausweichbewegungen einzusetzen, dann wechseln Sie zu einer einfacheren Übungsvariante. Wichtig ist, dass Sie immer beide Körperseiten kräftigen, auch wenn eine Übung nur zu einer Seite beschrieben ist.
Beginnen Sie in Level 1 und gehen Sie zum nächsten Level erst dann über, wenn Sie von der bisherigen Übung mindestens 10 Wiederholungen ausführen können. Sie können aber auch im bisherigen Level weiterüben.
Level 1: Übungen, die sich für alle Sportlern eignen.
Level 2: Übungen für Sportler mit Trainingserfahrung.
Level 3: Technisch anspruchsvolle Übungen für Fortgeschrittene.

2. Übungen für den Oberkörper

Zur Entwicklung von mehr Kraft für Schläge, Stöße, Würfe und Halten werden Übungen trainiert, die möglichst viele Muskelgruppen aktivieren. Wichtig ist, dass Sie nicht nur die Bewegungen trainieren, die den Bewegungen Ihrer Kampfsport-Disziplin ähnlich sind, sondern auch die entsprechenden Gegenbewegungen. Ziel im funktionellen Krafttraining ist es, den Körper ausgeglichen zu trainieren, damit die Bewegungskette bei der Ausführung einer Kampfsport-Technik optimal erfolgen kann und der Körper bestmöglich vor Verletzungen und vor Verschleiß geschützt ist. Wird hingegen einseitig trainiert, dann macht dies den Kampfsportler langfristig nicht stärker, sondern führt zu Bewegungseinschränkungen und erhöht die Verletzungsgefahr.

Für Kampfsportler können die Oberkörper-Übungen unter funktioneller Betrachtungsweise eingeteilt werden: in Druck- und Stoßbewegungen nach vorne und nach oben sowie Zugbewegungen nach hinten und nach unten. Sie müssen alle vier Bewegungsrichtungen kräftigen, damit Sie die Entwicklung einer guten Oberkörpermuskulatur sicherstellen. Abhängig von Kampfdisziplin, sportlichen Zielen und körperlicher Entwicklung können Sie noch ergänzende Übungen machen beispielsweise für Hals, Nacken und Unterarme. Bauen Sie Ihren Wochentrainingsplan so auf, dass Sie die Bewegungsrichtungen ausgeglichen trainieren und die Muskeln für die Kampfsport-Einheiten nicht überlastet sind. Machen Sie für Übungssätze von einer Bewegungsrichtung auch eine entsprechende Anzahl von Übungssätzen für die entgegengesetzte Bewegungsrichtung, wie beispielsweise die Druckbewegungen nach vorne im gleichen Satzverhältnis wie die Zugbewegungen nach hinten. Das Training der Bewegungsrichtungen kann in unterschiedliche Workouts gesplittet werden, deshalb ist nicht die Satzzahl pro Trainingseinheit entscheidend, sondern die Gesamtzahl von Sätzen pro Woche. Die ergänzenden Übungen können Sie bei Bedarf ein- bis zweimal pro Woche hinzufügen.

Einige Kampfsportler trainieren jedoch die Druckbewegung nach vorne vor allem mit der Übung »Bankdrücken« viel intensiver als die Zugbewegung nach hinten. Aus einem solchen Ungleichgewicht können sich Körperfehlstellungen wie nach vorne oben gezogene Schultern entwickeln. Als Folge davon wird der Körper zu Ausweichbewegungen veranlasst, welche die Ausführung der Kampfsport-Techniken einschränken, die Verletzungsanfälligkeit erhöhen, Schulterschmerzen und erhöhte Gelenkabnutzung verursachen. Wenn bei Ihnen ein Muskelungleichgewicht bestehen sollte, dann führen Sie wöchentlich doppelt so viele Sätze für die schwächere Muskulatur beziehungsweise Bewegungsrichtung aus, solange bis das Ungleichgewicht behoben ist.

Druck- und Stoßbewegungen nach vorne

Mit den Übungen in diesem Abschnitt vergrößern Sie Ihre Schlagkraft. Die Muskeln bauen vorrangig die Brust-, vordere Schulter- und hintere Oberarmmuskulatur auf. Als Körpergewichtsübung ist der Liegestütz mit seinen unterschiedlichen Varianten eine effektive Übung. Er lässt sich auch gut mit dem Schlingentrainer üben. Beim Training mit Hanteln sind die verschiedenen Formen von Brust-Drücken in Rückenlage effektiv. Einarmige Übungen sind funktionell, sollen aber nur von Sportlern ausgeführt werden, die schon eine Weile mit beidarmiger Ausübung trainieren. Insbesondere Wettkampfsportler müssen auch das Explosivtraining integrieren, wozu Liegestütze mit Handsprüngen sowie Medizinball-Stöße genutzt werden können.

Übungsauswahl: K 1–K 11.

Druck- und Stoßbewegungen nach oben

Die Druck- und Stoßbewegungen nach oben gehören in das Krafttraining integriert, um eine kräftige und ausgeglichen entwickelte

Schultermuskulatur aufzubauen; insbesondere der seitliche Anteil wird damit entwickelt. Als effektive Körpergewichtsübung hat sich der Handstand-Liegestütz erwiesen. Alternativ kann im Körpergewichtstraining auch die Schulterpresse eingesetzt werden. Mit Zusatzgewicht bietet sich das Überkopf-Drücken an, hier als Schwungdrücken vorgestellt. Auch Schnellkraft kann trainiert werden mit Hochstoßen des Medizinballs (siehe Seite 122–123).
Übungsauswahl: K 12–K 14.

Zugbewegungen nach hinten

Die Entwicklung eines kraftvollen geraden Schlages erfordert, auch die Zugbewegung nach hinten zu kräftigen, damit der Schlag stabilisiert und abgestoppt werden kann. Mit den Übungen in diesem Abschnitt trainieren Sie vorrangig den oberen Rücken und die hinteren Schultermuskeln. Im Körpergewichtstraining hat sich das Hochziehen aus der Rückenlage als effektiv gezeigt; beim Training mit Gewichten bietet sich eine der vielfältigen Ruder-Varianten an. Fortgeschrittene können einarmige Varianten nutzen; für Einsteiger sind diese normalerweise noch zu schwer, da es erlernt werden muss, den Rumpf stabil zu halten. Auch die Übung »Reverse Flys« ist in die Auswahl aufgenommen, da sie gut die hintere Schultermuskulatur entwickelt, insbesondere die teilweise vernachlässigte Schulterblattmuskulatur.
Übungsauswahl: K 15–K 19.

Zugbewegungen nach unten

Zum Aufbau einer ausgeglichen entwickelten Oberkörpermuskulatur, insbesondere des oberen Rückens, gilt es auch, die Zugbewegung nach unten zu üben. Der Klimmzug mit seinen Varianten hat sich als sehr effektiv erwiesen. Weit Fortgeschrittene können explosives Hochziehen mit Loslassen sowie einarmiges Üben im Trainingsprogramm einfügen. Auch das Hochziehen am Seil ist eine effektive Übung, bei der die Griffkraft intensiv mitgefördert wird. Als Alternative können Sie ein starkes Theraband® in hoher Position befestigen und dann das Band im Kniestand oder Stand gerade nach unten ziehen; ist auch diese Trainingsmöglichkeit nicht gegeben, dann können Sie ein Handtuch statisch von oben ziehen. In Fitnessstudios finden sich verschiedene Zugvarianten an Maschinen, wobei solche vorzuziehen sind, bei denen der Bewegungsablauf wenig fixiert ist. Grundsätzlich sind jedoch die freien Zugbewegungen für das funktionelle Training besser geeignet.
Übungsauswahl: K 20–K 21.

Ergänzende Oberkörper-Übungen

Die ergänzenden Übungen sind zwar für ein ausgeglichenes Krafttraining nicht notwendig, da die Muskeln bei den anderen Übungen bereits mitgekräftigt werden, für einige Kampfsportler können solche Übungen aber lohnend sein. Die Nackenmuskulatur können Sie kräftigen, mit dem Ziel, gegnerische Treffer am Kopf besser verarbeiten zu können; man wird weniger anfällig für einen möglichen K.o.-Treffer. Kontaktsportler können eine Variante des »Kopfspannens« üben. Einsteiger sollten zuerst statisch üben und können nach einigen Trainingswochen zum »Kopfspannen mit kleinen Bewegungen« übergehen, beispielsweise gegen einen kleinen Gummiball, gegen die Hand oder ein Theraband® mit mittlerer Härte. Auch können Sie die Muskulatur mit der Übung »Nackenbrücke« kräftigen.
Übungsauswahl: K 22–K 26.

Vollkontaktsportler können die Kiefermuskulatur kräftigen, beispielsweise indem sie mehrere Kaugummis gleichzeitig kraftvoll kauen. Außerdem können Sie »Mundöffnen« gegen Druck der Hände von unten ausführen – diese Übungen erklären sich von selbst und sind deshalb nicht dargestellt.
Die Schulterblattmuskulatur ist bei einigen Kampfsportlern zu schwach entwickelt. Sie können diese Muskeln mit Armhebe-Übun-

gen in Bauchlage kräftigen. Sie können dazu die Arme in V-, U-, T-, W- oder I-Haltung anheben und die Position für 30–60 Sekunden halten. Sie können auch einen Übungssatz ausführen, indem Sie alle fünf Haltepositionen hintereinander ausführen. Außerdem sind manchmal Defizite bei den Außenrotatoren vorhanden, wozu Sie Übungen mit Stretchband wie einem Theraband® machen können.
Übungsauswahl: K 27–K 28.

Starke Hände und Arme sind beim Greifen und Festhalten des Gegners wichtig, ebenso damit die Kraft bei einem Schlag optimal zum Ziel geleitet werden kann. Außerdem ist die Kraft in diesen Muskelpartien entscheidend, um sich gegen gegnerische Angriffe mit den Händen verteidigen zu können. Die Muskulatur wird bei vielen Zug- und Halteübungen mitentwickelt, beispielsweise gut beim Hochziehen an dickem Seil, Tau oder Handtuch. Auch Schwungübungen mit Kettlebell, Keulen oder Sandbag erzielen eine Kräftigung dieser Muskulatur. Sie erreichen gute Effekte, indem Sie die Griffgröße verändern, beispielsweise ein Band um den Griff der Kurzhanteln wickeln, so dass sich der Griffumfang vergrößert. Als zusätzliche Übung können Fortgeschrittene Unterarmbewegungen mit Gewicht machen; für Einsteiger ist dies jedoch nicht empfehlenswert, da das Handgelenk recht schnell überlastet ist.
Übungsauswahl: K 29.

Außerdem können Sie mit Clipper und Therapie-Knete die Unterarme kräftigen. Viele Übungen zielen allerdings nur darauf ab, die Greifmuskeln zu stärken. Wenn Sie das Gefühl haben, dass sich Ihre Fingermuskeln auch ohne Belastung zusammenkrampfen, dann können Sie auch das Strecken der Finger nach außen üben, wozu Sie ein Theraband® um die zur Faust geschlossenen Finger spannen und diese dann gegen den Bandwiderstand öffnen. Beachten Sie beim Training der Hand- und Unterarmmuskulatur, dass sich diese langsam aufbaut, und überfordern Sie diese nicht, sondern bieten ihr genügend Regenerationszeit.
Ein gesondertes Training der Oberarmmuskulatur ist im funktionellen Training von Kampfsportlern nicht notwendig, da die Muskeln bei den Druck- und Zugbewegungen mittrainiert werden; solche Übungen haben mehr optische Gründe und werden deshalb hier nicht extra beschrieben.

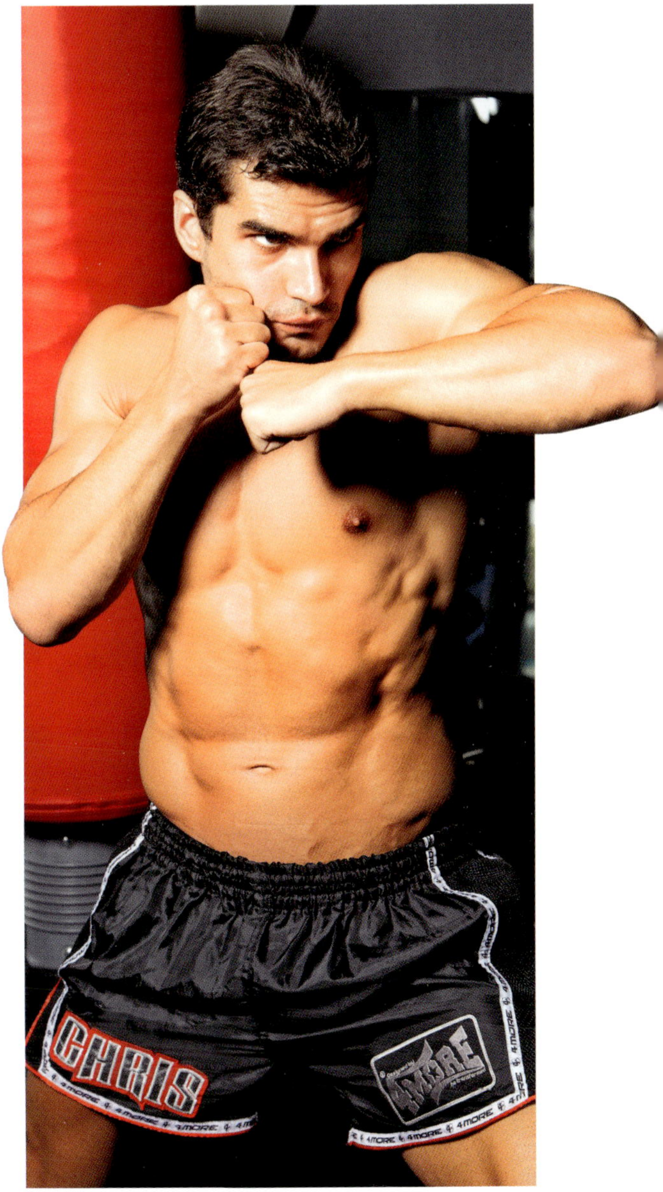

K 1: Liegestütz auf Fäusten (Level 2)

Mit dem Liegestütz trainieren Sie die Brust-, hintere Oberarm- und vordere Schultermuskulatur. Die Rumpfmuskulatur wird mitgekräftigt, da sie die Position stabilisieren muss. Durch die Ausführung auf den Fäusten wird das Handgelenk für das Auftreffen beim Schlagen gekräftigt.

Ausführung

- Begeben Sie sich in den Liegestütz und stützen sich mit den Fäusten ab. Die Füße sind aneinander und die Zehen sind aufgestellt.
- Spannen Sie die Gesäß- und die Bauchmuskulatur an, indem Sie den Bauchnabel nach innen und oben bewegen. Ziehen Sie leicht die Schultern zusammen und in Richtung Gesäß.
- Beugen Sie die Arme, bis die Brust fast den Boden berührt. Der Rücken bleibt gerade und die Ellbogen werden nahe am Körper entlang bewegt. Halten Sie kurz die Position.
- Drücken Sie sich nach oben, um die Übung zu wiederholen.

Halten Sie den Körper durchgehend in Spannung und vermeiden Sie ein Hohlkreuz.

Variante

Einsteiger üben mit den Handflächen am Boden (Level 1). Fortgeschrittene können mit den Fäusten auf einem Gymnastikball üben (Level 3). Da dies sehr intensiv ist, üben Sie zuerst, die Position zu stabilisieren, ohne sich nach unten zu bewegen.

Sie können jede Liegestütz-Variante vereinfachen, gleich ob auf Fäusten oder Handflächen, indem Sie die Füße weiter auseinander stellen. Wenn Sie eine Variante mit den Handflächen auf Gymnastikball oder Medizinball wählen, dann greifen Sie etwas von außen mit leicht gespreizten Fingern.

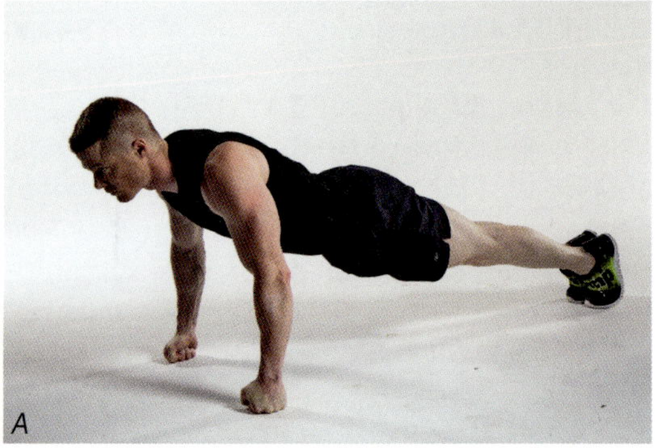

A

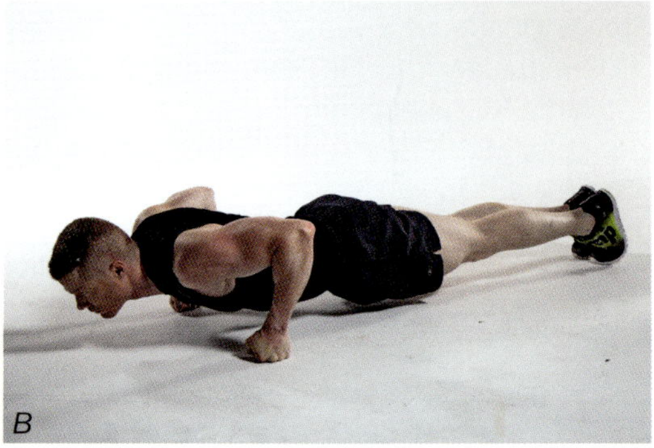

B

A–B: Die Ausgangs- und die Endposition.

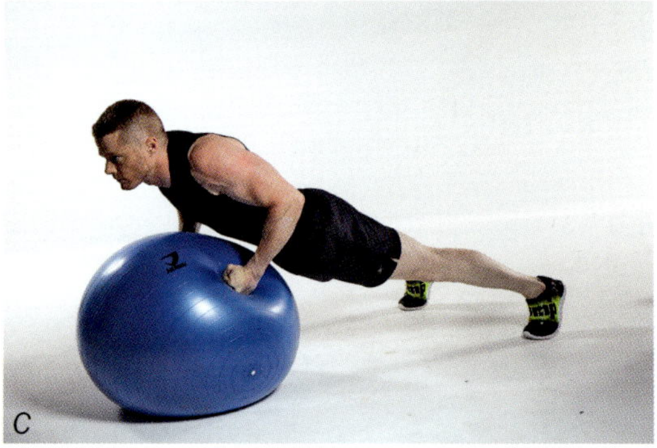

C

C: Die Übung auf dem Gymnastikball.

K 2: Liegestütz mit seitlichem Kastensprung (Level 2)

Mit dieser dynamischen Liegestütz-Variante trainieren Sie die Brust-, hintere Oberarm-, vordere Schulter- und Rumpfmuskulatur.

Ausführung

- Sie begeben sich in Liegestütz-Position und stützen sich mit einer Hand auf eine tiefe schmale Box oder einen Stepper ab. Die Hand befindet sich unter dem Schultergelenk, die Beine sind gestreckt.
- Bringen Sie die Bauch- und die Gesäßmuskulatur in Spannung und ziehen Sie die Schultern etwas zusammen und in Richtung Gesäß.
- Senken Sie den Körper und halten Sie kurz die Position.
- Drücken Sie sich explosiv nach oben, um zur anderen Seite zu springen, so dass Sie mit der anderen Hand aufkommen.
- Senken Sie den Körper und halten Sie kurz die Position, bevor Sie wieder zur anderen Seite springen. Wiederholen Sie die Übung.

Achten Sie darauf, dass Sie leicht aufkommen mit einer stabilen Handposition sowie auf Rumpfspannung.

Variante

Sie vereinfachen die Übung, wenn Sie die Handwechsel langsam vollziehen, indem Sie die Hände kontrolliert aufstellen (Level 1), auch als »Liegestütz Walk-Over« bekannt. Weit Fortgeschrittene können einen Fuß durchgehend in der Luft halten (Level 3).

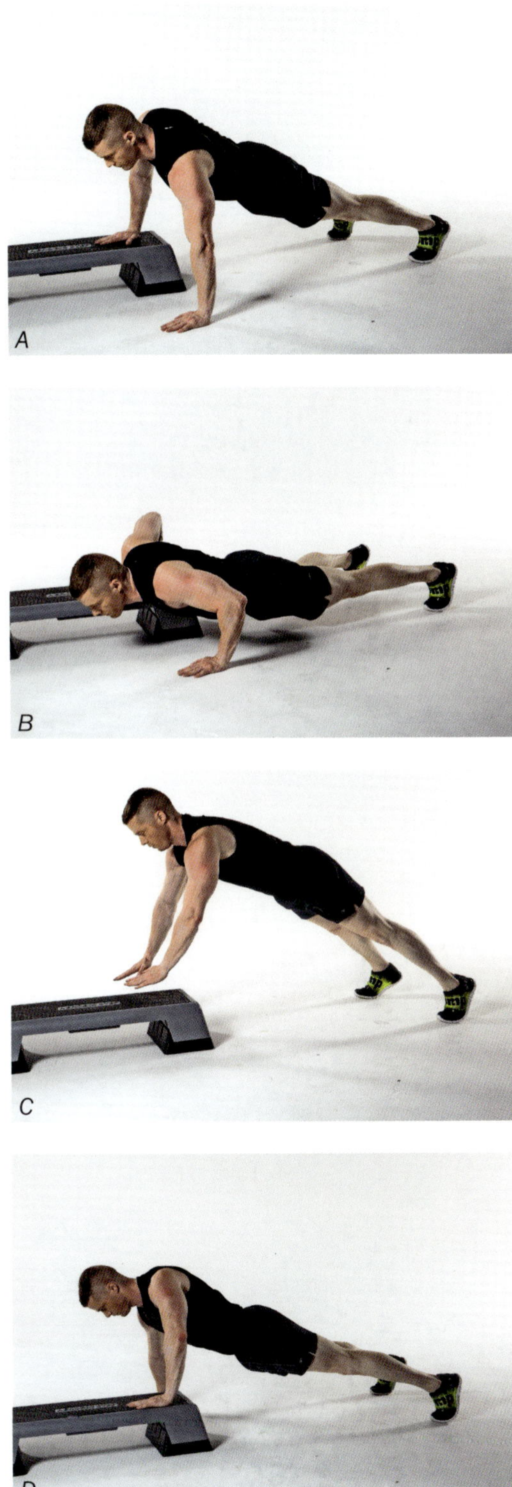

A–D: Die Übungsfolge

K 3: Liegestütz auf Medizinball mit Handwechsel (Level 2)

Mit dieser dynamischen Liegestütz-Variante trainieren Sie die Brust-, hintere Oberarm-, vordere Schulter- und Rumpfmuskulatur.

Ausführung

- Sie begeben sich in Liegestütz-Position und stützen sich mit einer Hand auf einen Medizinball. Die Hand befindet sich unter dem Schultergelenk, die Beine sind gestreckt.
- Bringen Sie die Bauch- und die Gesäßmuskulatur in Spannung und ziehen Sie die Schultern etwas zusammen und in Richtung Gesäß.
- Senken Sie den Körper und halten Sie kurz die Position.
- Drücken Sie sich wieder hoch und rollen Sie den Ball schnell zur anderen Hand
- Stellen Sie die andere Hand auf den Ball und senken Sie den Körper wieder ab.
- Drücken Sie sich hoch und rollen Sie den Ball zurück, um den nächsten Durchgang zu beginnen.

Achten Sie auf stabile Handpositionen sowie auf die Rumpfspannung.

Variante

Einsteiger lernen die Übung mit langsamem Ballrollen (Level 1), Fortgeschrittene üben explosiv (Level 3).

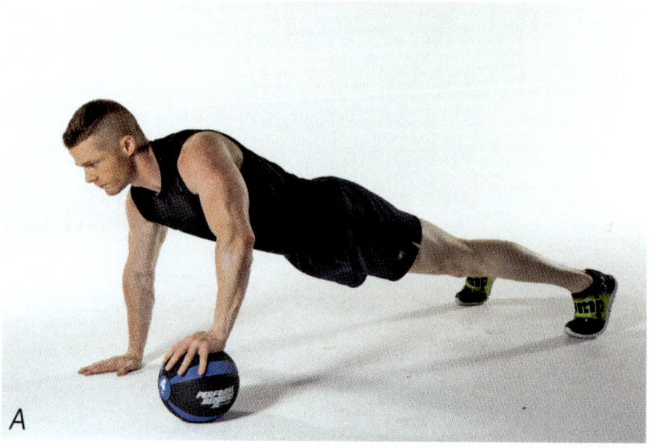

A

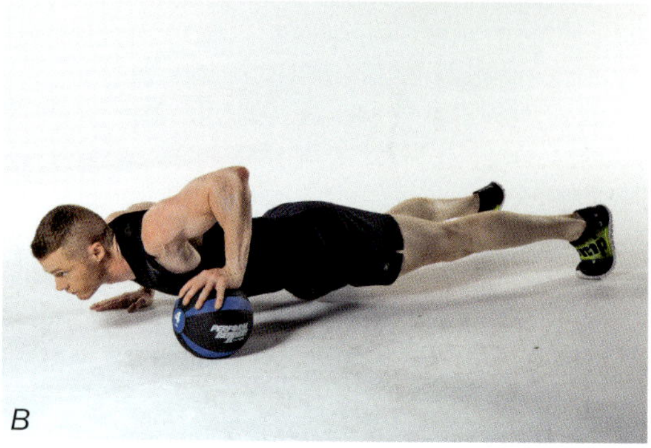

B

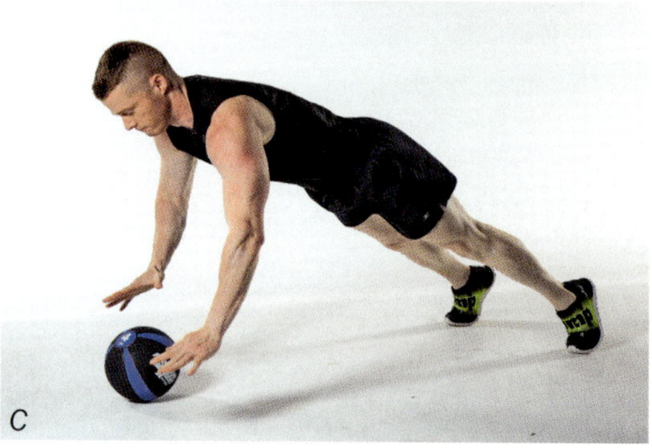

C

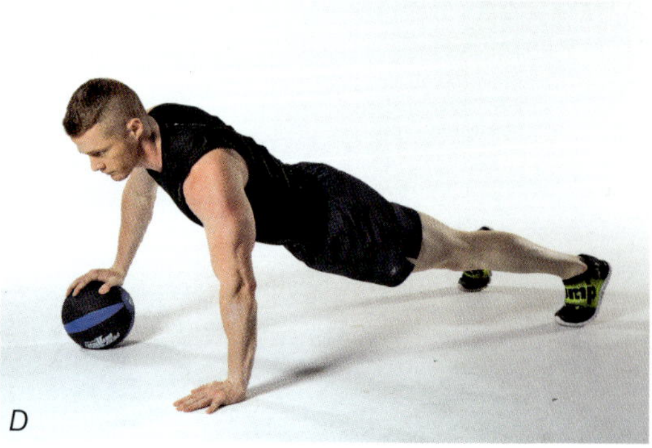

D

A–D: Die Übungsfolge

K 4: Liegestütz mit Händeklatschen (Level 3)

Mit dieser Schnellkraft-Übung trainieren Sie die Brust-, hintere Oberarm-, vordere Schulter- und Rumpfmuskulatur.

Ausführung

- Begeben Sie sich in Liegestütz-Position. Die Hände sind unter den Schultergelenken.
- Spannen Sie die Bauch- und die Gesäßmuskulatur an und die Schultern leicht nach hinten und in Richtung Gesäß.
- Beugen Sie die Arme und halten Sie kurz die Position. Achten Sie auf einen angespannten Rumpf, um ein Hohlkreuz zu vermeiden.
- Springen Sie explosiv nach oben ab und klatschen Sie die Hände in der Luft zusammen.
- Kommen Sie locker mit den Händen auf dem Boden auf. Beugen Sie dann die Arme wieder, um die Übung zu wiederholen.

Variante

Sie vereinfachen die Übung, indem Sie abspringen, ohne die Hände zusammenzuführen (Level 2); Einsteiger können das Abspringen mit den Händen in Schräglage üben, beispielsweise auf einem hohen Stepper (Level 1).

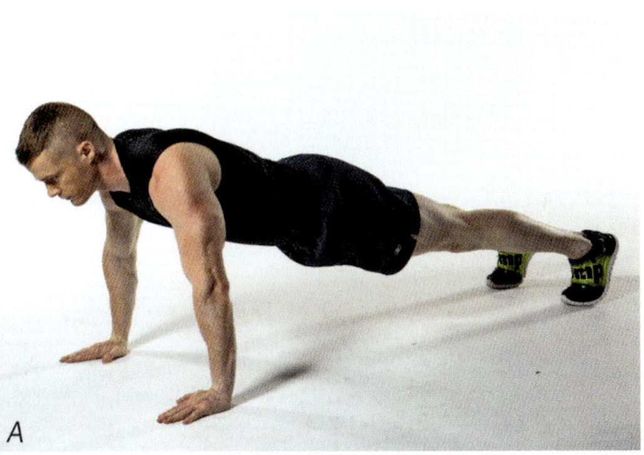

A

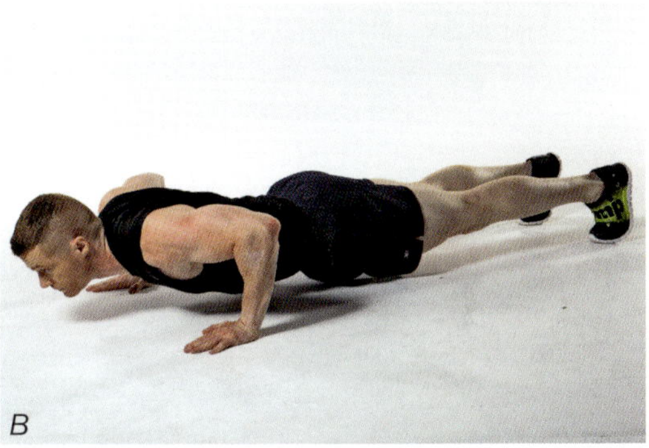

B

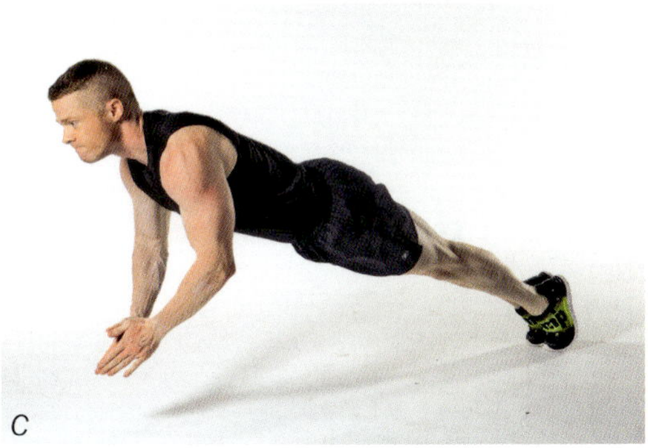

C

A–C: Die Übungsfolge.

K 5: Liegestütz mit Medizinball-Anheben (Level 3)

Mit dieser Schnellkraft-Übung trainieren Sie die Brust-, hintere Oberarm-, vordere Schulter- und Rumpfmuskulatur. Auch die obere Rückenmuskulatur wird mitgekräftigt.

Ausführung

- Begeben Sie sich in Liegestütz-Position, die Hände drücken fest von außen gegen den Medizinball, der sich unter der Brust befindet.
- Spannen Sie die Bauch- und die Gesäßmuskulatur an und die Schultern leicht nach hinten und in Richtung Gesäß.
- Beugen Sie die Arme, bis die Brust fast den Ball berührt, und halten Sie kurz die Position.
- Springen Sie explosiv nach oben ab, wobei Sie den Ball mit hochreißen.
- Kommen Sie kontrolliert wieder auf und wiederholen Sie die Übung.

Halten Sie durchgehend den Rumpf in Spannung.

Variante

Sie vereinfachen die Übung mit kleinen Sprüngen und einem sehr leichten Ball (Level 2). Alternativ üben Sie »K 4: Liegestütz mit Händeklatschen«, was auch anspruchsvoll, aber weniger intensiv als die Variante mit Medizinball ist.

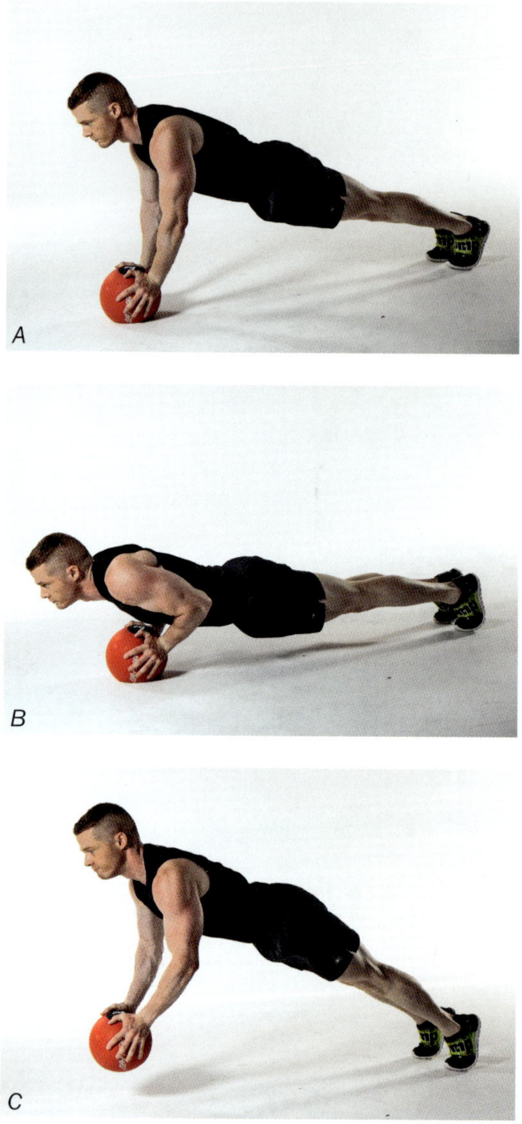

A–C: Die Übungsfolge.

K 6: Liegestütz mit Händen im Schlingentrainer (Level 2)

Mit dieser Übung trainieren Sie die Brust-, hintere Oberarm-, vordere Schulter- und Rumpfmuskulatur. Auch die stabilisierende Muskulatur wird mitgekräftigt.

Ausführung

- Sie stehen mit dem Rücken zum Schlingentrainer. Die Hände sind im Schlingentrainer, die Daumen weisen zueinander und die Arme sind gestreckt. Lehnen Sie sich so weit nach vorne, wie dies Ihrem Leistungsstand entspricht.
- Spannen Sie die Bauch- und die Gesäßmuskulatur an und ziehen Sie die Schulterblätter nach hinten und in Richtung Gesäß.
- Beugen Sie kontrolliert die Arme, eng am Körper entlang, und senken Sie dabei den Körper. Die Handflächen drehen sich nach innen. Halten Sie kurz die tiefe Position.
- Drücken Sie sich schnell nach oben, wobei sich die Hände wieder in Schlaghaltung drehen. Wiederholen Sie die Übung.

Halten Sie den Rumpf durchgehend in Spannung, um ein Hohlkreuz zu vermeiden, und achten Sie auf gerade Handgelenke.

Variante

Zur Intensivierung lehnen Sie sich so weit vor, dass Sie sich in fast horizontaler Position befinden. Einsteiger können ohne Drehung der Hände üben (Level 1). Fortgeschrittene können das Gewicht zur Seite verlagern (Level 3). Auch können sie nur eine Hand in den Schlingentrainer stellen und die andere Hand am Boden positionieren. Weit Fortgeschrittenen können einarmig üben, die andere Hand wird dabei als Deckung gehalten.
Wenn Sie die Füße im Schlingentrainer positionieren, dann verlagern Sie die Muskelbeanspruchung von den Füßen mehr zur Rumpf- und Beinmuskulatur.

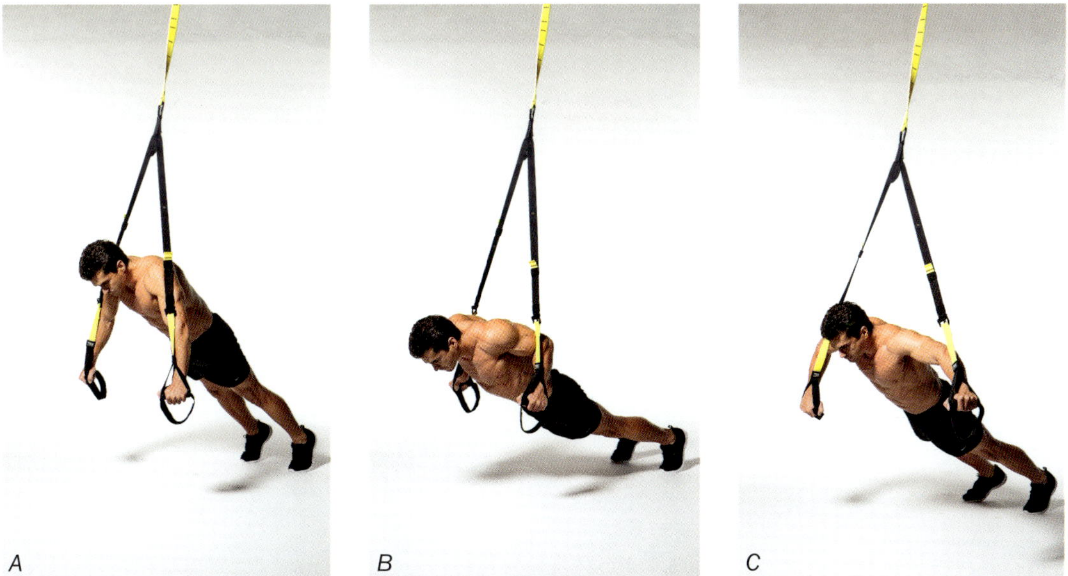

A–B: Die Ausgangs- und die Endposition.

C: Die Intensivierung mit Gewichtsverlagerung nach rechts (Level 3).

K 7: Gleiten im Liegestütz (Level 2)

Mit dieser Übung trainieren Sie die Brust-, hintere Oberarm-, vordere Schulter- und Rumpfmuskulatur.

Ausführung

- Begeben Sie sich in Liegestütz-Position und stützen sich mit den Händen auf den Slide-Trainer, z. B. Valslide®. Die Hände befinden sich unter den Schultern.
- Spannen Sie die Bauch- und die Gesäßmuskulatur an und die Schultern leicht nach hinten und in Richtung Gesäß.
- Gleiten Sie mit der linken Hand nach links und machen Sie gleichzeitig einen Liegestütz. Halten Sie kurz die Position.
- Gleiten Sie in die Ausgangsposition zurück.
- Gleiten Sie mit der rechten Hand nach rechts und machen Sie gleichzeitig einen Liegestütz. Halten Sie kurz die Position.
- Gleiten Sie in die Ausgangsposition zurück und wiederholen Sie die Übung.

Halten Sie durchgehend den Rumpf in Spannung und vermeiden Sie unkontrollierte Rutschbewegungen.

Variante

Fortgeschrittene führen die Übung schnell aus (Level 3). Auch können Fortgeschrittene das abwechselnde Gleiten nach oben ergänzen. Wenn Sie kein Slide-Trainingsgerät verfügbar haben, dann können Sie mit einem oder zwei zusammengelegten Handtüchern auf glattem Boden trainieren.

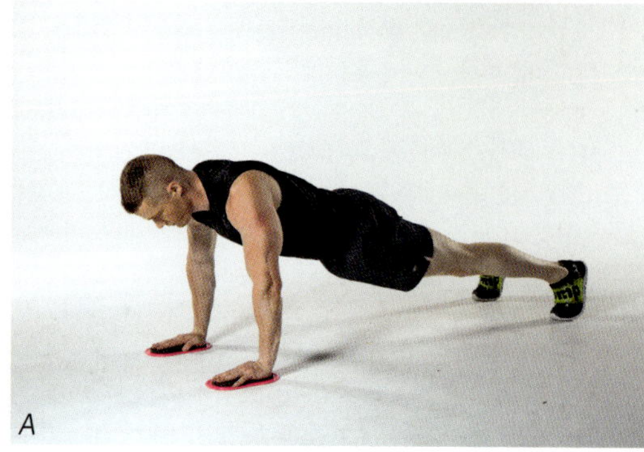

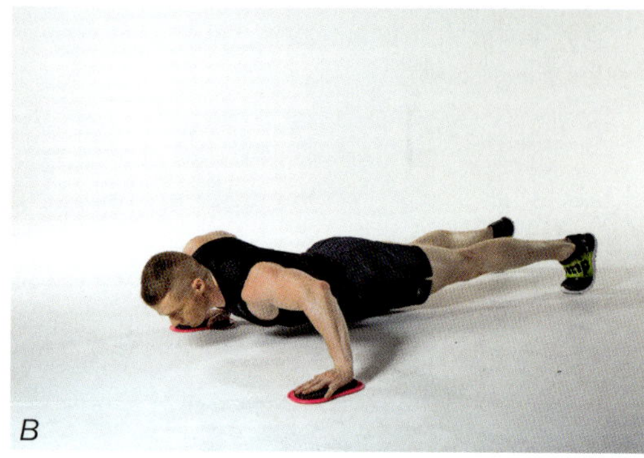

A–B: Die Startposition und das Gleiten nach links.

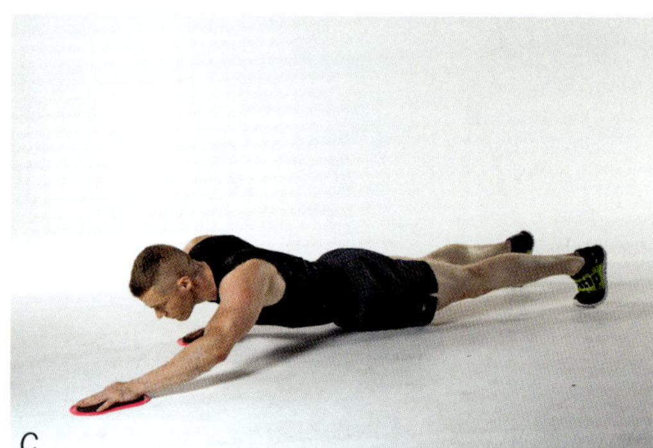

C: Das Gleiten nach oben mit Liegestütz.

K 8: Brust-Drücken auf Bank (Level 1)

Mit dieser Übung kräftigen Sie vorrangig die Brust-, die vordere Schulter- und die hintere Oberarmmuskulatur.

Ausführung

- Sie befinden sich in Rückenlage auf einer Hantelbank oder, falls nicht vorhanden, auf dem Boden. Die Arme sind senkrecht in die Luft gestreckt und etwa schulterbreit auseinander. In den Händen halten Sie Kurzhanteln, wobei die Daumen zueinander gerichtet sind.
- Drücken Sie die Füße auf den Boden und spannen Sie die Bauch- und die Gesäßmuskulatur an, um die Position zu stabilisieren.
- Senken Sie die Hanteln und führen Sie diese etwas nach außen, bis die Oberarme fast waagrecht sind.
- Drücken Sie die Hanteln in die Ausgangsposition zurück und wiederholen schließlich die Übung.

Vermeiden Sie Ausweichbewegungen mit den Schultern und achten Sie auf gerade Handgelenke.

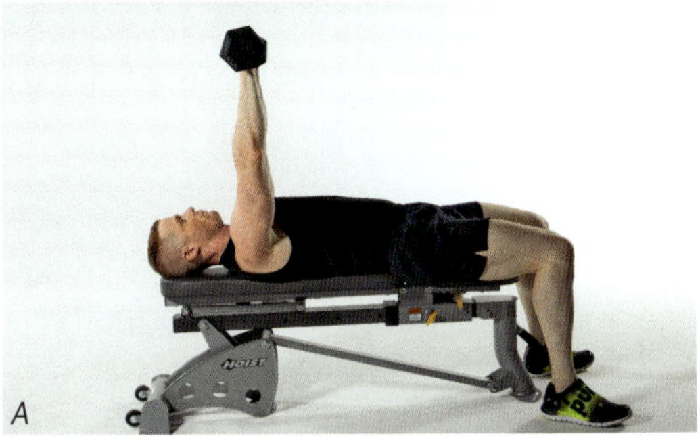

A

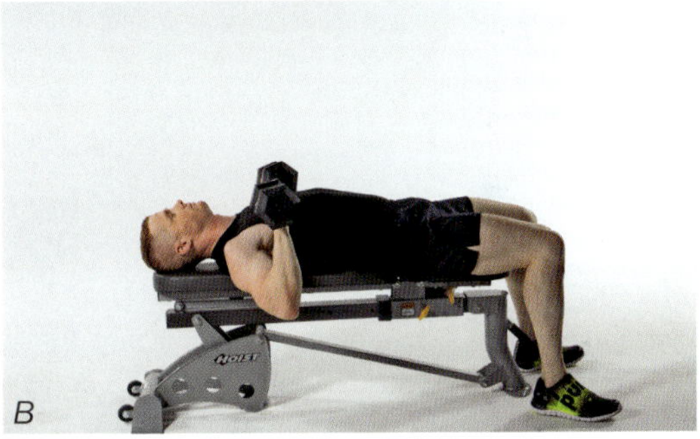

B

A–B: Die Ausgangs- und die Endposition.

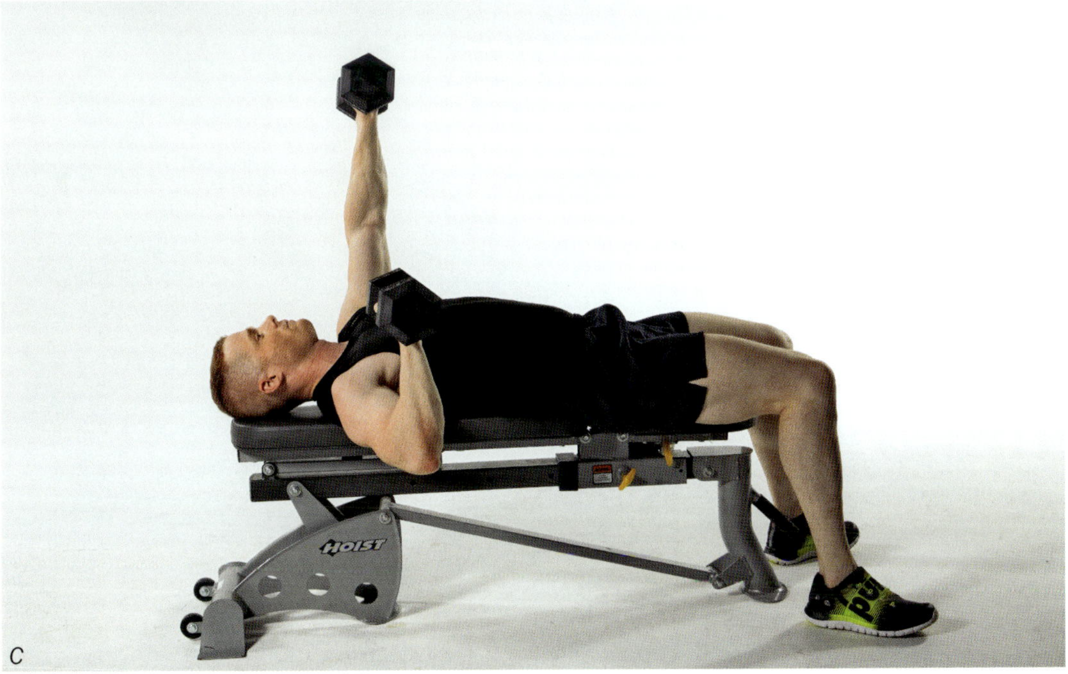

C

C: Das abwechselnde Anheben.

Variante

Sie können die Hanteln auch abwechselnd anheben.

Wenn Sie die Übung mit einer Langhantel und Ablage ausführen, können Sie zwar mit mehr Gewicht trainieren, die Ausführung mit Kurzhanteln fördert aber das Muskelzusammenspiel besser, also die Fähigkeit, Kraft beim Schlagen einzusetzen.

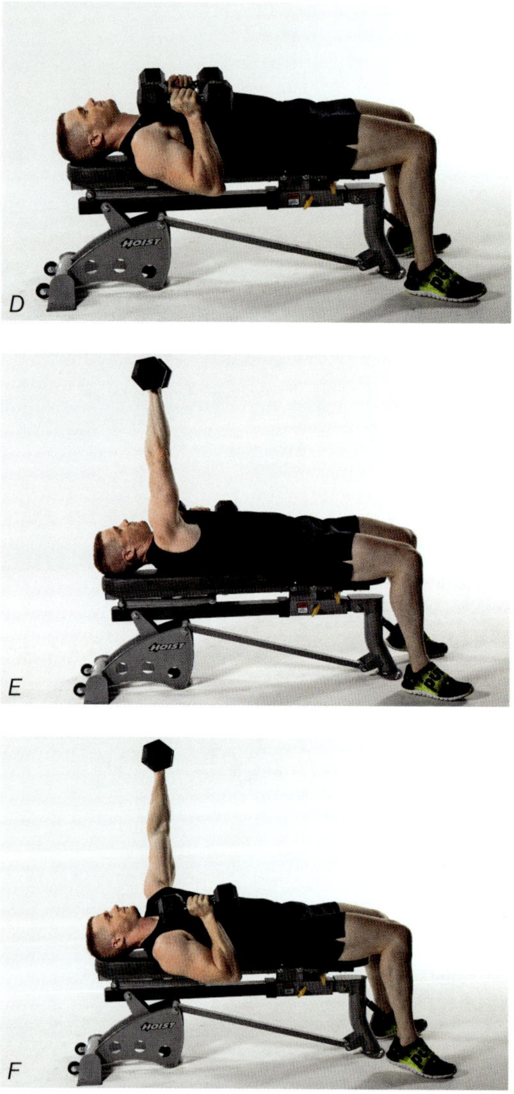

D E F

D–F: Der Bewegungsablauf beim abwechselnden Hanteldrücken aus einer Haltung ähnlich der Boxdeckung.

Sie können die Übung mehr der Boxbewegung angleichen, wenn Sie die Hanteln in der Ausgangsposition so halten, dass die Handflächen zueinander zeigen und die Hanteln abwechselnd explosiv nach oben stoßen (Level 2). Dies können Sie intensivieren, indem Sie nur eine Kurzhantel nutzen, die andere Hand bleibt als Faust in Deckungshaltung (Level 3). Diese Intensivierung hat aber nur Nutzen, wenn Sie den Körper stabilisieren können.

Auch ist die Übung auf einer Schrägbank möglich. Wählen Sie die Methode nach den vorhandenen Trainingsmöglichkeiten sowie Trainingszielen.

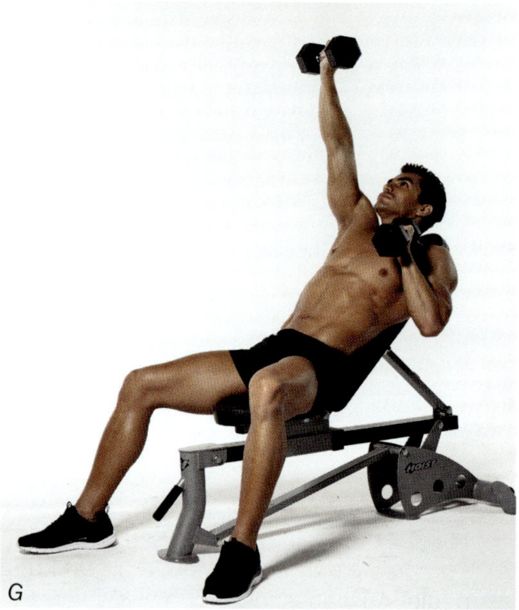

G

G: Das Training auf der Schrägbank.

K 9: Einarmiges Brust-Drücken (Boxstoß) auf Gymnastikball (Level 3)

Dies ist eine sehr intensive Variante für das Brust-Drücken. Führen Sie diese nur aus, wenn Sie die Position auf dem Ball durchgehend stabilisieren können, ansonsten üben Sie auf der Hantelbank oder am Boden. Die Übung kräftigt die Brust-, vordere Schulter- und hintere Oberarmmuskulatur sowie durch den instabilen Untergrund intensiv die Rumpfmuskulatur. Verwenden Sie auf dem Ball deutlich weniger Gewicht, als Sie auf einer Hantelbank nutzen können. Ziel ist es, das Muskelzusammenspiel bei schneller Ausführung zu verbessern, nicht hingegen, sehr hohe Gewichte zu bewegen.

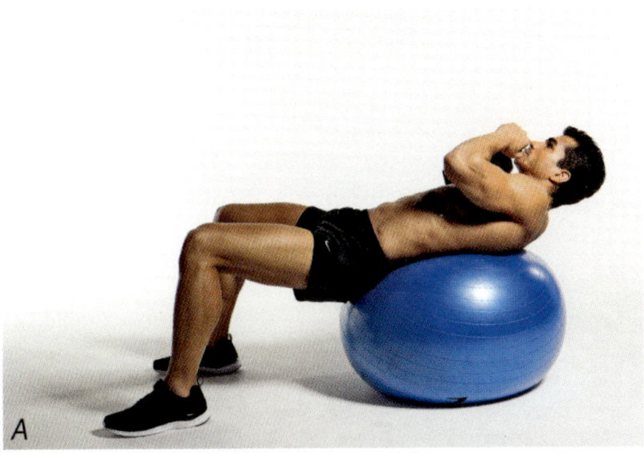

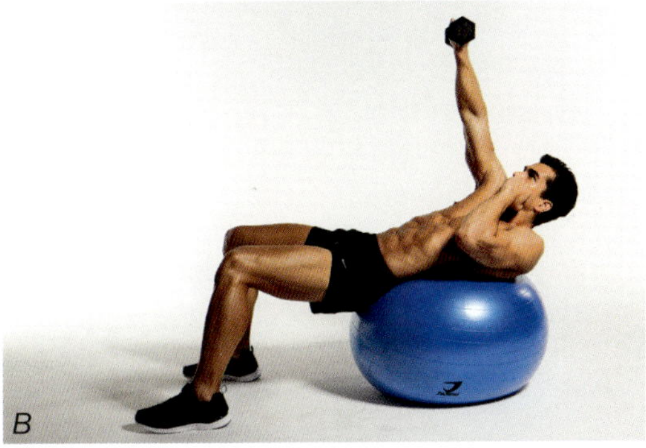

A–B: Die Ausgangs- und die Endposition beim einarmigen Drücken.

Ausführung

- Sie sitzen aufrecht auf einem Gymnastikball und halten eine Kurzhantel vor der Brust. Machen Sie kleine Schritte nach vorne, bis Sie sich in Rückenlage auf dem Ball befinden.
- Drücken Sie die Füße auf den Boden und spannen Sie die Bauch- und die Gesäßmuskulatur an, um die Position zu stabilisieren. Die Hantel halten Sie mit der Handfläche nach innen, die andere Hand befindet sich in Deckungshaltung.
- Bewegen Sie die Hantel schnell gerade hoch, wobei Sie die Hantel entsprechend einem geraden Schlag drehen, die Handfläche zeigt schließlich zu den Füßen.
- Senken Sie die Hantel wieder mit Drehung in die Ausgangsposition ab. Halten Sie kurz die Position, um Vorspannung aufzubauen, bevor Sie die Übung wiederholen.

Achten Sie auf eine durchgehend stabile Position auf dem Ball.

Anschließend führen Sie einen Übungssatz mit der anderen Hand aus.

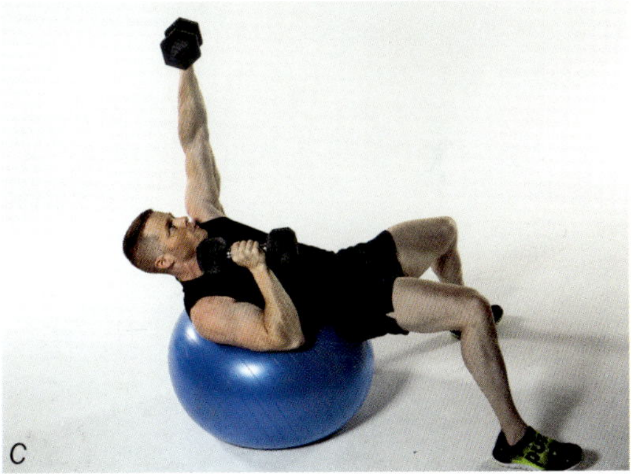

C: Die Übung mit zwei Kurzhanteln.

Variante

Sie vereinfachen die Übung etwas, indem Sie zwei Kurzhanteln nutzen, da dann der Rumpf weniger gefordert wird, die Bewegung auszugleichen (Level 2).

K 10: Einarmiger Bruststoß (Boxstoß) (Level 1)

Dies ist eine Übung, um mehr Kraft für den geraden Schlag zu entwickeln. Die Übung kräftigt Brust-, Schulter-, hintere Oberarm- und Rumpfmuskulatur.

Ausführung

- Sie stehen 2–3 Meter frontal vor einer Wand oder einem Partner. Ein Fuß ist etwas vorgestellt, und der hintere Fuß weist leicht nach außen. Den Ball halten Sie neben dem Gesicht auf der hinteren Hand. Die vordere Hand kann den Ball etwas stützen, damit er nicht herunterfällt. Fixieren Sie ein Ziel etwa in oder leicht über Kopfhöhe.
- Stellen Sie den vorderen Fuß schnell weiter vor und stoßen Sie den Ball explosiv und mit aller Kraft nach vorne zum Ziel. Dabei drehen sich der hintere Fuß auf dem Fußballen sowie Hüfte und Oberkörper mit. Die freie Hand führen Sie dabei in Deckungsposition.
- Fangen Sie den Ball in vorderer Position vorne und nehmen Sie zügig wieder die Ausgangsposition ein, um die Übung zu wiederholen.

Wichtig ist, dass der vordere Fuß durchgehend zum Ziel zeigt und der hintere Fuß mitgedreht wird.
Nach einem Übungssatz trainieren Sie die andere Seite.

Variante

Fortgeschrittene können auch die vordere Gerade üben, indem sie in der Ausgangsposition den Ball auf der vorderen Hand halten.
Alternativ können Sie den Bruststoß mit beiden Händen gleichzeitig üben, was zwar die Muskulatur aufbaut, aber weniger effektiv für das Training der hinteren Gerade ist.

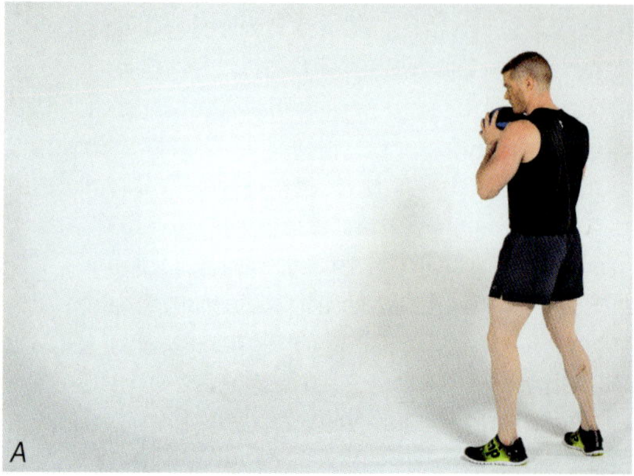
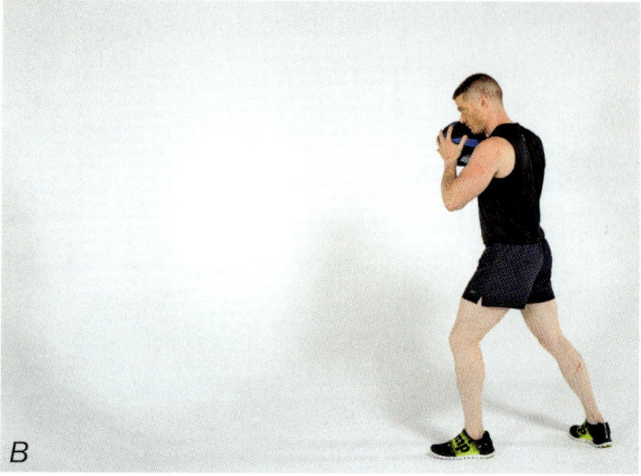
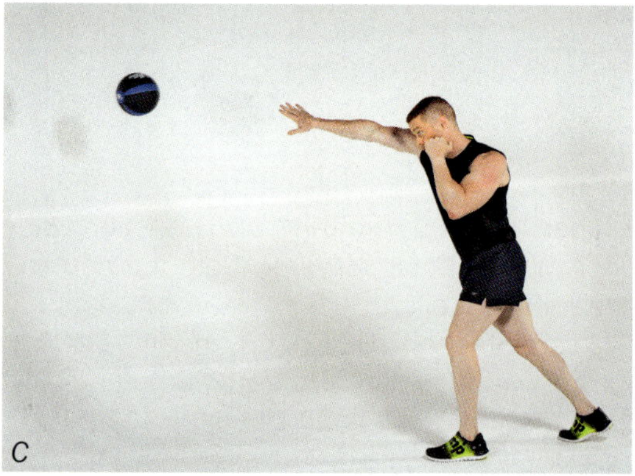

A–C: Der rechte Bruststoß.

K 11: Einarmiger Bruststoß aus der Kniebeuge (Level 2)

Bei dieser Variante wird die Komplexität gegenüber der Übung K 10 gesteigert und auch die Bein- und die Gesäßmuskulatur miteinbezogen. Es wird davon ausgegangen, dass der Leser ein Rechtshänder ist; ansonsten gilt die Beschreibung seitenverdreht.

Ausführung

- Sie halten den Ball in der rechten Hand am Kinn und befinden sich im hüft- bis schulterbreiten Stand 2–4 Meter vor dem Ziel. Der Körper ist in Spannung. Fixieren Sie ein Ziel etwa in oder leicht über Kopfhöhe.
- Machen Sie eine Kniebeuge, wozu Sie das Gesäß nach hinten schieben, und halten Sie kurz die Position.
- Stellen Sie aus der Kniebeuge heraus zügig den linken Fuß vor und stoßen gleichzeitig explosiv den Ball zum Ziel. Die freie Hand führen Sie dabei in Deckungsposition.
- Fangen Sie den Ball in vorderer Position und bewegen Sie sich in den aufrechten Stand zurück, um die Übung zu wiederholen.

Variante

Wenn Sie den linken Arm trainieren, dann können Sie den rechten Fuß vorstellen oder aber wie bei einer vorderen Geraden den linken Fuß vorstellen.

Sie vereinfachen die Übung, indem Sie den Stoß mit beiden Armen ausführen (Level 1). Sie intensivieren die Übung, indem Sie eine einbeinige Kniebeuge machen (Level 3). Bei einbeiniger Ausführung können Sie auch nach vorne springen.

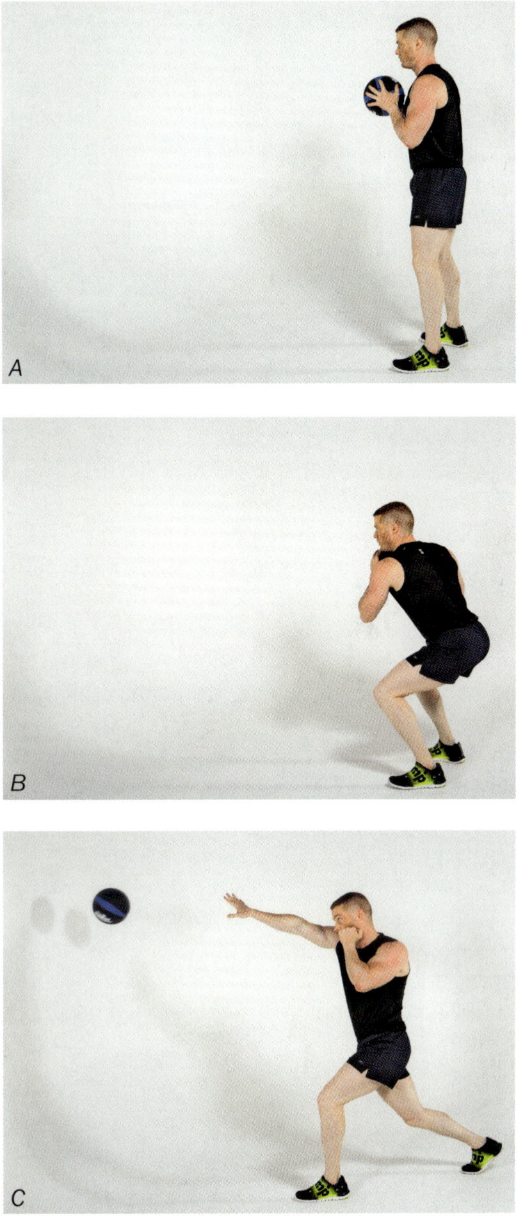

A–C: Der rechte Stoß aus der Kniebeuge.

K 12: Handstand-Liegestütz an Wand (Level 2)

Die Übung trainiert die seitliche Schulter-, Nacken-, Unterarm- und hintere Oberarmmuskulatur. Die Brust-, Rumpf-, vordere und hintere Schultermuskulatur werden mitgekräftigt.

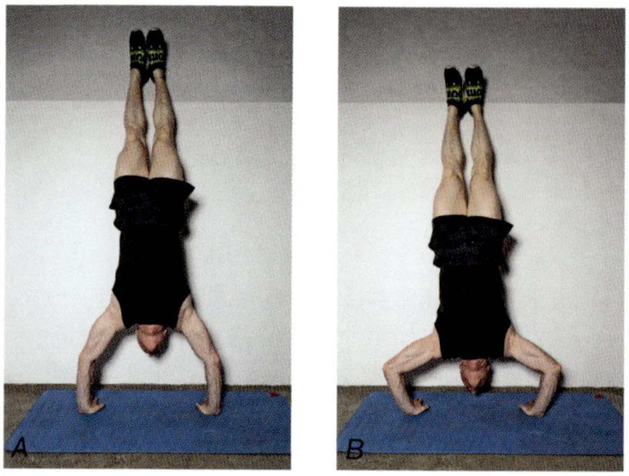

A–B: *Die Ausgangs- und die Endposition (Level 2).*

Ausführung

- Stützen Sie sich mit den Händen etwa 20–30 cm vor einer Wand auf dem Boden ab. Die Hände sind mindestens schulterbreit auseinander, die Finger zeigen zur Wand und sind gespreizt. Ein Bein ist etwas angezogen, und das andere Bein ist nach hinten gestreckt.
- Nehmen Sie Schwung und bringen Sie die Beine an die Wand, das gestreckte Bein zuerst. Balancieren Sie die Position aus und spannen Sie die Hände fest in den Boden und die Schultern weg von den Ohren. Aktivieren Sie die Bauch- und die Gesäßmuskulatur.
- Beugen Sie langsam die Arme, bis der Kopf den Boden berührt. Stützen Sie sich jedoch nicht mit dem Kopf auf dem Boden ab.
- Strecken Sie die Arme, um sich in die Ausgangsposition zurückzubewegen.

Halten Sie die gesamte Muskulatur in Spannung und achten Sie auf einen geraden Rücken, gerade Handgelenke und gleichmäßige Atmung.

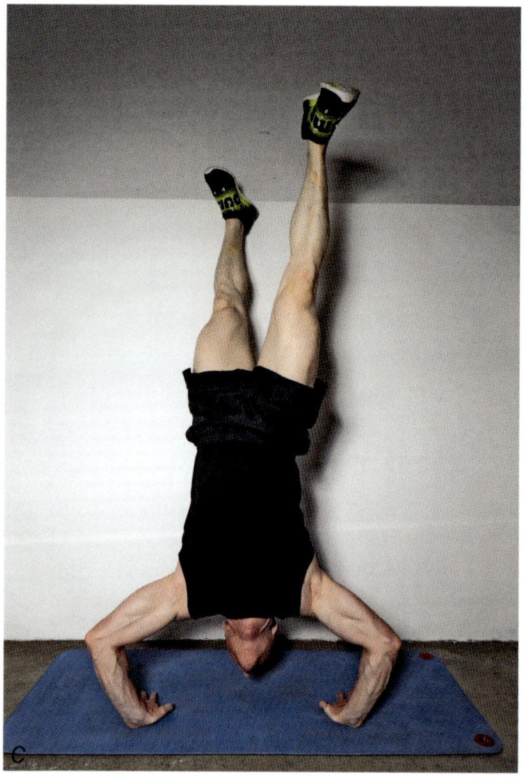

C: Die Intensivierung mit nur einem Fuß an der Wand (Level 3).

Variante

Einsteiger führen die Übung mit verringertem Bewegungsausmaß aus (Level 1). Dazu können Sie einen Bücherstapel so platzieren, dass sich Ihr Kopf während der Übungsausführung darüber befindet. Wenn Sie die beabsichtigte Wiederholungszahl erreichen, verringern Sie die Höhe des Stapels, bis Sie schließlich die Übung mit dem vollständigen Bewegungsausmaß ausführen können. Fortgeschrittene können einen Fuß von der Wand wegnehmen (Level 3), was etwas einfacher wird, wenn Sie mit den Händen mehr Abstand von der Wand halten. Weit Fortgeschrittene können ganz auf das Abstützen verzichten.

K 13: Vorgebeugtes Schulter-Drücken auf instabilem Untergrund (Level 3)

Hier wird eine sehr intensive Variante des vorgebeugten Schulter-Drückens gezeigt; wählen Sie eine Variante mit dem für Sie geeigneten Schwierigkeitslevel. Das vorgebeugte Schulter-Drücken kräftigt die seitliche Schulter-, Nacken- und hintere Oberarmmuskulatur. Die Rumpf-, Brust- und vordere Schultermuskulatur werden mitgekräftigt.

Ausführung

- Stützen Sie sich mit den Händen auf einen Medizinball oder einen Therapiekreisel, die Finger sind möglichst weit gespreizt. Die Beine sind gestreckt und die Zehen auf einem Gegenstand positioniert, wobei die Füße höher als die Hände sind.
- Heben Sie das Gesäß so weit wie möglich nach oben hinten. Spannen Sie die Bauch- und die Gesäßmuskulatur an.
- Beugen Sie langsam die Arme, bis der Kopf fast den Mediziball berührt, ohne sich jedoch mit dem Kopf abzustützen.
- Halten Sie kurz die Position.
- Strecken Sie die Arme in die Ausgangsposition zurück.

Achten Sie darauf, dass Sie durchgehend den Rumpf in Spannung und das Gesäß hochgehoben halten.

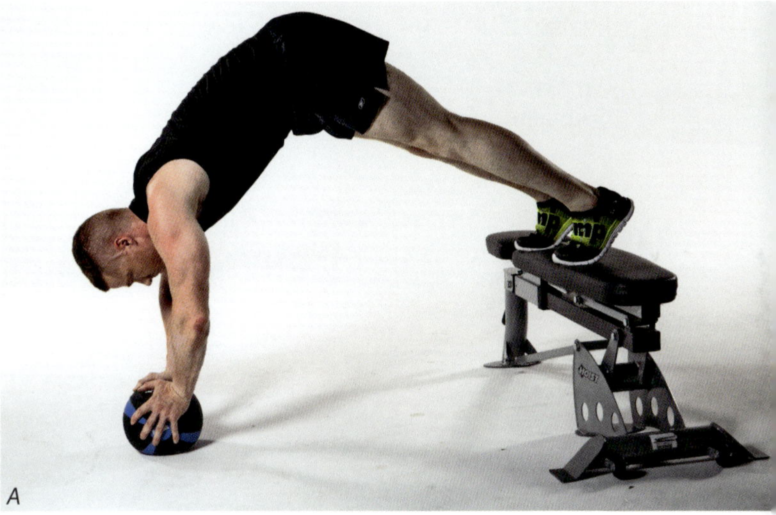

A

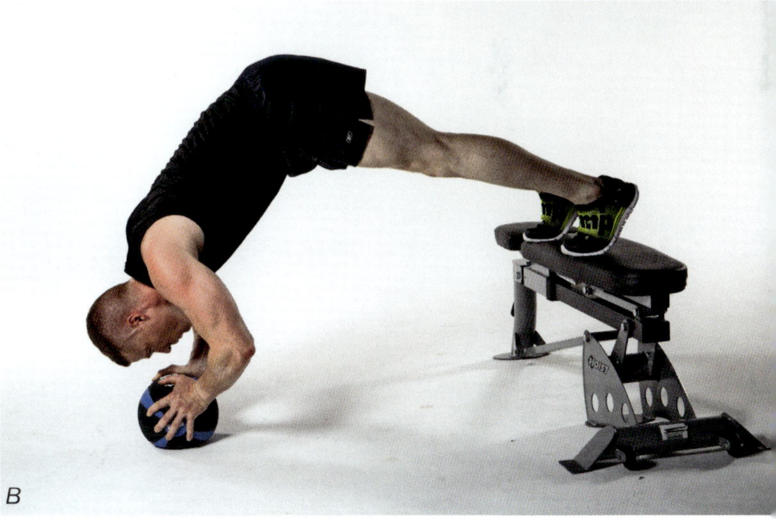

B

A–B: Die Ausgangs- und die Endposition.

Variante

Einsteiger führen die Übung mit den Händen und Füßen auf dem Boden aus (Level 1); leicht Geübte stellen die Hände auf den Boden und die Füße auf einen erhöhten Gegenstand (Level 2). Alle Varianten können intensiviert werden, indem Sie einen Fuß in der Luft halten.

K 14: Schwungdrücken (Level 2)

Mit dieser Übung trainieren Sie vorrangig die Schultermuskulatur, insbesondere den mittleren Anteil. Die Rumpf-, Brust- und hintere Oberarmmuskulatur werden mittrainiert. Durch die Kombination mit einer leichten Kniebeuge werden auch die Bein- und die Gesäßmuskulatur aktiviert.

Ausführung

- Sie stehen aufrecht im hüft- bis schulterbreiten Stand. Die Arme sind über den Schultern, in den Händen halten Sie Kurzhanteln.
- Spannen Sie die Bauch- und die Gesäßmuskulatur an und ziehen Sie die Schultern nach hinten unten.
- Machen Sie eine Viertel-Kniebeuge, um Schwung zu holen, und drücken Sie dann die Hanteln nach oben mit gleichzeitiger Streckung der Beine.
- Bewegen Sie sich wieder nach unten, um die Übung zu wiederholen.

Wichtig ist, dass Sie beim Hochdrücken den Rumpf stabil lassen und sich nicht in ein Hohlkreuz drücken. Achten Sie außerdem darauf, dass Sie mit den Hanteln nicht nach vorne oder hinten ausweichen.

Variante

Einsteiger üben zuerst das Überkopf-Drücken ohne die Viertelkniebeuge (Level 1). Fortgeschrittene üben einarmig, was die Rumpfmuskulatur mehr beansprucht, Ausweichbewegungen zu vermeiden (Level 3). Weit Fortgeschrittene können das Schwungdrücken durch einbeinige Ausführung intensivieren.

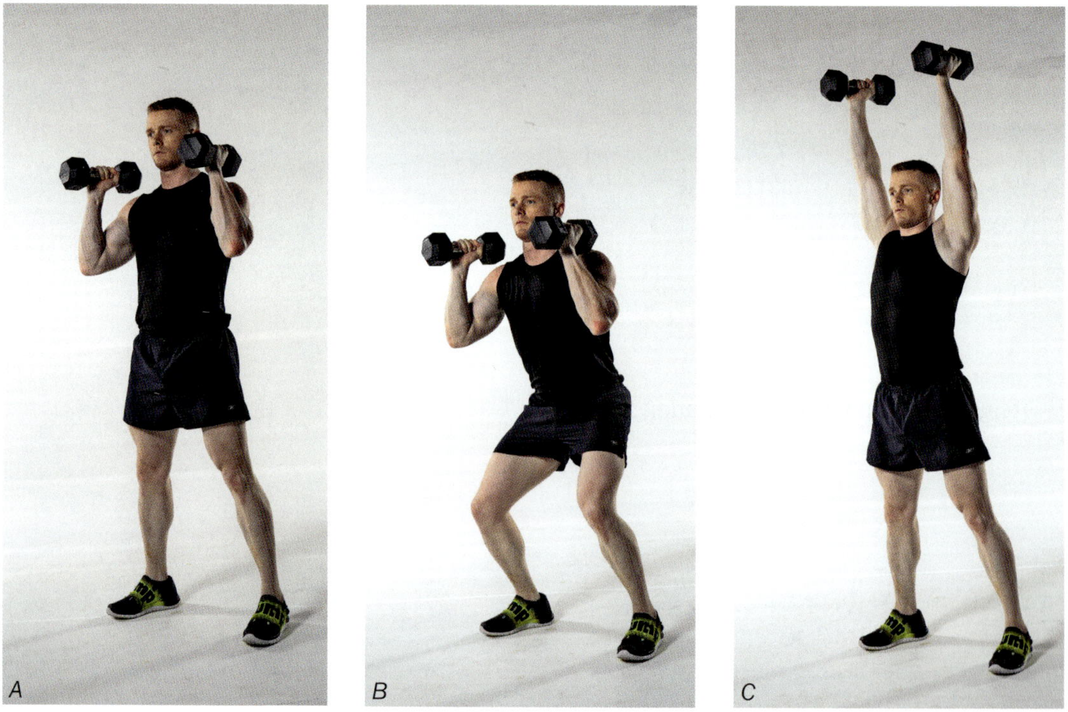

A–C: Der Bewegungsablauf.

K 15: Einarmiger Zug mit Band (Level 2)

Mit dieser Übung kräftigen Sie die obere Rückenmuskulatur. Es werden die untere Rücken-, vordere Oberarm-, hintere Schulter- und Nackenmuskulatur mitgekräftigt.

Ausführung

- Sie stehen im hüft- oder schulterbreiten Stand, mit leicht gebeugten Beinen. Ein Arm ist nach vorne gestreckt, und in dessen Hand halten Sie die Enden eines harten Stretchbandes. Das Band ist etwa auf Schulterhöhe befestigt und befindet sich in mittlerer Spannung. Die Handfläche ist nach unten gerichtet.
- Spannen Sie die Bauch- und die Gesäßmuskulatur an und halten Sie den Rücken gerade.
- Ziehen Sie den Ellbogen an den Rippen entlang nach hinten, wobei Sie den Arm so bewegen, dass sich die Handfläche nach oben dreht.
- Bewegen Sie den Arm wieder nach vorne in die Ausgangsposition, aber nur so weit, dass das Band noch in Spannung ist. Dann wiederholen Sie die Übung.

Die Hüften und der Rumpf werden nicht bewegt, und die Bauch- und Gesäßmuskulatur sind durchgehend in Spannung.
Nach dem Übungssatz mit einem Arm trainieren Sie die andere Seite.

Variante

Einsteiger können mit beiden Händen ziehen, wodurch der Rumpf weniger Ausgleichsarbeit zu leisten hat (Level 1). Fortgeschrittene üben auf einem instabilen Untergrund oder halten ein Bein in der Luft (Level 3).
Alternativ können Sie die Übung an einem Kabelzug ausführen. Wenn Sie weder Band noch Kabelzug verfügbar haben, dann können Sie ein Handtuch um einen Türgriff legen, die Tür zwischen die Knie klemmen und sich zurücklehnen, wobei Sie in die Kniebeuge gehen. Nun können Sie sich aus dieser Position hochziehen.

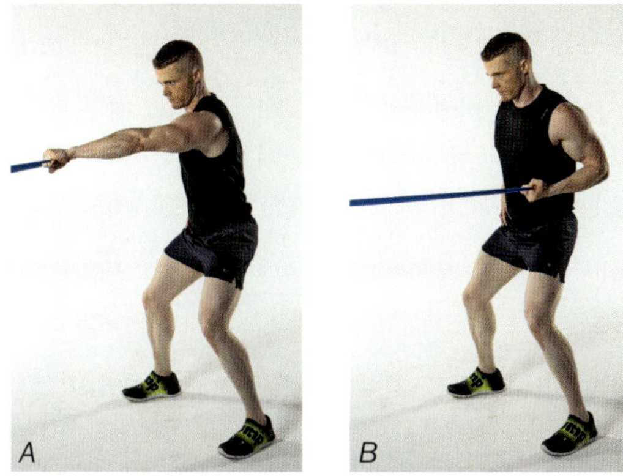

A–B: Die Ausgangs- und die Endposition.

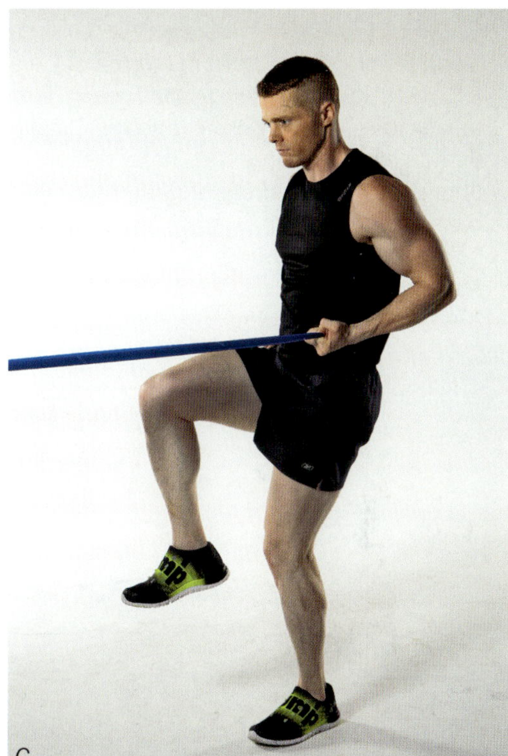

C: Der einarmige Zug im Einbeinstand. Achten Sie auf gerade Hüften.

K 16: Hochziehen aus Schräglage mit Schlingentrainer (Level 2)

Mit dieser Übung kräftigen Sie die Rücken-, Rumpf-, Unterarm-, vordere Oberarm- und hintere Schultermuskulatur.

Ausführung

- Sie stehen gerade im hüftbreiten Stand in Richtung der Befestigung des Schlingentrainers, in den Händen halten Sie die Griffe. Bewegen Sie sich in die Schräglage, die Handrücken zeigen nach oben.
- Spannen Sie die Bauch- und die Gesäßmuskulatur an und die Schultern nach hinten unten.
- Ziehen Sie sich nach oben, wobei Sie die Ellbogen so weit wie möglich nach hinten bewegen, am Körper entlang. Dabei drehen Sie die Hände, so dass sie in der Endposition nach innen zeigen. Halten Sie kurz die Position.
- Senken Sie sich wieder kontrolliert in die Ausgangsposition mit Drehung der Hände zurück, um die Übung zu wiederholen.

Vermeiden Sie Ausweichbewegungen wie Hochziehen der Schultern.

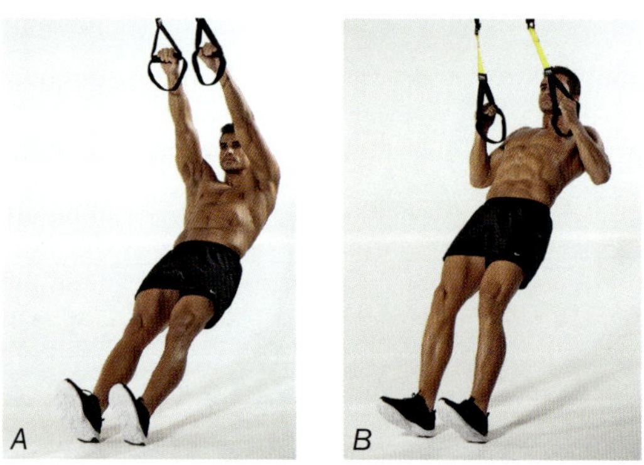

A–B: Das beidarmige Ziehen.

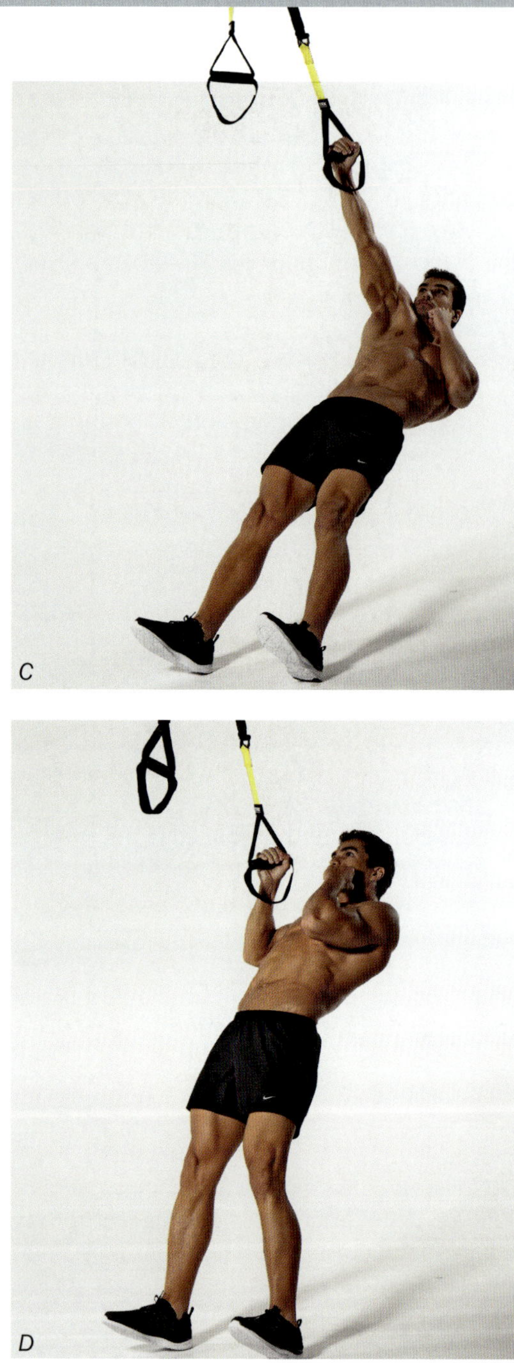

C–D: Das einarmige Ziehen am Seil.

Variante

Umso intensiver Sie sich in Schräglage bewegen, desto anspruchsvoller wird die Übung. Wählen Sie die für Sie geeignete Intensität.
Sie intensivieren die Übung, indem Sie einen Fuß durchgehend in der Luft halten. Achten Sie bei dieser Ausführung besonders darauf, dass Sie die Hüften nicht verdrehen. Auch können Fortgeschrittene einarmig üben (Level 3). So können Sie die Bewegung beim Boxschlag rückwärtig simulieren, wozu Sie die andere Hand als Faust am Kinn halten.
Alternativ können Sie mit Handtuch oder dickem Seil in Schräglage üben.

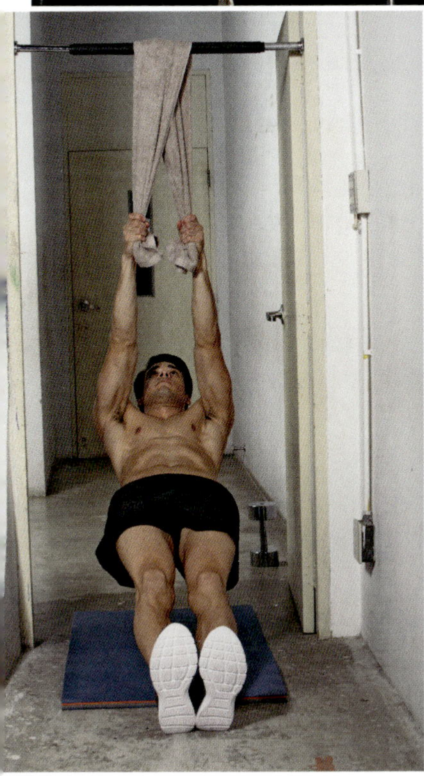

ie beidarmige Ausführung mit Hand- Diese Variante ist überall durchführ- Sie brauchen nur ein langes Handtuch eine stabile Befestigungsmöglichkeit.

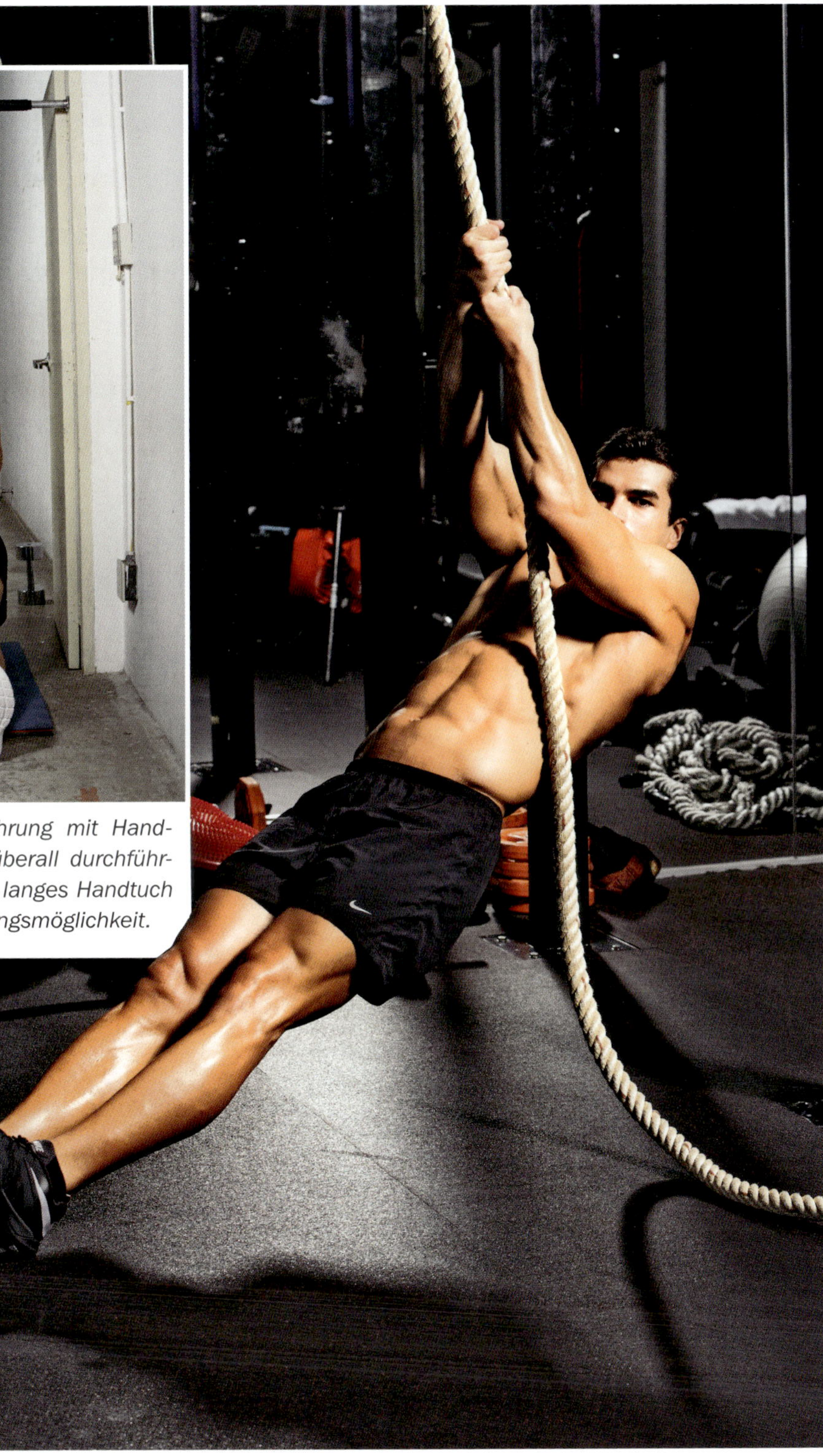

F

F: Die Übung am Seil.

K 17: Hochziehen vom Boden mit gestreckten Beinen (Level 2)

Mit dieser Übung kräftigen Sie die obere Rücken-, hintere Schulter- und vordere Oberarmmuskulatur. Die Rumpf- und Unterarmmuskulatur werden mittrainiert.

Für die Übung benötigen Sie eine Stange, an der Sie sich hochziehen können. Das kann eine tief befestigte Klimmzug-Stange sein oder eine hohe Stange, wenn Sie ein Handtuch um die Stange legen. Auch mit Schlingentrainer oder dickem Seil können Sie üben. Wählen Sie eine Variante abhängig von Ihrer vorhandenen Trainingsmöglichkeit.

Ausführung

- Legen Sie sich unter die Stange und greifen Sie diese etwas weiter als schulterbreit, so dass die Fingerknöchel nach oben weisen. Die Arme sind gestreckt, der Körper ist gerade, und die Beine zeigen nach vorne.
- Spannen Sie die Bauch- und die Gesäßmuskulatur an.
- Ziehen Sie sich in einer gleichmäßigen Bewegung nach oben und halten Sie kurz die Position.
- Bewegen Sie sich in die Ausgangsposition zurück, ohne sich jedoch auf dem Boden abzulegen. Wiederholen Sie die Übung.

Vermeiden Sie Ausweichbewegungen wie das Anheben der Schultern.

Variante

Sie können die Übung vereinfachen, indem Sie die Fußsohlen aufstellen (Level 1). Fortgeschrittene können die Fersen auf einem Gegenstand positionieren und/oder einen Fuß in der Luft halten (Level 3). Weit Fortgeschrittene können einarmig trainieren; dies vereinfachen Sie etwas, wenn die freie Hand unterstützend das Handgelenk des Übungsarmes greift.

Indem Sie die Übung an einem beweglichen

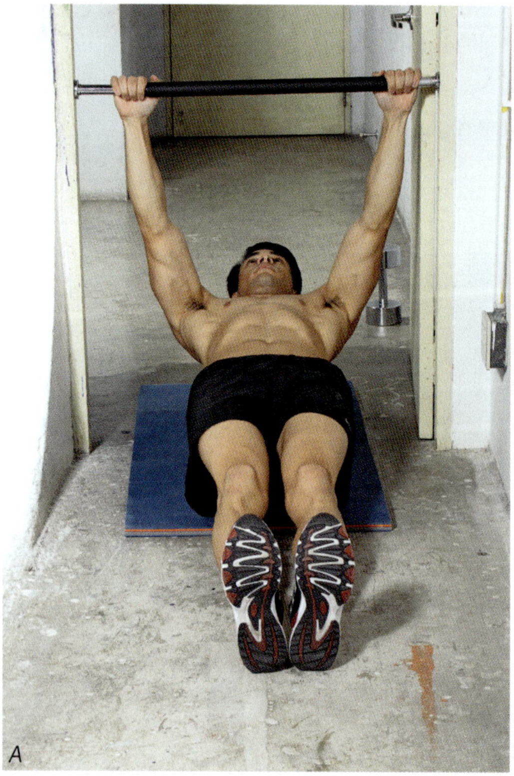

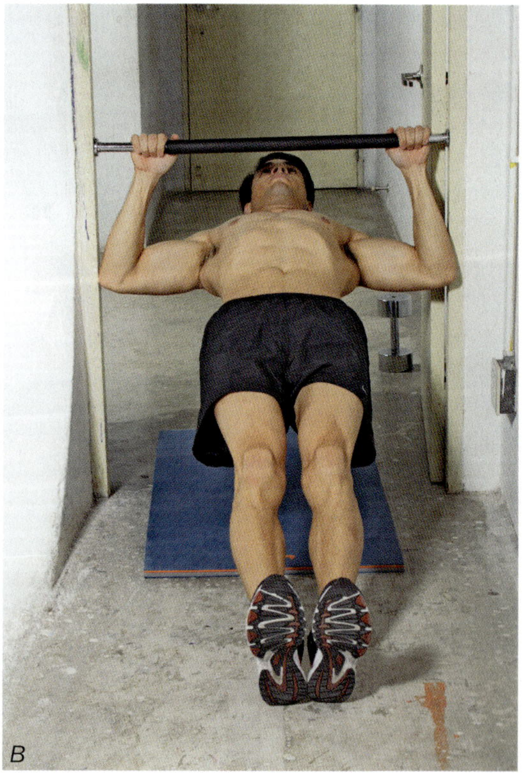

A–B: Die Ausgangs- und die Endposition.

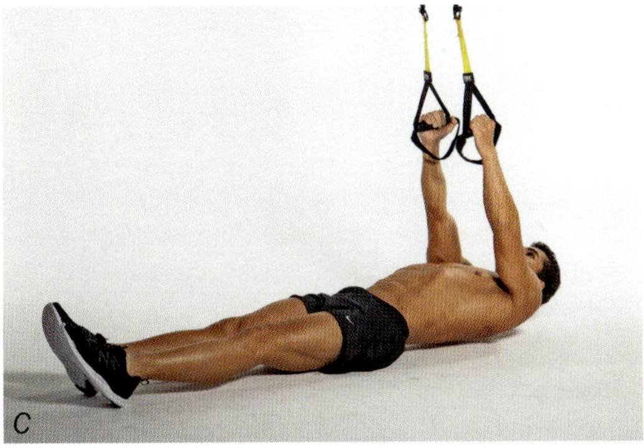

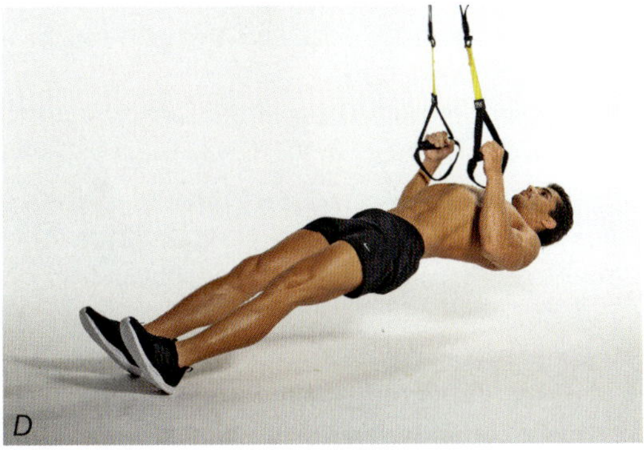

C–D: Die Ausgangs- und die Endposition am Schlingentrainer (Level 2).

Gegenstand wie einem Schlingentrainer, Handtuch oder dicken Seil ausführen, trainieren Sie auch intensiv die tiefliegenden stabilisierenden Muskeln von Schultern und Rumpf. Zusätzlich zu den Abbildungen bietet der Schlingentrainer noch die Möglichkeit, eine Handrotation zu ergänzen; am Boden zeigen die Daumen zueinander und in angezogener Position nach oben.

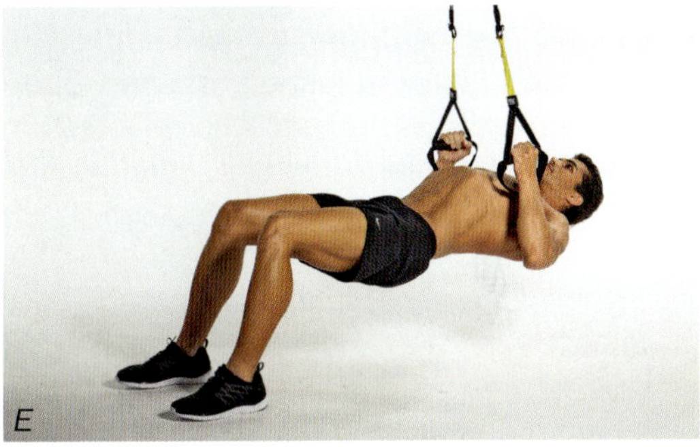

E: Die Vereinfachung mit dem Schlingentrainer (Level 1).

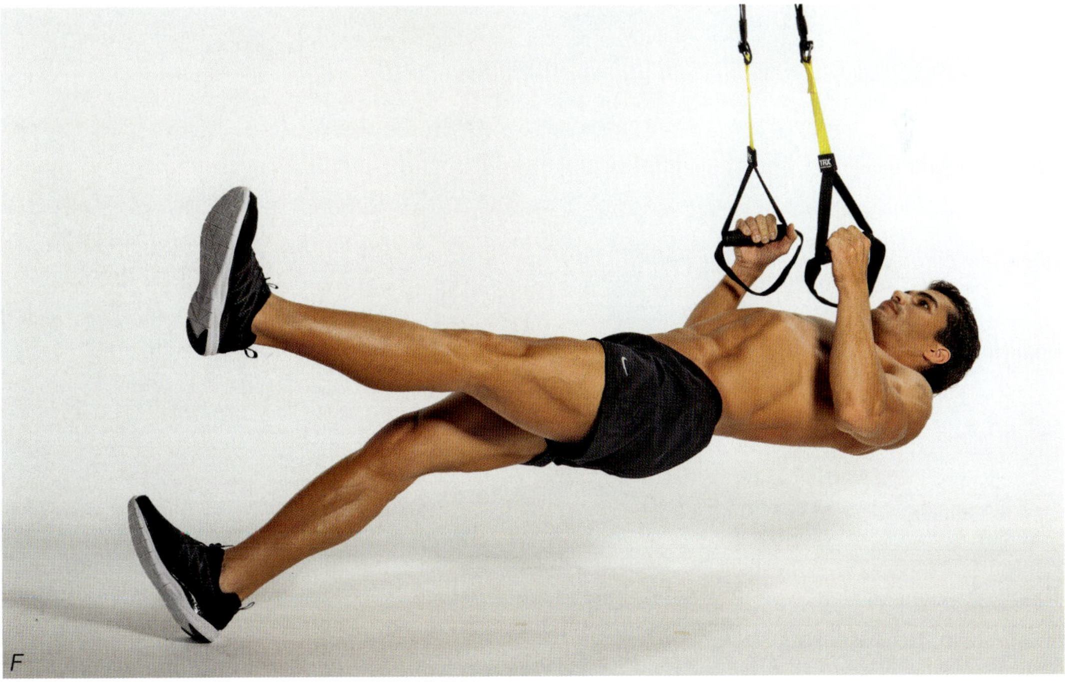

F: Die Intensivierung mit Schlingentrainer (Level 3).

K 18: Einarmiges Rudern vorgebeugt (Level 2)

Mit dieser Übung kräftigen Sie vorrangig die obere Rücken-, hintere Schulter- und vordere Oberarmmuskulatur. Es werden die Rumpf-, Nacken- und Oberschenkelmuskulatur mitgekräftigt.

Ausführung

- Sie stehen aufrecht im schulterbreiten Stand und halten vor dem Körper eine Kurzhantel in einer Hand. Spannen Sie die Bauch- und die Gesäßmuskulatur an.
- Beugen Sie die Beine, wobei Sie das Gesäß nach hinten schieben und den Oberkörper in der Hüfte nach vorne beugen; der Rücken bleibt gerade. Die Hantel hängt nun zwischen den Beinen nach unten.
- Ziehen Sie die Hantel hoch, wobei der Ellbogen an den Rippen entlang bewegt wird, ohne die Position des Rückens zu verändern.
- Bewegen Sie die Hantel wieder kontrolliert in die Ausgangsposition zurück, um die Übung zu wiederholen.

Achten Sie darauf, dass die Rumpfmuskulatur in Spannung bleibt, und vermeiden Sie ein Abrunden des Rückens.

Variante

Sie können die Übung mit Handdrehung ausführen, indem die Handfläche in der Ausgangsposition zu den Füßen zeigt und sich dann bei der Bewegung nach oben zu den Rippen dreht. Einsteiger können sich mit einer Hand auf einem Gegenstand wie einer Hantelbank abstützen (Level 1). Fortgeschrittene können beidarmig üben (Level 3). Weit Fortgeschrittene können auf einem instabilen Untergrund oder einbeinig trainieren.

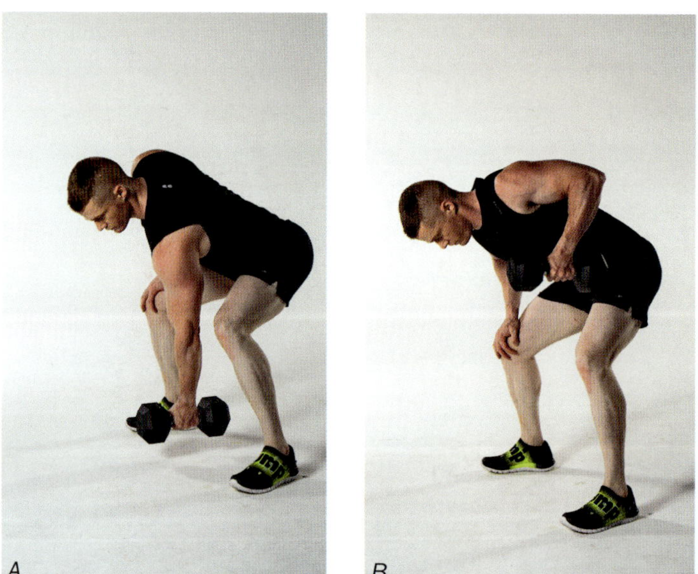

A–B: Die Ausgangs- und die Endposition.

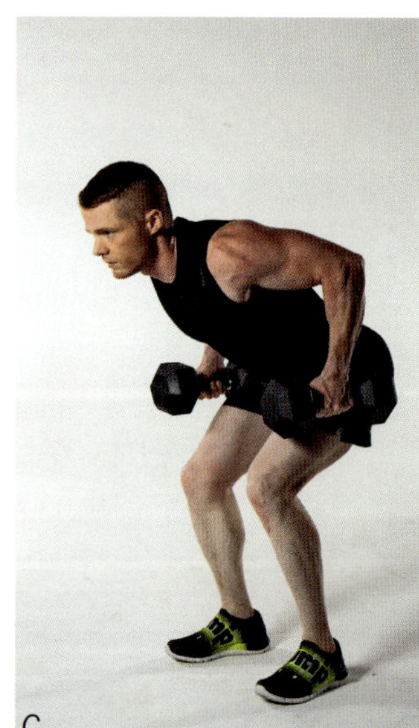

C: Die beidarmige Variante.

K 19: Reverse Flys vorgebeugt (Level 2)

Mit dieser Übung kräftigen Sie vorrangig den hinteren Anteil der Schultermuskulatur. Die Nacken-, Rumpf- und obere Rückenmuskulatur werden mitgekräftigt.

Ausführung

- Aus dem aufrechten Stand beugen Sie die Beine etwas, wobei Sie das Gesäß nach hinten schieben und den Oberkörper nach vorne verlagern. In den Händen halten Sie Kurzhanteln, die Handflächen sind zueinander gerichtet.
- Spannen Sie die Bauch- und die Gesäßmuskulatur an und halten Sie den Rücken gerade.
- Heben Sie die leicht gebeugten Arme kontrolliert an, bis sich die Oberarme in Verlängerung der Schultern befinden. Führen Sie dies ohne Schwung aus.
- Am Ende der Bewegung ziehen Sie die Schulterblätter zusammen. Halten Sie kurz die Position.
- Bringen Sie die Hanteln wieder langsam in die Ausgangsposition zurück.

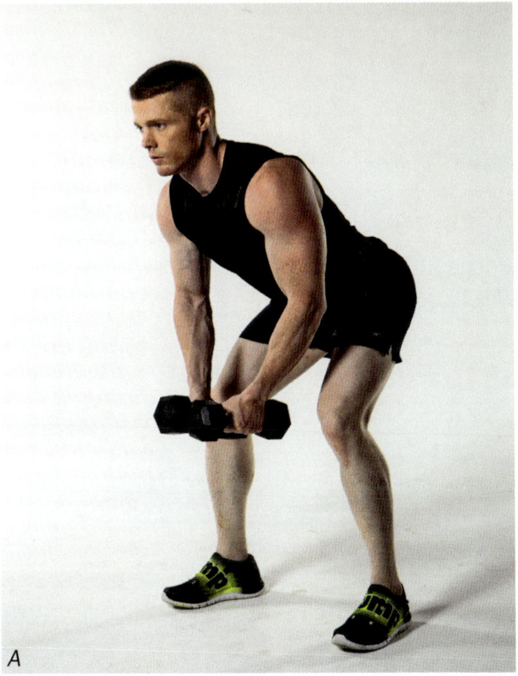

A

Achten Sie auf durchgehend angespannte Rumpfmuskulatur und vermeiden Sie Ausweichbewegungen mit der Schulter- oder Nackenmuskulatur nach oben.

Variante

Sie können die Übung im vorgebeugten Sitz oder in Bauchlage auf einem Gymnastikball ausführen (Level 1). Fortgeschrittene können im Stand auf einem instabilen Untergrund oder einbeinig üben (Level 3).
Alternativ können Sie die Übung mit einem Stretchband ausführen. Das Band befestigen Sie in mittlerer Höhe; Sie stellen sich mit dem Gesicht in Richtung Befestigung.

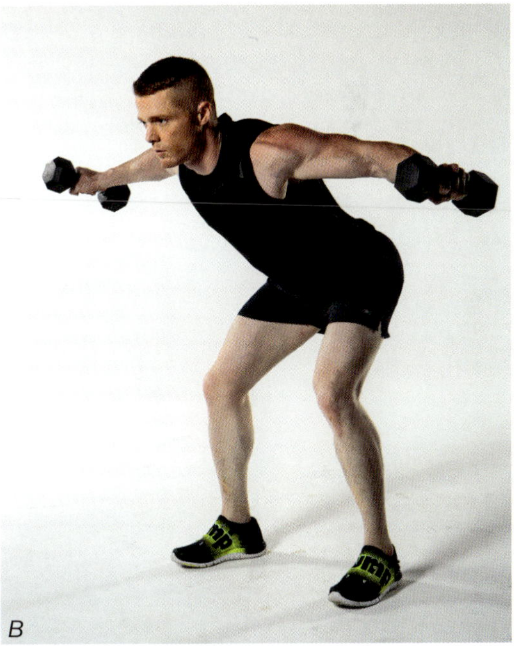

B

A–B: Die Ausgangs- und die Endposition.

K 20: Klimmzug (Level 2)

Mit dem Klimmzug trainieren Sie intensiv die obere Rückenmuskulatur. Die vordere Oberarm-, Unterarm-, Schulter- und Rumpfmuskulatur werden mitgekräftigt.

Ausführung

- Sie hängen frei an einer Klimmzug-Stange. Die Arme sind schulterbreit oder etwas weiter auseinander, mit den Handflächen nach vorne. Die Finger greifen fest.
- Spannen Sie die Bauch- und die Gesäßmuskulatur an und die Schultern etwas nach hinten und unten.
- Ziehen Sie sich in einer gleichmäßigen Bewegung nach oben, bis das Kinn über der Stange ist. Dabei bringen Sie die Ellbogen zu den Rippen.
- Halten Sie kurz die Position, bevor Sie sich langsam in die Ausgangsposition zurückbewegen. Halten Sie auch in dieser Position die Muskulatur in Spannung. Dann wiederholen Sie die Übung.

Vermeiden Sie Ausweichbewegungen wie Schwungholen und Anziehen der Schultern.

Variante

Einsteiger können mit verkleinertem Bewegungsumfang üben oder sich mit einem Fuß auf einem Kasten abstützen, so dass sie nicht das ganze Körpergewicht hochziehen müssen. Sie können auch ein dickes Gummiband um die Stange binden und sich zur Vereinfachung in der Schlaufe mit einem Fuß oder einem Knie abstützen (Level 1).
Fortgeschrittene können sich zur Seite hochziehen (Level 3). Auch können sie ein Zusatzgewicht nutzen, beispielsweise einen Medizinball oder eine Kurzhantel zwischen den Füßen halten oder eine Gewichtsweste tragen. Weit Fortgeschrittene können sich einarmig hochziehen, wozu die andere Hand unterstützend

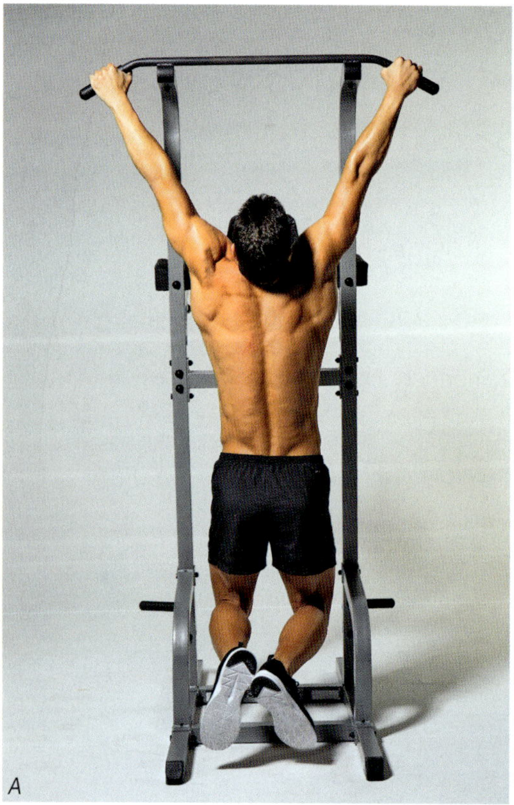
A

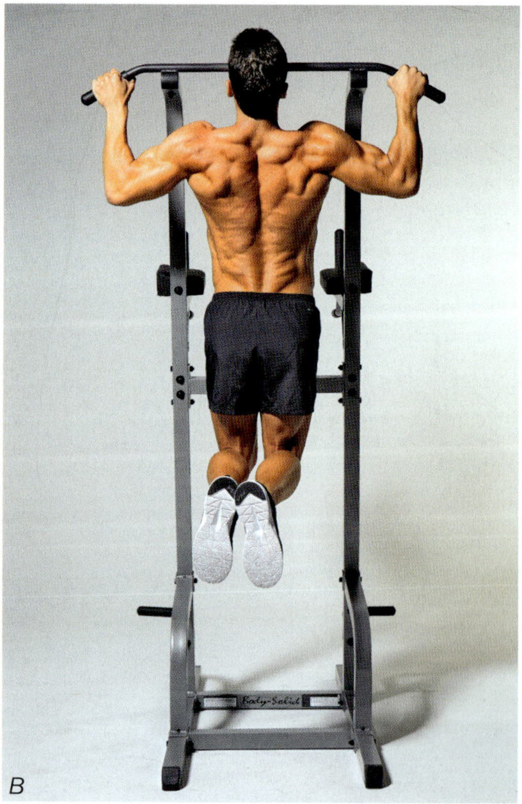
B

A–B: Die Ausgangs- und die Endposition.

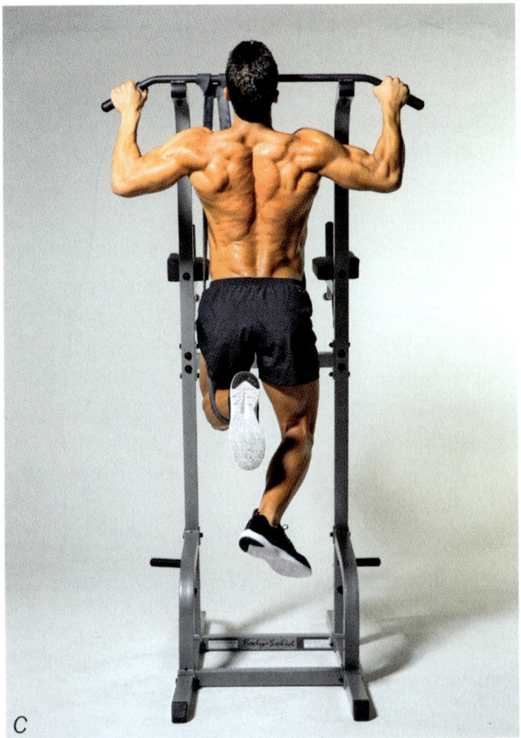

C: Die Vereinfachung mit Gummiband (Level 1).

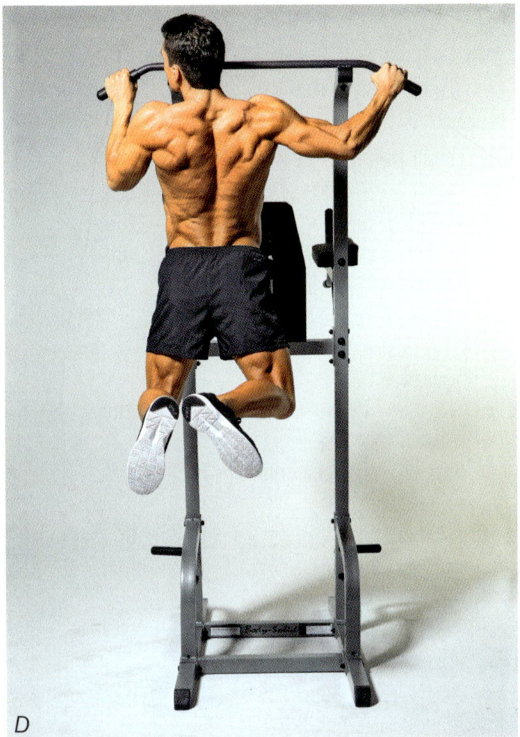

D: Hochziehen zur Seite (Level 3).

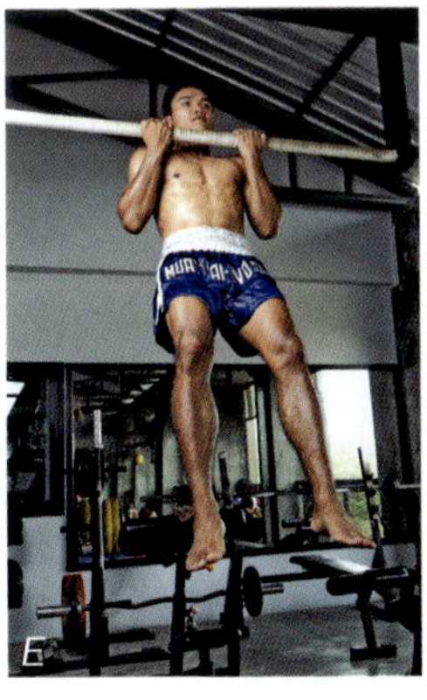

E: Das Hochziehen mit nach vorne zeigenden Handrücken, wozu eng gegriffen wird.

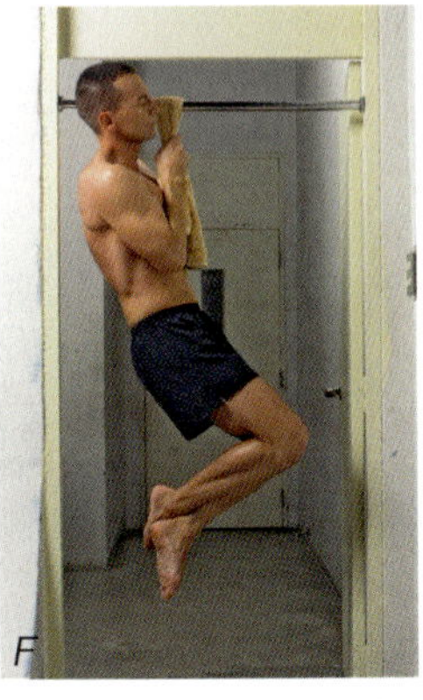

F: Seitliches Hochziehen am Handtuch.

das Handgelenk des Übungsarmes greift. Die Kraft für das einarmige Hochziehen können Sie aufbauen, indem Sie üben, Positionen für einige Sekunden einarmig zu halten, oder aber Sie üben mit Abstützen des Körpergewichts durch Aufstellen von einem Fuß.

Alternativ können Sie sich mit nach vorne zeigenden Handrücken hochziehen, um die Kraft der vorderen Oberarmmuskulatur mehr zu fördern. Oft wird von Kampfsportlern auch abwechselnd seitliches Hochziehen geübt, wozu Sie in der Ausgangsposition so greifen, dass die Hände hintereinander sind und die Handinnenseiten zum Gesicht zeigen.

Wenn Sie die Unterarmmuskulatur intensiver kräftigen wollen, können Sie die Enden eines Handtuchs festhalten und sich so hochziehen.

K 21: Hochziehen am Seil (Seilklettern) ohne Fußeinsatz (Level 3)

Das freie Seilklettern ist eine sehr intensive Übung für die obere Rücken- und die Unterarmmuskulatur. Die vordere Oberarm-, die Schulter- und die Rumpfmuskulatur werden mitgekräftigt.

Ausführung

- Stellen Sie sich gerade im Zehenstand unter das Seil und fassen Sie es möglichst weit oben.
- Spannen Sie die Bauch- und die Gesäßmuskulatur an und ziehen Sie sich leicht vom Boden hoch; die Beine sind frei in der Luft.
- Ziehen Sie sich in gleichmäßigen Bewegungen weiter hoch, indem Sie die Hände übereinander setzen.

Vermeiden Sie unkontrolliertes Schwingen und Ausweichbewegungen wie Anziehen der Schultern.

Variante

Alternativ können Sie sich aus der hängenden Startposition senken, ohne die Füße abzustellen, und dann wieder hochziehen, also nur Zugbewegungen machen, ohne sich nach oben zu bewegen, was sich insbesondere für ein kurzes Seil anbietet.

Sie vereinfachen die Übung, indem Sie das Seil mit den Füßen einklemmen (Level 2). Einsteiger können Standziehen machen, wozu sie sich am Seil halten und dann in die Kniebeuge mit geradem Oberkörper gehen, um sich von dort wieder in den Stand hochzuziehen (Level 1). Eine weitere Möglichkeit für Einsteiger ist es, sich aus einer Schräglage hochzuziehen.

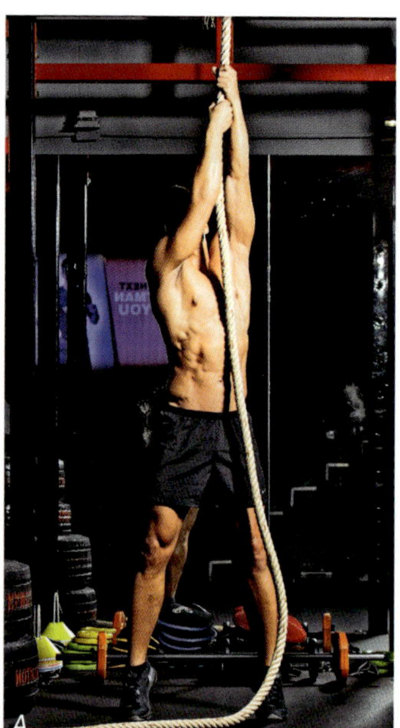

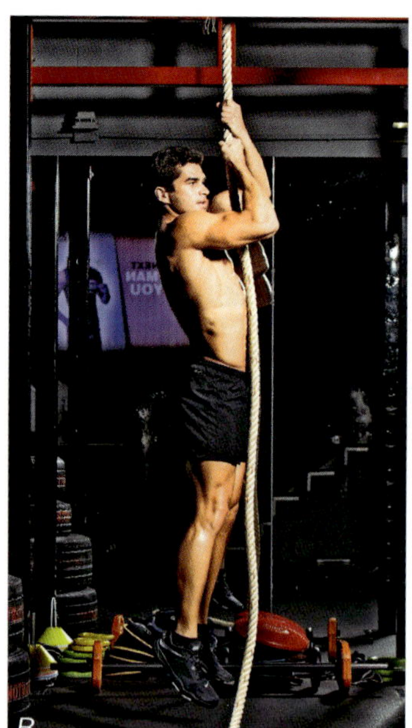

A–B: Die Ausgangs- und die Endposition

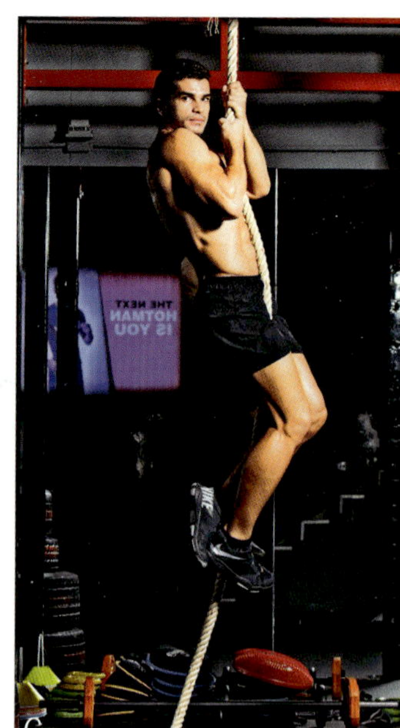

C: Die Vereinfachung mit Beineinsatz (Level 2).

K 22: Kopfspannen gegen Hand (Level 1)

Mit dieser Übung kräftigen Sie die Hals- und Nackenmuskulatur, um Kopftreffer auszuhalten; der Kopf muss bei einem Treffer möglichst stabil bleiben.

Ausführung

Im aufrechten Stand machen Sie zuerst einige kleine Kreisbewegungen mit dem Kopf, um die Nackenmuskulatur zu lockern, bevor Sie die folgenden vier Schritte durchführen.

- Bei gerader Kopfhaltung legen Sie die Handflächen auf den Hinterkopf. Drücken Sie kraftvoll für 30–60 Sekunden gegen den Hinterkopf, ohne die Kopfposition zu verändern.
- Legen Sie eine Handfläche oder beide Handflächen übereinander auf die Stirn. Drücken Sie gegen die Stirn und halten Sie diese Position für 30–60 Sekunden.
- Legen Sie die rechte Handfläche gegen die rechte Kopfseite und üben Sie für 30–60 Sekunden Druck aus.
- Legen Sie die linke Handfläche gegen die linke Kopfseite und drücken Sie 30–60 Sekunden dagegen.

Das statische Ausführen in alle vier Richtungen entspricht einem Übungssatz.

Variante

Ungeübte müssen den Druck zuerst langsam aufbauen, um sich daran zu gewöhnen. Leicht Fortgeschrittene können den Druck gleich relativ kraftvoll ausführen, um sich besser auf einen Treffer im Kampf vorzubereiten (Level 2).

Für Vollkontaktsportler kann es lohnend sein, »Kopfaufrichten gegen Druck« zu üben, um die Nackenmuskulatur sehr intensiv zu trainieren. Dazu lehnen Sie den Kopf nach vorne und richten ihn dann gegen den Druck der Hände auf. Das »Kopfaufrichten« kann auch mit Gewichten gemacht werden, indem man eine spezielle Vorrichtung am Hinterkopf anbringt.

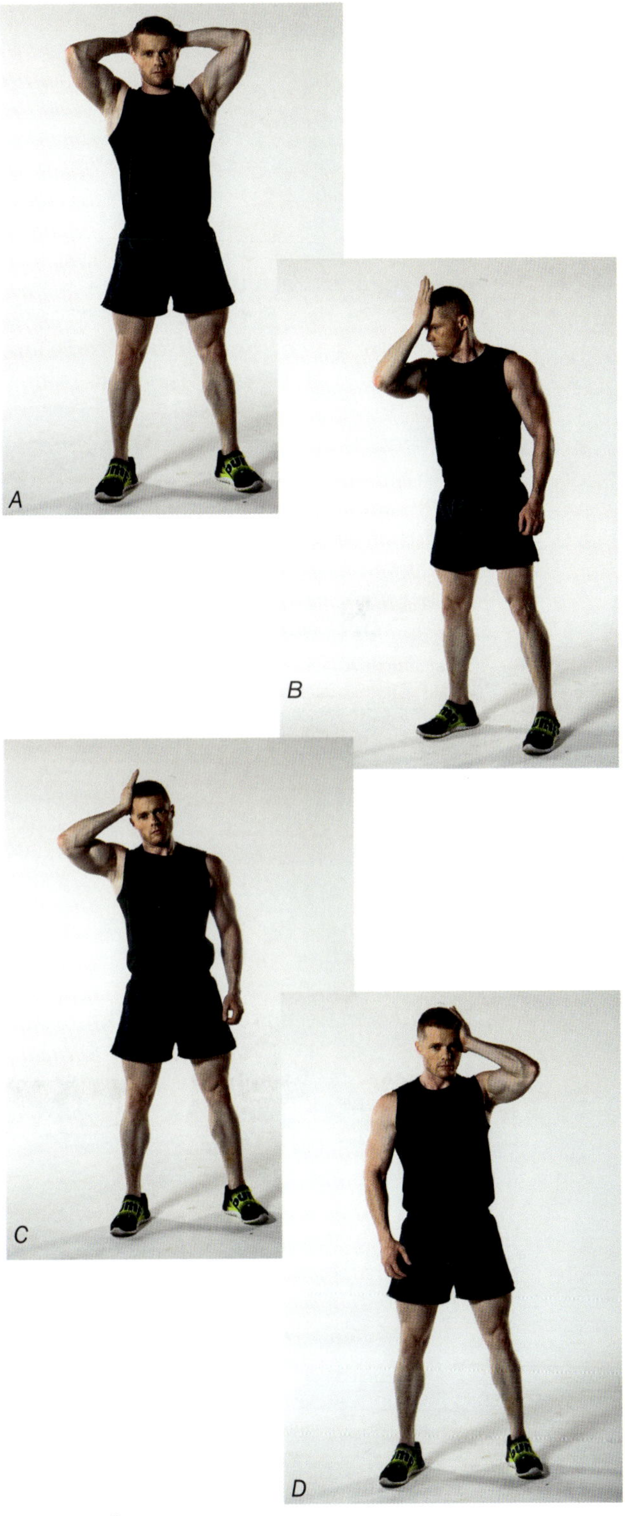

A–D: Die Übung in alle vier Richtungen.

K 23: Kopfspannen gegen Band (Level 2)

Bei dieser Übung trainieren Sie die Hals- und Nackenmuskulatur in Bewegung.

Ausführung

Machen Sie zuerst einige kleine Kreisbewegungen mit dem Kopf, bevor Sie jede der vier Bewegungen mehrfach ausführen.

- Lehnen Sie den Kopf etwas nach vorne und legen Sie ein Stretchband, z. B. ein Theraband®, großflächig um den Hinterkopf. Bewegen Sie den Kopf langsam gegen die Bandspannung in die aufrechte Position zurück.
- Legen Sie das Band großflächig auf die Stirn und drücken Sie den Kopf minimal von hinten nach vorne gegen den Bandwiderstand. Ist Ihnen diese Bewegung unangenehm, dann üben Sie ohne Band, indem Sie den Widerstand von unten mit den Händen gegen das Kinn leisten.
- Lehnen Sie den Kopf leicht nach rechts, legen das Band an die linke Schläfe und halten es mit der rechten Hand gespannt. Bringen Sie den Kopf in die aufrechte Position zurück.
- Lehnen Sie den Kopf minimal nach links, legen das Band an die rechte Schläfe und halten es mit der linken Hand gespannt. Bringen Sie den Kopf langsam gegen die Spannung in die aufrechte Position zurück.

Führen Sie jede Bewegungsrichtung für 30–60 Sekunden beziehungsweise für 10–15 Wiederholungen aus, bevor Sie zur nächsten Richtung übergehen. Alle vier Richtungen entsprechen einem Übungssatz.

Variante

Sie verändern die Intensität durch die Auswahl der Bandstärke. Sie können die Spannung auch ohne Kopfbewegung machen, indem Sie den Kopf durchgehend in der geraden Position gegen die Spannung halten. Alternativ können Sie die Übung gegen einen Kabelzug oder Handtuch machen. Sie können den Kopf auch nach vorne, hinten, rechts und links gegen Handwiderstand bewegen.

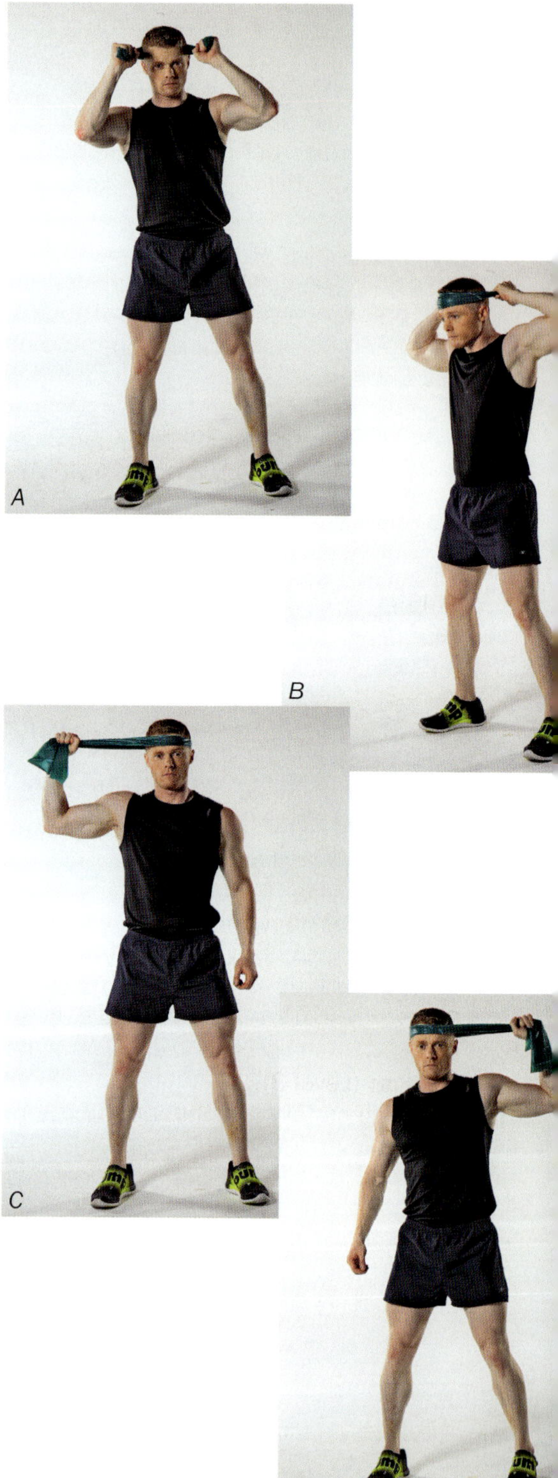

A–D: Die Übung in alle vier Richtungen.

K 24: Kopfspannen gegen kleinen Ball (Level 2)

Bei dieser Übung nutzen Sie einen instabilen Untergrund, um die stabilisierende Muskulatur von Nacken und Hals intensiv zu kräftigen.

Ausführung

- Legen Sie sich auf den Bauch und drücken Sie die Stirn auf einen kleinen Ball. Halten Sie die Spannung für 30–60 Sekunden. Fortgeschrittene können die Hände vom Boden abheben.
- Begeben Sie sich auf den Rücken, so dass der Hinterkopf gegen den Ball drückt. Halten Sie diese Position für 30–60 Sekunden. Sie intensivieren dies mit Anheben des Gesäßes.
- Legen Sie sich auf die rechte Seite und drücken die rechte Kopfseite gegen den Ball. Bauen Sie die Spannung vorsichtig auf und halten Sie diese Position für 30–60 Sekunden.
- Legen Sie sich auf die linke Seite und trainieren diese entsprechend, wozu Sie die Spannung wieder für 30–60 Sekunden halten.

Das statische Ausführen in alle vier Richtungen entspricht einem Übungssatz.

Variante

Fortgeschrittene können die Übung intensivieren, indem sie stützende Körperteile anheben, so dass mehr Last vom Nacken getragen werden muss (Level 3).
Alternativ können Fortgeschrittene mit einem großen Physio-Ball üben. Dies ist im Stütz am Boden oder im Stand gegen eine Wand möglich.

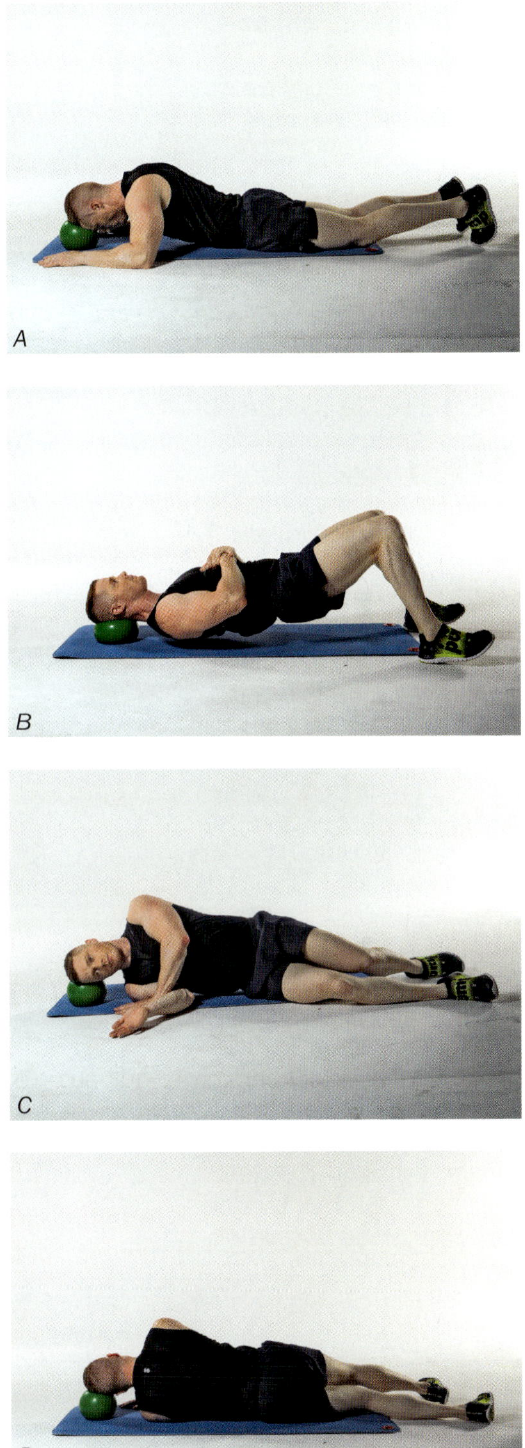

A–D: Die Spannung nach vorne, hinten, rechts und links.

K 25: Vordere Nackenbrücke (Level 2)

Diese Übung kräftigt die Nacken- und die Halsmuskulatur.

Ausführung

- Knien Sie sich auf den Boden. Stützen Sie sich mit der Stirn und den Händen auf dem Boden ab.
- Spannen Sie die Bauch- und die Gesäßmuskulatur an und legen Sie die Hände auf den Rücken, wobei sich die Hände fassen.
- Heben Sie die Knie vom Boden ab und strecken Sie die Beine.
- Bleiben Sie abhängig vom Leistungsniveau für 30–60 Sekunden in der Endposition.

Halten Sie Kopf und Rücken gerade und achten Sie auf gleichmäßige Atmung und Rumpfspannung.

Variante

Einsteiger lernen die Übung im Kniestütz (Level 1), wobei sie zuerst mit den Händen neben dem Kopf ein Teil des Körpergewichts abstützen. Nach einigen Wochen können sie dann die Hände hinter den Rücken bringen. Fortgeschrittene können einbeinig üben oder den Kopf auf einem Gymnastikball platzieren (Level 3).

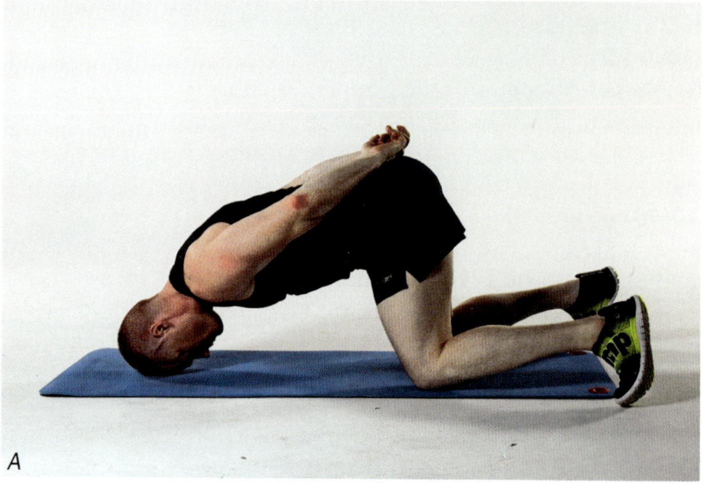
A

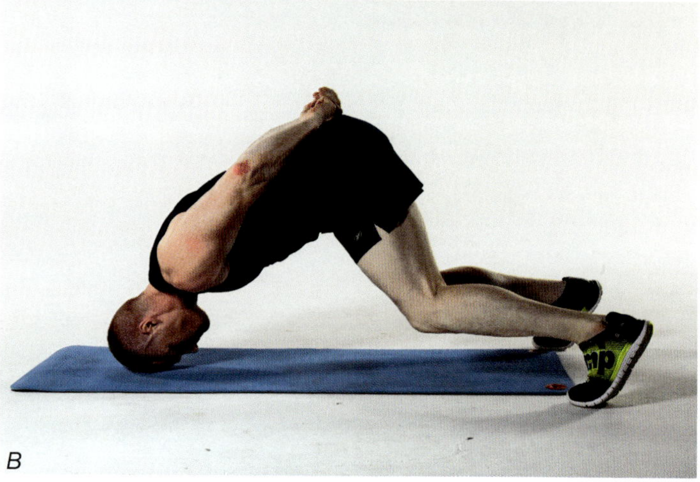
B

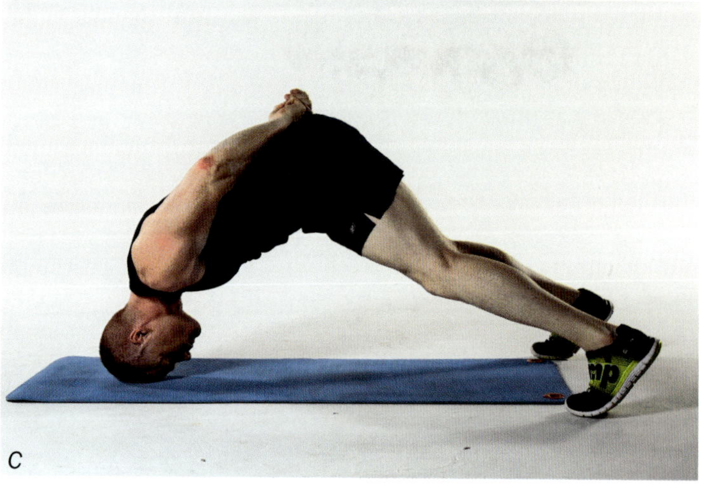
C

A–C: Der Bewegungsablauf.

K 26: Schulterheben mit Gewicht (Level 1)

Mit dieser Übung kräftigen Sie die Nackenmuskulatur sowie etwas die Schultermuskulatur.

Ausführung

- Sie stehen gerade, die leicht gebeugten Beine sind hüft- bis schulterbreit auseinander. Die Arme hängen an den Körperseiten, in den Händen halten Sie Kurzhanteln.
- Spannen Sie die Bauch- und die Gesäßmuskulatur an.
- Ziehen Sie die Schultern so hoch wie möglich. Die gesamte Bewegung erfolgt aus den Schultern, ohne die Arme zu beugen.
- Lassen Sie die Hanteln langsam wieder in die Ausgangsposition sinken. Dann wiederholen Sie die Übung.

Variante

Fortgeschrittene können die stabilisierenden Muskeln von Rumpf und Beinen mittrainieren, indem sie auf instabilem Untergrund üben. Alternativ können sie mit Kettlebells üben, die entsprechend gehalten werden.

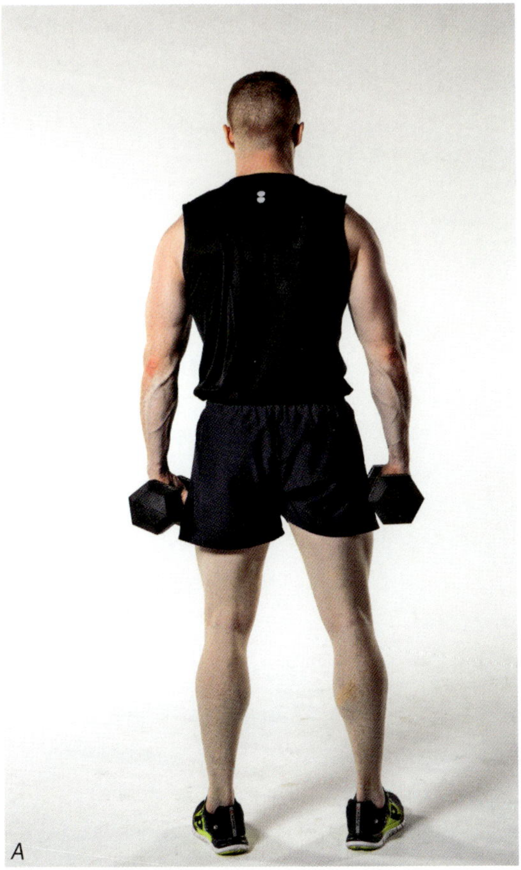

A

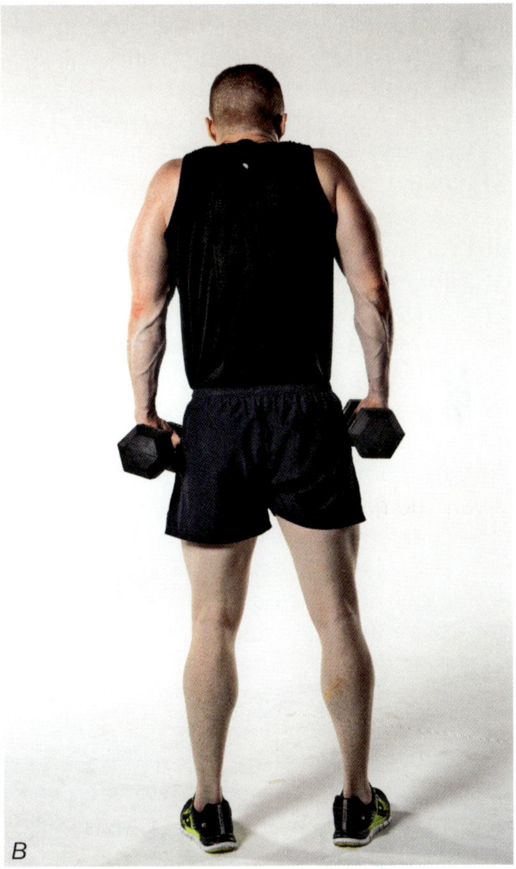

B

A–B: Die Ausgangs- und die Endposition.

K 27: V-, U-, T-Haltung auf Gymnastikball mit Gewicht (Level 3)

Mit dieser Übung kräftigen Sie die hintere Schulter-, Nacken- und obere Rückenmuskulatur. Die seitliche Schulter- und Rumpfmuskulatur werden mitgekräftigt.

Ausführung

- Legen Sie sich mit dem Bauch auf einen Gymnastikball. Die Beine sind gestreckt, die Zehen sind weit auseinander gestellt, und in den Händen halten Sie leichte Kurzhanteln.
- Drücken Sie die Fußspitzen auf den Boden und spannen Sie die Bauch- und Gesäßmuskulatur an, um die Position zu stabilisieren.
- Heben Sie Arme und Oberkörper gleichzeitig aus folgenden Positionen an und halten Sie die jeweilige Position für 30–60 Sekunden. Dann lassen Sie die Arme sinken und wiederholen die Übung mit einer anderen Armhaltung.

V-Haltung: Heben Sie die gestreckten Arme so über den Körper an, dass sie ein V bilden.
U-Haltung: Formen Sie mit den Armen ein U; die Ellbogen sind höher als die Schultern.
T-Haltung: Halten Sie die Arme so, dass die Daumen nach außen oben weisen.
Achten Sie bei jeder Position auf das Zusammenziehen der Schulterblätter.

Variante

Sie vereinfachen die Übung, indem Sie ohne Zusatzgewicht oder am Boden trainieren (Level 2). Einsteiger üben ohne Zusatzgewicht am Boden (Level 1). Bei der Ausführung am Boden besteht allerdings weniger Bewegungsspielraum, und der stabilisierende Effekt für die Rumpfmuskulatur fehlt. Alternativ können Sie auf einem großen Polster üben.
Ergänzend können Sie auch die W-Haltung üben, dazu befinden sich die Ellbogen tiefer als die Schultern, sowie die I-Haltung mit den Ellbogen an den Rippen und den Daumen nach oben.

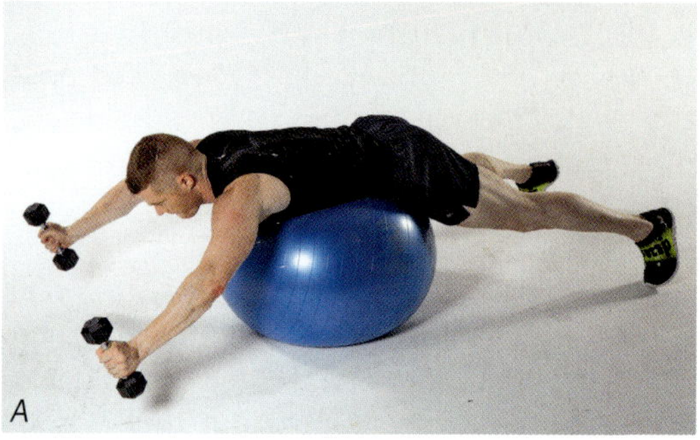

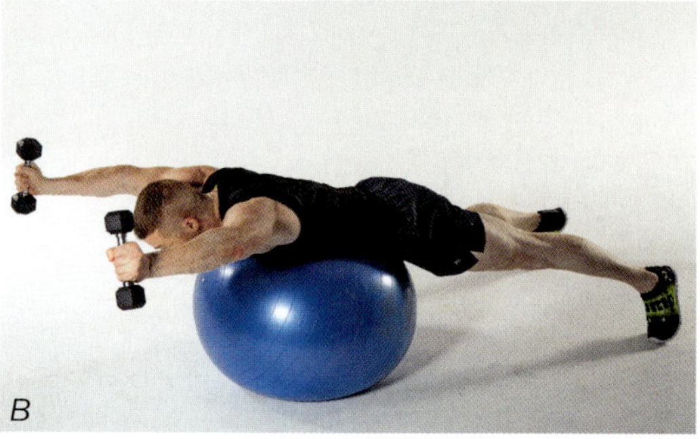

A–B: Die Ausgangs- und die Endposition bei der V-Haltung mit Gewicht (Level 3).

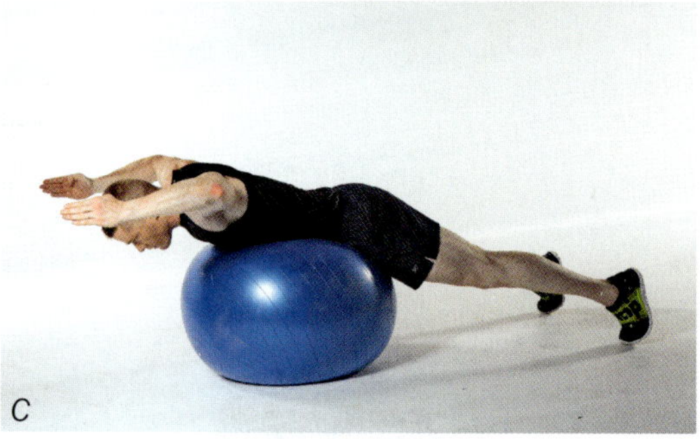

C: Das U-Heben ohne Gewicht (Level 2)

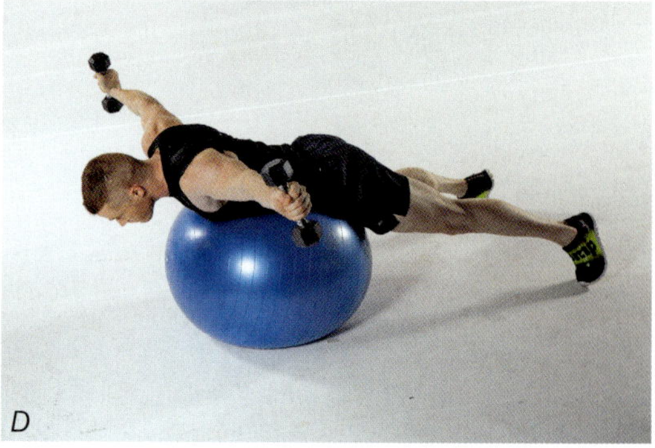

D: Das T-Heben mit Gewicht (Level 3).

K 28: Außenrotation mit Band (Level 1)

Diese Übung können Kampfsportler aller Leistungsstufen nutzen, um die Außenrotatoren zu kräftigen.

Ausführung

- Sie stehen aufrecht, die Unterarme sind angehoben, wobei die Winkel der Ellbogengelenke etwa 90 Grad betragen und die Handrücken nach außen zeigen. Um die Hände befestigen Sie ein Stretchband so, dass es sich in mittlerer Spannung befindet.
- Fixieren Sie die Ellbogen an den Körperseiten, aktivieren Sie die Bauch- und Gesäßmuskulatur und stabilisieren Sie die Handgelenke.
- Drehen Sie die Unterarme gegen den Widerstand des Bandes nach außen, ohne die Position der Oberarme zu verändern.
- Anschließend bewegen Sie die Unterarme langsam in die Ausgangsposition zurück.

Achten Sie auf gerade Handgelenke und vermeiden Sie es, die Schultern zu bewegen.

Alternative

Sie können die Übung variieren, indem Sie ein Stretchband mit anderem Härtegrad verwenden. Auch ist es möglich, einbeinig oder auf instabilem Untergrund zu üben.
Als weitere Alternative können Sie die Muskeln einarmig mit Stretchband oder Seilzug trainieren. Dazu stellen Sie die Befestigung auf Rippenhöhe ein und stellen sich seitlich dazu und greifen mit der äußeren Hand. Der Unterarm befindet sich parallel zum Boden und der Ellbogen wird an den Rippen platziert. Drehen Sie nun den Unterarm nach außen, ohne den Oberarm zu bewegen.

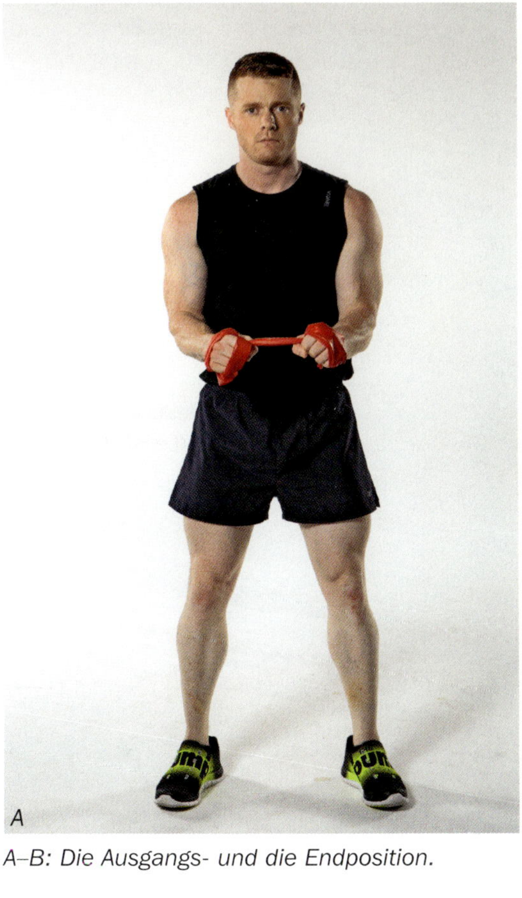

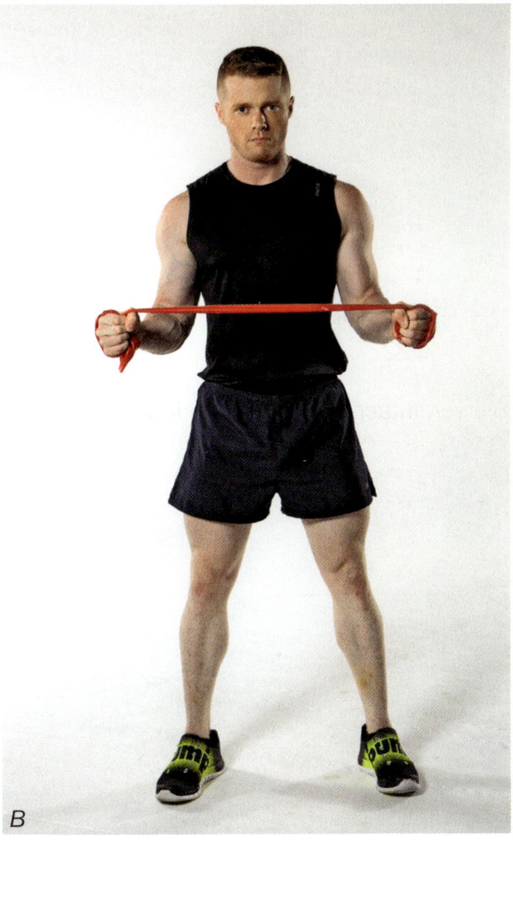

A–B: Die Ausgangs- und die Endposition.

K 29: Handbewegungen mit Gewicht (Level 2)

Mit den folgenden Übungen trainieren Sie die Unterarmmuskulatur. Diese sollen jedoch nicht von Trainingseinsteigern geübt werden, da ansonsten leicht die Gefahr besteht, sich zu überlasten; es kann sich beispielsweise eine Sehnenscheidentzündung entwickeln.

Oft ausgeführt werden Unterarm-Curls und Unterarm-Strecken. Die Handgelenksmuskulatur lässt sich aber in alle vier Richtungen kräftigen. Alternativ können Sie alle Bewegungen auch so ausführen, dass Sie mit der anderen Hand Widerstand geben, wenn Sie ohne Hantel trainieren wollen.

Ausführung »Unterarm-Curls«

Mit dieser Übung trainieren Sie die Beugemuskulatur des Unterarms.

- Sie sitzen gerade auf einem Gymnastikball oder Stuhl. Legen Sie einen Arm so auf den Oberschenkel auf, dass Unterarm und Ellbogen fixiert sind, aber das Handgelenk noch frei beweglich ist. In der Hand halten Sie eine Kurzhantel, wobei die Handfläche zur Decke zeigt.
- Senken Sie die Hand so weit wie möglich zum Boden ab und heben Sie diese dann langsam wieder an. Achten Sie darauf, dass sich nur die Hand bewegt.

Um den Bewegungsumfang zu vergrößern, können Sie in der unteren Position die Hantel bis zu den Fingerspitzen rollen lassen.

Ausführung »Unterarm-Strecken«

Mit dieser Übung trainieren Sie die Streckmuskulatur des Unterarms.

- Setzen Sie sich auf einem Gymnastikball oder Stuhl. Legen Sie einen Arm so auf den Oberschenkel auf, dass Unterarm und Ellbogen fixiert sind, aber das Handgelenk noch frei beweglich ist. In der Hand halten Sie die Hantel, die Handfläche zeigt zum Boden.
- Senken Sie Hand so weit wie möglich zum Boden ab und heben sie dann langsam wieder in die Ausgangsposition zurück. Achten Sie darauf, dass sich nur die Hand bewegt.

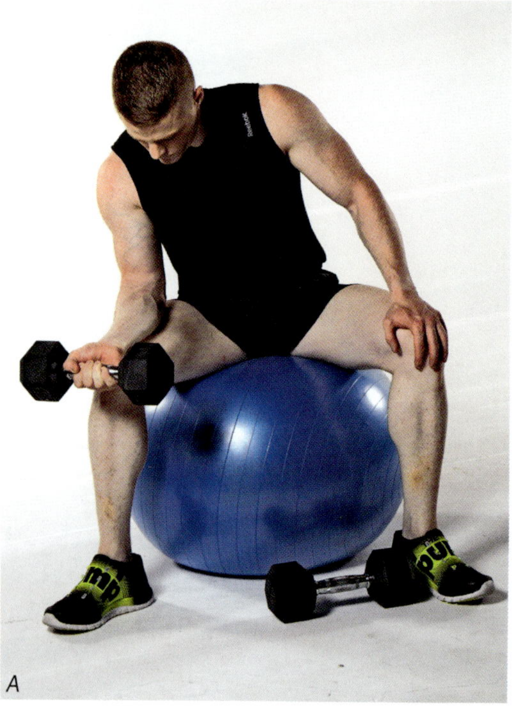

A

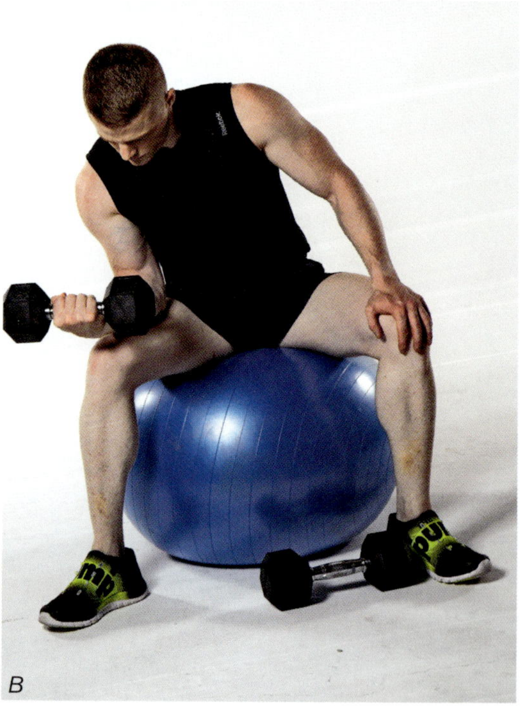

B

A–B: Die Ausgangs- und die Endposition bei den Unterarm-Curls

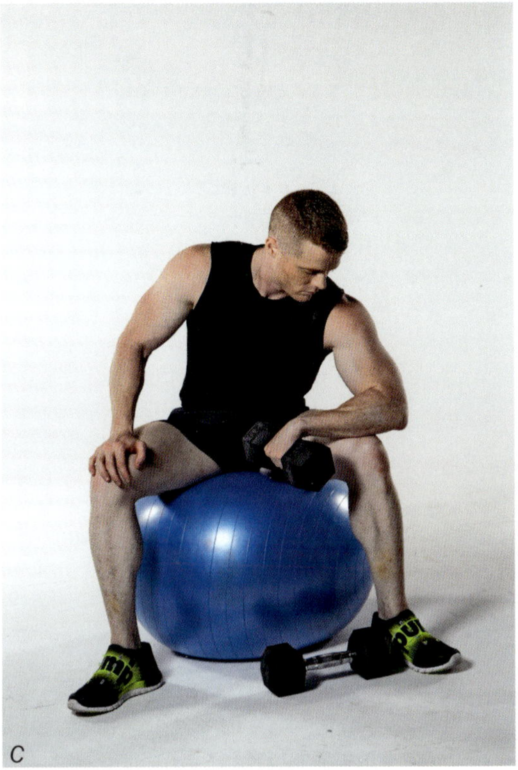

C

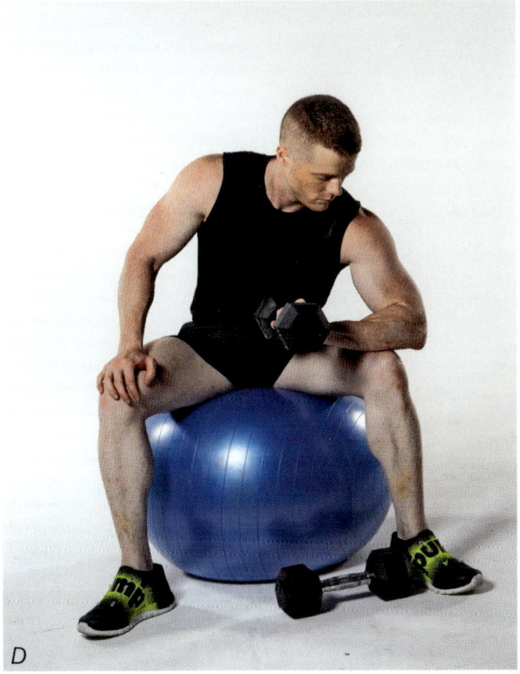

D

C–D: Die Ausgangs- und die Endposition beim Unterarm-Strecken.

Ergänzende Varianten

Sie können auch die Innenseite und die Außenseite der Hand- und Unterarmmuskulatur anheben und senken.

- Legen Sie im Sitz den Unterarm so auf, dass nun die Handinnenseite nach oben zeigt. Senken und heben Sie kontrolliert die Hantel durch kleine gerade Handbewegungen.
- Um die Außenseite zu trainieren, können Sie die Hantel über den Kopf heben, so dass die Handaußenseite nach oben zeigt. (Achten Sie bei Bewegungen über Kopf besonders darauf, dass der Hantelverschluss fest ist.) Sie können den Unterarm frei halten oder mit der anderen Hand stabilisieren. Führen Sie in dieser Position ein Senken und Heben der Hantel aus, durch kleine gerade Handbewegungen.

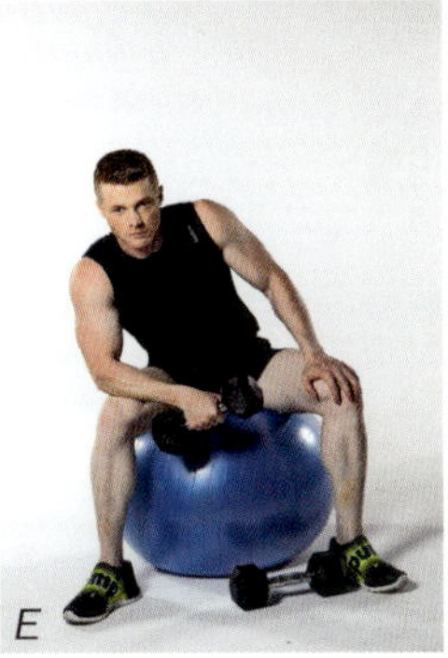

E

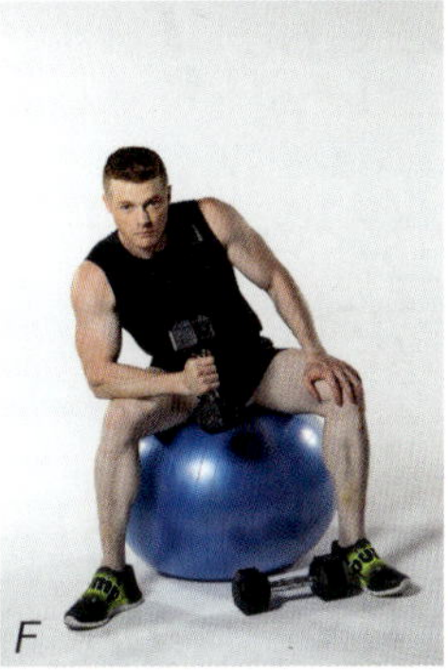

F

E–F: Die Ausgangs- und die Endposition beim Training der Innenseite.

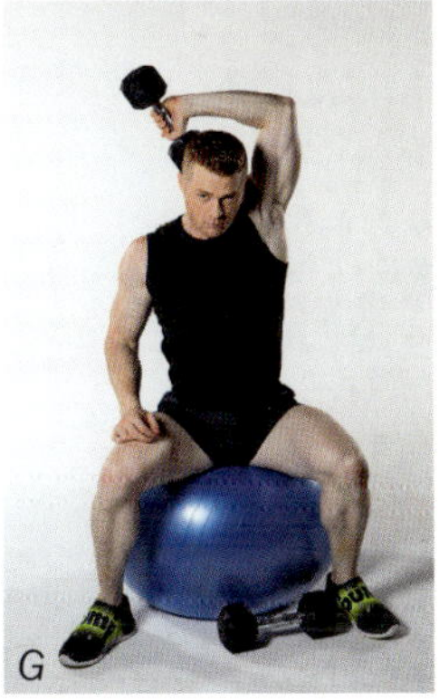

G

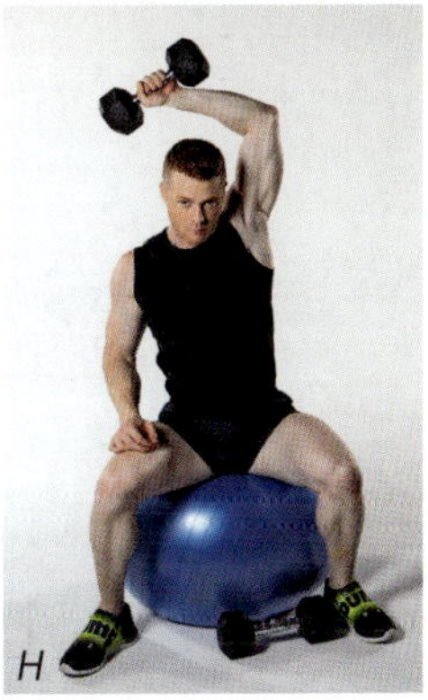

H

G–H: Die Ausgangs- und die Endposition beim Training der Außenseite.

3. Übungen für Beine und Gesäß

Das Training der Bein- und der Gesäßmuskulatur führt nicht nur dazu, dass Sie Ihre Trittkraft vergrößern, sondern bewirkt auch, dass Sie Schläge, Würfe und Stöße kraftvoller ausführen können, denn Kampfsport-Techniken ergeben sich aus dem Zusammenspiel der Muskelketten von den Füßen bis zu den Händen. Vollkontaktsportler erreichen, dass sie Lowkick-Treffer besser absorbieren können. Ein ausgewogenes Beintraining, in dem auch Übungen auf instabilem Untergrund enthalten sind, reduziert außerdem deutlich die Verletzungsgefahr beispielsweise der Bänder an Füßen oder Knien, und hilft den Körper vor Verschleiß zu schützen.

Im funktionellen Krafttraining von Kampfsportlern können die Übungen für den Unterkörper eingeteilt werden in Kniebeuge-Übungen sowie in hüftdominante Bewegungen mit angezogenen Beinen und fast gestreckten Beinen. Abhängig von den Anforderungen Ihrer Kampfsport-Disziplin und Ihren individuellen Voraussetzungen können Sie noch ergänzende Übungen für Adduktoren, Abduktoren, Schienbein- und Wadenmuskulatur machen. Diese Muskelgruppen werden aber bereits bei anderen Übungen mitgekräftigt.

Bauen Sie Ihren Wochenplan so auf, dass Sie alle wichtigen Bewegungsrichtungen kräftigen und die Muskeln für die Kampfsport-Einheiten nicht überlastet sind. Üben Sie die Bewegungskategorien gleichmäßig, um eine optimale Leistungsfähigkeit ebenso wie einen guten Schutz vor Verletzungen zu erreichen. Sie können deren Training in unterschiedliche Workouts aufteilen. Ergänzende Übungen können Sie bei Bedarf ein- bis zweimal pro Woche hinzufügen. Führen Sie mit fortschreitendem Leistungsvermögen immer mehr einbeinige Varianten aus und nutzen Sie instabile Untergründe, da so die Abduktoren und Adduktoren intensiv gekräftigt werden und außerdem die stabilisierende Muskulatur der Fuß- und Kniegelenke.

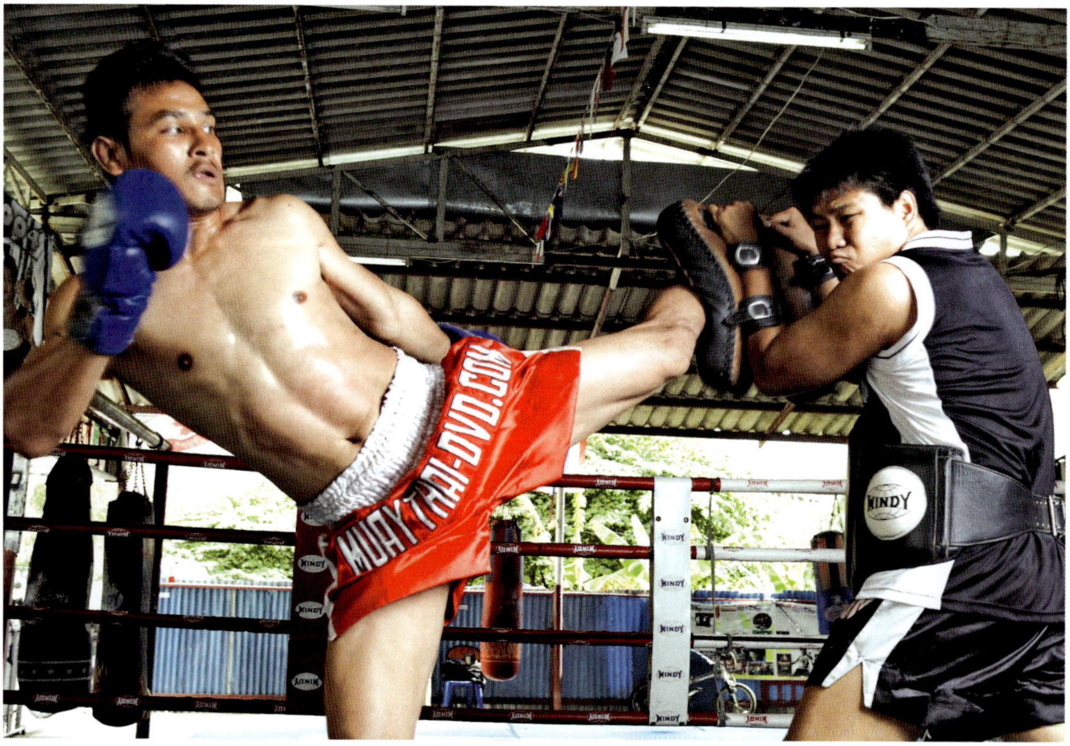

Zahlreiche Kampfsportler trainieren die hüftdominanten Übungen zu wenig, und als Folge davon sind die Gesäß- und die hintere Oberschenkelmuskulatur schlechter ausgebildet als die vordere Oberschenkelmuskulatur. Besteht ein solches Ungleichgewicht, dann veranlasst dies den Körper zu Ausgleichsbewegungen, woraus sich Knie- und Rückenschmerzen entwickeln können, auch erhöht sich die Verletzungsgefahr beispielsweise für einen Kreuzbandriss. Wenn bei Ihnen ein solches Ungleichgewicht der Muskulatur bestehen sollte, dann führen Sie im Wochenplan doppelt so viele Sätze für die schwächere Muskulatur beziehungsweise Bewegungsrichtung aus, bis sich ein ähnliches Kraftverhältnis entwickelt hat.

Kniebeuge-Übungen

Mit Kniebeuge-Übungen bauen Sie die Muskulatur Ihrer Oberschenkel auf, insbesondere die vordere Oberschenkelmuskulatur. Wichtig ist, dass Sie die beidbeinigen Kniebeugen tief ausführen, d. h., dass die Oberschenkelknochen parallel zum Boden oder tiefer sind, damit die Übung auch die Gesäß- und die untere Rückenmuskulatur mitkräftigt. Für die Übung gibt es zahlreiche Varianten, um unterschiedliche Schwerpunkte zu setzen. Nutzen Sie auch Sprünge aus der Kniebeuge, um die Explosivkraft zu entwickeln.

Die meisten Bewegungen im Kampfsport erfolgen nicht aus einer Parallelstellung heraus, sondern mit einer versetzen Fußstellung oder sogar im Einbeinstand. Üben Sie unterschiedliche einbeinige Varianten, um die Beinmuskulatur auf alle sportlichen Anforderungen vorzubereiten. Insbesondere die tiefen einbeinigen Kniebeugen sind sehr wichtig, da die gesamte Beinmuskulatur die Bewegung stabilisieren muss und so auch die inneren und äußeren Oberschenkelmuskeln intensiv gekräftigt werden. Die Kraft hierzu muss progressiv entwickelt werden; Voraussetzung ist immer, dass Sie die Knie in der Beinachse halten können und keine Ausweichbewegungen machen. Nutzen Sie einbeinige Übungen auch zur Entwicklung der Stabilität des Fußgelenks sowie zum Aufbau der Explosivität.

Übungsauswahl: K 30–K 35 und K 42–44.

Hüftdominante Übungen mit angewinkelten Beinen

Die Gesäßmuskulatur ist bei einigen Kampfsportlern recht schwach ausgebildet, was nicht nur die Leistungsfähigkeit bei Tritten nach vorne und zur Seite verringert, sondern auch die Verletzungsgefahr erhöht. Die besten Effekte für die Gesäßmuskulatur erreichen Sie, indem Sie hüftstreckende Übungen mit angezogenen Beinen ausführen. Sie trainieren die Gesäßmuskulatur zwar auch mit bei tiefen Kniebeuge-Übungen, doch empfiehlt es sich, »K 36: Beckenlift« in das Programm aufzunehmen. Diese Übung gilt als die beste Übung für das Hüft-Strecken mit angezogenen Beinen, da sie die Gesäßmuskulatur optimal aktiviert. Wichtig ist bei der Übung, dass die Gesäßmuskulatur die Aktivität ausführt und keine Vereinfachung durch ein Überstrecken des unteren Rückens erfolgt. Üben Sie mit fortschreitendem Leistungsvermögen die einbeinige Variante, auch können Sie instabile Untergründe einsetzen.

Übungsauswahl: K 36.

Hüftdominante Übungen mit fast gestreckten Beinen

Die hintere Beinmuskulatur aktivieren Sie optimal mit hüftstreckenden Übungen mit fast gestreckten Beinen. Sie ist bei einigen Kampfsportlern eine Schwachstelle; als Gegenspieler zur vorderen Oberschenkelmuskulatur ist die Muskulatur zu schwach entwickelt und außerdem bei einigen Sportlern zu schlecht beweglich. Testen Sie Ihre Muskulatur mit »K 38: T-Stand«; können Sie diese Übung perfekt ausführen, dann ist Ihre Muskulatur gut entwickelt, ansonsten widmen Sie sich vermehrt deren Training. Aber auch wenn keine Defizite vorliegen, gehört das Training dieser Muskelgruppe in ein ausgewogenes Beintraining. Sie erreichen die Muskulatur, wenn

Sie im Stand mit fast gestreckten Beinen ein Bein gerade zurückheben (K 37–38) und/oder den geraden Oberkörper vorbeugen und wieder strecken (K 39). Sie erreichen diese Muskulatur auch, indem Sie den »Beckenlift mit fast gestreckten Beinen« ausführen. Die Muskulatur wird sehr gut aktiviert, wenn zusätzlich zum »Beckenlift« ein rückwärtiges Bein-Anziehen erfolgt (K 40). Dies kann mit Slide-Trainingsgerät, Schlingentrainer, Gymnastikball oder auch mit Handtuch erfolgen. Steigern Sie kontinuierlich die Übungsanforderungen und entwickeln Sie die Fähigkeit zur einbeinigen Ausführung, ohne Fehlstellungen wie Verschieben der Hüften einzunehmen.
Übungsauswahl: K 37–41.

Ergänzende Unterkörper-Übungen

Ergänzende Übungen für einzelne Beinmuskeln sind im Normalfall nicht notwendig, insbesondere wenn Sie einbeinige Varianten ausführen können, da alle Muskeln bei den vorherigen Bewegungsrichtungen mitgekräftigt werden. Falls allerdings Defizite vorliegen sollten, beispielsweise aufgrund einer früheren Verletzung, dann kann es sich lohnen, entsprechende Übungen im Workout zu ergänzen.
Zur verstärkten Kräftigung der Oberschenkelaußenseite können Sie bei »Beidbeinigen Kniebeugen« ein Theraband® um die Oberschenkel gespannt halten. Dieses Vorgehen hilft oftmals, bei Knieproblemen tiefere Positionen schmerzfrei einzunehmen. Außerdem können Sie »K 45: Bein-Abspreizen« gegen Theraband® oder Seilzug im Stand üben. Benötigt hingegen Ihre innere Oberschenkelmuskulatur verstärkte Kräftigung, dann können Sie »K 46: Bein-Anziehen« gegen Theraband© oder Seilzug üben. Auch können Sie bei den »Beidbeinigen Kniebeugen« einen kleinen Medizin- oder Gummiball zwischen den Oberschenkeln gepresst halten. Mit Seitstütz-Übungen erreichen Sie gute Ergebnisse für die äußere Oberschenkelmuskulatur, indem Sie die untere Fußaußenseite auf einem Medizinball positionieren, und für die innere Oberschenkelmuskulatur, wenn Sie die Fußinnenseite des oberen Beins auf einen Medizinball abstützen.
Übungsauswahl: K 45–46.

Die Wadenmuskulatur wird bei vielen Bewegungen mittrainiert, beispielsweise intensiv, wenn Sie bei einer Kniebeuge-Übung in der Streckbewegung auf die Zehenspitzen gehen und diese Position kurz halten. Außerdem können Sie sich mit den Fußballen auf Treppenstufe oder Stepper stellen und dann Fersenheben ein- oder beidbeinig ausführen. Halten Sie die obere Position für zirka drei Sekunden und bewegen Sie danach die Ferse(n) wieder nach unten, ohne sie abzustellen.

Falls Ihnen die Achillessehne Schmerzen bereitet, dann kann das langsame und tiefe Senken beim Wadenheben helfen, ergänzt mit Dehnübungen für die rückwärtige Kette. Außerdem können Sie die Schienbeinmuskulatur bewusst trainieren, indem Sie sich mit einer Ferse auf eine Treppenstufe stellen und den anderen Fuß auf den Vorderfuß platzieren. Heben und senken Sie den Vorderfuß gegen den Druck des anderen Fußes.

Einige Trainer lassen auch »Hüftheben« gegen Widerstand wie Kurzhantel oder Theraband® zur Entwicklung von mehr Trittkraft üben. Der Effekt ist nicht gesichert, und oft ist diese Muskulatur bereits deutlich stärker als die der Gegenbewegung »Hüft-Strecken«; das Training kann dann zu Verspannungen führen, die bei Kicks behindern, anstatt diese zu verbessern. Ergänzen Sie eine solche Übung nur, wenn Sie keine Hüftprobleme haben, und achten Sie dann besonders darauf, dass Sie den Gegnerspieler häufig trainieren und Dehnübungen für Ihre Hüftbeweglichkeit machen.

K 30: Beidbeinige Kniebeuge mit Gewicht über Schultern (Level 2)

Mit dieser Übung kräftigen Sie die Oberschenkelmuskulatur, insbesondere den vorderen Anteil. Die Gesäß- und untere Rückenmuskulatur werden mitgekräftigt, intensiv bei tiefer Ausführung, sowie die Schulter- und Wadenmuskulatur.

Ausführung

- Sie stehen mit aufrechtem Oberkörper im hüft- bis schulterbreiten Stand. Die Füße sind parallel oder etwas nach außen gedreht. Über den Schultern halten Sie Kurzhanteln.
- Spannen Sie die Bauch- und die Gesäßmuskulatur an.
- Beugen Sie die Beine, indem Sie die Hüften nach hinten schieben, bis die Oberschenkelknochen mindestens die senkrechte Position erreichen. Das Gewicht wird dabei auf die Fersen verlagert. Halten Sie kurz die Position.
- Drücken Sie sich dann nach oben, wobei Sie auf die Zehen gehen.

Achten Sie darauf, dass der Rücken gerade ist, und darauf, dass die Knie in der Beinachse bleiben und nicht nach vorne oder innen ausweichen.

Variante

Alternativ können Sie in der Streckbewegung die Fersen auf dem Boden halten, wodurch sich aber die Kräftigung der Wadenmuskulatur verringert.
Einsteiger üben ohne Zusatzgewicht oder halten die Hanteln neben den Oberschenkeln (Level 1); Fortgeschrittene können beide Hände oder nur eine Hand gestreckt in die Luft halten, wodurch der Körper in ein Ungleichgewicht gebracht wird und dieses ausbalancieren muss (Level 3). Weit Fortgeschrittene können auf einem instabilen Untergrund üben.

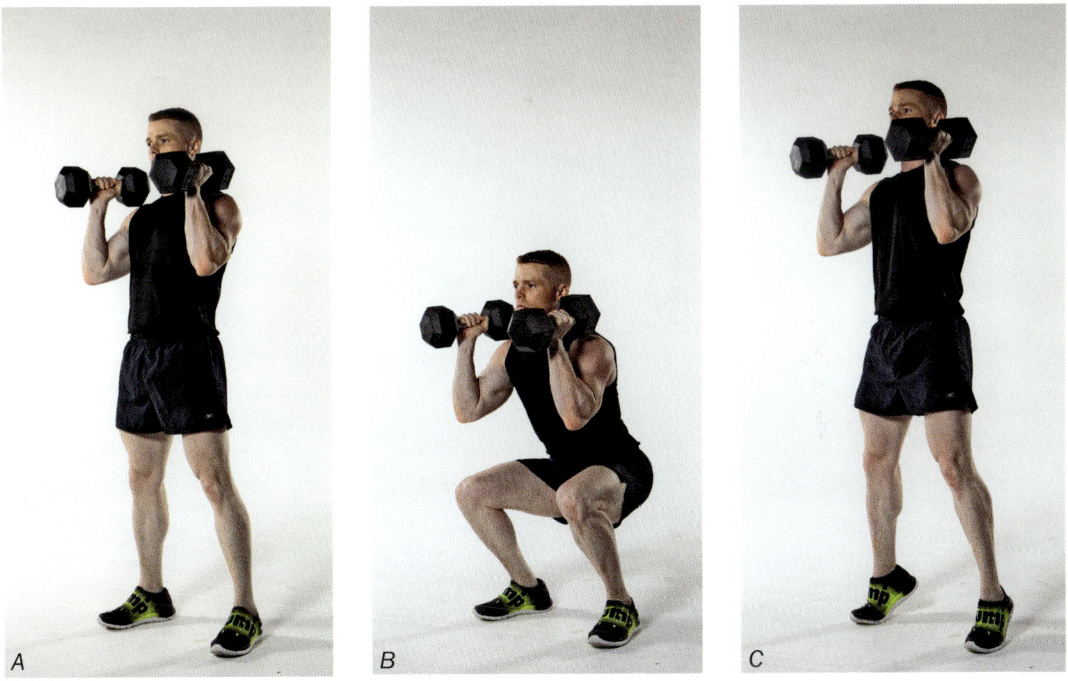

A–C: Der Bewegungsablauf

K 31: Gerader Ausfallschritt (Level 1)

Diese Übung kräftigt die Oberschenkelmuskulatur, insbesondere den vorderen Anteil, die Gesäß- und Wadenmuskulatur. Die Rumpfmuskulatur wird mittrainiert. Wenn Sie das Gewicht nach oben halten, erreichen Sie auch eine intensive Aktivierung der Schultermuskulatur.

Ausführung

- Sie stehen gerade im hüftbreiten Stand und halten Kurzhanteln in den Händen neben dem Körper. Die Zehen sind nach vorne gerichtet.
- Spannen Sie die Bauch- und die Gesäßmuskulatur an und ziehen Sie die Schultern nach hinten unten.
- Machen Sie einen großen Schritt nach vorne und beugen Sie die Beine, ohne jedoch das hintere Bein abzulegen.
- Halten Sie kurz die Position, bevor Sie sich nach hinten in die Ausgangsposition zurückdrücken.
- Anschließend führen Sie einen Ausfallschritt mit dem anderen Bein aus.

Halten Sie den Oberkörper durchgehend gerade und achten Sie darauf, dass das vordere Knie nicht nach vorne oder zur Seite ausweicht.

Variante

Sie intensivieren die Übung, wenn Sie die Hände mit Zusatzgewicht über den Schultern (Level 2) oder sogar gestreckt über dem Kopf halten. Fortgeschrittene können jeweils beim Schritt nach vorne den vorderen Fuß auf einen instabilen Untergrund aufstellen und die Position ausbalancieren (Level 3).

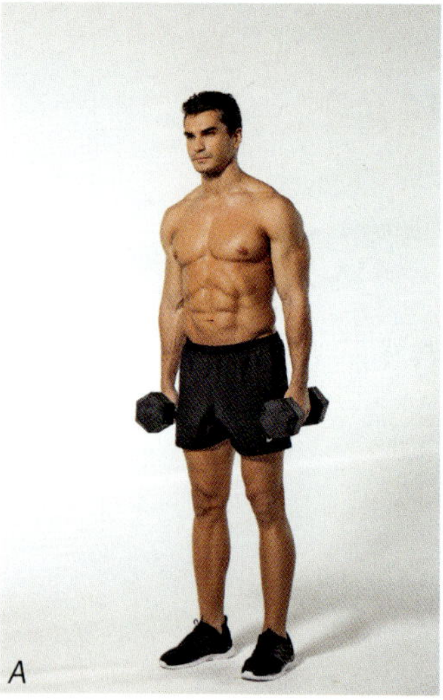

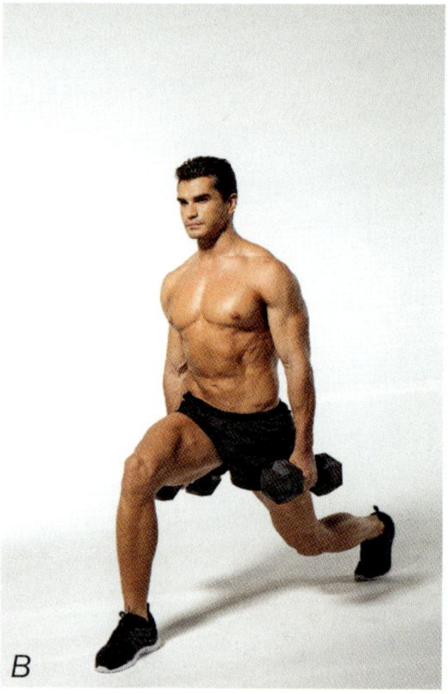

A–B: Die Ausgangs- und die Endposition.

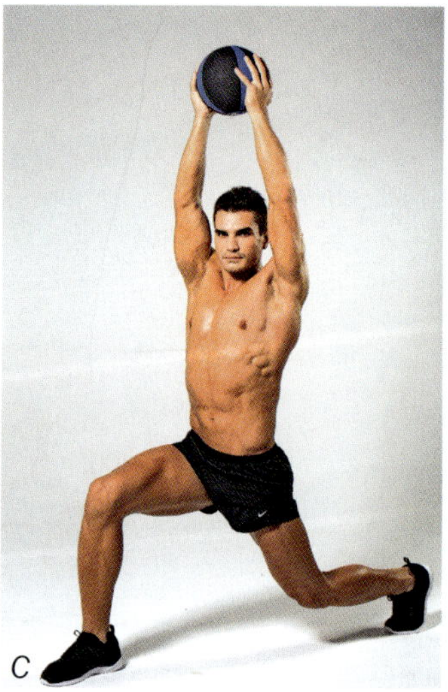

C: Die Variante mit hochgestreckten Armen.

K 32: Ausfallschritt mit Rotation (Level 2)

Mit dieser Ausfallschritt-Variante kräftigen Sie die Oberschenkel-, Gesäß- und Wadenmuskulatur. Außerdem trainieren Sie die Rumpfmuskulatur intensiv, da diese die Drehbewegung des Oberkörpers stabilisieren muss. Mittrainiert werden die Schulter- und Brustmuskulatur, wenn Sie das Gewicht nach oben gestreckt halten.

Ausführung

- Sie stehen im hüft- bis schulterbreiten Stand und halten ein Zusatzgewicht wie Medizinball, Hantelscheibe oder Kurzhantel in den nach vorne gestreckten Händen.
- Machen Sie einen rechten Ausfallschritt nach vorne und rotieren Sie den Oberkörper nach rechts. Achten Sie darauf, dass das vordere Knie nicht nach vorne oder zur Seite ausweicht.
- Dann drücken Sie sich hoch, drehen den Oberkörper zurück und nehmen wieder den aufrechten Stand ein.
- Nun machen Sie einen Schritt mit dem linken Bein nach vorne und drehen den Oberkörper nach links.

Variante

Einsteiger halten das Gewicht mit gebeugten Armen vor der Brust (Level 1); Fortgeschrittene können das Zusatzgewicht erhöhen oder den jeweils vorderen Fuß auf ein Balance-Kissen aufstellen (Level 3).

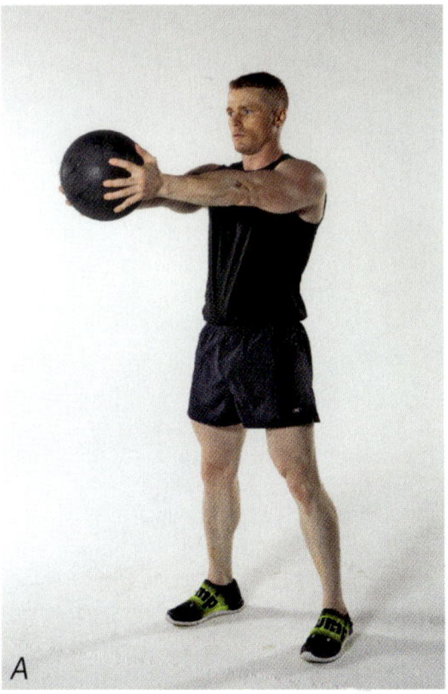

A

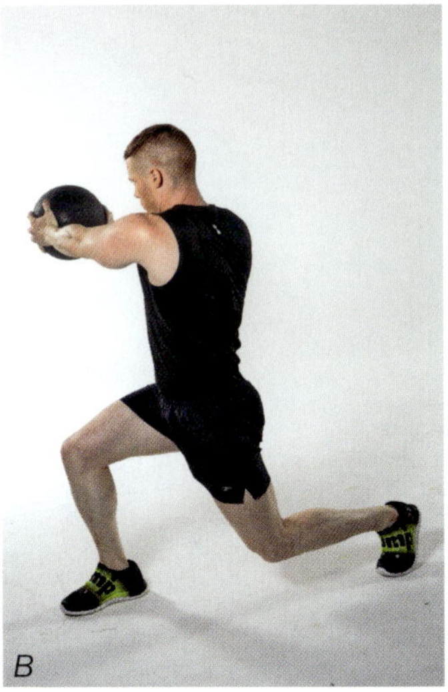

B

A–B: Die Ausgangsposition und der rechte Ausfallschritt mit Drehung nach rechts.

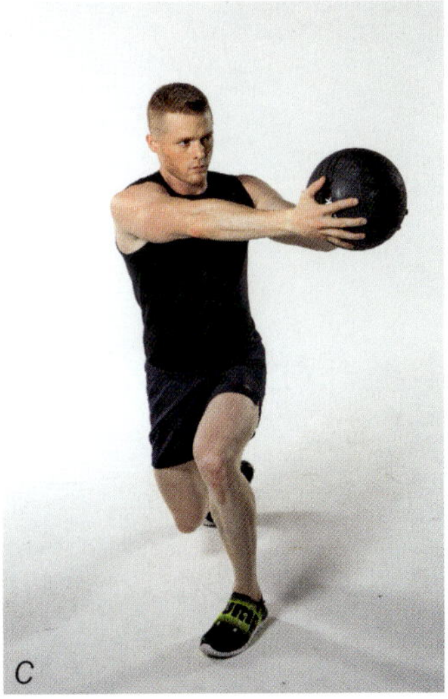

C

C: Der linke Ausfallschritt mit Drehung nach links, begonnen wird aus der Ausgangsposition.

K 33: Ausfallschritt zur Seite mit Arm-Vorstrecken (Level 2)

Mit dieser Übung kräftigen Sie vorrangig die Oberschenkel-, Gesäß- und Wadenmuskulatur. Mittrainiert werden die Rumpf-, Schulter- und Brustmuskulatur.

Ausführung

- Sie stehen im hüft- bis schulterbreiten Stand, die Zehen sind nach vorne gerichtet. Vor der Brust halten Sie eine Gewichtsscheibe oder einen Medizinball.
- Spannen Sie die Bauch- und die Gesäßmuskulatur an und die Schultern nach hinten unten.
- Stellen Sie einen Fuß zur Seite, und zwar so, dass die Zehen in die Bewegungsrichtung zeigen, und drehen den anderen Fuß mit.
- Strecken Sie die Arme nach vorne aus und beugen Sie gleichzeitig die Beine. Achten Sie darauf, dass das Knie des Übungsbeins nicht nach vorne oder zur Seite ausweicht.
- Halten Sie kurz die Position, ohne das hintere Bein abzulegen.
- Drücken Sie sich in den aufrechten Stand zurück und ziehen Sie dabei die Arme zur Brust.
- Nun führen Sie den Ausfallschritt mit Vorstecken der Arme zur anderen Seite aus.

Variante

Sie vereinfachen die Übung, wenn Sie die Hände durchgehend vor der Brust halten und auf das Zusatzgewicht verzichten (Level 1). Fortgeschrittene können die Bewegungen in alle Richtungen machen (Level 3).

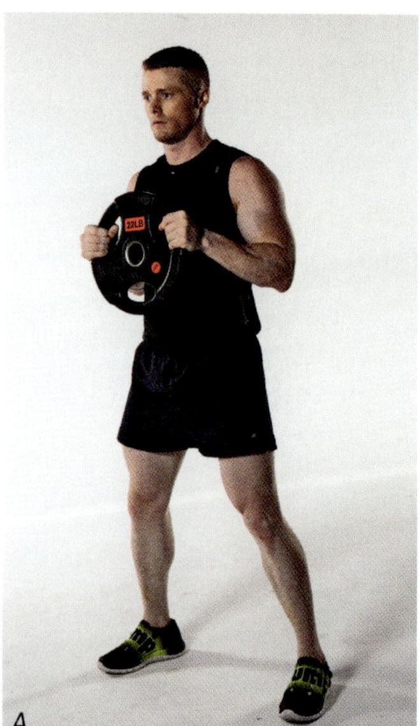
A

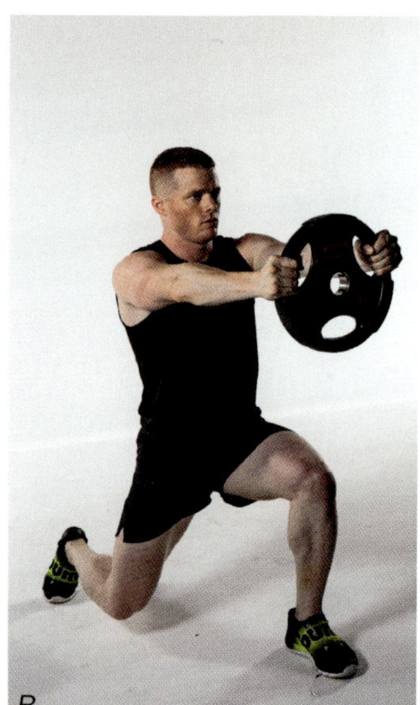
B

A–B: Die Ausgangsposition und der Schritt nach links.

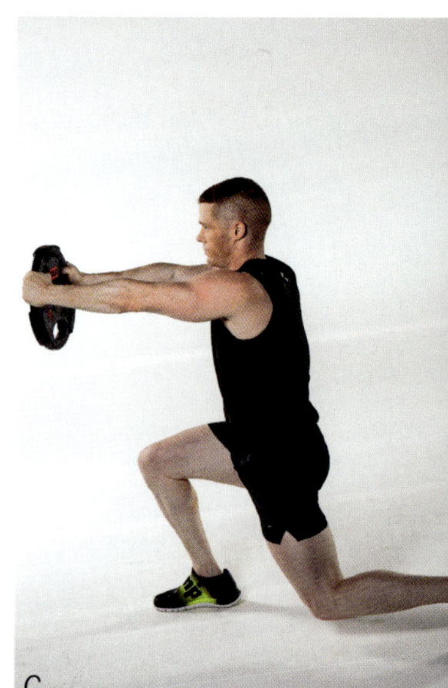
C

C: Der Schritt nach rechts, begonnen wird aus der Ausgangsposition.

K 34: Ausfallschritt mit Rückgleiten und Gewicht (Level 3)

Mit dieser Übung kräftigen Sie die Oberschenkel-, Gesäß- und Wadenmuskulatur. Durch das Gewicht wird auch die Rumpfmuskulatur deutlich beansprucht, da sie das Gewicht ausbalancieren muss.

Ausführung

- Stellen Sie die Zehen des hinteren Fußes auf einen Slide-Trainer, z. B. Valslide®. Über den Schultern halten Sie Kurzhanteln.
- Spannen Sie die Bauch- und die Gesäßmuskulatur an und ziehen Sie die Schultern nach hinten unten.
- Bewegen Sie sich in den Ausfallschritt, indem Sie mit dem hinteren Fuß zurückgleiten.
- Halten Sie kurz die Position und schieben Sie dann den hinteren Fuß wieder in die Ausgangsposition zurück.

Nach einem Übungssatz mit einem Bein wechseln Sie die Ausgangsposition.

Variante

Sie vereinfachen die Übung etwas, wenn Sie die Hanteln neben den Oberschenkeln halten. Alternativ können Sie auch eine Gewichtsscheibe oder einen Medizinball vor der Brust halten. Einsteiger üben ohne Zusatzgewicht (Level 1).
Anstatt eines Slide-Trainers können Sie den rückgleitenden Fuß auf ein zusammengefaltetes Handtuch stellen.

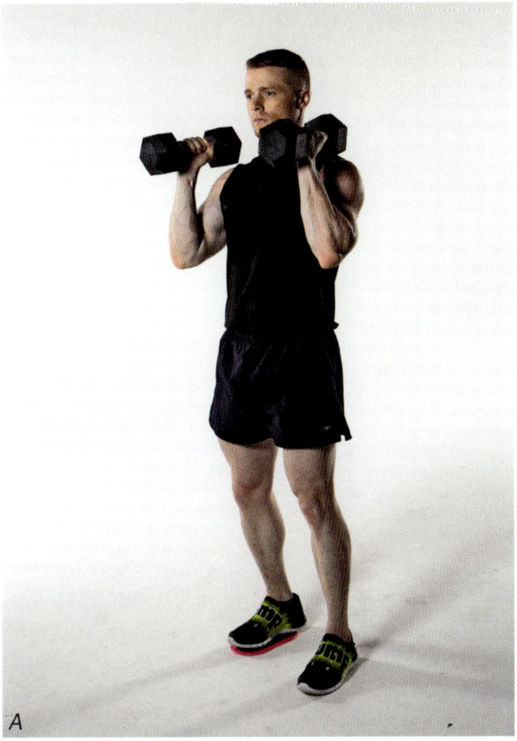

A

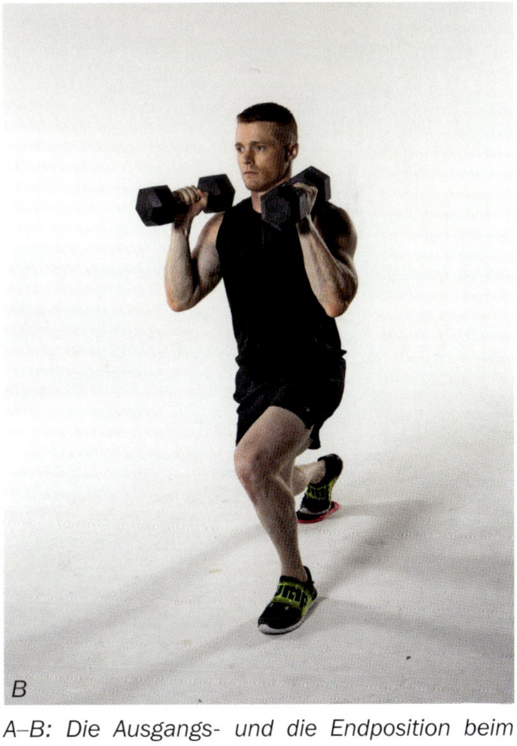

B

A–B: Die Ausgangs- und die Endposition beim Gleiten mit dem rechten Fuß.

K 35: Einbeinige Kniebeuge (Level 3)

Diese Übung trainiert die Oberschenkel-, Gesäß- und Wadenmuskulatur. Die Rumpfmuskulatur wird mittrainiert.

Ausführung

- Sie stehen aufrecht auf einem Fuß, der andere Fuß ist nach hinten gerichtet in der Luft. Konzentrieren Sie sich auf die Belastung von Fußballen, Außenkante und Ferse, um stabil zu stehen.
- Spannen Sie die Bauch- und die Gesäßmuskulatur an und halten Sie den Rücken gerade.
- Beugen Sie langsam das Standbein und schieben Sie gleichzeitig die Hüften nach hinten, bis sich der Oberschenkel etwas tiefer als in der waagrechten Position befindet. Halten Sie kurz die Position, wobei Sie die Beinmuskulatur fest anspannen.
- Dann strecken Sie das Bein und wiederholen schließlich die Übung.

Achten Sie auf einen geraden Rücken und darauf, dass das Knie über dem Fuß bleibt und nicht nach vorne oder zur Seite ausweicht.

Variante

Sie vereinfachen die Übung, indem Sie mit geringem Bewegungsradius üben (Level 2). Einsteiger können den hinteren Fuß auf einen Gegenstand ablegen oder sich mit einer Hand an einer Stuhllehne abstützen (Level 1). Weit Fortgeschrittene können Gewichte einsetzen und/oder auf einem instabilen Gegenstand üben.

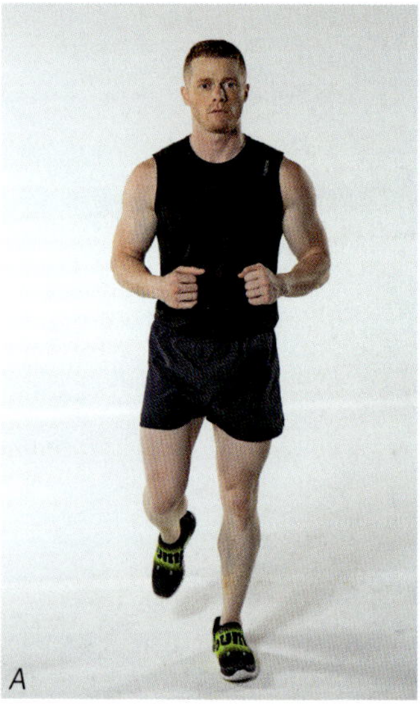

A

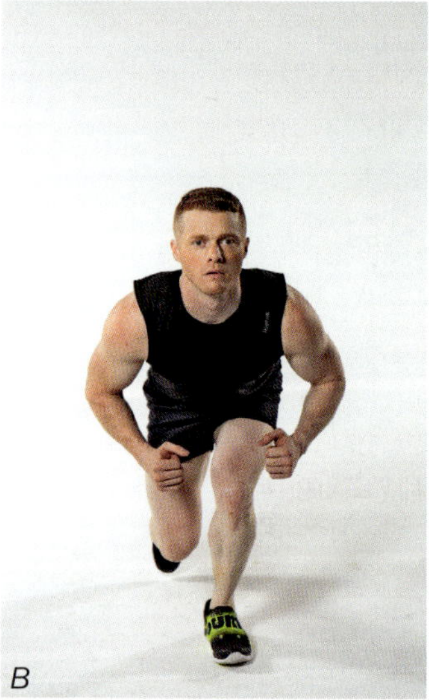

B

A–B: Die Ausgangs- und die Endposition.

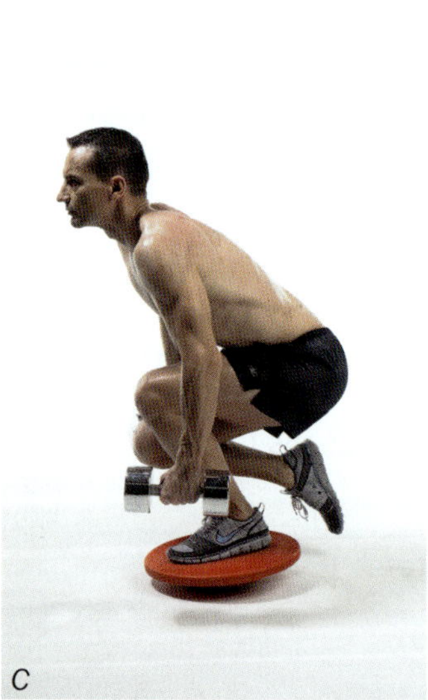

C

C: Die Intensivierung mit Zusatzgewicht auf instabilem Untergrund.

K 36: Beckenlift beidbeinig (Level 1)

Die Übung kräftigt vorrangig die Gesäßmuskulatur. Die Rumpf-, Waden- und Oberschenkelmuskulatur werden mitgekräftigt.

Ausführung

- Sie befinden sich in Rückenlage. Die Beine sind angezogen und die Fußsohlen sind aufgestellt. Auf dem Bauch halten Sie eine Gewichtsscheibe oder eine Kurzhantel.
- Belasten Sie die Füße gleichmäßig und drücken Sie diese etwas auf den Boden. Spannen Sie die Bauch- und Gesäßmuskulatur an und heben Sie das Gesäß leicht an.
- Drücken Sie die Füße fest auf den Boden und heben Sie das Becken so weit hoch, bis sich die Oberschenkel und der Rücken in einer Linie befinden. Die Bewegung erfolgt aus der Gesäßmuskulatur, ohne den unteren Rücken zu überstrecken.
- Senken und heben Sie das Becken mehrfach, ohne es abzulegen. Die Hände können helfen, die Position auszubalancieren, nicht jedoch beim Hochdrücken.

Achten Sie darauf, dass die Knie nicht ausweichen, und darauf, dass der Rumpf durchgehend in Spannung ist.

Variante

Einsteiger können ohne Zusatzgewicht üben; leicht Fortgeschrittene führen die Übung einbeinig aus (Level 2); Fortgeschrittene können einbeinig auf einem instabilen Untergrund üben (Level 3). Achten Sie bei der einbeinigen Ausführung besonders darauf, dass Sie keine Ausweichbewegung mit den Hüften machen. Um die Position zu stabilisieren, können Sie einen Ball unter das angezogene Knie klemmen.

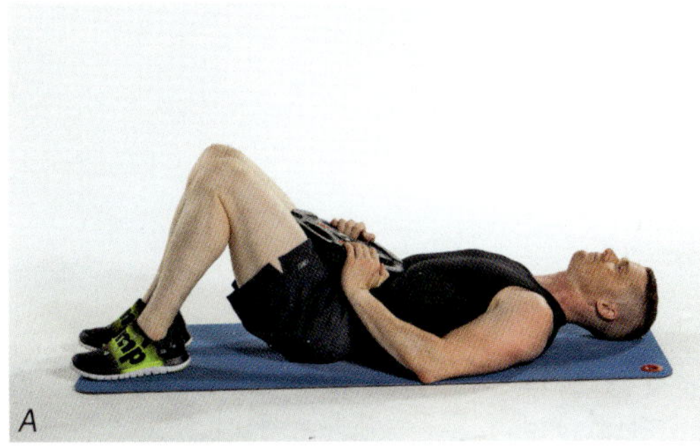

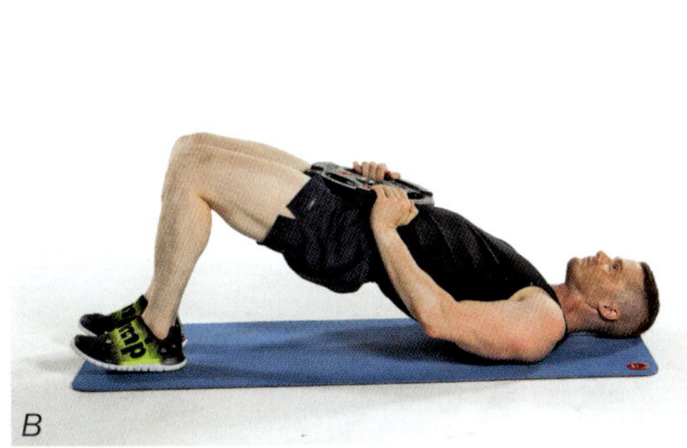

A–B: Die Anfangs- und die Endposition.

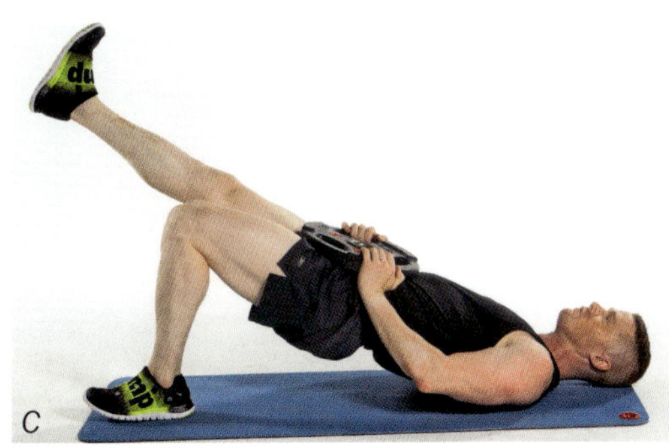

C: Die einbeinige Ausführung mit Zusatzgewicht.

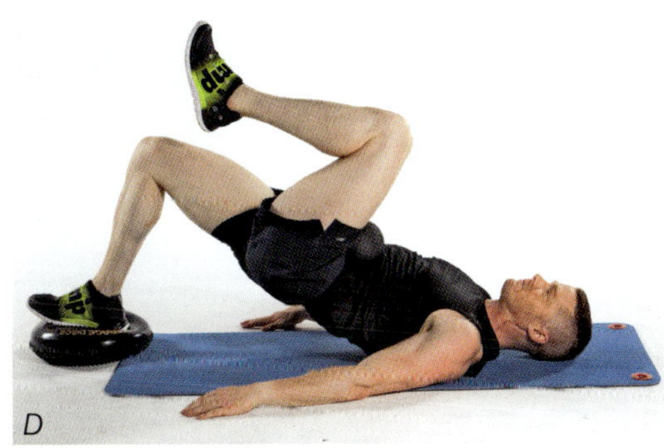

D: Die einbeinige Ausführung auf instabilem Untergrund.

K 37: Bein-Rückheben im Stand gestützt (Level 1)

Mit dieser Übung kräftigen Sie die Beinmuskulatur, insbesondere den hinteren Anteil, die Rumpf- und Gesäßmuskulatur.

Ausführung

- Aus dem aufrechten Stand stellen Sie einen Fuß etwas vor. Verlagern Sie Ihr Gewicht auf den vorderen Fuß und heben Sie das hintere Bein etwas vom Boden ab.
- Gehen Sie leicht in die Kniebeuge und senken Sie den Oberkörper, bis er sich parallel zum Boden befindet. Mit den Händen können Sie sich auf den Oberschenkel des Standbeins stützen, um die Position zu stabilisieren.
- Strecken Sie das hintere Bein durch und ziehen die Zehen an. Heben Sie es gerade hoch und halten Sie diese Position für 30–60 Sekunden.
- Bewegen Sie sich in den Parallelstand zurück und wechseln Sie das Übungsbein.

Achten Sie darauf, dass Sie keine Ausweichbewegungen machen, wie ein Verdrehen der Hüften.

Variante

Leicht Fortgeschrittene können kleine Bewegungen hoch und runter ausführen (Level 2) oder zur Übung »K 38: T-Stand« übergehen.

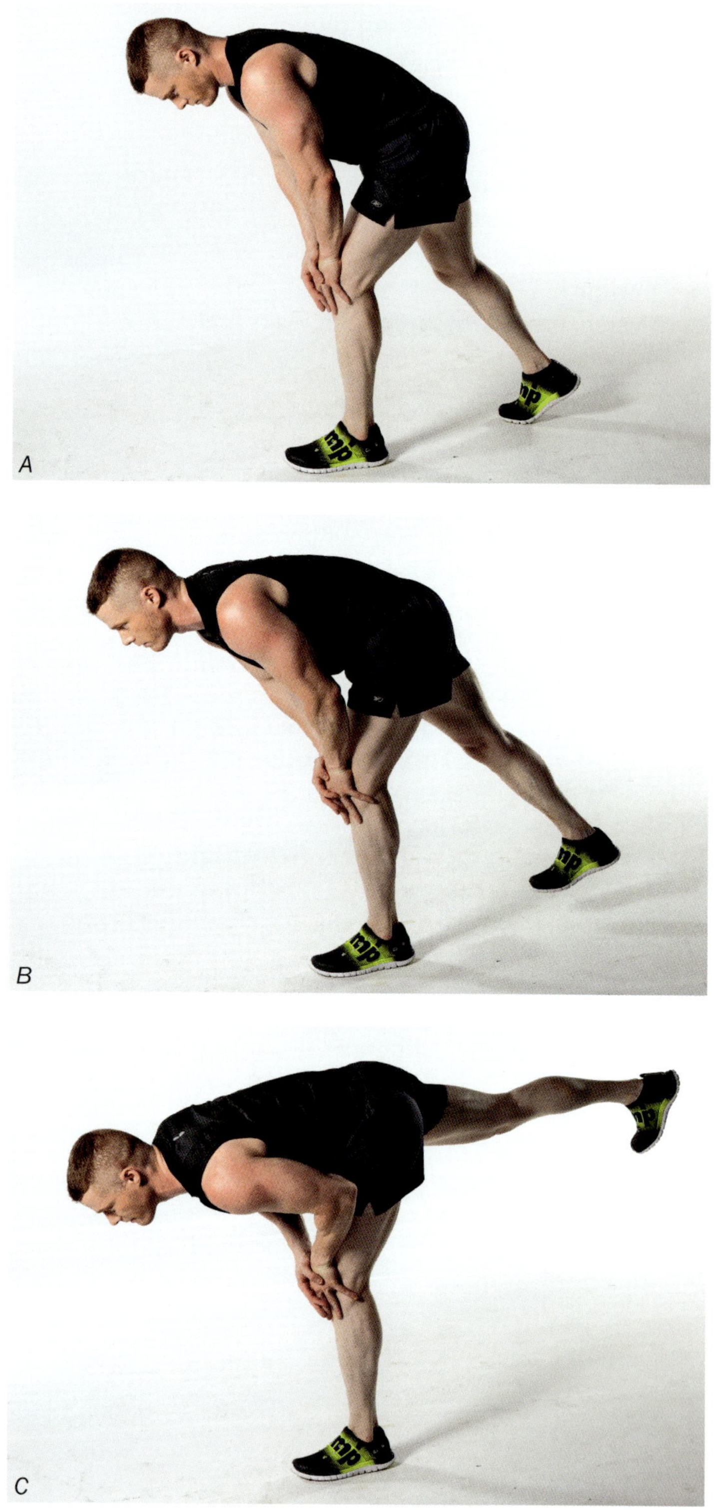

A–C: Der Bewegungsablauf

K 38: T-Stand mit Gewicht (Level 2)

Dies ist eine wichtige Übung, um das Zusammenspiel der Beinmuskulatur zu verbessern. Es werden insbesondere die hintere Beinmuskulatur sowie die Rumpf- und Gesäßmuskulatur gekräftigt, die obere Rückenmuskulatur wird mitgekräftigt.

Ausführung

- Sie stehen aufrecht im hüftbreiten Stand und halten über dem Kopf mit gestreckten Armen eine leichte Kurzhantel.
- Stellen Sie ein Bein vor, verlagern Ihr Gewicht darauf und belasten Fußballen, Fußkante und Ferse. Spannen Sie die Bauch- und die Gesäßmuskulatur an.
- Heben Sie das hintere Bein mit angezogenen Zehen an. Gleichzeitig senken Sie den Oberkörper, bis sich der Körper parallel zum Boden befindet.
- Halten Sie diese Position für 30–60 Sekunden. Spannen Sie immer wieder die Bauch- und die Gesäßmuskulatur bewusst nach, um Ausweichbewegungen wie ein Verdrehen der Hüften zu vermeiden.
- Dann bewegen Sie sich in den Parallelstand zurück und wechseln das Übungsbein.

Achten Sie darauf, dass Sie das Bein gestreckt anheben und die Zehen nach unten zeigen.

Variante

Einsteiger führend die Übung ohne Zusatzgewicht aus (Level 1). Weit Fortgeschrittene können zusätzlich Fußgelenksgewichte nutzen (Level 3).

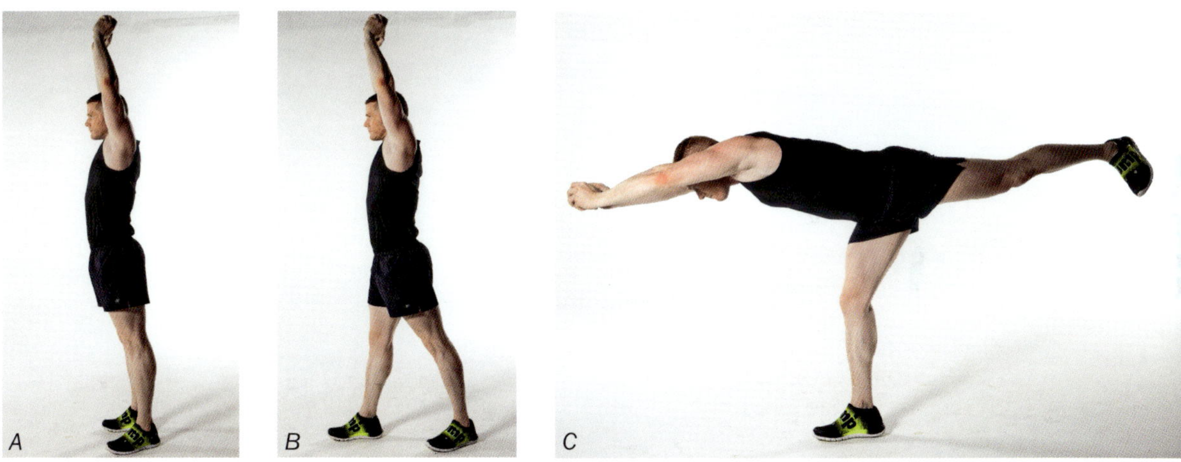

A–C: Der Bewegungsablauf.

K 39: Kreuzheben mit fast gestreckten Beinen (Level 2)

Bei dieser Variante des Kreuzhebens trainieren Sie mit fast gestreckten Beinen, um die hintere Oberschenkelmuskulatur intensiv zu kräftigen. Auch erreichen Sie gute Effekte für die untere Rücken-, vordere Bauch- und Gesäßmuskulatur.

Ausführung

- Sie stehen aufrecht im hüft- bis schulterbreiten Stand mit leicht gebeugten Beinen. Der Rücken ist gerade, die Arme zeigen nach unten und in den Händen halten Sie eine Langhantel oder Kurzhanteln.
- Drücken Sie die Füße fest in den Boden und spannen Sie die Bauch- und Gesäßmuskulatur an.
- Verlagern Sie langsam den gerade gehaltenen Oberkörper nach vorne, wozu Sie das Gesäß nach hinten schieben. Die Arme bewegen sich dabei gerade nach unten, eng an den Schienbeinen entlang.
- Dann heben Sie den Oberkörper in die Ausgangsposition zurück und wiederholen schließlich die Übung.

Achten Sie auf angespannte Rumpfmuskulatur und darauf, dass der unterer Rücken gerade bleibt und nicht abgerundet wird. Führen Sie die Übung mit leicht gebeugten und nicht mit vollständig gestreckten Beinen aus.

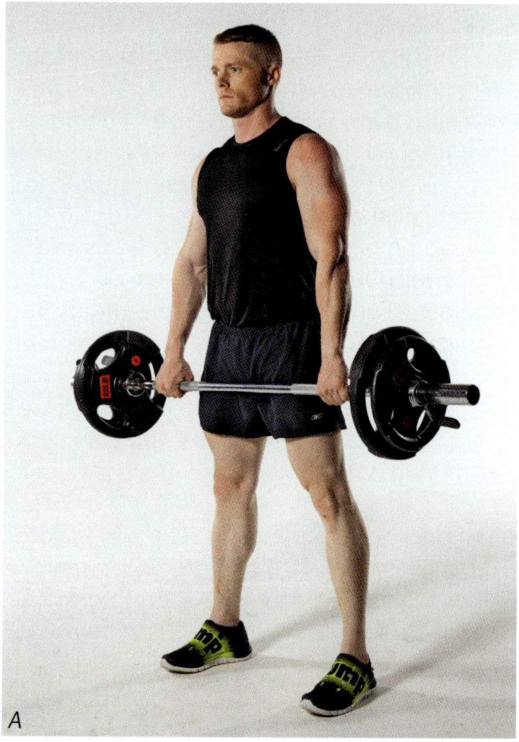

A

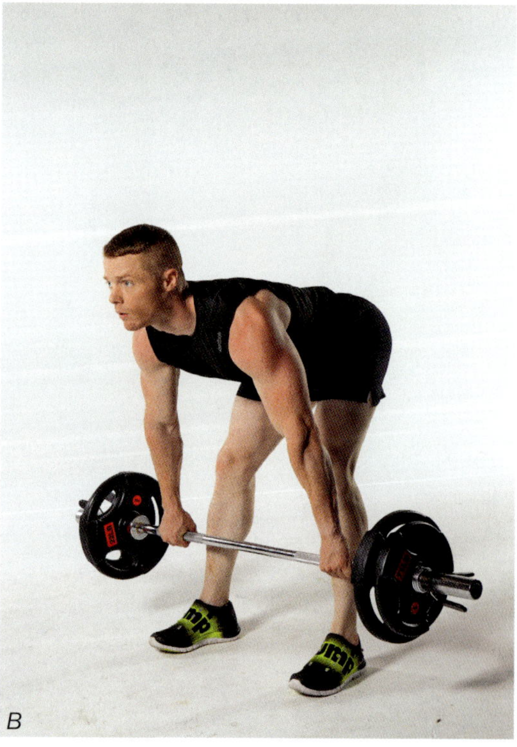

B

A–B: Die Ausgangs- und die Endposition.

Variante

Sie intensivieren die Übung, indem Sie ein Bein leicht nach hinten angehoben in der Luft halten (Level 3). Belasten Sie Fußballen, Fußkante und Ferse und spannen Sie die Bauch- und Gesäßmuskulatur an, um die Position zu stabilisieren. Beim kontrollierten Vorbeugen des geraden Rückens ist es wichtig, Ausweichbewegungen mit den Hüften zu vermeiden. Führen Sie die Übung zuerst mit sehr wenig Gewicht oder aber nur mit der Langhantelstange aus. Es muss zuerst erlernt werden, den Bewegungsablauf zu stabilisieren und den Rücken gerade zu halten. Es ist hingegen nicht sinnvoll, Gewichte wie auf den Fotos zu verwenden, wenn dabei Ausweichbewegungen erfolgen. Mit regelmäßigem Training können Sie dann auch die Gewichte wie der Darsteller steigern.

Alternativ können Sie auf einem instabilen Untergrund im beidbeinigen Stand üben oder die Übung einarmig ausführen.

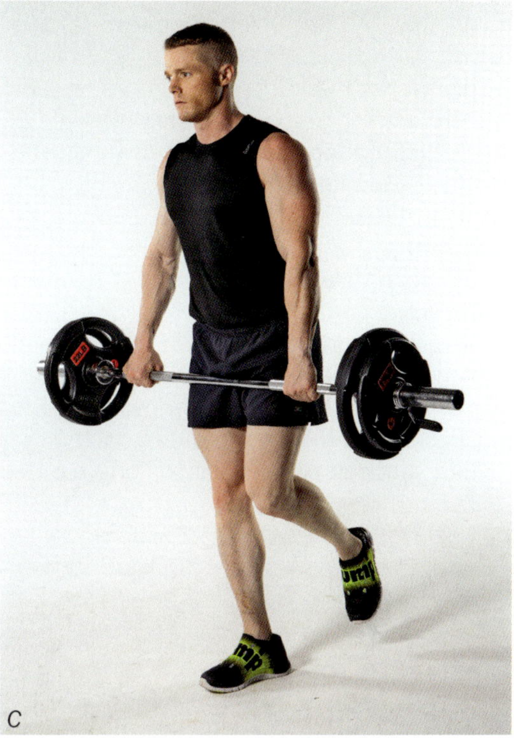
C

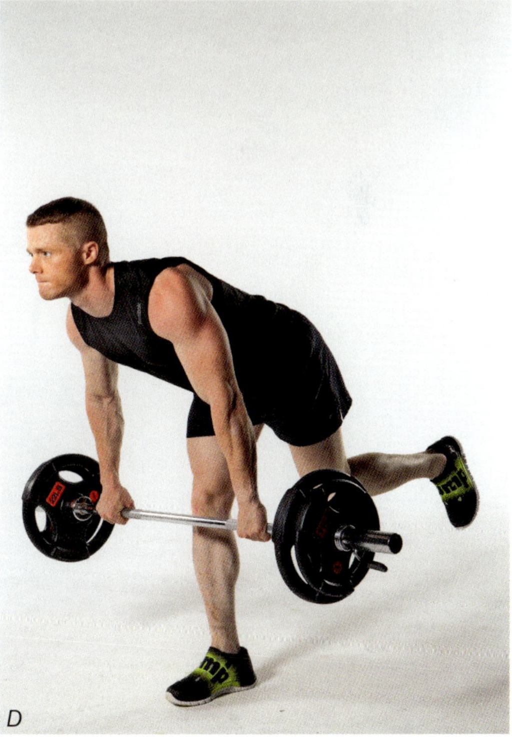
D

C–D: Kreuzheben mit fast gestrecktem Bein (Level 3). Der Rücken darf beim Beugen nicht abgerundet werden, und die Hüften müssen gerade bleiben.

K 40: Bein-Anziehen im Beckenlift (Level 2)

Mit dieser Übung kräftigen Sie vorrangig die hintere Oberschenkel- und Gesäßmuskulatur. Die Rumpf- und vordere Oberschenkelmuskulatur werden mitgekräftigt.

Ausführung

- Sie liegen mit dem Rücken auf dem Boden. Die Arme sind abgelegt, die Beine sind fast gestreckt, und die Fersen befinden sich in die Schlaufen eines Schlingentrainers, wobei die Zehen angezogen sind.
- Drücken Sie die Fersen etwas nach unten und spannen Sie die Bauch- und die Gesäßmuskulatur an.
- Heben Sie das Becken so weit hoch, bis sich Oberschenkel und Rücken in einer Linie befinden.
- Ziehen Sie die Fersen in Richtung Gesäß, wobei sich das Becken weiter anhebt. Halten Sie kurz diese Position.
- Bewegen Sie die Fersen zurück, wobei sich das Becken senkt, aber nicht abgelegt wird. Wiederholen Sie die Übung.

Achten Sie auf gleichmäßige Bewegungen und angespannte Gesäßmuskulatur.

Variante

Fortgeschrittene können die Übung einbeinig ausführen (Level 3).
Alternativ können Sie mit einem Gymnastikball üben, wobei Sie im Bewegungsablauf den Ball anrollen. Auch dies wird einbeinig sehr intensiv.

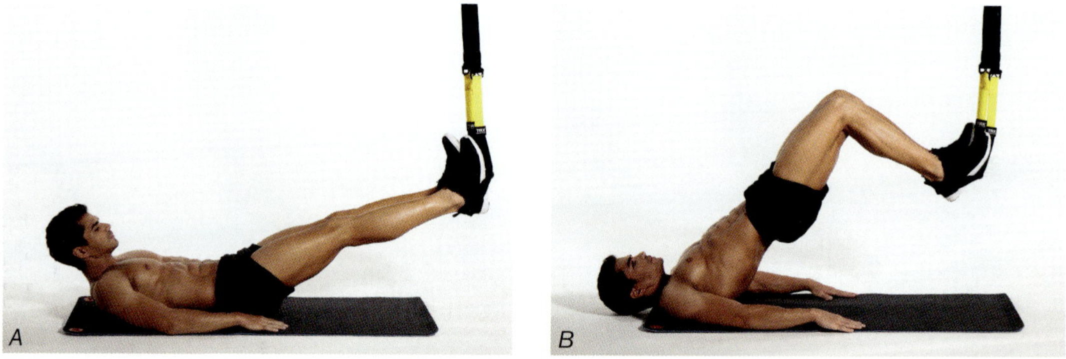

A–B: Die Ausgangs- und die Endposition mit Schlingentrainer.

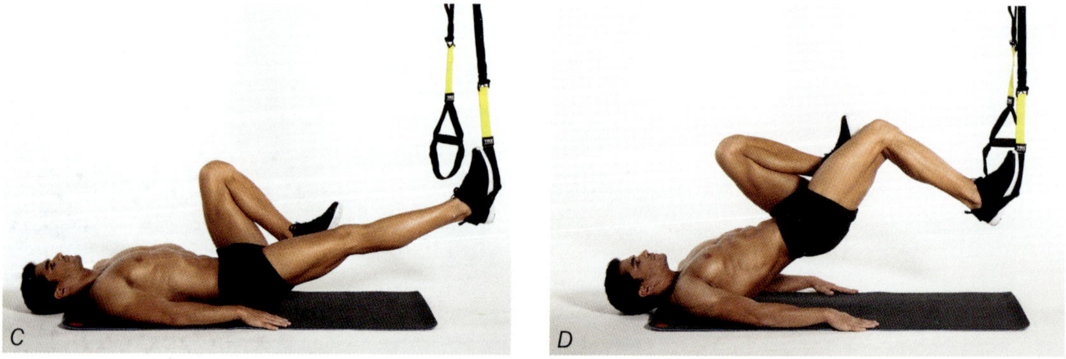

C–D: Die einbeinige Ausführung mit Schlingentrainer (Level 3).

Alternativ können Sie die Übung mit Valslides® ausführen; oder wenn nicht verfügbar, dann üben Sie auf einem glatten Boden mit einem zusammengefalteten Handtuch, wozu Sie die Ferse(n) auf das gefaltete Tuch stellen.

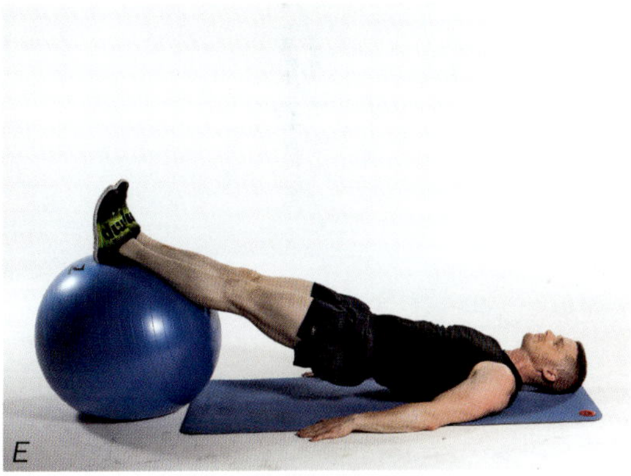

E

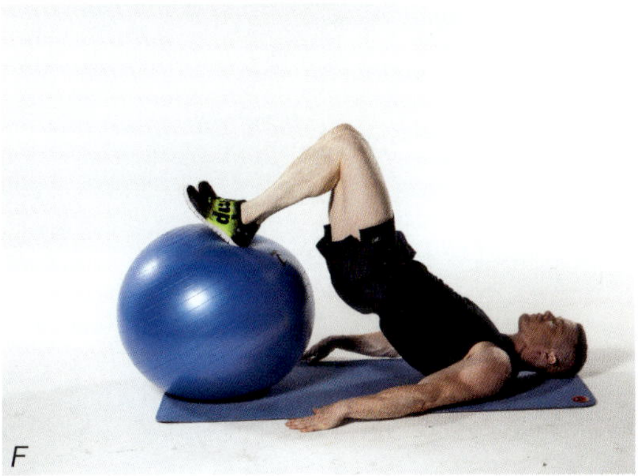

F

E–F: Die beidbeinige Ausführung mit Gymnastikball (Level 2).

K 41: Unterschenkel-Anziehen (Level 1)

Mit dieser Übung können Sie die hintere Oberschenkelmuskulatur fokussiert trainieren, wenn diese eine Schwachstelle darstellt.

Ausführung

- In Bauchlage heben Sie einen Unterschenkel etwas an und legen nun den anderen Fuß gegen die Achillessehne oder Ferse. Spannen Sie die Füße gegeneinander und aktivieren Sie die Bauchmuskulatur.
- Bewegen Sie den Unterschenkel gegen starken Widerstand des anderen Fußes so weit wie möglich zum Gesäß. Halten Sie kurz die Position.
- Bringen Sie das Bein langsam in die Ausgangsposition zurück, jedoch nicht darüber hinaus, wobei die Spannung aufrecht gehalten wird. Dann wiederholen Sie die Übung.

Achten Sie auf gleichmäßige Bewegungsausführung und darauf, dass das Becken auf dem Boden bleibt.

Variante

Als Variante können Sie die Übung auch mit einem Stretchband machen. Dazu befestigen Sie das Band um die Füße, so dass es sich in der Ausgangsposition in leichter Spannung befindet. Das Übungsbein bewegt sich Richtung Gesäß, das andere Bein wird auf dem Boden gehalten.

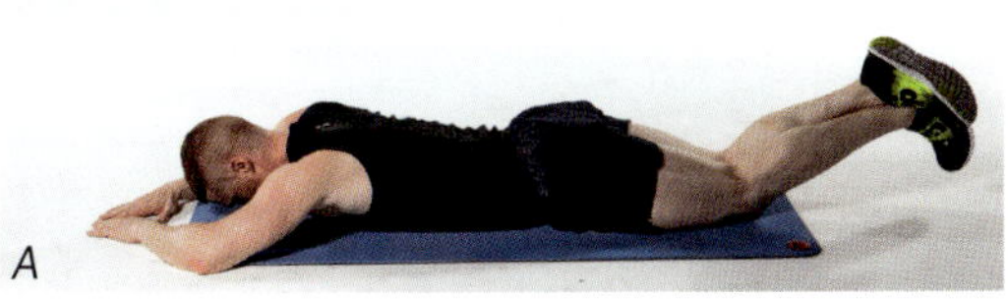

A

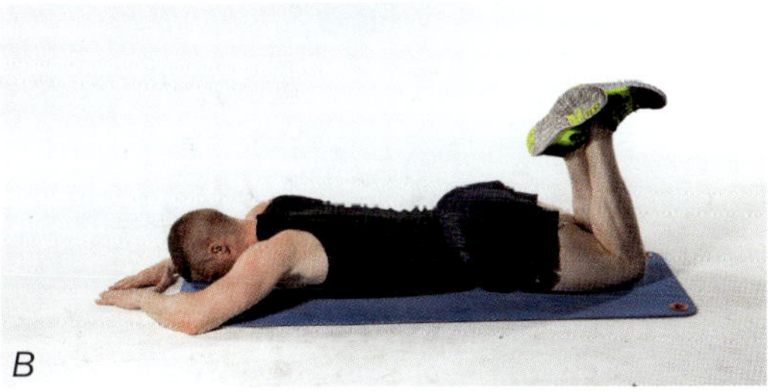

B

A–B: Die Ausgangs- und die Endposition.

K 42: Frontaler Kastensprung (Level 1)

Mit dieser Übung trainieren Sie die Explosivkraft der Beinmuskulatur. Sie kräftigt insbesondere die vordere Oberschenkelmuskulatur. Die Waden-, Rumpf- und hintere Oberschenkelmuskulatur werden mitgekräftigt.

Ausführung

- Stellen Sie sich vor einen Stepper oder eine stabile Box, die Füße weisen zum Ziel und sind hüft- bis schulterbreit auseinander gestellt. Die gebeugten Unterarme halten Sie vor dem Körper.
- Bringen Sie den Rumpf in Spannung.
- Beugen Sie die Beine, indem Sie die Hüften nach hinten schieben. Gleichzeitig schwingen Sie die Arme nach hinten. Achten Sie darauf, dass die Knie in der Beinachse bleiben.
- Springen Sie explosiv hoch und schwingen dabei die Arme mit. Landen Sie sanft auf dem Gegenstand, wozu Sie etwas nachfedern.
- Springen Sie locker nach vorne auf den Boden und drehen sich, um die Übung zu wiederholen.

Alternativ können Sie sich auch auf dem Stepper zurückdrehen und locker in die Ausgangsposition zurückspringen.

Variante

Sie können die Übung durch Kastenhöhe sowie mit Gewichten wie Kurzhanteln oder Medizinball intensivieren (Level 2). Fortgeschrittene üben einbeinig (Level 3). Mit der einbeinigen Ausführung werden auch die innere und äußere Oberschenkelmuskulatur intensiv gekräftigt, da sie die Kniebeuge stabilisieren müssen. Wählen Sie einen Kasten von 10–20 cm Höhe.

Wenn Sie keinen Stepper oder stabilen Kasten verfügbar haben, dann können Sie Sprünge nach vorne und nach hinten machen. Wichtig ist bei einbeinigen Sprüngen, dass Sie immer wieder die Standposition ausbalancieren.

Sie können auch Kastensprünge nach innen aus einer breiten Kniebeuge heraus machen ebenso wie seitliche Kastensprünge von außen. Mit diesen Varianten können Sie die innere und äußere Beinmuskulatur etwas intensiver kräftigen und üben auch, das Fußgelenk in einer anderen Position zu stabilisieren.

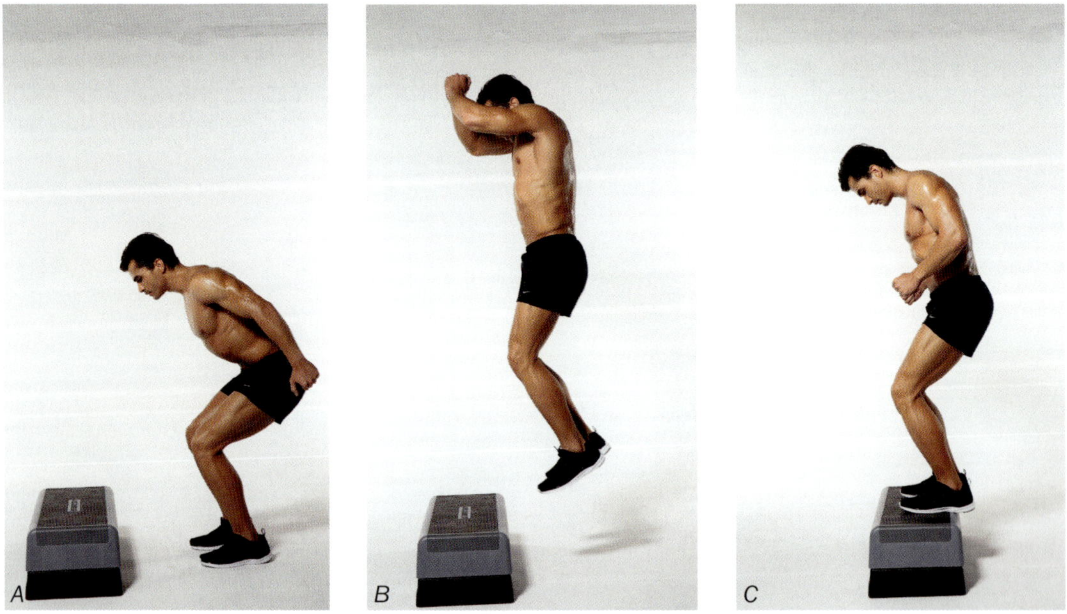

A–C: Der Bewegungsablauf aus der Kniebeuge. Fortgeschrittene können die Höhe deutlich steigern.

Beim Kastensprung nach innen nehmen Sie einen breiten Stand ein mit dem Kasten (Stepper) zwischen den Beinen. Machen Sie mindestens eine halbe Kniebeuge und führen Sie die Hände vor dem Körper zusammen. Springen Sie hoch in die Luft und kommen Sie dann sanft auf dem Stepper auf. Springen Sie wieder nach außen in die Ausgangsposition zurück.

Beim seitlichen Kastensprung von außen stellen Sie sich mit dem inneren Fuß seitlich zu einem Stepper oder zu einer stabilen Box; wählen Sie eine Höhe von 10–20 cm. Beugen Sie das Übungsbein und springen Sie explosiv hoch. Landen Sie kontrolliert auf der Mitte des Kastens.

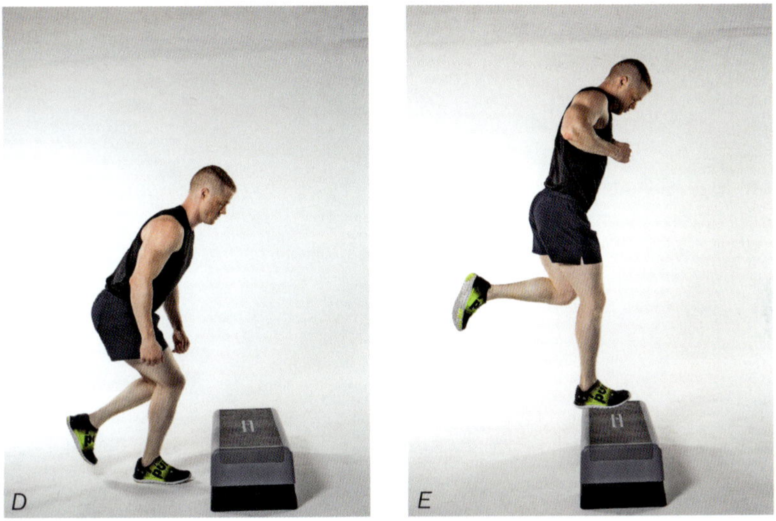

D–E: Der einbeinige frontale Kastensprung.

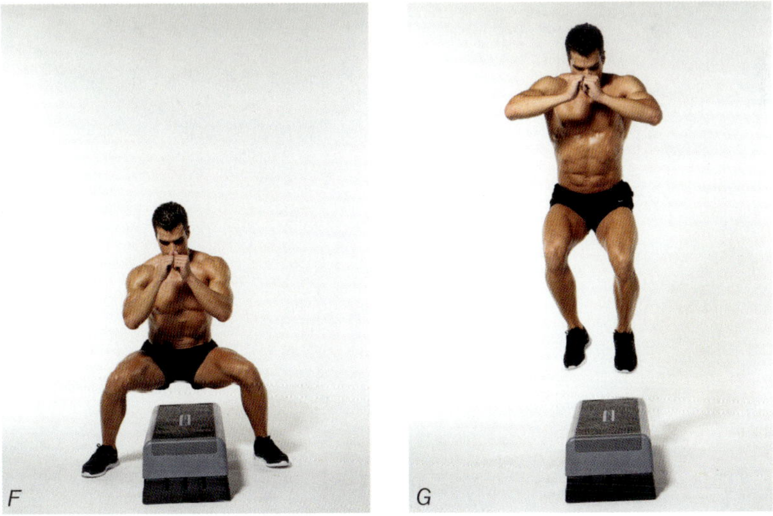

F–G: Der Sprung aus der breiten Kniebeuge nach innen.

K 43: Beidbeiniger Strecksprung (Level 1)

Mit dieser Übung trainieren Sie die Explosivkraft der Beinmuskulatur. Sie kräftigt insbesondere die vordere Oberschenkelmuskulatur. Die Waden-, Rumpf- und hintere Oberschenkelmuskulatur werden mitgekräftigt.

Ausführung

- Nehmen Sie den aufrechten Stand ein, die Füße sind hüft- bis schulterbreit auseinander gestellt. Die gebeugten Unterarme halten Sie vor dem Körper.
- Bringen Sie die Rumpfmuskulatur in Spannung.
- Beugen Sie die Beine, indem Sie die Hüften nach hinten schieben. Gleichzeitig schwingen Sie die Arme nach hinten. Achten Sie darauf, dass die Knie in der Beinachse bleiben.
- Springen Sie explosiv so hoch wie möglich gerade nach oben und schwingen dabei die Arme mit.
- Kommen Sie kontrolliert auf dem Boden auf und wiederholen Sie die Übung.

Variante

Sie intensivieren die Übung mit Zusatzgewichten wie Kurzhanteln oder Medizinball (Level 2). Fortgeschrittene üben einbeinig (Level 3). Bei der einbeinigen Ausführung werden auch die innere und äußere Oberschenkelmuskulatur intensiv gekräftigt, da diese Muskeln die Kniebeuge stabilisieren müssen. Wichtig ist, dass Sie die Kniebeuge in stabiler Position ohne Ausweichbewegungen ausführen.

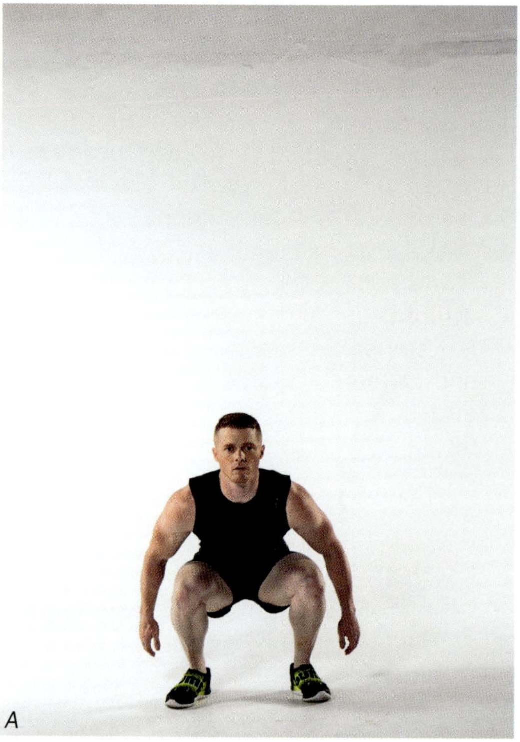

A

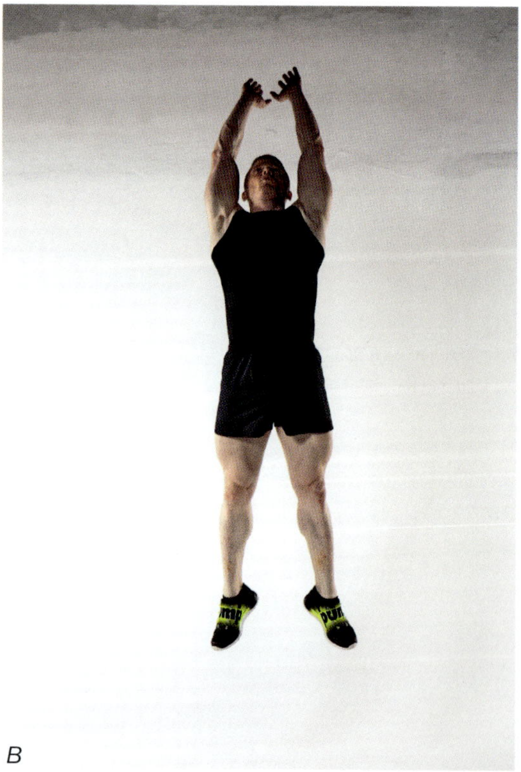

B

A–B: Der beidbeinige Bewegungsablauf.

K 44: Wechselsprünge im Ausfallschritt (Level 2)

Mit dieser Übung trainieren Sie Schnellkraft und Koordination. Sie kräftigen die Oberschenkelmuskulatur, insbesondere den vorderen Anteil, die Waden-, Gesäß- und Rumpfmuskulatur. Sie dürfen diese Übung allerdings nicht bei Knieproblemen ausführen.

Ausführung

- Sie stehen gerade im hüftbreiten Stand und halten die Hände vor der Brust oder an den Seiten. Die Bauch- und Gesäßmuskulatur sind angespannt und die Schultern sind nach hinten unten gezogen.
- Machen Sie einen Ausfallschritt mittlerer Größe nach vorne.
- Gehen Sie tiefer in die Kniebeuge, um Schwung zu holen, und springen Sie dann in die Luft.
- Während des Sprungs wechseln Sie die Beinposition und kommen im leichten Ausfallschritt mit dem anderen Bein vorne kontrolliert auf.
- Beugen Sie die Beine erneut, um die nächste Wiederholung zu beginnen.

Achten Sie darauf, dass Sie locker auf den Boden aufkommen und leicht nachfedern, sowie dass die Knie nicht nach vorne oder zur Seite ausweichen.

Variante

Sie vereinfachen die Übung, indem Sie die Beine nur gering beugen. Fortgeschrittene können die Beine tief beugen und ein Gewicht wie einen Medizinball in den Händen halten (Level 3). Alternativ können Fortgeschrittene die Wechselsprünge in unterschiedliche Richtungen ausführen.

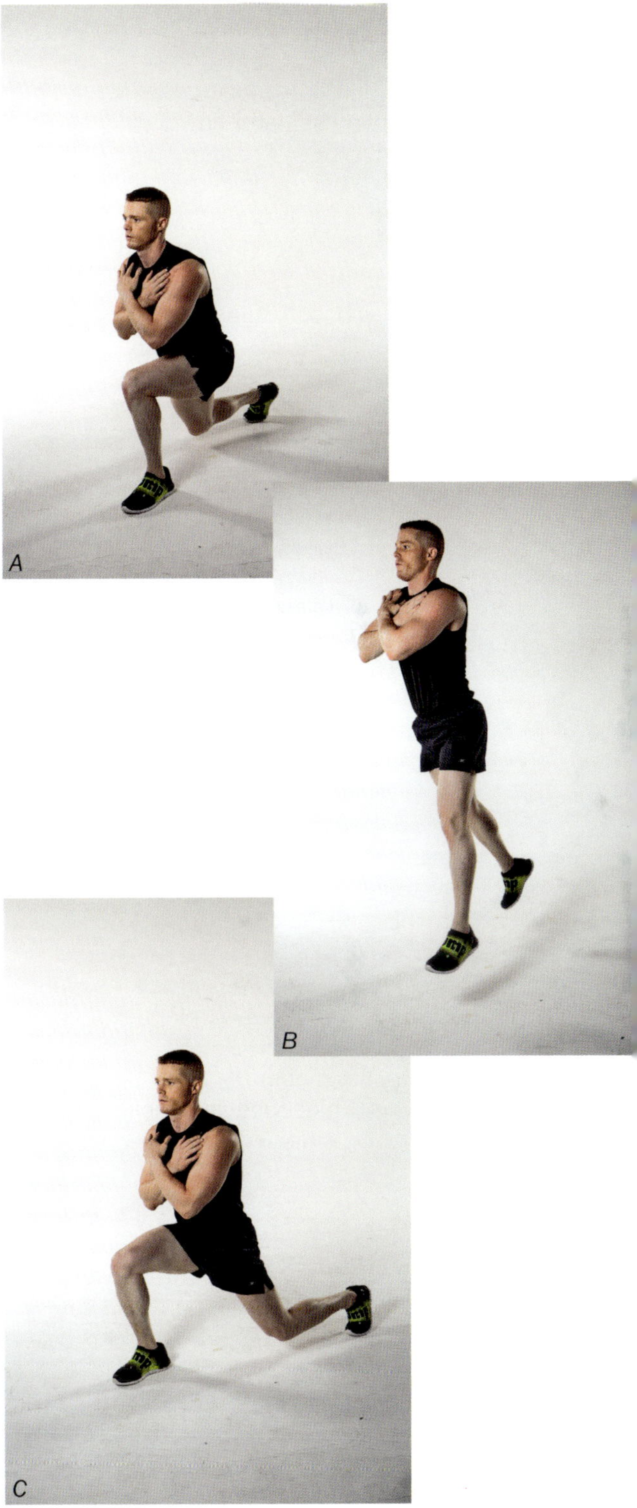

A–C: Die Übungsfolge.

K 45: Bein-Abspreizen gegen Band (Level 2)

Mit dieser Übung kräftigen Sie die äußere Oberschenkelmuskulatur sowie die stabilisierende Muskulatur des Standbeins.

Ausführung

- Sie befestigen das Stretchband an einem tiefen Gegenstand und verknoten es. Stellen Sie sich auf einen Stepper oder ein Brett, damit Sie das Übungsbein frei bewegen können. Legen Sie die Schlaufen großflächig um Ihren äußeren Fuß.
- Verlagern Sie das Gewicht auf das Standbein und stabilisieren Sie die Position, indem Sie das Standbein etwas beugen und die Bauch- und die Gesäßmuskulatur anspannen.
- Heben Sie das Übungsbein geringfügig nach innen an, so dass das Band leicht gespannt ist und die Muskulatur somit in Vorspannung ist.
- Führen Sie das gestreckte Bein gegen den Widerstand in einer gleichmäßigen Bewegung weit nach außen und halten Sie kurz die Position. Bringen Sie das Bein in die Ausgangsposition zurück, um die Übung zu wiederholen. Vermeiden Sie es, Schwung zu holen, und halten Sie den Oberkörper gerade.
- Bewegen Sie das Bein in die Ausgangsposition zurück, jedoch nicht darüber hinaus, damit die Muskulatur in Spannung bleibt. Wiederholen Sie dann die Übung.

Vermeiden Sie es, Schwung zu holen, und halten Sie die Hüften und den Oberkörper gerade.

Variante

Sie vereinfachen die Übung, indem Sie sich an einer Stuhllehne festhalten (Level 1). Weit Fortgeschrittene können auf einem instabilen Untergrund trainieren (Level 3).
Alternativ können Sie einen Seilzug benutzen, wozu Sie die Zugrolle in unterer Position befestigen.

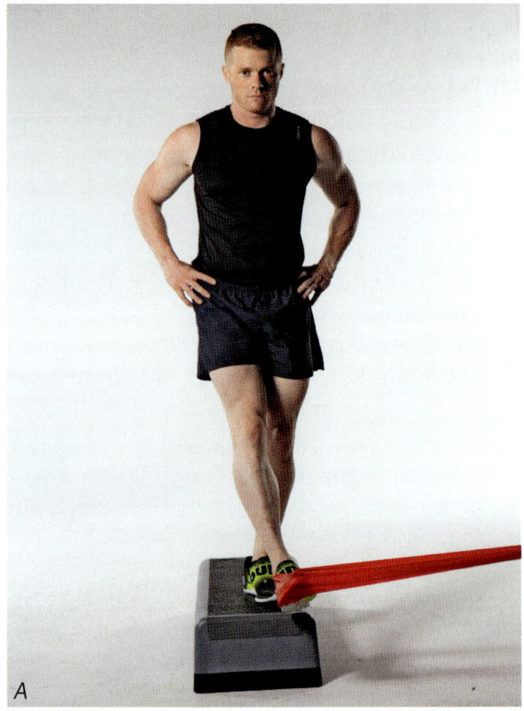

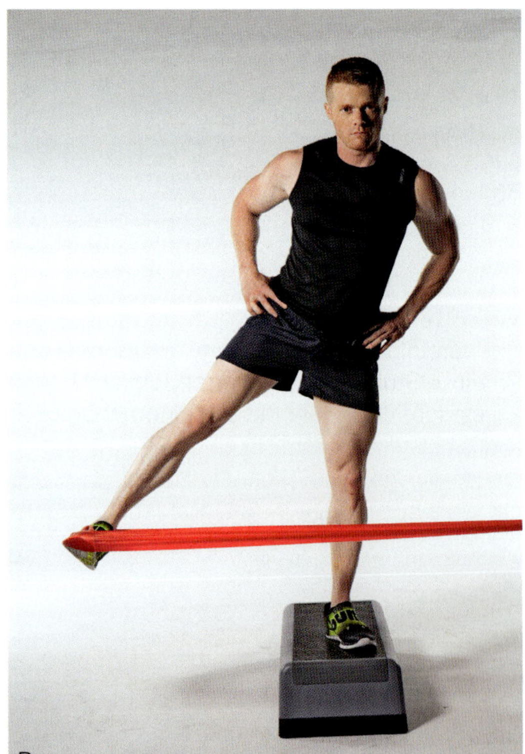

A–B: Die Ausgangs- und die Endposition.

K 46: Bein-Anziehen gegen Band (Level 2)

Mit dieser Übung kräftigen Sie die innere Oberschenkelmuskulatur sowie die stabilisierende Muskulatur des Standbeins.

Ausführung

- Sie befestigen das Stretchband an einem tiefen Gegenstand und verknoten es. Stellen Sie sich auf einen Stepper oder ein Brett, damit Sie das Übungsbein frei bewegen können. Legen die Schlaufen großflächig um die Fußinnenseite.
- Verlagern Sie das Gewicht auf das Standbein und stabilisieren Sie die Position, indem Sie das Standbein etwas beugen und die Bauch- und die Gesäßmuskulatur anspannen.
- Heben Sie das Übungsbein etwas nach außen an, aber nur so weit, dass das Band noch leicht gespannt und die Muskulatur somit in Vorspannung ist.
- Ziehen Sie das gestreckte Bein in einer gleichmäßigen Bewegung am Standbein vorbei nach innen und halten Sie kurz die Position.
- Bringen Sie das Bein in die Ausgangsposition zurück, um die Übung zu wiederholen.

Vermeiden Sie es, Schwung zu holen, und halten Sie die Hüften und den Oberkörper gerade.

Variante

Sie vereinfachen die Übung, indem Sie sich an einer Stuhllehne festhalten (Level 1). Weit Fortgeschrittene können auf einem instabilen Untergrund trainieren (Level 3).
Alternativ können Sie einen Seilzug benutzen, um diese Bewegung zu trainieren.

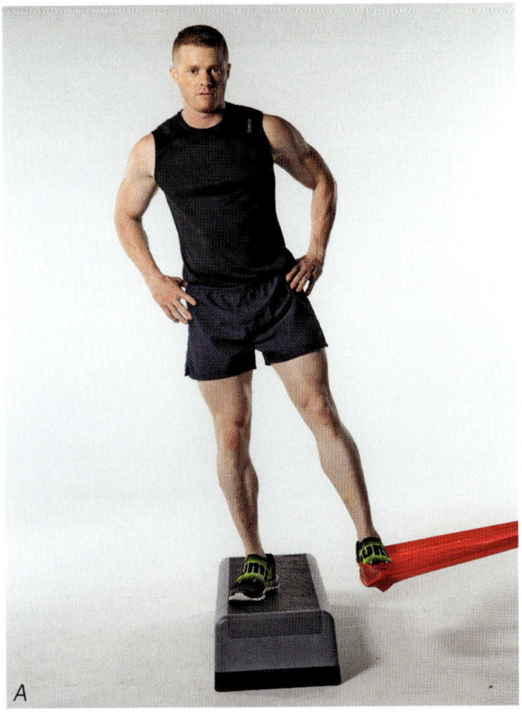

A

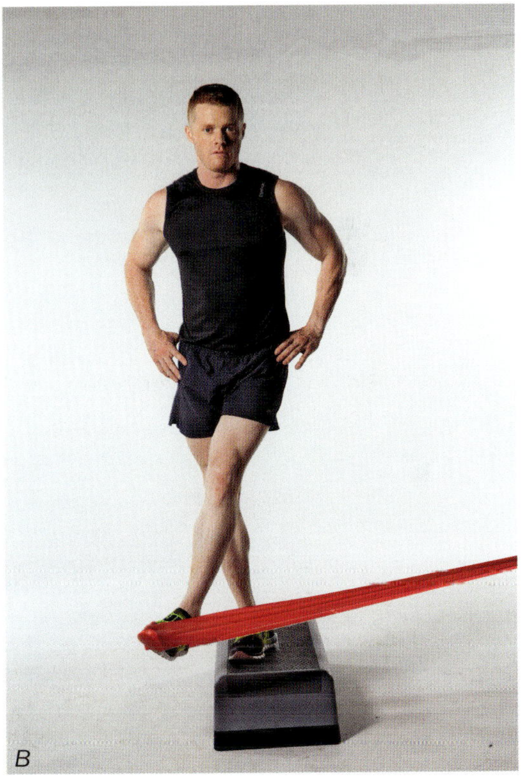

B

A–B: Die Ausgangs- und die Endposition.

4. Übungen für den Rumpf

Eine starke Rumpfmuskulatur ist grundlegend für Kampfsportler, denn der Rumpf ist entscheidend für die Kraft- und Energieweiterleitung in der Bewegungskette einer Kampfsport-Technik. Vollkontaktsportler müssen diese Muskulatur intensiv trainieren, um gegnerische Treffer verarbeiten zu können.

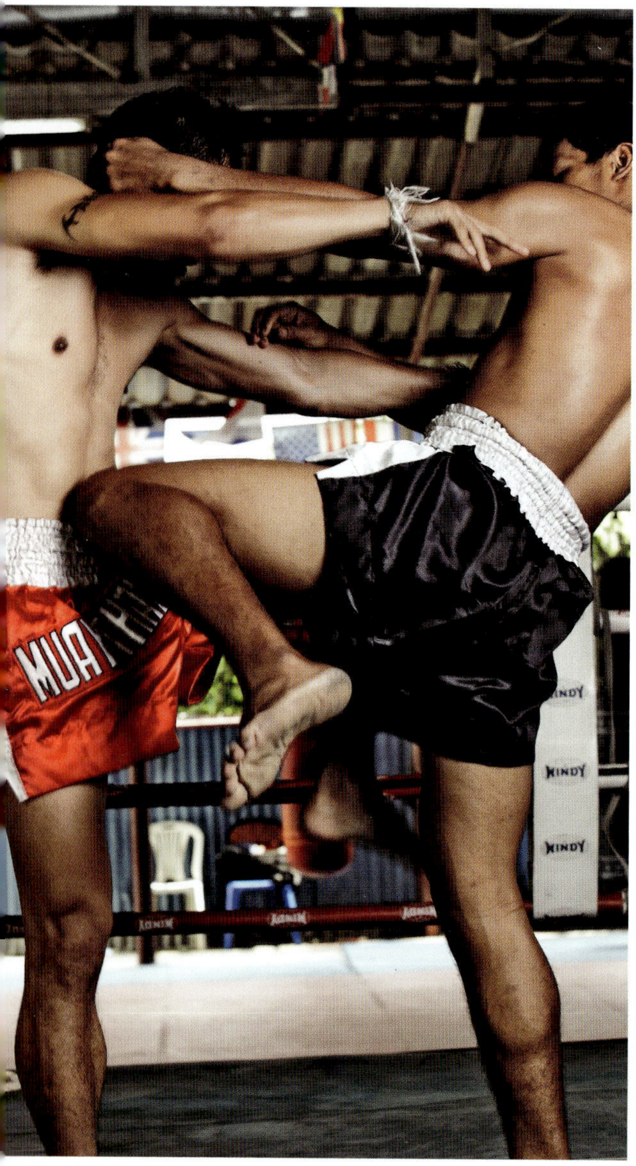

Zur Verdeutlichung sind die Übungen hier zugeordnet nach den Rumpfbereichen, die sie vorrangig kräftigen: vordere, seitliche und hintere Rumpfmuskulatur. Trainieren Sie alle Bereiche, üben Sie mit Drehungen und nutzen Sie auch Übungen auf einem instabilen Untergrund, um eine intensive Aktivierung der tieferliegenden Muskulatur, wie z.B. der Stabilisatoren der Wirbelsäule, zu erreichen. Auch Übungen mit Rotationen, Würfen und Schwüngen, wie diese im Ganzkörper-Abschnitt vorgestellt werden, kräftigen die Rumpfmuskulatur und können dem Trainingsprogramm zugefügt werden.

Bauen Sie Ihren Wochenplan so auf, dass Sie alle drei Bewegungsrichtungen trainieren und die Muskeln für die Kampfsport-Einheiten nicht überlastet sind. Üben Sie gleichmäßig, d. h., trainieren Sie den vorderen und hinteren Rumpfbereich mit ähnlichem Satzverhältnis, um eine optimale Leistungsfähigkeit ebenso wie einen guten Schutz vor Verletzungen zu erreichen. Sie können deren Training in unterschiedliche Workouts splitten, weshalb nicht die Satzzahl pro Trainingseinheit entscheidend ist, sondern die Gesamtzahl von Sätzen pro Woche.

Einige Kampfsportler trainieren den vorderen Rumpfbereich, also die vordere Bauchmuskulatur, deutlich intensiver, beispielsweise mit Sit-ups und Crunches, was zu einer vorgezogenen Haltung führen kann, aus der Rückenbeschwerden resultieren. Auch haben einige Sportler ein deutliches Defizit bei den seitlichen Bauchmuskeln und können diese nur recht langsam aktivieren. Testen Sie Ihre seitliche Bauchmuskulatur, indem Sie mit der Faust schnell gegen Ihre seitliche Bauchmuskeln schlagen; die Faust sollte auf eine hartgespannte Muskulatur auftreffen. Noch aussagefähiger ist der Test, wenn dies von einem Trainingspartner überraschend ausgeführt wird. Bestehen Defizite, dann führen Sie wöchentlich doppelt so viele Sätze für die schwächere Muskulatur aus, bis sich wieder ein ähnliches Kraftverhältnis entwickelt hat.

Vorrangig vordere Rumpfmuskulatur

Der vordere Rumpf ist nicht nur bei vielen Technikbewegungen entscheidend, sondern muss im Kontaktsport auch gegnerische Treffer absorbieren können. Sie erzielen eine Kräftigung des vorderen Rumpfes mit Übungen, bei denen Sie die Beine zum Oberkörper und/oder den Oberkörper zu den Beinen bewegen. Sie erreichen eine gute Muskelbeanspruchung mit frontalen Rollout-Bewegungen, d. h., dass Sie im Frontstütz die Beine oder die Arme von der Körpermitte weg und wieder zu ihr hinbewegen. Die Muskulatur wird außerdem mit Klappmesser-Varianten und sehr intensiv beim Bein-Heben in hängender Position gekräftigt. Häufig eingesetzt wird der »Crunch«, der mit Zusatzgewichten und durch Ausführung auf einem Gymnastikball deutlich effektiver wird. Wirkungsvoll sind auch Oberkörperdrehungen, bei denen sich die Bauchmuskulatur bereits in Vorspannung befindet. Außerdem sind für Kampfsportler statische Halteübungen wichtig, um sich beispielsweise auf gegnerische Körpertreffer vorzubereiten.
Übungsauswahl: K 47–K 57.

Vorrangig seitliche Rumpfmuskulatur

Bei vielen Kampfsportlern zeigt sich die seitliche Bauchmuskulatur als relativ schwach entwickelt. Sie wird zwar bei vielen Übungen mitaktiviert, doch kann eine stark trainierte vordere Bauchmuskulatur dazu führen, dass diese immer mehr Aktivität übernimmt, wodurch sich die Aktivität und somit Kraftentwicklung der seitlichen Bauchmuskulatur verringert. Gezielte Übungen für den seitlichen Rumpf sind deshalb empfehlenswert. Sie trainieren die seitliche Muskulatur mit dem seitlichen Stütz, den Einsteiger auf dem Unterarm und Fortgeschrittene auf der Hand ausführen. Fortgeschrittene sollten auch Drehbewegungen im Training ausführen und instabile Untergründe nutzen. Außerdem können Sie in Seitenlage die gestreckten Beine und/oder die nach oben gestreckten Arme anheben, was mit der Nutzung von Zusatzgewichten wie Kleinhanteln und Fußgelenksgewichten intensiv wird. Auch »K 62: Seitliches Oberkörper beugen im Stand« aktiviert intensiv die seitliche Bauchmuskulatur. Außerdem wird die seitliche Rumpfmuskulatur bei Würfen, Stößen und Schwüngen mit Drehung mitgekräftigt, wie diese im Ganzkörper-Abschnitt beschrieben werden.
Übungsauswahl: K 58–K 62.

Vorrangig hintere Rumpfmuskulatur

Die hintere Muskulatur muss gekräftigt werden, um ein ausgeglichenes Kraftverhältnis sicherzustellen. Sie trainieren diese Muskulatur mit Übungen, bei denen Sie den Oberkörper aus einer Vorbeugung aufrichten und/oder bei denen Sie die Beine rückwärtig anheben. Um die Muskelmasse aufzubauen, wird häufig »K 63: Kreuzheben« eingesetzt. Beachten Sie bei der Nutzung von hohem Gewicht, dass die rückwärtige Muskulatur möglicherweise so intensiv belastet wird, dass Sie am nächsten Tag kein Kampfsport-Training ausführen können. Sie können die rückwärtige Muskulatur auch mit Körpergewichtsübungen trainieren. Diese werden deutlich intensiver, wenn Sie die Arme nach oben gestreckt halten und kleine Zusatzgewichte einsetzen. Die Übung auf einem Gymnastikball ermöglicht nicht nur einen größeren Bewegungsspielraum, sondern trainiert durch den instabilen Untergrund auch die tiefliegende Muskulatur. Die Übung »K 66: Rückwärtiger Handstütz« stellt ein effektives Stabilisierungstraining dar. Außerdem wird die hintere Rumpfmuskulatur intensiv mittrainiert bei Übungen für die hintere Oberschenkelmuskulatur wie »K 38: T-Stand«, bei Schwüngen mit Kettlebells, Drehbewegungen wie seitlichen Medizinball-Würfen sowie bei tiefen Kniebeugen.
Übungsauswahl: K 63–K 66.

K 47: Bein-Heben gestreckt im Hang (Level 2)

Diese Übung trainiert die Rumpfmuskulatur, insbesondere die vordere Bauchmuskulatur. Die Rücken- und Armmuskulatur werden mittrainiert.

Ausführung

- Sie hängen an einer Klimmzug-Stange mit nach vorne zeigenden Handflächen. Die Arme sind mindestens schulterbreit auseinander und die Finger greifen fest.
- Spannen Sie die Bauch- und die Gesäßmuskulatur an, ziehen Sie die Schulterblätter zusammen und nach unten, und richten Sie das Becken etwas auf.
- Heben Sie die gestreckten Beine mindestens auf Bauchhöhe an und halten Sie kurz die Position.
- Senken Sie die Beine kontrolliert, um schließlich die Übung zu wiederholen.

Vermeiden Sie Ausweichbewegungen und Schwung holen.

Variante

Einsteiger heben die Beine gebeugt an (Level 1). Dies kann noch vereinfacht werden, wenn Sie die Knie abwechselnd hochziehen. Fortgeschrittene können die Füße bis zum Kopf hochheben (Level 3) oder mit Zusatzgewicht wie hochgedrehter Kurzhantel oder Medizinball zwischen den Füßen üben.

Alternativ können Sie die Knie oder die Füße abwechselnd zur linken und zur rechten Körperseite heben, um die seitliche und schräge Bauchmuskulatur intensiver zu erreichen.

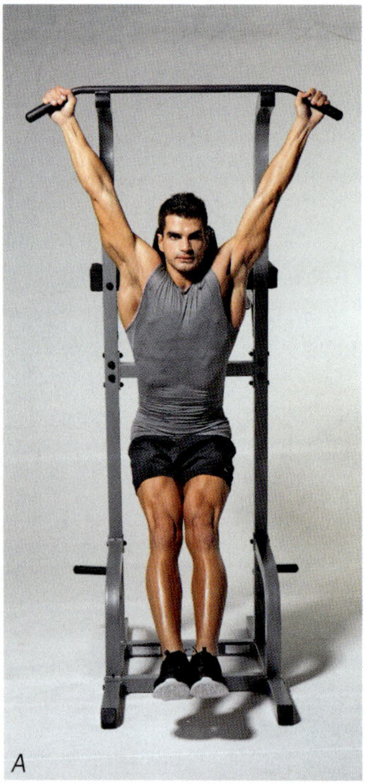

A

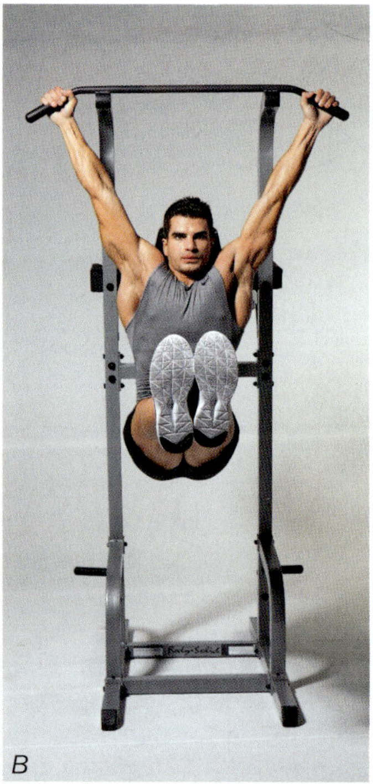

B

A–B: Das gestreckte Bein-Anheben.

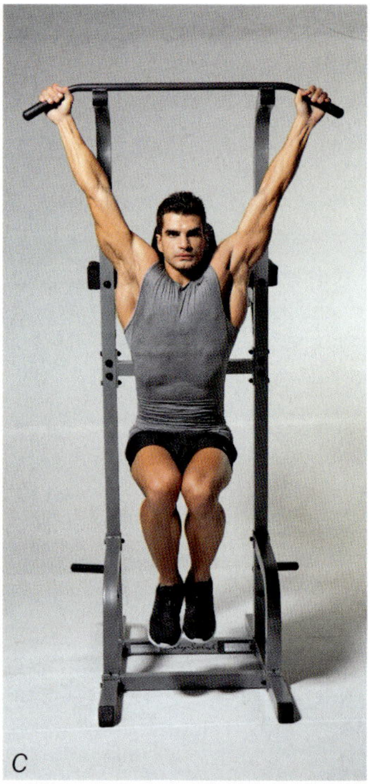

C

C: Das Knie-Anziehen als Einstiegsvariante.

K 48: Scheibenwischer im Hang (Level 3)

Diese Übung trainiert sehr intensiv die Rumpfmuskulatur, insbesondere die vordere und seitliche Bauchmuskulatur. Die Rücken- und Armmuskulatur werden mittrainiert.

Ausführung

- Sie hängen an einer Klimmzug-Stange mit nach vorne zeigenden Handflächen. Die Arme sind mindestens schulterbreit auseinander, alle Finger greifen fest.
- Bringen Sie die Bauch-, Gesäß- und Schultermuskulatur in Spannung und richten Sie das Becken etwas auf.
- Heben Sie die gestreckten Beine über Kopfhöhe an und halten Sie diese Position. Das ist die Ausgangsposition.
- Bewegen Sie die gestreckten Beine nach links und rechts, langsam und kontrolliert für 30–60 Sekunden. Der Oberkörper bleibt stabil und wird möglichst wenig bewegt.

Variante

Sie vereinfachen die Übung, wenn Sie die Knie anziehen und diese dann nach links und rechts bewegen (Level 2). Weit Fortgeschrittene können Fußgelenksgewichte nutzen oder einen Medizinball zwischen den Füßen halten.

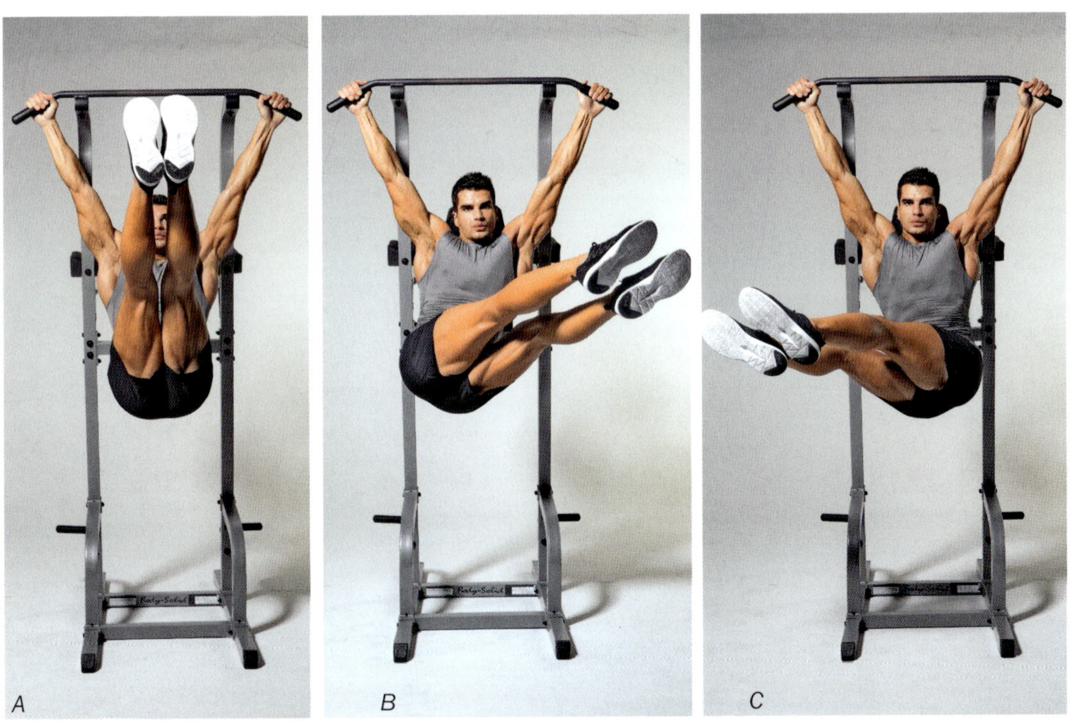

A–C: Die Bewegungsfolge mit gestreckten Beinen.

K 49: Knie-Anziehen im Schlingentrainer (Level 2)

Mit dieser Übung trainieren Sie intensiv die Bauch-, untere Rücken und Gesäßmuskulatur. Die vordere Oberschenkelmuskulatur wird etwas mittrainiert.

Ausführung

- Bringen Sie die Füße in die Griffe des Schlingentrainers und nehmen Sie den Unterarmstütz ein. Die Ellbogen sind unter den Schultergelenken.
- Spannen Sie die Bauch- und die Gesäßmuskulatur an, um die Position zu stabilisieren. Im Übungsverlauf muss der Rücken durchgehend gerade oder leicht angehoben sein; das Absinken in ein Hohlkreuz ist zu vermeiden.
- Ziehen Sie die Knie gerade an und halten Sie kurz die Position.
- Strecken Sie die Beine in die Ausgangsposition zurück. Dann ziehen Sie von dort die Knie nach rechts an.
- Strecken Sie wieder die Beine in die Ausgangsposition zurück. Ziehen Sie nun die Knie nach links an.

Die Bewegungen gerade, nach rechts und links entsprechen einem Durchgang. Anschließend beginnen Sie wieder mit dem geraden Knie-Anziehen.

Variante

Sie vereinfachen die Übung, indem Sie die Knie ausschließlich gerade anziehen, also auf die diagonalen Bewegungen verzichten (Level 1). Fortgeschrittene üben im Handstütz (Level 3); auch können sie die Beine gestreckt anziehen. Weit Fortgeschrittene können die Hände auf einem instabilen Untergrund wie einem Medizinball platzieren.

Wenn Sie keinen Schlingentrainer verfügbar haben, dann können Sie die Zehen auf Slides, Handtuch oder Gymnastikball stellen und so die Beine anziehen.

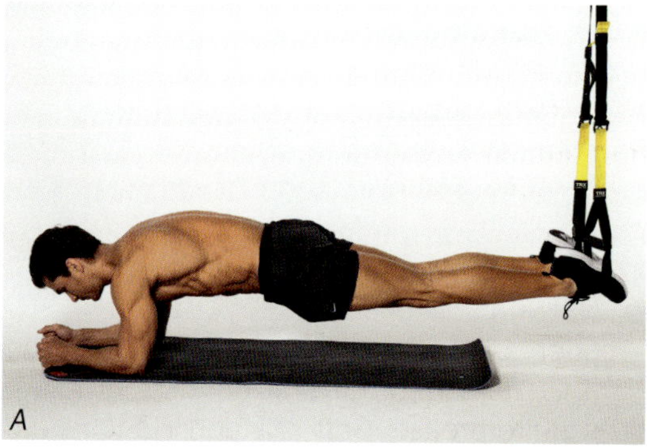

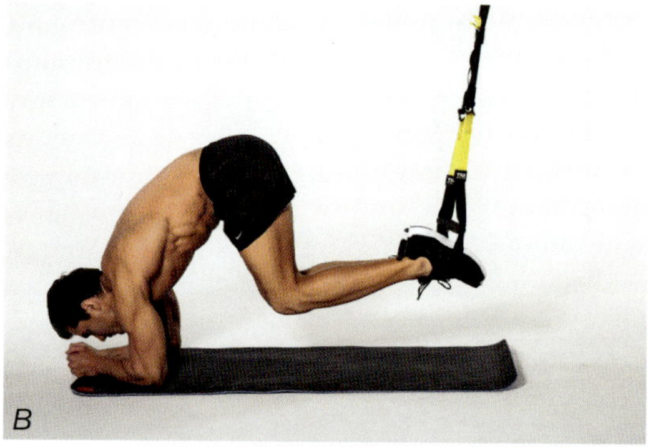

A–B: Das gerade Knie-Anziehen.

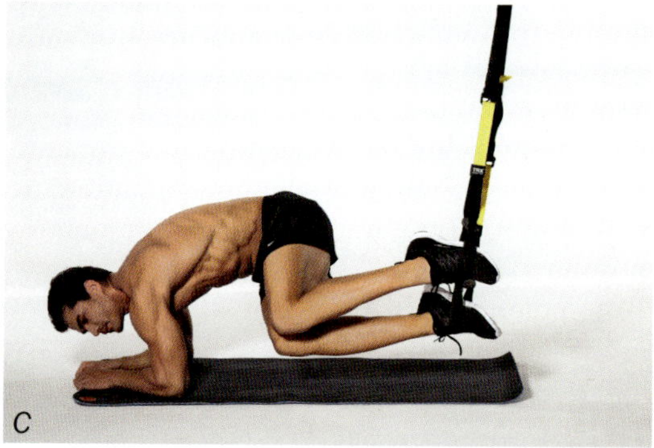

C: Das Knie-Anziehen zur linken Seite.

K 50: Rollout mit Langhantel (Level 2)

Mit dieser Übung trainieren Sie sehr intensiv die vordere Bauchmuskulatur. Die gesamte Rumpfmuskulatur wird mittrainiert, da die Bewegung stabilisiert werden muss.

Ausführung

- Nutzen Sie eine Langhantel mit zwei 5- oder 10-kg-Scheiben. Nehmen Sie den Kniestand ein und stützen sich leicht im schulterbreiten Griff mit den Händen auf die Hantel.
- Spannen Sie die Bauch- und die Gesäßmuskulatur an.
- Rollen Sie die Hantel langsam kontrolliert nach vorne, wobei Sie den Körper strecken, ohne jedoch ein Hohlkreuz einzunehmen.
- Halten Sie kurz die Position und konzentrieren Sie sich auf die Arbeit der Bauchmuskulatur. Halten Sie auch die Gesäßmuskulatur durchgehend angespannt.
- Bewegen Sie die Hantel mit der Kraft Ihrer Bauchmuskulatur zurück und richten Ihren Körper wieder auf.
- Führen Sie die nächste Wiederholung aus.

Variante

Sie vereinfachen die Übung, indem Sie den Bewegungsradius verringen. Für Einsteiger in das Krafttraining ist diese Übung jedoch zu intensiv. Fortgeschrittene können weit nach vorne rollen (Level 3).

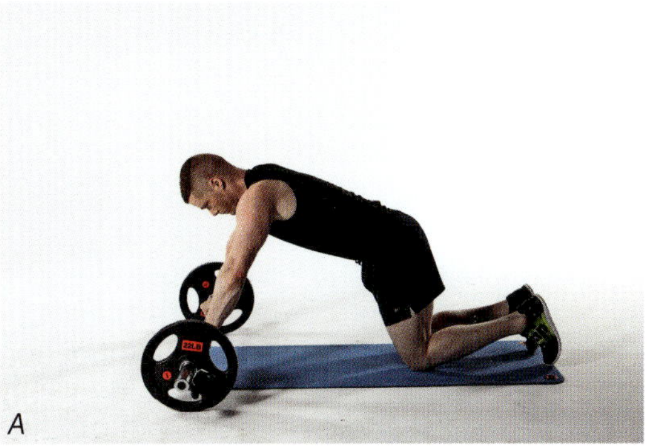

A

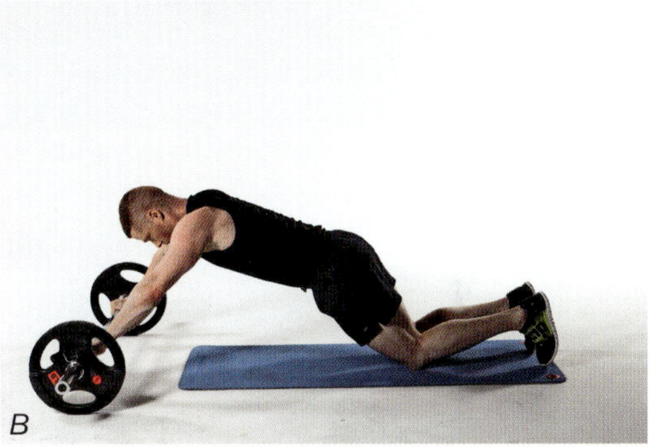

B

A-B: Die Ausgangs- und die Endposition.

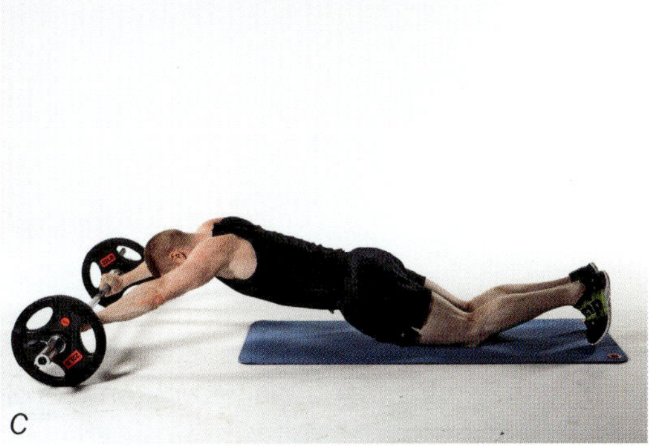

C

C: Das weite Ausrollen für Fortgeschrittene.

K 51: Klappmesser mit Gewicht (Level 2)

Diese Übung kräftigt die Rumpfmuskulatur, insbesondere die vordere Bauchmuskulatur.

Ausführung

- Sie befinden sich in Rückenlage mit gestreckten Beinen. Die Arme sind neben den Schläfen, und in den Händen halten Sie einen Medizinball.
- Ziehen Sie das Kinn leicht zur Brust und spannen Sie die Gesäß- und die Bauchmuskulatur an. Heben Sie nun den Oberkörper und die Beine etwas an.
- Bewegen Sie den Oberkörper und die gestreckten Beine gleichzeitig hoch. Berühren Sie mit dem Ball die Füße und halten Sie kurz die Position.
- Senken Sie die Beine und den Oberkörper wieder, wobei Sie mit dem Ball den Boden berühren können, und wiederholen schließlich die Übung.

Halten Sie den Rumpf durchgehend in Spannung und vermeiden Sie ein Hohlkreuz beim Absenken der Arme und Beine.

Variante

Alternativ können Sie eine Hantelscheibe oder eine Kurzhantel in den Händen halten.
Sie vereinfachen die Übung, wenn Sie die Arme und das Gewicht nicht bis zur Ausgangsposition zurückführen. Einsteiger üben zuerst ohne Zusatzgewicht (Level 1). Weit Fortgeschrittene können mit Zusatzgewicht in den Händen und zwischen den Füßen üben (Level 3).

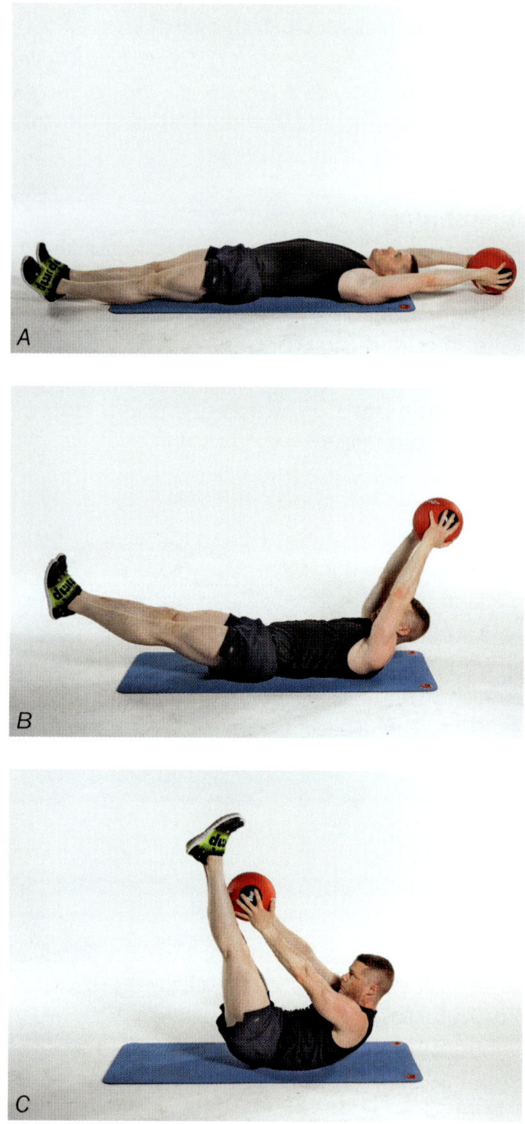

A–C: Der Bewegungsablauf.

K 52: Ball-Übergeben in Rückenlage (Level 2)

Diese Übung kräftigt die Rumpfmuskulatur, insbesondere die vordere Bauchmuskulatur, und etwas die Beinmuskulatur.

Ausführung

- Sie befinden sich in Rückenlage mit gestreckten Beinen. Die Arme sind neben den Schläfen abgelegt, und in den Händen halten Sie einen Gymnastikball.
- Spannen Sie die Gesäß- und die Bauchmuskulatur an.
- Heben Sie den Oberkörper und die gestreckten Beine hoch und übergeben den Ball zu den Füßen.
- Senken Sie den Oberkörper und die gestreckten Beine, bis der Ball den Boden berührt.
- Heben Sie nun die Beine und den Oberkörper wieder an und übergeben den Ball zu den Händen.
- Bewegen Sie sich in die Ausgangsposition zurück und wiederholen schließlich die Übung.

Halten Sie den Rumpf durchgehend in Spannung und vermeiden Sie ein Hohlkreuz beim Absenken der Arme und der Beine.

Variante

Sie vereinfachen die Übung, wenn Sie die Arme und die Füße nicht bis zum Boden absenken (Level 1). Weit Fortgeschrittene können mit schwerem großen Medizinball üben (Level 3).

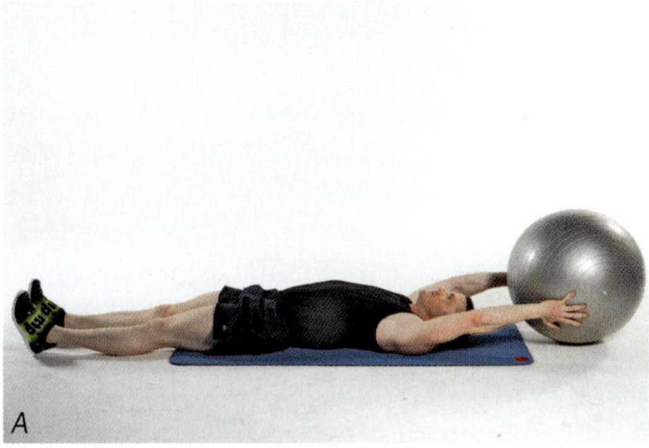

A

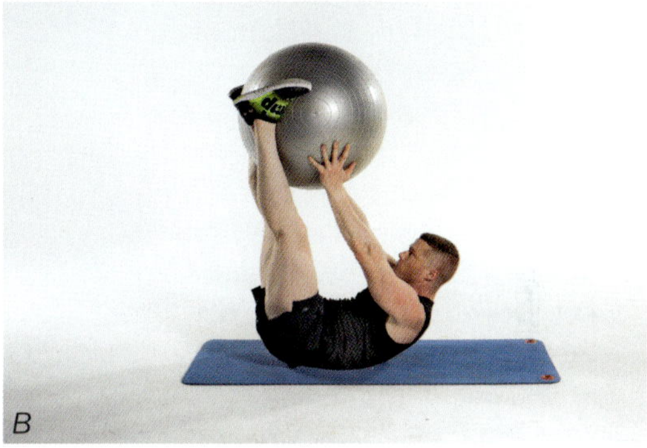

B

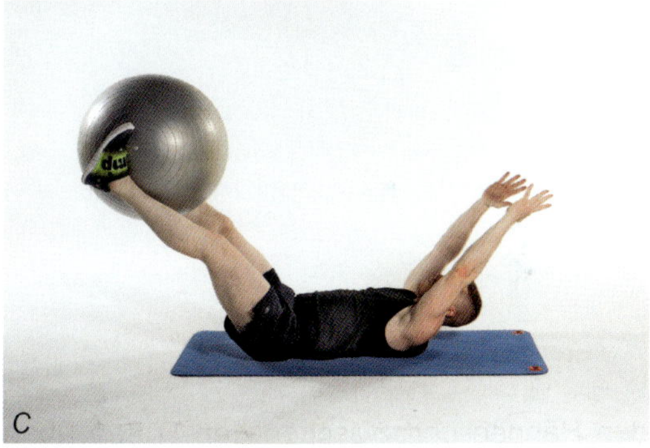

C

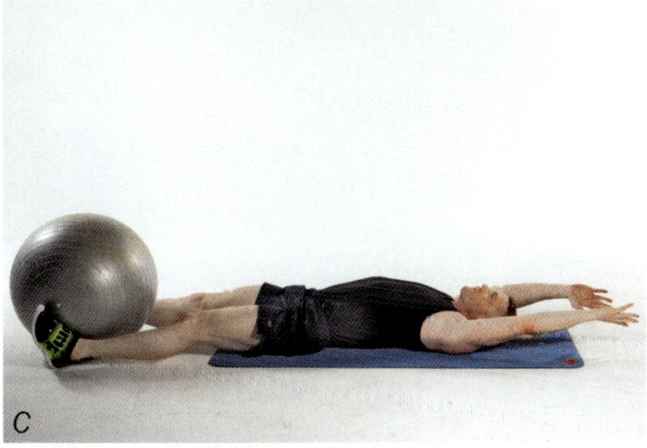

C

A–D: Der Bewegungsablauf.

K 53: Crunch auf Gymnastikball mit Gewicht (Level 3)

Mit dieser Übung kräftigen Sie intensiv die vordere Bauchmuskulatur. Die anderen Anteile der Rumpfmuskulatur werden durch die Ausführung auf dem Gymnastikball mitgekräftigt, da sie die Position stabilisieren müssen.

Ausführung

- Legen Sie sich mit dem Rücken auf einen Gymnastikball. Die Arme sind neben den Schläfen, in den Händen halten Sie ein Zusatzgewicht, und das Kinn ist leicht zur Brust gezogen.
- Spannen Sie die Bauch- und die Gesäßmuskulatur an und drücken Sie die Füße fest auf den Boden auf, um die Position zu stabilisieren.
- Heben Sie langsam den Oberkörper an und bewegen Sie dabei die Arme mit nach vorne.
- Halten Sie kurz die Position, bevor Sie den Oberkörper und das Gewicht wieder kontrolliert senken, um die Übung zu wiederholen. Vermeiden Sie es, den Körper nach hinten zu überstrecken.

Variante

Alternativ können Sie eine Kurzhantel oder einen Medizinball als Zusatzgewicht nutzen.

Sie vereinfachen die Übung, wenn Sie das Gewicht vor der Brust halten (Level 2). Ist dies noch zu intensiv, dann trainieren Sie vorerst ohne Zusatzgewicht. Einsteiger führen den Crunch am Boden aus (Level 1). Weit Fortgeschrittene können einen Fuß in der Luft halten (Level 3), was mit den Armen vor der Brust deutlich leichter fällt.

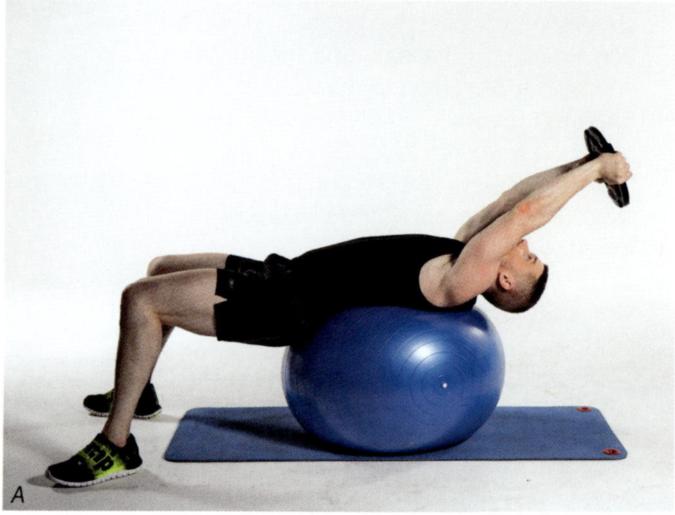

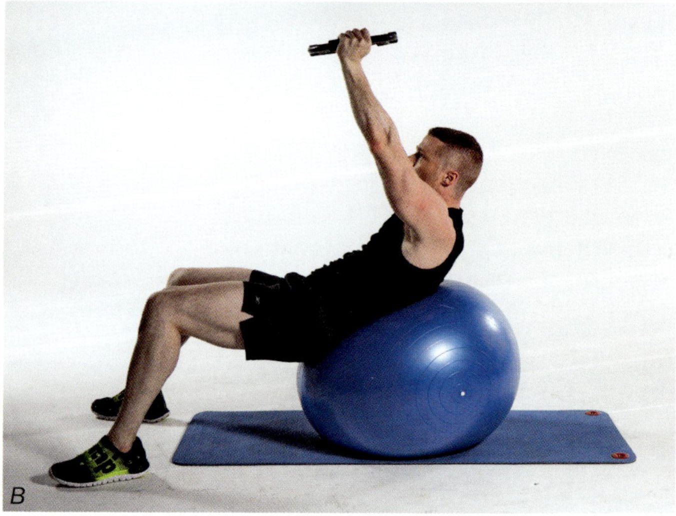

A–B: Die Ausgangs- und die Endposition.

K 54: Oberkörper-Senken mit Gewicht (Level 2)

Mit dieser Übung trainieren Sie die Rumpfmuskulatur, insbesondere die vordere und seitliche Bauchmuskulatur.

Ausführung

- Sie sitzen in leichter Schräglage auf dem Boden. Das Kinn ist etwas zur Brust gezogen, die Beine sind angezogen und die Fersen sind aufgestellt. Die Arme sind nach vorne oben gestreckt, und in den Händen halten Sie einen Medizinball.
- Spannen Sie die Bauch- und die Gesäßmuskulatur an und drücken Sie mit den Fersen auf den Boden, um die Position zu stabilisieren.
- Bewegen Sie den Oberkörper langsam nach unten und halten Sie eine Position. Machen Sie je eine Drehung nach links und nach rechts, wobei Sie den Ball auf den Boden tippen können.
- Danach bewegen Sie den Oberkörper weiter nach unten, halten die nächste Position und drehen sich wieder nach links und rechts.

Die Bewegung bis zum Ablegen des Oberkörpers sollte 30–60 Sekunden dauern, halten Sie dabei 3–5 Positionen. Achten Sie auf gleichmäßige Atmung.

Variante

Alternativ können Sie eine Hantelscheibe oder eine Kurzhantel als Zusatzgewicht nutzen.

Sie vereinfachen die Übung, indem Sie ohne Gewicht üben (Level 1). Um die Übung zu intensivieren, wird der Oberkörper nicht abgelegt, sondern wieder nach oben geführt (Level 3).

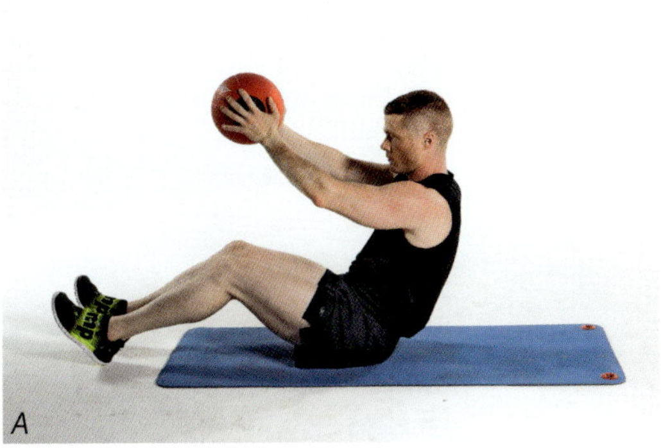

A

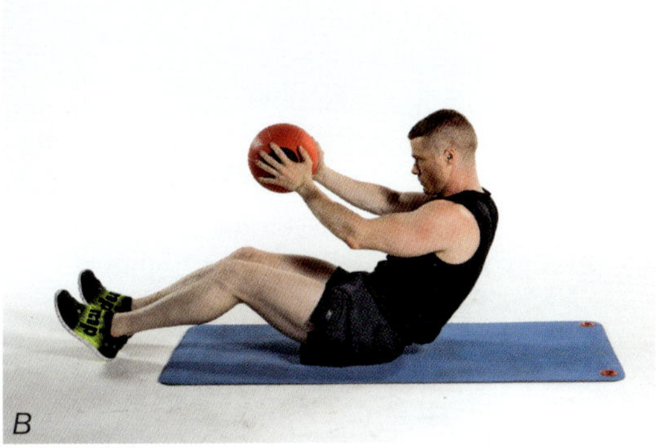

B

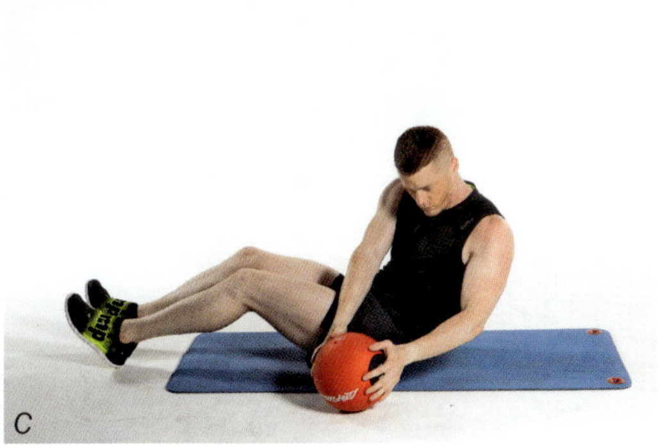

C

A–C: Der Bewegungsablauf mit Drehung nach links; danach folgt die Drehung nach rechts. Anschließend senken Sie den Oberkörper etwas weiter nach unten.

K 55: Twist mit Gewicht (Level 2)

Mit dieser Übung trainieren Sie die Rumpfmuskulatur, insbesondere die vordere und seitliche Bauchmuskulatur.

Ausführung

- Sie sitzen auf den Boden, die Beine sind gestreckt und die Füße zusammen. In den Händen halten Sie einen Medizinball.
- Spannen Sie die Bauch- und die Gesäßmuskulatur an. Dann lehnen Sie den Oberkörper etwas nach hinten und heben die Beine vom Boden an.
- Drehen Sie den Oberkörper nach rechts und tippen Sie mit dem Ball rechts auf den Boden.
- Drehen Sie den Oberkörper zur linken Seite und tippen den Ball links auf.
- Drehen Sie sich zurück und beginnen die nächste Wiederholung.

Halten Sie den Rumpf durchgehend in Spannung, Hüfte und Beine sollen sich möglichst wenig bewegen.

Variante

Sie vereinfachen etwas die Übung, wenn Sie die Beine gebeugt in der Luft halten. Einsteiger können mit aufgestellten Fersen üben (Level 1). Fortgeschrittene halten den Rücken angehoben und haben nur mit dem Gesäß Bodenkontakt (Level 3). Alternativ können Sie eine Hantelscheibe oder eine Kurzhantel in den Händen halten.

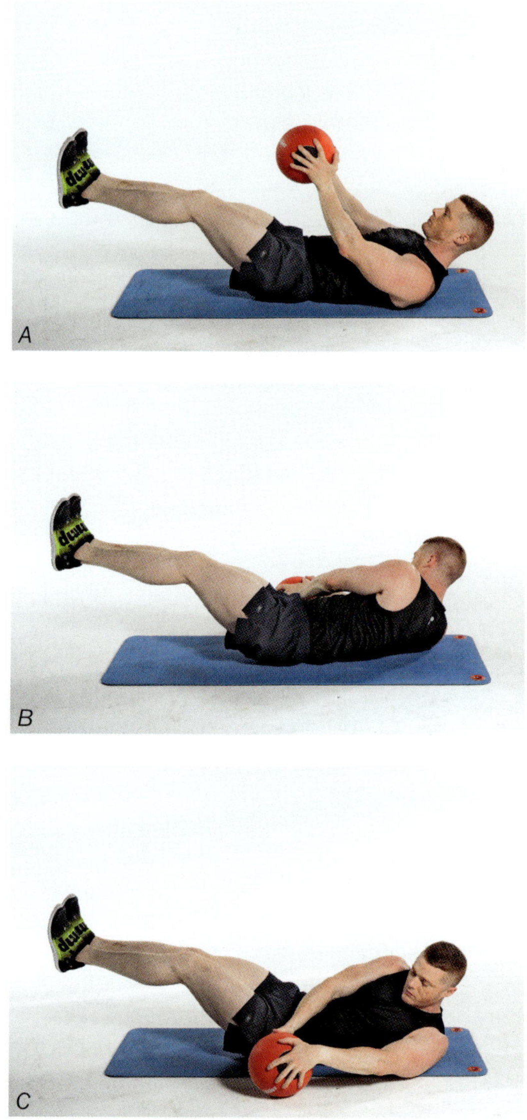

A–C: Der Bewegungsablauf.

K 56: Sit-up mit Gewicht (Level 2)

Mit dieser Übung trainieren Sie die Rumpfmuskulatur, insbesondere die vordere und die seitliche Bauchmuskulatur.

Ausführung

- Legen Sie sich auf den Rücken und stellen Sie die Füße auf. Die Arme sind neben den Schläfen, und in den Händen halten Sie einen Medizinball. Spannen Sie die Gesäßmuskulatur an und den unteren Rücken gegen den Boden.
- Heben Sie den Oberkörper kraftvoll an und tippen am Ende der Bewegung den Ball zwischen den Beinen auf den Boden.
- Bewegen Sie sich kontrolliert in die Ausgangsposition zurück. Achten Sie darauf, dass der Rumpf in Spannung bleibt, und vermeiden Sie ein Hohlkreuz.
- Heben Sie den Oberkörper nach rechts und tippen Sie den Ball rechts auf den Boden. Bewegen Sie sich wieder zurück.
- Heben Sie den Oberkörper zur linken Seite und tippen den Ball links auf.

Anschließend bewegen Sie sich zurück und beginnen den nächsten Durchgang mit der Bewegung zur Mitte.

Variante

Alternativ können Sie eine Hantelscheibe oder eine Kurzhantel in den Händen halten.
Wenn Sie beim Zurückbewegen in ein Hohlkreuz fallen, dann reduzieren Sie den Bewegungsumfang. Einsteiger können ohne Zusatzgewicht üben (Level 1).

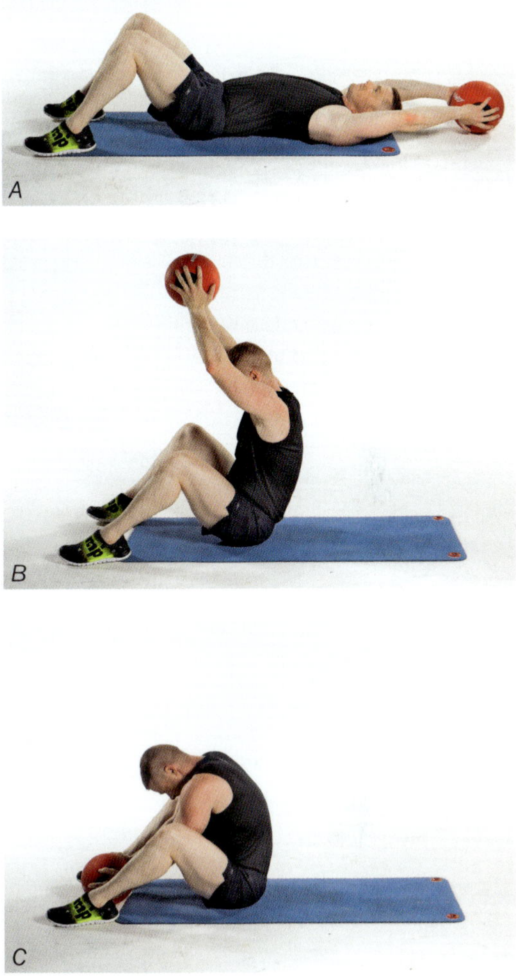

A–C: Der gerade Bewegungsablauf.

K 57: Hand- und Unterarmstütz im Wechsel (Level 2)

Mit dieser Übung kräftigen Sie die Rumpfmuskulatur, insbesondere die vordere Bauchmuskulatur. Die Schulter-, Brust, hintere Oberarm- und vordere Oberschenkelmuskulatur werden mitgekräftigt.

Ausführung

- Sie befinden sich im Unterarmstütz; der Rücken ist gerade und die Beine sind gestreckt. Die Ellbogen befinden sich unter den Schultergelenken. Spannen Sie die Bauch- und die Gesäßmuskulatur an.
- Stellen Sie zuerst die linke Hand und dann die rechte Hand auf. Dabei drücken Sie den Körper nach oben.
- Halten Sie kurz die Position, bevor Sie erst einen Unterarm und dann den anderen aufstellen. Gleichzeitig senken Sie den Körper in die Ausgangsposition zurück.
- Nun stellen Sie zuerst die rechte Hand auf und folgen mit der linken Hand.

Anschließend begeben Sie sich wieder in Ausgangsposition und wiederholen die Übung. Halten Sie den Rücken durchgehend gerade und den Rumpf in Spannung.

Variante

Einsteiger üben das Halten der Unterarmstütz-Position (Level 1). Fortgeschrittene können einen Fuß durchgehend in der Luft halten, oder sie können die Füße auf einem instabilen Untergrund positionieren (Level 3).

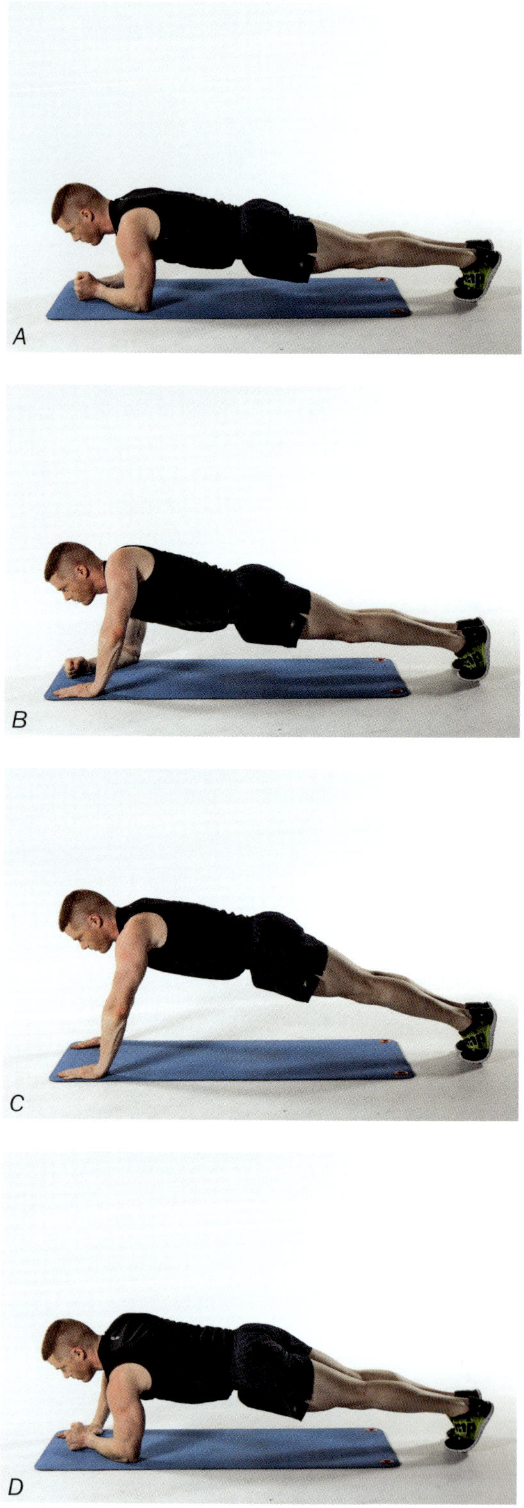

A–D: Der Bewegungsablauf.

K 58: Seitlicher Unterarmstütz mit Gewicht (Level 2)

Mit dieser Übung kräftigen Sie die Rumpfmuskulatur, insbesondere die seitliche Bauchmuskulatur, die äußere Oberschenkel- und die Schultermuskulatur.

Ausführung

- Sie befinden sich im Seitstütz. Der Unterarm ist unterhalb der Schulter aufgestellt, und das Becken ist auf dem Boden abgelegt. Die obere Hand befindet sich vor dem Körper, und in der Hand halten Sie eine Kurzhantel.
- Bringen Sie die Kurzhantel gerade hoch in die Luft.
- Heben Sie das Gesäß und die Oberschenkel an, so dass der Körper gerade ist. Halten Sie diese Position für 30–60 Sekunden. Vermeiden Sie Ausweichbewegungen wie ein Abknicken der Position.

Das statische Halten entspricht der Ausführung eines Übungssatzes.

Variante

Einsteiger üben ohne Kurzhantel (Level 1); Fortgeschrittene können sich auf der Hand abstützen und/oder auf instabilem Untergrund üben, was auch ohne Gewicht sehr intensiv ist (Level 3).

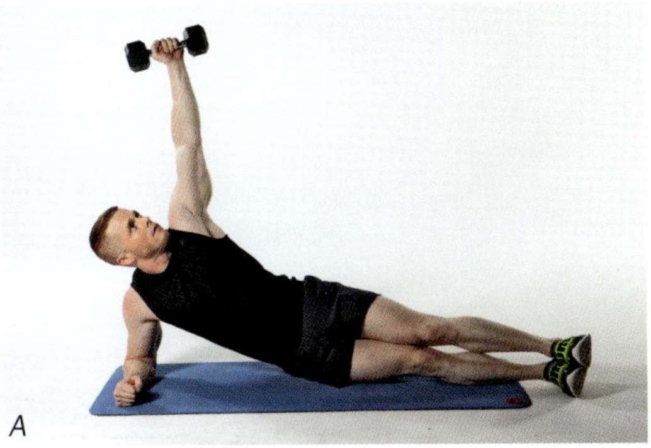

A

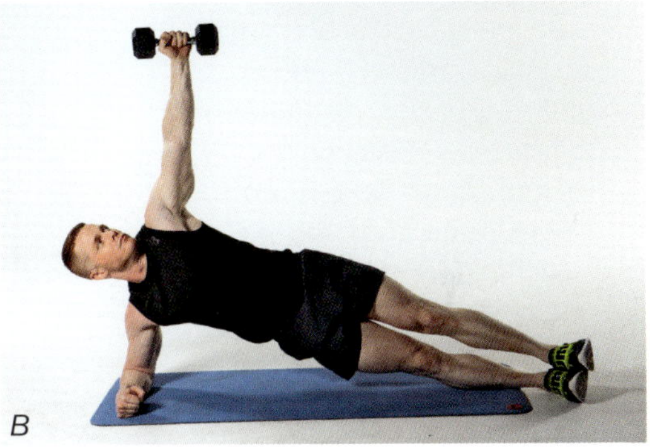

B

A–B: Die Ausgangs- und die Endposition.

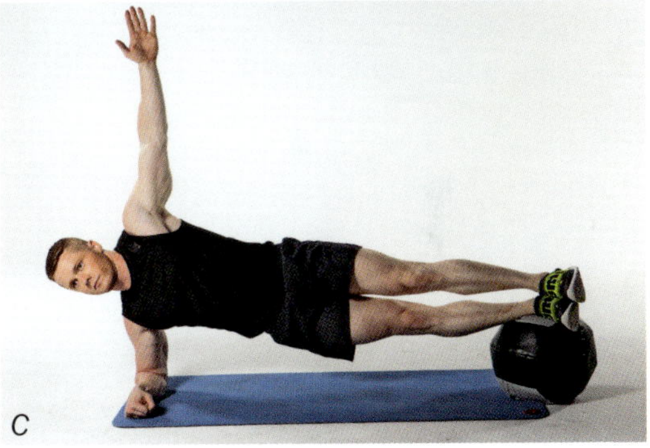

C

C: Der Unterarmstütz auf instabilem Untergrund.

K 59: Seitlicher Handstütz mit Rotation (Level 3)

Diese Übung kräftigt die Rumpfmuskulatur, insbesondere die seitliche Bauchmuskulatur sowie die äußere Oberschenkel- und die Schultermuskulatur. Sie dürfen die Übung nur machen, wenn Sie die Position der Schulter halten können und bei der Drehung nicht nach vorne einknicken; gelingt die Ausführung so nicht, dann üben Sie »K 58«.

Ausführung

- Sie befinden sich im Seitstütz, die Hand ist unterhalb der Schulter aufgestellt. Das Becken ist auf dem Boden abgelegt. Aktivieren Sie die Bauch- und die Gesäßmuskulatur und heben Sie das Becken und den Oberschenkel an, so dass der Körper gerade ist.
- Strecken Sie die obere Hand nach oben aus.
- Führen Sie die obere Hand unter den Rippen nach unten durch, und drehen Sie dabei den Oberkörper mit.
- Dann bewegen Sie die Hand wieder in die Streckung nach oben zurück, wobei Sie den Oberkörper in die Ausgangsposition zurückdrehen.

Variante

Sie vereinfachen die Übung durch Ausführung im Unterarmstütz (Level 2).

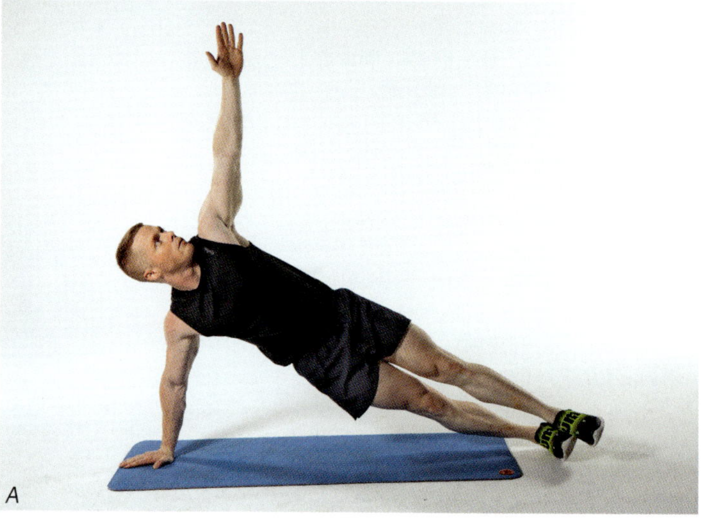
A

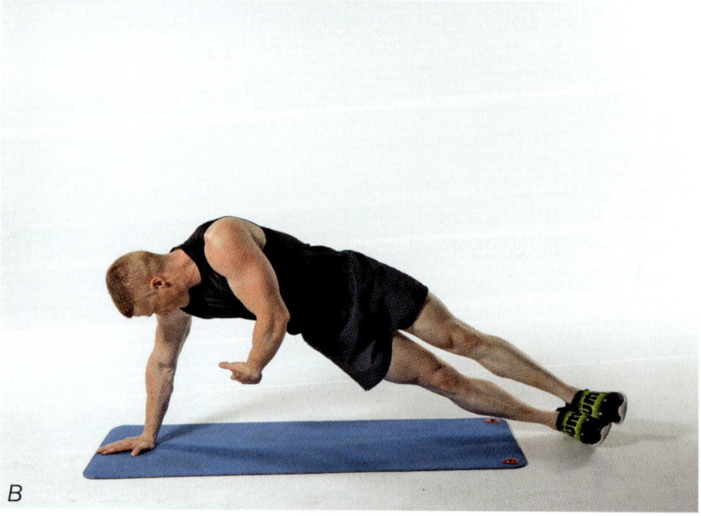
B

A–B: Die Ausgangsposition und die Drehung nach unten. Danach drehen Sie sich wieder in die Ausgangsposition zurück.

K 60: T-Stütz mit Gewicht (Level 3)

Diese Übung kräftigt die Rumpfmuskulatur, insbesondere die seitliche Bauchmuskulatur, die äußere Oberschenkel-, Schulter-, Brust- und hintere Oberarmmuskulatur.

Ausführung

- Begeben Sie sich in die Liegestütz-Position, wobei Sie sich auf zwei Kurzhanteln stützen. Die Ellbogen sind etwa unter den Schultern, und die Handflächen zeigen zueinander.
- Spannen Sie die Bauch- und die Gesäßmuskulatur an und die Schultern nach hinten und unten.
- Verlagern Sie Ihr Gewicht auf die linke Hand, und heben Sie dann die rechte Hand mit der Hantel gerade nach oben. Dabei drehen sich Oberkörper und Rumpf mit.
- Halten Sie kurz die Position. Danach bewegen Sie die Hand kontrolliert in die Ausgangsposition zurück und drehen den Körper zurück.
- Verlagern Sie Ihr Gewicht auf die rechte Hand, und heben Sie nun die linke Hand mit Körperdrehung an.
- Halten Sie die Position, und nehmen Sie danach wieder den Liegestütz ein. Anschließend wiederholen Sie die Übung.

Variante

Sie vereinfachen die Übung, indem Sie ohne Zusatzgewicht trainieren (Level 2). Für Einsteiger ist die Übung nicht geeignet; sie nutzen »K 58: Seitlicher Unterarmstütz« allerdings ohne Gewicht.

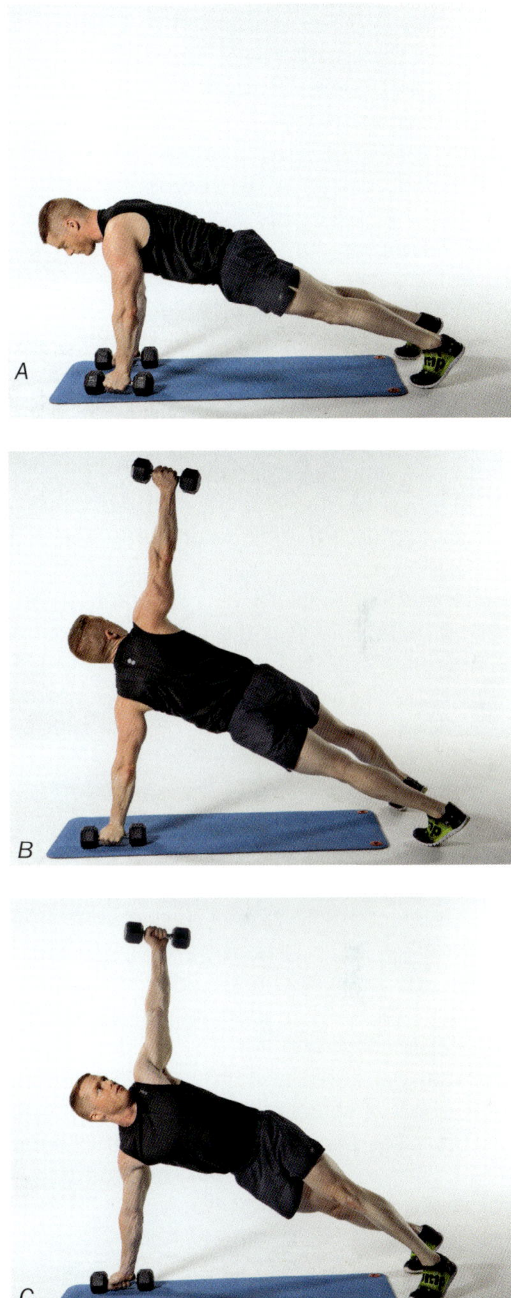

A–C: Die Ausgangsposition und die Drehungen nach rechts und links.

K 61: Oberkörper-Anheben in Seitenlage auf Gymnastikball (Level 2)

Mit dieser Übung kräftigen Sie die Rumpfmuskulatur, insbesondere die seitliche Bauchmuskulatur. Die äußere Oberschenkel- und Gesäßmuskulatur werden mitgekräftigt.

Ausführung

- Sie liegen in Seitenlage auf einem Gymnastikball. Halten Sie die Arme an den Schläfen oder strecken sie nach oben. Die Füße sind hintereinander oder übereinander am Boden. Alternativ können Sie den oberen Fuß vor sich auf den Boden stellen, um die Position zu stabilisieren.
- Spannen Sie die Bauch- und die Gesäßmuskulatur an, und balancieren Sie die Position aus.
- Heben Sie langsam den Oberkörper an, und halten Sie kurz die Position. Das Anheben erfolgt aus der Kraft der Rumpfmuskulatur; vermeiden Sie es, Schwung zu holen.
- Senken Sie den Oberkörper kontrolliert, ohne ihn abzulegen, und wiederholen Sie die Übung.

Variante

Sie vereinfachen die Übung etwas, wenn Sie die Füße an oder unter einem Gegenstand wie einem Sofa platzieren oder von einem Trainingspartner festhalten lassen (Level 2). Weit Fortgeschrittene können auf dem Gymnastikball mit Zusatzgewicht üben. Einsteiger üben ohne Zusatzgewicht am Boden (Level 1). Dies lässt sich mit Zusatzgewicht intensivieren, ebenso können dann Arme und Beine gleichzeitig angehoben werden. Die Übung lässt sich auch auf einem hohen Polster durchführen.

Alternativ können Sie Bein-Anheben in Seitenlage machen, was sich mit Fußgelenksgewichten oder Medizinball zwischen den Füßen intensivieren lässt.

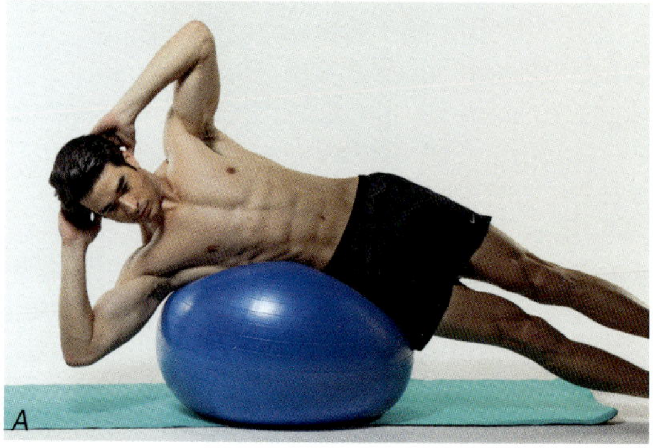

A

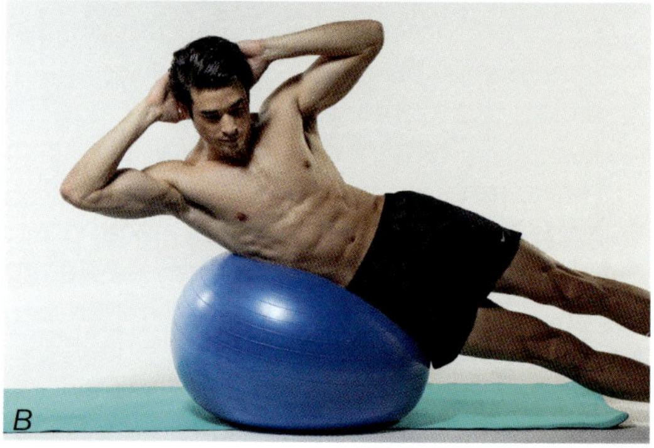

B

A–B: Die Ausgangs- und die Endposition.

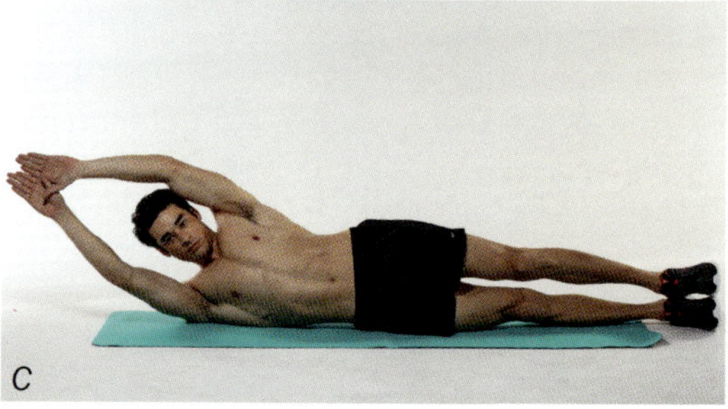

C

C: Anheben des Oberkörpers in Seitenlage am Boden (Level 1).

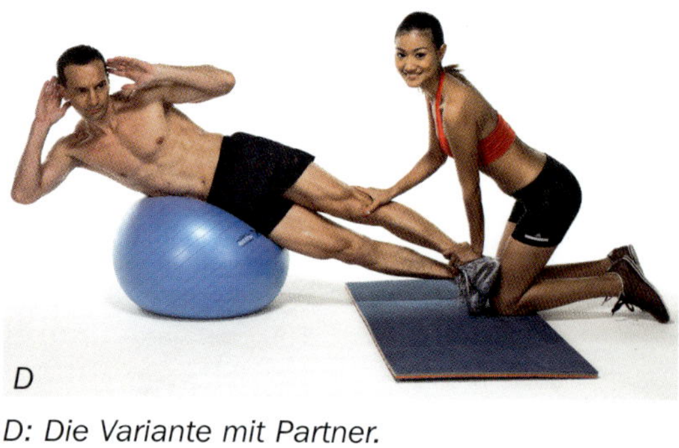

D

D: Die Variante mit Partner.

K 62: Seitliches Oberkörper-Beugen im Stand (Level 2)

Mit dieser Übung kräftigen Sie die Rumpfmuskulatur, insbesondere die seitliche Bauchmuskulatur. Manche Sportler führen die Übung mit gleichzeitigem Halten von Hanteln links und rechts aus, dann stabilisiert aber die andere Seite die Bewegung, und es wird kaum Trainingseffekt erzielt.

Ausführung

- Sie stehen gerade im schulterbreiten Stand und halten in der rechten Hand eine Kurzhantel am Oberschenkel, der Handrücken zeigt nach außen.
- Spannen Sie die Bauch- und die Gesäßmuskulatur an, um die Position zu stabilisieren.
- Lehnen Sie den Oberkörper zur rechten Seite, ohne jedoch die Hüften zu verschieben. Der Übungsarm bleibt gerade hängend.
- Ziehen Sie die Hantel mit der Kraft der seitlichen Bauchmuskulatur in die Ausgangsposition zurück und darüber hinaus. Achten Sie darauf, dass der Rumpf in Spannung bleibt, und vermeiden Sie Ausweichbewegungen nach vorne und hinten.

Nachdem Sie alle Wiederholungen zu einer Seite ausgeführt haben, wechseln Sie die Übungsseite.

Variante

Einsteiger können die Arme nach oben strecken, wobei die Hände ineinander fassen, und sich so zur Seite lehnen, wie dies oft im Yoga praktiziert wird (Level 1). Dies lässt sich mit Hantelscheibe oder kleiner Kurzhanteln in den Händen deutlich intensivieren (Level 2).

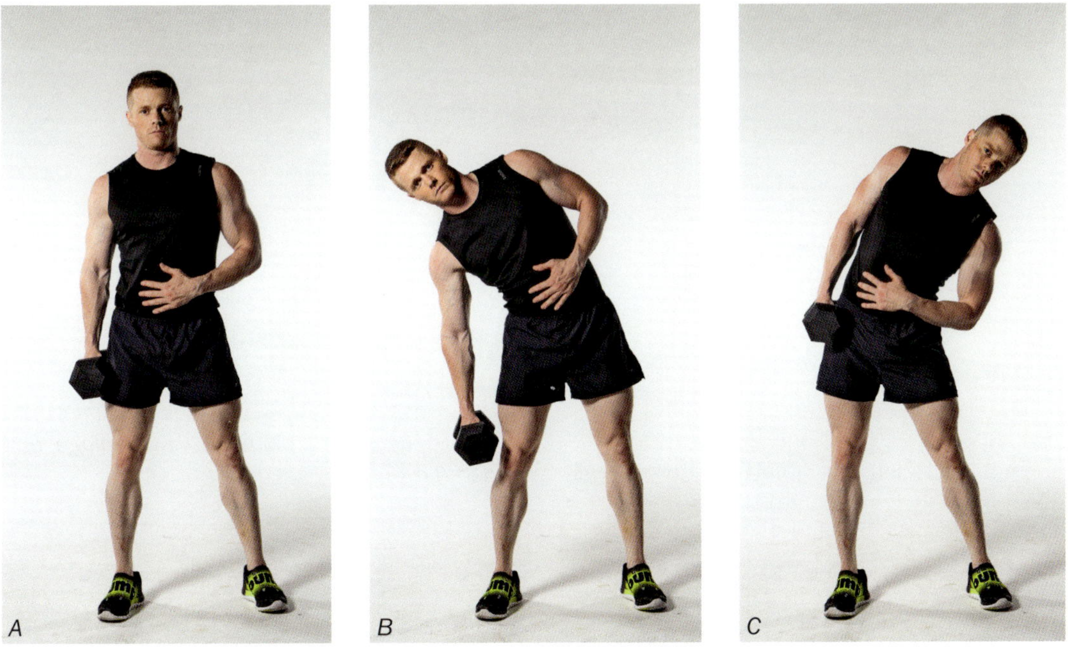

A–C: Der Bewegungsablauf.

K 63: Kreuzheben (Level 1)

Dies ist eine wichtige Übung, um die untere Rückenmuskulatur intensiv zu kräftigen. Die hintere Oberschenkel-, Gesäß-, Bauch-, Unterarm- und Nackenmuskulatur werden mitgekräftigt.

Ausführung

- Sie stehen gerade im schulterbreiten Stand mit leicht gebeugten Beinen. Drücken Sie die Füße fest in den Boden und spannen Sie die Bauch- und die Gesäßmuskulatur an.
- Gehen Sie in die Kniebeuge, wozu Sie das Gesäß nach hinten schieben und den geraden Rücken in der Hüfte vorbeugen. Achten Sie darauf, dass Sie den Rücken gerade halten und ihn nicht abrunden. Dies muss im Übungsverlauf beibehalten werden.
- Greifen Sie fest die Hantelstange schulterbreit – entweder mit beiden Handrücken vor oder im Kreuzgriff.
- Heben Sie den Oberkörper in die Ausgangsposition zurück, indem Sie die Beine strecken. Gleichzeitig ziehen Sie die Hantel nahe der Schienbeine entlang nach oben.
- Bewegen Sie sich wieder in die tiefe Kniebeuge, wobei Sie den geraden Rücken in der Hüfte vorbeugen. Die Hantel wird auch bei der Bewegung nach unten eng am Schienbein entlang bewegt. Die Hantel soll den Boden berühren, nicht aber abgelegt werden.
- Heben Sie den geraden Oberkörper nun wieder an und fahren entsprechend fort.

Achten Sie darauf, dass Sie keine Ausweichbewegungen mit den Knien machen und dass die Bauch- und die Gesäßmuskulatur durchgehend in Spannung sind.

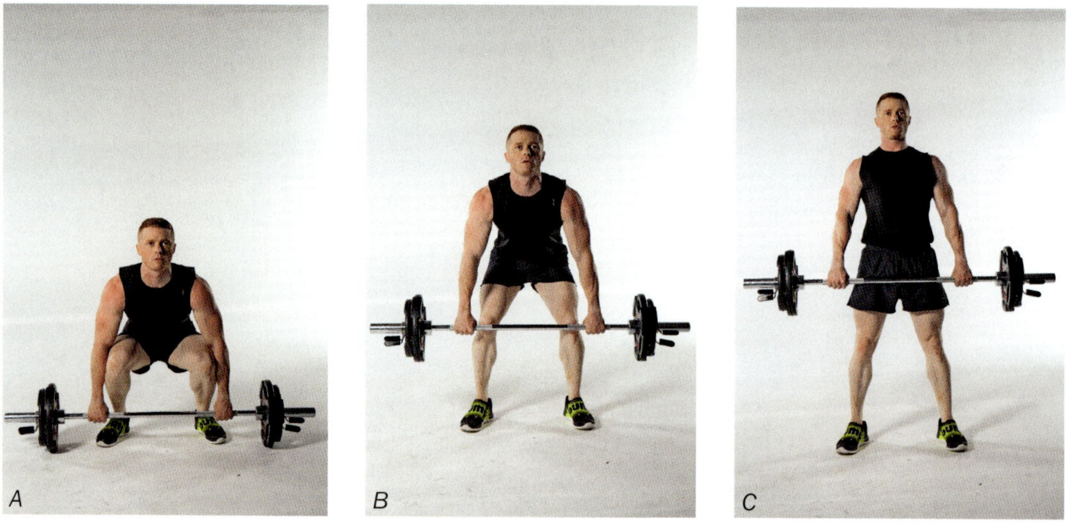

A–C: Der Bewegungsablauf.

Variante

Bei schweren Gewichten können Sie die Langhantel mit dem Kreuzgriff greifen, d. h., dass eine Handfläche nach vorne und die andere nach hinten weist. Dadurch wird vermieden, dass die Hantel aus dem Griff rausrutscht; allerdings gibt es auch einige Sportler, die dieses Vorgehen als belastend für die Schultern bezeichnen und deshalb den hier gezeigten Griff beibehalten.

Alternativ können Sie die Übung mit Kurzhanteln ausführen.

Für Einsteiger reicht bereits ein geringes Gewicht, um deutliche Trainingseffekte zu erhalten. Sie intensivieren die Übung, indem Sie sie einarmig ausführen (Level 2). So muss der Körper stärker stabilisieren, um Ausweichbewegungen zu vermeiden. Weit Fortgeschrittene können einen Fuß etwas nach hinten weisend in der Luft halten oder auf instabilem Untergrund üben (Level 3).

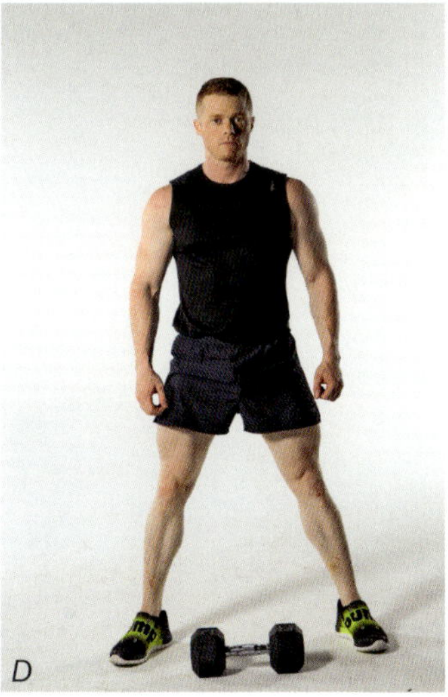

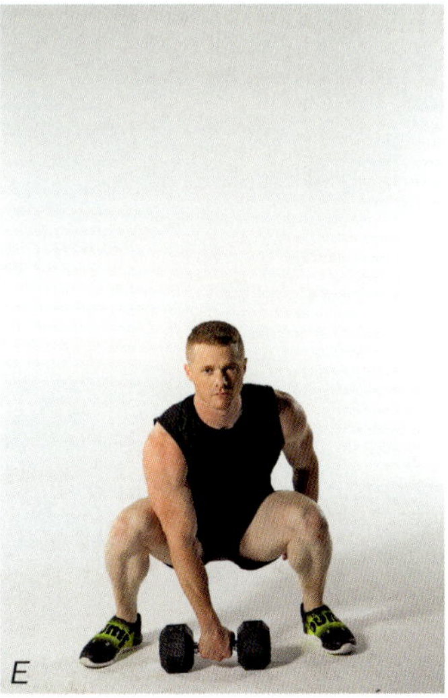

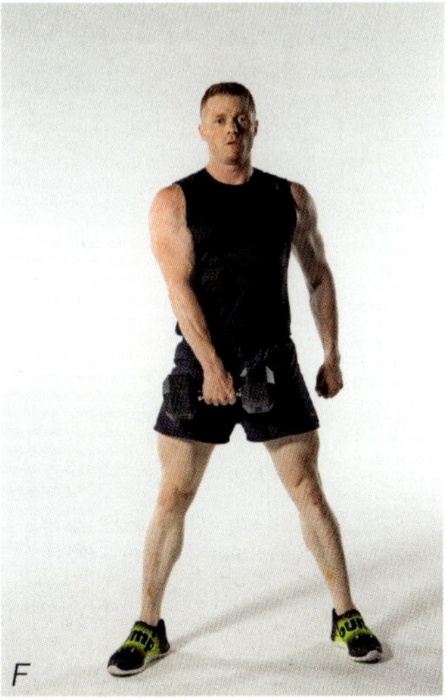

D–F: Die einarmige Variante.

K 64: Körper-Anheben (Superman) mit Gewicht (Level 2)

Mit dieser Übung kräftigen Sie vorrangig die untere Rückenmuskulatur. Durch die Nutzung des Gewichtes werden auch die Nacken- und die hintere Schultermuskulatur intensiv trainiert. Die obere Rücken-, hintere Oberschenkel- und die Gesäßmuskulatur werden mitgekräftigt.

Ausführung

- Sie liegen auf dem Bauch, der Körper und die Stirn sind aufgelegt. Die Arme sind nach oben gestreckt, und in den Händen halten Sie ein Gewicht wie eine kleine Hantel oder einen Medizinball. Spannen Sie die Bauchmuskulatur nach innen oben und die Gesäßmuskulatur an.
- Heben Sie gleichzeitig Kopf, Arme und Beine ab. Das Gewicht bewegen Sie etwas höher als den Kopf, die Stirn bleibt parallel zum Boden.
- Halten Sie die Endposition abhängig vom Leistungsniveau über 30–60 Sekunden.

Achten Sie auf gleichmäßige Atmung und darauf, dass der Rücken nicht in ein Hohlkreuz fällt. Spannen Sie deshalb die Bauch- und die Gesäßmuskulatur immer wieder bewusst nach.

Das Halten dieser Position entspricht der Durchführung eines Satzes bei den dynamischen Übungen.

Variante

Einsteiger können vorerst ohne Zusatzgewicht üben (Level 1). Fortgeschrittene können ein Gewicht in den Händen halten und auch ein Gewicht für die Beine nutzen wie Fußgelenksgewichte oder einen Medizinball zwischen den Füßen (Level 3).

Alternativ können Sie den Ball auf dem unteren Anteil des Hinterkopfes halten, um die Nackenmuskulatur intensiver zu trainieren.

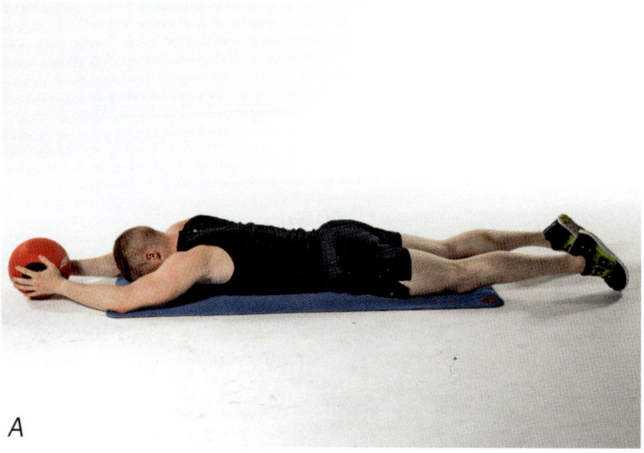

A

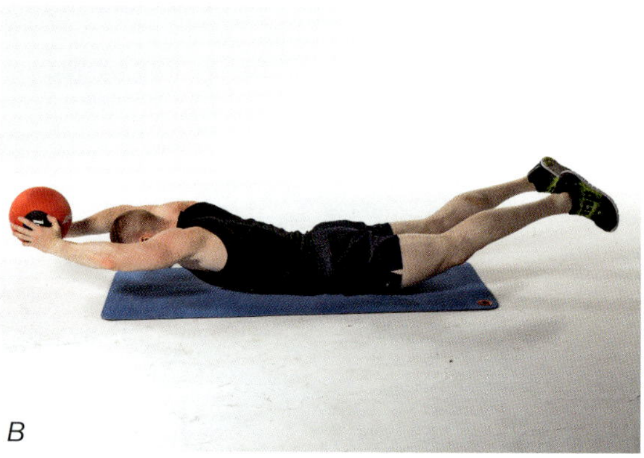

B

A–B: Die Ausgangs- und die Endposition.

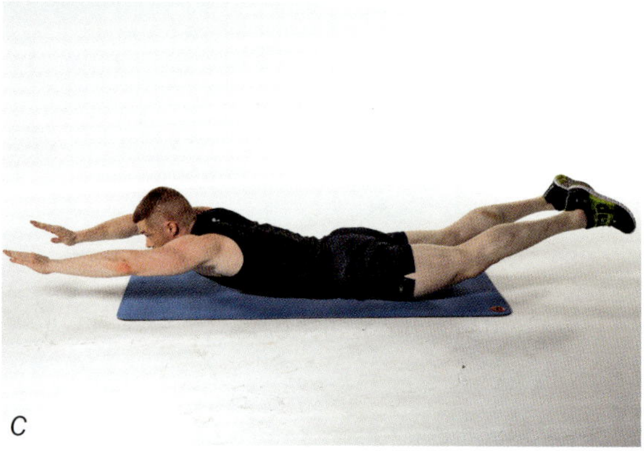

C

C: Die Variante für Einsteiger.

K 65: Oberkörper-Anheben auf Gymnastikball mit Gewicht (Level 2)

Mit dieser Variante des Körperhebens trainieren Sie vorrangig die Rumpfmuskulatur, insbesondere die untere Rückenmuskulatur, sowie die Nacken- und hintere Schultermuskulatur. Die obere Rücken- und Gesäßmuskulatur werden mitgekräftigt.

Ausführung

- Legen Sie sich mit dem Bauch auf einen Gymnastikball. Die Arme zeigen nach oben, und in den Händen halten Sie ein leichtes Gewicht wie eine Hantelscheibe, Kurzhantel oder einen Medizinball. Die Beine sind gestreckt, mit deutlich auseinandergestellten Zehen.
- Drücken Sie die Zehen fest auf den Boden und spannen Sie die Bauch- und die Gesäßmuskulatur an, um die Position zu stabilisieren.
- Heben Sie den Oberkörper an und halten Sie einige Sekunden die Position.
- Senken Sie den Oberkörper wieder, ohne ihn abzulegen, und wiederholen schließlich die Übung.

Variante

Einsteiger üben mit gebeugten Armen (Level 1); ist dies auch zu intensiv, dann kann vorerst auf das Gewicht verzichtet werden. Fortgeschrittene können einen Fuß anheben (Level 3). Alternativ können Sie das »Beine-Anheben« üben. Dazu stützen Sie sich mit den Händen oder Unterarmen auf dem Boden ab und heben die Beine in die Luft, was mit Zusatzgewicht intensiviert werden kann.

Wenn Sie keinen Gymnastikball zur Verfügung haben, dann können Sie auf einem dicken Polster üben.

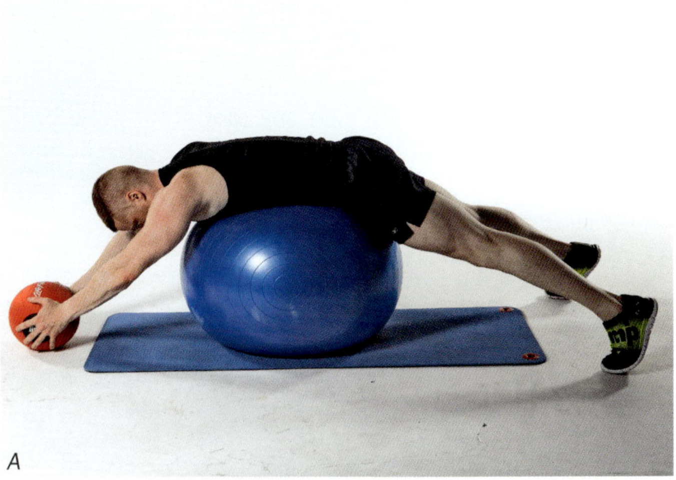

A

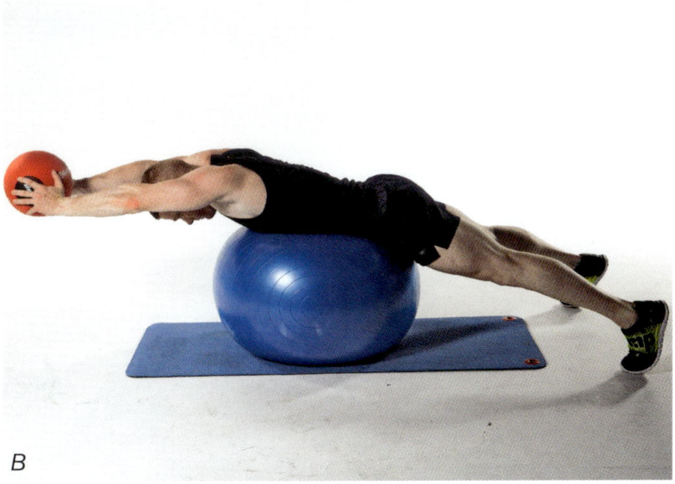

B

A–B: Die Ausgangs- und die Endposition.

K 66: Rückwärtiger Handstütz (Level 2)

Mit dieser Übung kräftigen Sie die Rumpf-, Schulter- und hintere Oberschenkelmuskulatur. Die Gesäßmuskulatur wird mitgekräftigt.

Ausführung

- Sie sitzen auf dem Boden, die Füße sind zusammen, und die Beine sind gestreckt. Stützen Sie sich mit den Händen auf den Boden, und zwar so, dass die Hände unter den Schultern sind und die Finger nach unten zeigen.
- Spannen Sie die Gesäß- und die Bauchmuskulatur an und drücken Sie das Gesäß nach oben, bis der Rücken gerade ist.
- Halten Sie diese Position abhängig von Ihrem Leistungsniveau für 30–60 Sekunden. Konzentrieren Sie sich dabei auf die Aktivität der Rumpfmuskulatur und achten Sie auf eine gleichmäßige Atmung.

Die statische Ausführung über mehrere Sekunden entspricht der Ausführung eines Satzes bei den dynamischen Übungen.

Variante

Einsteiger können sich mit den Unterarmen am Boden abstützen oder die Füße näher in Richtung Gesäß stellen (Level 1). Fortgeschrittene können abwechselnd ein Bein an- oder ein Knie zur Brust ziehen (Level 3). Auch können Fortgeschrittene die Hände oder die Füße auf einem instabilen Untergrund positionieren.

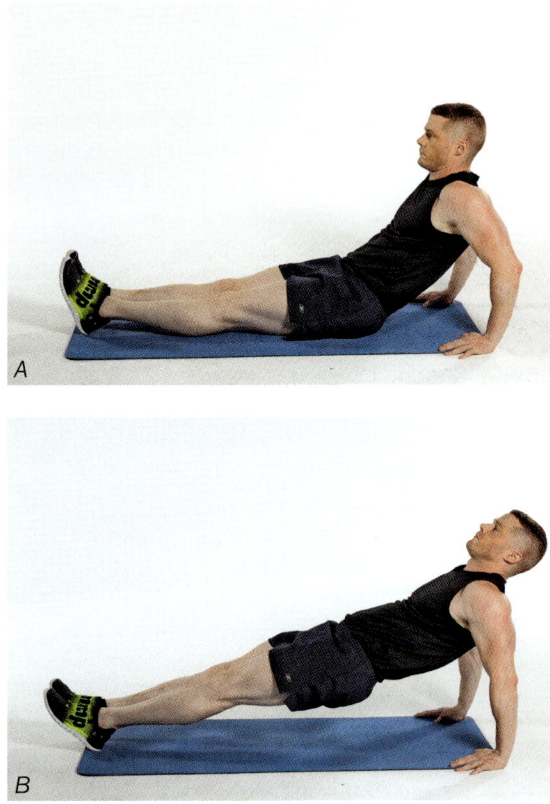

A–B: Der Handstütz am Boden.

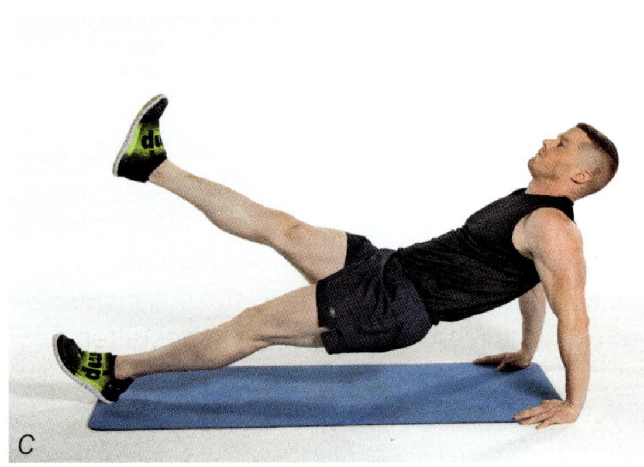

C: Die Intensivierung mit Bein-Anheben.

5. Ganzkörper-Übungen

Sie finden hier eine Auswahl an Ganzkörper-Übungen, die sich für das funktionelle Krafttraining von Kampfsportlern anbieten. Wählen Sie für Ihr Training solche Übungen aus, die Ihrem Leistungsniveau entsprechen und für die Sie die Trainingsmöglichkeiten verfügbar haben. Bei diesen komplexen Übungen muss der Bewegungsablauf zuerst vorsichtig mit wenig Gewicht geübt werden. Gelingt es Ihnen noch nicht, den Bewegungsablauf vollständig zu beherrschen und zu stabilisieren, dann verzichten Sie vorerst auf die Übung und versuchen Sie diese nach einigen Wochen Muskelaufbautraining erneut. Achten Sie immer auf einen stabilen Rumpf und bringen Sie dazu die Bauch- und die Gesäßmuskulatur in Spannung.

Komplexe Übungen, insbesondere solche mit explosiver Ausführung, werden am besten am Anfang des Hauptteils (siehe Seite 137) gemacht, da dann der Körper noch optimal aufnahme- und leistungsfähig ist. Alternativ können Sie ein oder zwei komplexe Übungen am Anfang eines Satzintervalls machen.

Als Fortgeschrittener werden Sie im Verlauf Ihres Trainings noch andere Übungskombinationen kennenlernen, die sich für Ihre Kampfsport-Disziplin sowie Ihre individuellen Trainingsziele eignen können. Auch werden weitere Übungsvarianten aus dem olympischen Gewichttraining von einigen Kampfsportlern praktiziert. Beachten Sie bei dem Einsatz zusätzlicher komplexer Übungen, dass Sie das Krafttraining nicht zu kompliziert gestalten, und dass die Sicherheit und Vermeidung von Verletzungen immer gewährleistet sind; denn das ist die oberste Priorität im funktionellen Krafttraining von Kampfsportlern.

Kombinierte Übungen

Mit den Ganzkörper-Übungen trainieren Sie Oberkörper und Unterkörper in einer Bewegungsfolge. Dabei wird auch der Rumpf intensiv trainiert, da er die Bewegungen stabilisieren muss. Die Übungen bewirken, dass sich das Muskelzusammenspiel des ganzen Körpers verbessert und so Kampfsport-Techniken kraftvoller ausgeführt werden können.

Übungsauswahl: K 67–K 73.

Schnellkraft-Übungen

Mit den Schnellkraft-Übungen lernen Sie, Energie und Kraft aufzubauen und diese dann explosiv durch den Körper zu leiten. Als Kampfsportler werden die Übungen mit dem Ziel ausgeführt, durch Crosseffekte eine explosivere Technikausführung im Kampfsport zu entwickeln. Es werden hier Übungen vorgestellt, die möglichst viele Muskeln des Körpers miteinbeziehen. Einsteiger können Medizinball-Übungen wie »K 74: Hüftwurf« ausführen; die Übungen »K 79: Hochziehen« und »K 80: Reißen« erfordern aber bereits Erfahrung im Krafttraining, um keine Verletzung durch Überlastung oder Ausweichbewegung zu riskieren.

Übungsauswahl: K 74–K 80.

K 67: Burpees mit Ball (Level 2)

Diese Übung trainiert die Oberschenkel-, Brust-, Schulter-, hintere Oberarm-, Rumpf-, Gesäß- und Wadenmuskulatur. Sie lässt sich auch gut für das intensive Tabata-Training einsetzen.

Ausführung

- Sie stehen im aufrechten Stand mit leicht gebeugten Beinen. Vor der Brust halten Sie einen Medizinball, und die Bauch- und die Gesäßmuskulatur sind in Spannung.
- Bewegen Sie sich zuerst in die Kniebeuge, wobei Sie den Ball nach vorne auf den Boden bringen.
- Springen Sie mit den Füßen nach hinten und machen Sie einen Liegestütz.
- Aus der Liegestütz-Position mit gestreckten Armen springen Sie mit den Füßen vor.
- Springen Sie explosiv so weit wie möglich gerade hoch in die Luft. Dabei reißen Sie den Ball über den Kopf.
- Kommen Sie kontrolliert auf dem Boden auf und wiederholen Sie die Übung.

Achten Sie auf gleichmäßige Bewegung und darauf, dass die Knie nicht ausweichen.

Variante

Sie vereinfachen die Übung, indem Sie auf den explosiven Sprung nach oben verzichten. Einsteiger üben ohne Ball (Level 1); Fortgeschrittene können durchgehend einen Fuß in der Luft halten (Level 3).

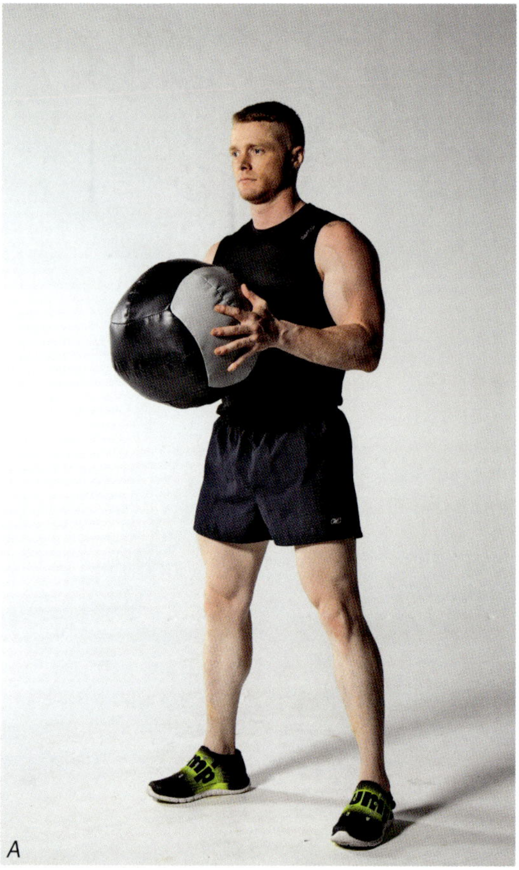

A

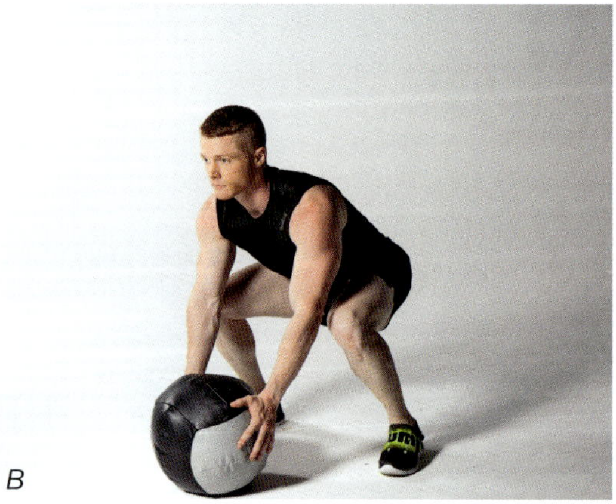

B

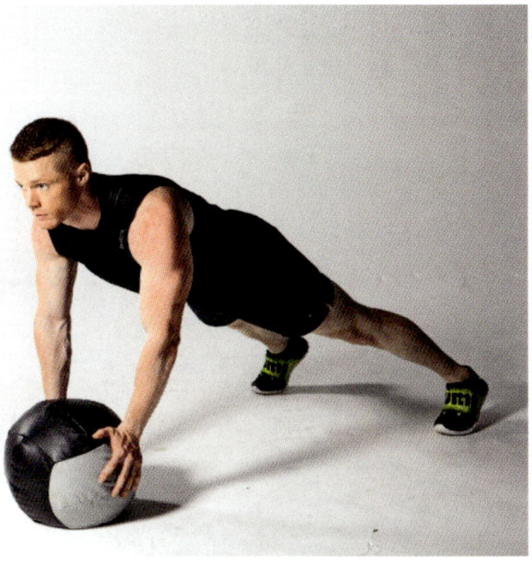

C

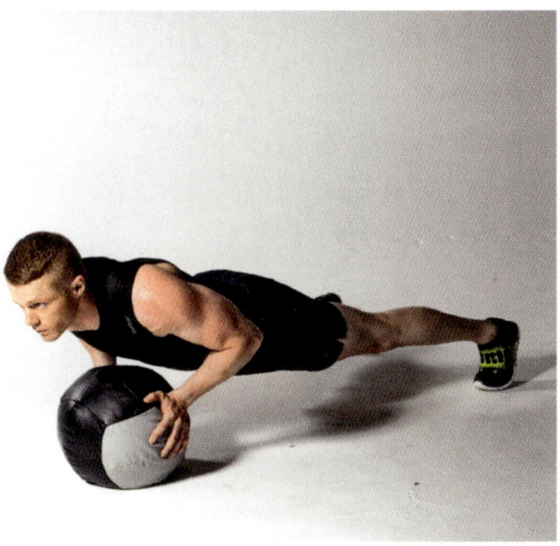

D

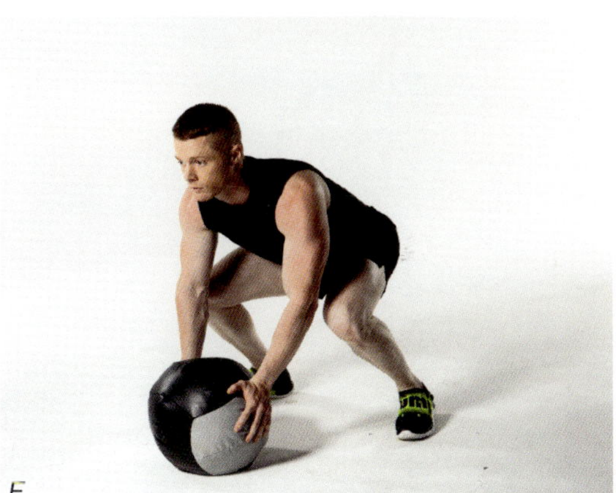

E

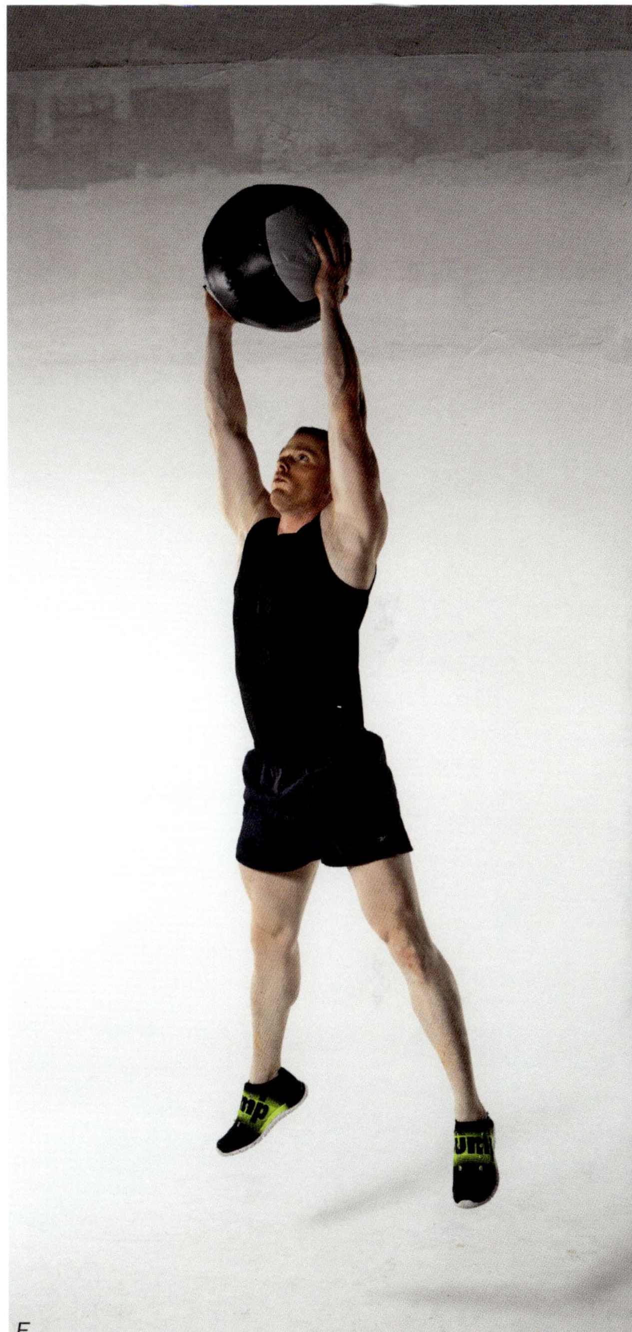

F

A–F: Der Bewegungsablauf

K 68: Beidbeinige Kniebeuge und Schulterpresse (Thruster) (Level 2)

Mit dieser Übung kräftigen Sie die Oberschenkelmuskulatur, insbesondere den vorderen Anteil, die Gesäß- und Wadenmuskulatur. Dabei werden auch die Brust-, Schulter- und Rumpfmuskulatur mit gekräftigt.

Ausführung

- In der Ausgangsposition halten Sie eine Langhantel in Fronthaltung, die Beine sind schulterbreit auseinandergestellt. Spannen Sie die Bauch- und die Gesäßmuskulatur an.
- Bewegen Sie sich in die Kniebeuge, wozu Sie das Gesäß nach hinten schieben.
- Drücken Sie sich aus der Kniebeuge hoch und nutzen den Schwung, um gleichzeitig die Hantel gerade hoch in die Luft zu strecken.
- Danach senken Sie das Gewicht zurück zur Brust und bewegen Sie sich wieder in die Kniebeuge, um die Übung zu wiederholen.

Achten Sie auf geraden Rücken und vermeiden Sie Ausweichbewegungen mit den Knien nach vorne oder hinten.

Variante

Sie können auf das Anheben der Fersen verzichten, wodurch jedoch die Waden weniger intensiv trainiert werden. Einsteiger können die Übung mit Medizinball ausführen oder leichte Kurzhanteln verwenden (Level 1) sowie den Bewegungsradius bei der Kniebeuge verringern. Fortgeschrittene können einarmig mit einer Kurzhantel üben, was den Rumpf stärker fordert (Level 3). Weit Fortgeschrittene können vom Boden abspringen oder auf instabilem Untergrund wie Therapiekreisel oder Leverage Discs® üben. Auch die einbeinige Ausführung ist möglich.

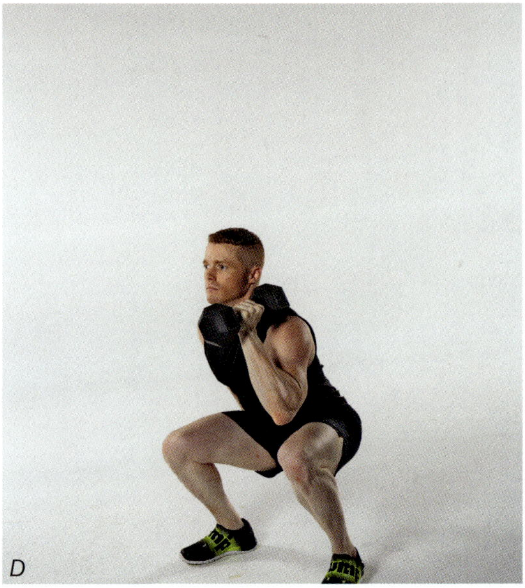

D: Die einarmige Übung (Level 3).

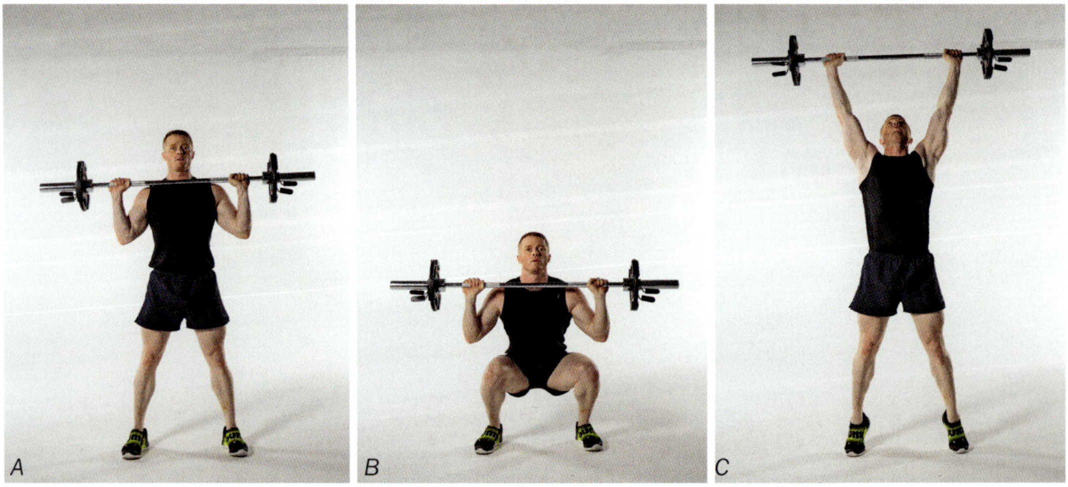

A–C: Die beidbeinige Bewegungsfolge.

K 69: Kettlebell-Swing beidarmig (Level 1)

Mit dieser Übung kräftigen Sie vorrangig die Rumpf-, Unterarm-, Gesäß- und hintere Oberschenkelmuskulatur.

Ausführung

- Sie stehen etwas weiter als schulterbreit und halten die Kettlebell mit beiden Händen vor dem Körper. Die Arme können leicht gebeugt sein. Spannen Sie die Bauch- und die Gesäßmuskulatur an.
- Schwingen Sie die Kettlebell zwischen den Beinen nach hinten, wobei Sie die Knie beugen und die Hüften nach hinten bewegen.
- Drücken Sie die Hüften vor und schwingen Sie direkt folgend die Kettlebell nach oben bis etwa in Kinnhöhe. Gleichzeitig richtet sich der Körper auf. Halten Sie den Rücken und die Handgelenke gerade und den Rumpf sowie Gesäß in Spannung.
- Nehmen Sie wieder die Kniebeuge ein, indem Sie die Hüften nach hinten schieben, und schwingen Sie dabei die Kettlebell nach unten.

Fahren Sie so fort, bis Sie die geplante Zeitdauer oder Wiederholungszahl erreicht haben.

Variante

Sie intensivieren die Schwierigkeit, indem Sie mit zwei Kettlebells trainieren (Level 2) oder zur einarmigen Ausführung übergehen.

Wenn Sie keine Kettlebell zur Verfügung haben, dann können Sie die Übung mit einer Kurzhantel durchführen.

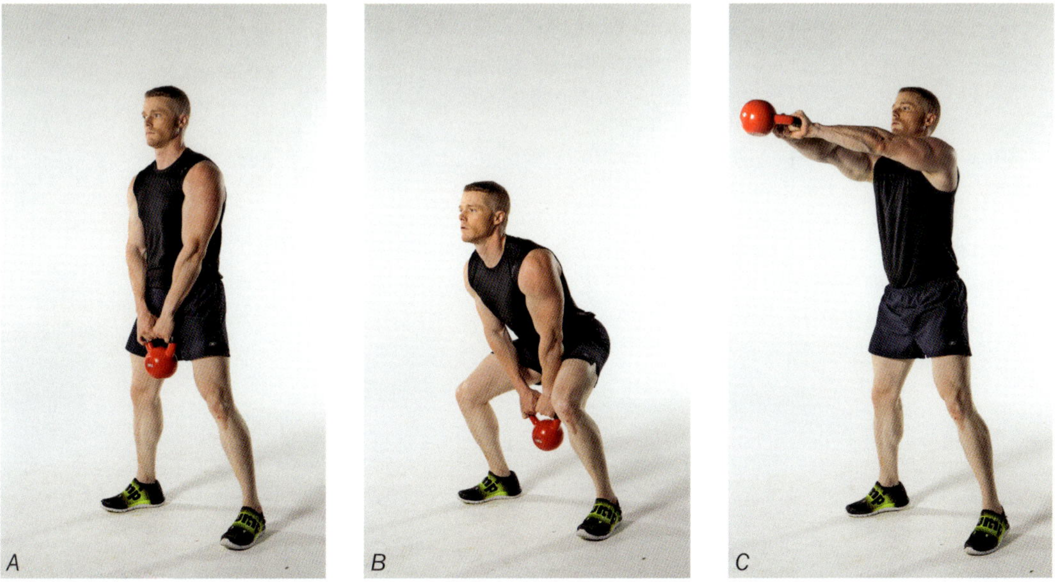

A–C: Der Bewegungsablauf.

K 70: Kettlebell-Swing einarmig (Level 2)

Mit dieser Übung kräftigen Sie vorrangig die Rumpf-, Unterarm-, Gesäß- und hintere Oberschenkelmuskulatur.

Ausführung

- Sie stehen etwas weiter als schulterbreit, die Kettlebell halten Sie mit einer Hand vor dem Körper hängend. Spannen Sie die Bauch- und die Gesäßmuskulatur an.
- Schwingen Sie die Kettlebell zwischen den Beinen nach hinten, wobei Sie die Knie beugen und die Hüften nach hinten bewegen.
- Drücken Sie die Hüften vor und schwingen Sie direkt folgend die Kettlebell nach oben bis etwa in Kinnhöhe. Gleichzeitig richtet sich der Körper auf. Halten Sie den Rücken und die Handgelenke gerade und den Rumpf sowie Gesäß in Spannung.
- Nehmen Sie wieder die Kniebeuge ein, indem Sie die Hüften nach hinten schieben, und schwingen Sie dabei die Kettlebell nach unten.

Fahren Sie so fort, bis Sie die geplante Zeitdauer oder Wiederholungszahl erreicht haben.

Variante

Sie intensivieren die Übung, indem Sie beim Schwingen die Hand wechseln, was in nach vorne gestreckter Position erfolgt (Level 3).

Wenn Sie keine Kettlebell zur Verfügung haben, dann üben Sie mit einer Kurzhantel.

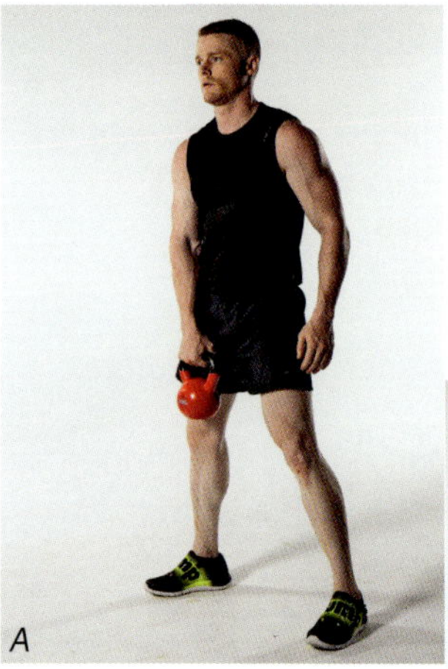

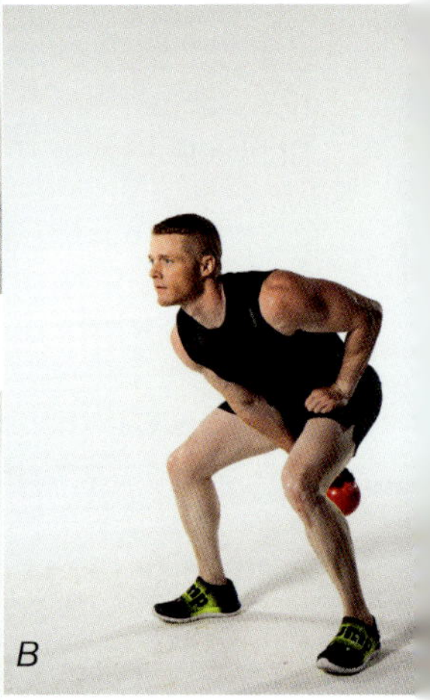

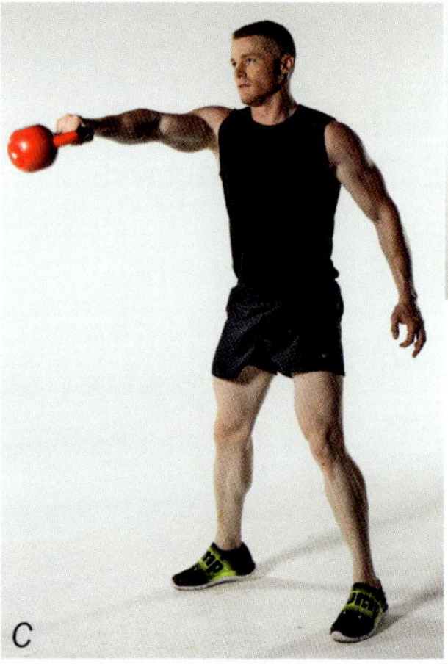

A–C: Der Bewegungsablauf.

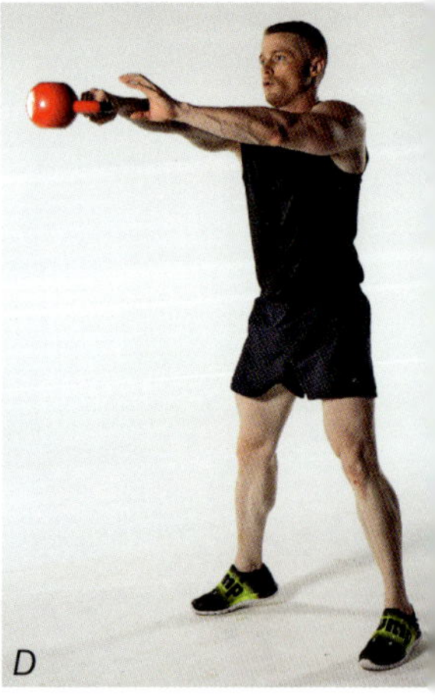

D: Der Handwechsel.

K 71: Bein-Anziehen und Liegestütz mit Schlingentrainer (Level 2)

Diese Übung kräftigt vorrangig die Brust-, hintere Oberarm-, vordere Schulter- und Rumpfmuskulatur. Die vordere Oberschenkelmuskulatur wird mitgekräftigt.

Ausführung

- Sie befinden sich in der Liegestütz-Position, wobei die Zehen in den Griffen des Schlingentrainers positioniert sind. Stützen Sie sich mit den Händen so ab, dass sich die Ellbogen unter den Schultergelenken befinden.
- Spannen Sie die Bauch- und die Gesäßmuskulatur an.
- Ziehen Sie die gestreckten Beine zur Brust, das Gesäß heben Sie gleichzeitig an.
- Strecken Sie die Beine zurück und führen umgehend einen Liegestütz aus. Anschließend wiederholen Sie die Übung.

Führen Sie das Anziehen der Beine und den Liegestütz als gleichmäßige Bewegung aus und halten Sie den Rücken durchgehend gerade oder leicht nach oben gewölbt.

Variante

Einsteiger ziehen die Knie an (Level 1); Fortgeschrittene können durchgehend ein Bein angehoben in der Luft halten.

Alternativ lässt sich die Übung mit einem Gymnastikball ausführen.

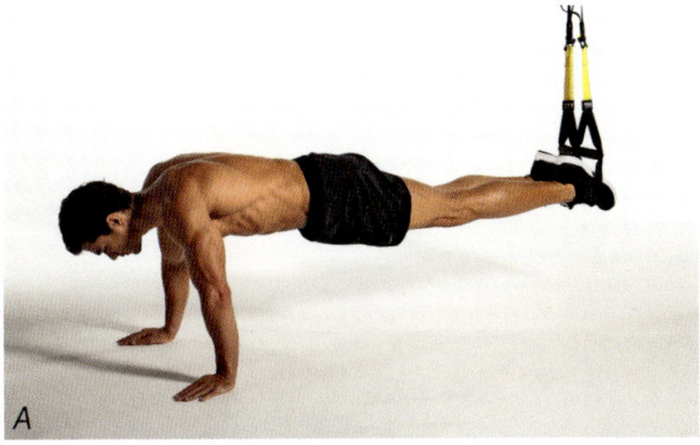

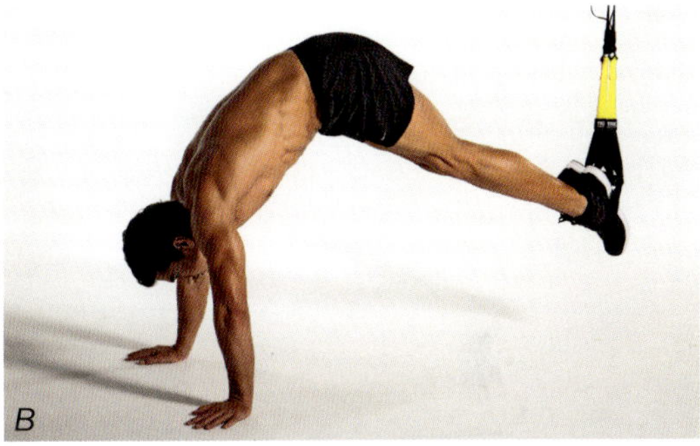

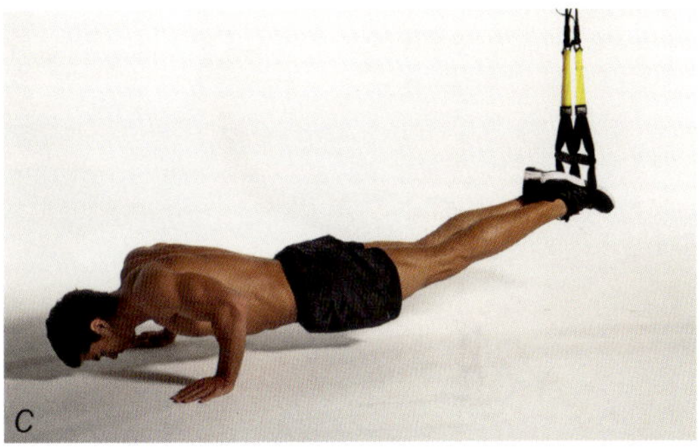

A–C: Der Bewegungsablauf.

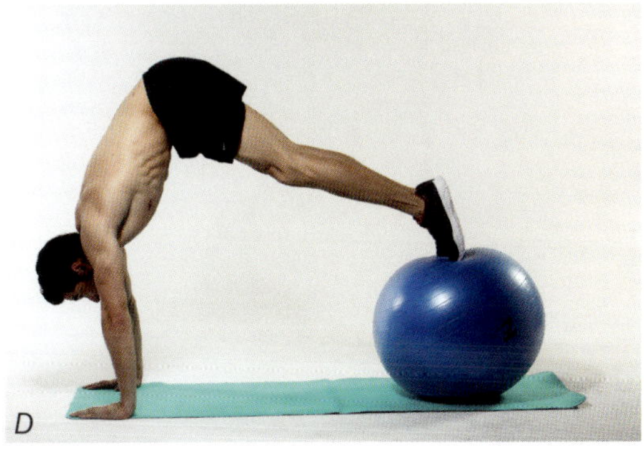

D: Die Übung auf dem Gymnastikball.

K 72: Liegestütz und Rotation mit Gewicht (Level 3)

Diese Übung kräftigt die Brust-, hintere Oberarm-, Schulter- und Rumpfmuskulatur. Die vordere Oberschenkelmuskulatur wird mittrainiert.

Ausführung

- Begeben Sie sich in Liegestütz-Position, mit den Händen auf Kurzhanteln; empfehlenswert, aber nicht zwingend, sind die achteckigen Hanteln. Die Handflächen zeigen nach innen, und die Hände sind unter den Schultern.
- Spannen Sie die Bauch- und die Gesäßmuskulatur an, um den Rumpf zu stabilisieren.
- Senken Sie den Körper kontrolliert ab, die Ellbogen nahe den Rippen entlang.
- Strecken Sie die Arme und heben Sie dann die rechte Hantel in einem Halbkreis gerade nach oben.
- Drehen Sie sich zurück und stellen Sie die Hantel wieder ab.
- Machen Sie einen Liegestütz. Nun heben Sie die linke Hantel an und bewegen diese in einem Halbkreis nach oben.
- Stellen Sie die Kurzhantel wieder ab. Führen Sie die nächsten Wiederholungen mit jeweils einer Drehung nach rechts und links aus.

Variante

Sie vereinfachen die Übung, indem Sie ohne Gewicht trainieren (Level 2).

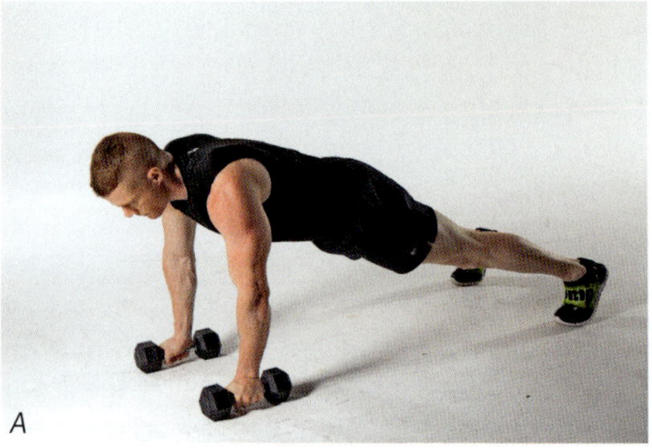
A

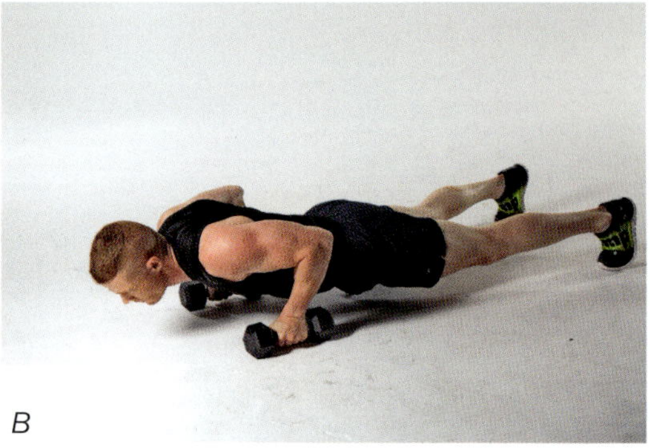
B

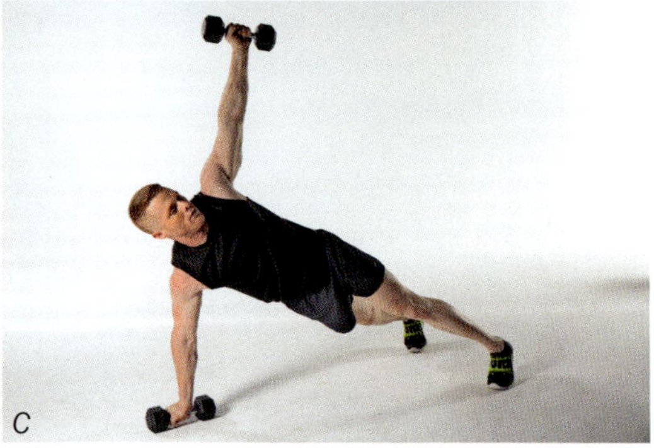
C

A–C: Der Bewegungsablauf mit dem Anheben der linken Hantel.

K 73: Klimmzug mit Bein-Anziehen (Level 2)

Diese Übung kräftigt intensiv die obere Rücken-, vordere Oberarm- und Rumpfmuskulatur. Die Unterarm- und hintere Schultermuskulatur werden mitgekräftigt.

Ausführung

- Sie hängen an einer Stange, die Arme sind schulterbreit oder etwas weiter auseinander, und die Handflächen zeigen nach vorne.
- Spannen Sie die Bauch- und die Gesäßmuskulatur an und heben Sie die Knie leicht an.
- Ziehen Sie sich nach oben, indem Sie die Ellbogen zu den Rippen bewegen, und heben Sie gleichzeitig die Knie hoch an. Halten Sie kurz die Position.
- Bewegen Sie sich langsam in die Ausgangsposition zurück. Die Knie bleiben noch leicht angehoben. Wiederholen Sie die Übung.

Führen Sie die Bewegung ohne Schwung aus und vermeiden Sie ein Hochziehen von Nacken und Schultern.

Variante

Sie intensivieren die Übung, insbesondere für die schräge und die seitliche Bauchmuskulatur, indem Sie die Knie gleichzeitig zum Klimmzug abwechselnd nach links und rechts anziehen. Fortgeschrittene können die Beine gestreckt anziehen (Level 3).

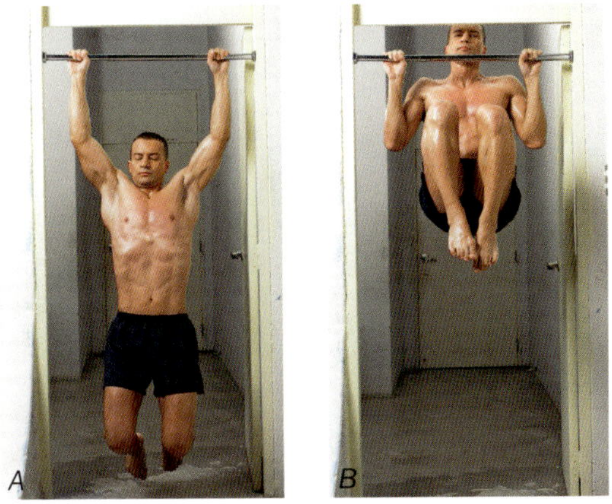

A–B: Die Ausgangs- und die Endposition.

C–D: Die Intensivierung mit diagonalem Bein-Anziehen nach rechts.

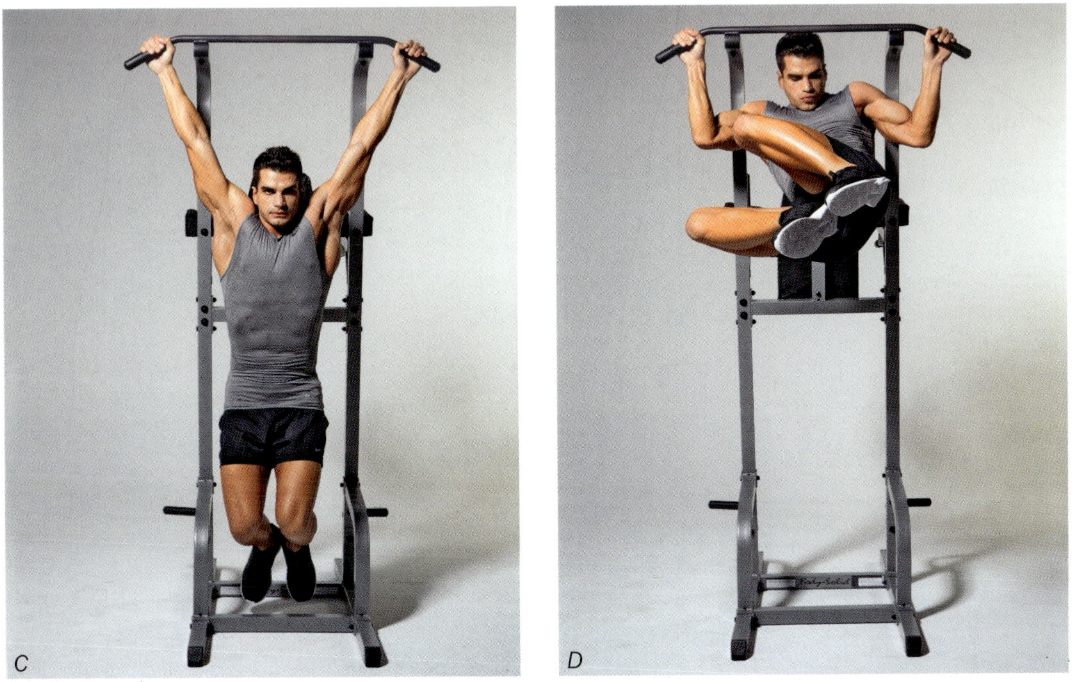

K 74: Hüftwurf (Level 1)

Mit dieser Übung kräftigen Sie die Rumpf- und Oberkörpermuskulatur. Bei der einbeinigen Ausführung wird auch die stabilisierende Beinmuskulatur intensiv gekräftigt.

Ausführung

- Stellen Sie sich frontal mit einem Abstand von zwei bis fünf Metern zum Ziel. Die Beine sind schulterbreit auseinander und leicht gebeugt, den Medizinball halten Sie nach vorne gerichtet.
- Bringen Sie die Bauch- und die Gesäßmuskulatur in Spannung.
- Drehen Sie zuerst den Oberkörper vom Ziel weg, wobei Sie den Ball auf Hüfthöhe seitlich neben den Körper bringen und leicht in die Kniebeuge gehen.
- Halten Sie kurz die Position, bevor Sie sich explosiv zurückdrehen. Die Hüfte beginnt die Bewegung, und am Ende der Drehung lassen Sie den Ball los.
- Fangen Sie den Ball vorne und drehen Sie sich dann wieder zur Seite, um die Übung zu wiederholen.

Sie können erst alle Wiederholungen zu einer Seite ausführen, bevor Sie im nächsten Übungssatz die Seite wechseln oder sich abwechselnd nach links und rechts drehen.

Variante

Sie intensivieren die Übung, indem Sie sich seitlich zur Wand stellen und in dieser Position üben (Level 2). Eine weitere Intensivierung erreichen Sie durch das einbeinige Training, entweder frontal zur Wand oder noch intensiver seitlich zur Wand (Level 3). Zum Vorspannen im einbeinigen Stand drehen Sie den Oberkörper zu der Seite, auf der Sie das Bein angehoben haben.

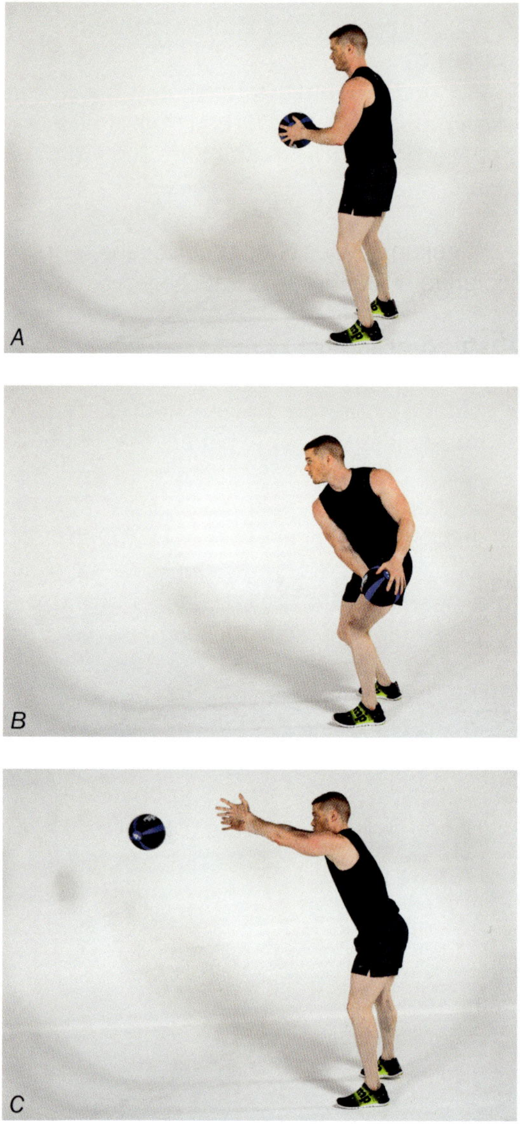

A–C: Die Bewegungsfolge mit Vorspannen nach links.

K 75: Bodenwurf (Ball Slam) (Level 1)

Diese Übung kräftigt die Rumpf-, Bein-, Gesäß- und Oberkörpermuskulatur. Sie gelingt am besten mit dem Slam Ball oder mit einem großen weichen Ball. Bei der Ausführung mit einem normalen Gummiball testen Sie zuerst dessen Sprungeigenschaften, damit er nicht gegen Ihr Gesicht prallt. Gegebenenfalls schleudern Sie ihn etwas nach vorne.

Ausführung

- Sie stehen aufrecht im schulterbreiten Stand und halten den Medizinball vor dem Körper. Die Bauch- und die Gesäßmuskulatur sind in Spannung.
- Strecken Sie den Körper nach oben in den Zehenstand und bringen Sie den Ball hoch.
- Schleudern Sie den Ball explosiv auf den Boden und gehen Sie dabei etwas in die Kniebeuge.
- Nehmen Sie den Ball schnell wieder auf, um die Übung zu wiederholen.

Variante

Sie intensivieren die Übung, indem Sie den Ball an der Seite entlang nach oben bewegen, wobei Sie den Körper mitdrehen, um mehr Schwung zu holen (Level 2). Fortgeschrittene können den Bodenwurf im Einbeinstand üben (Level 3), was auch einarmig möglich ist.

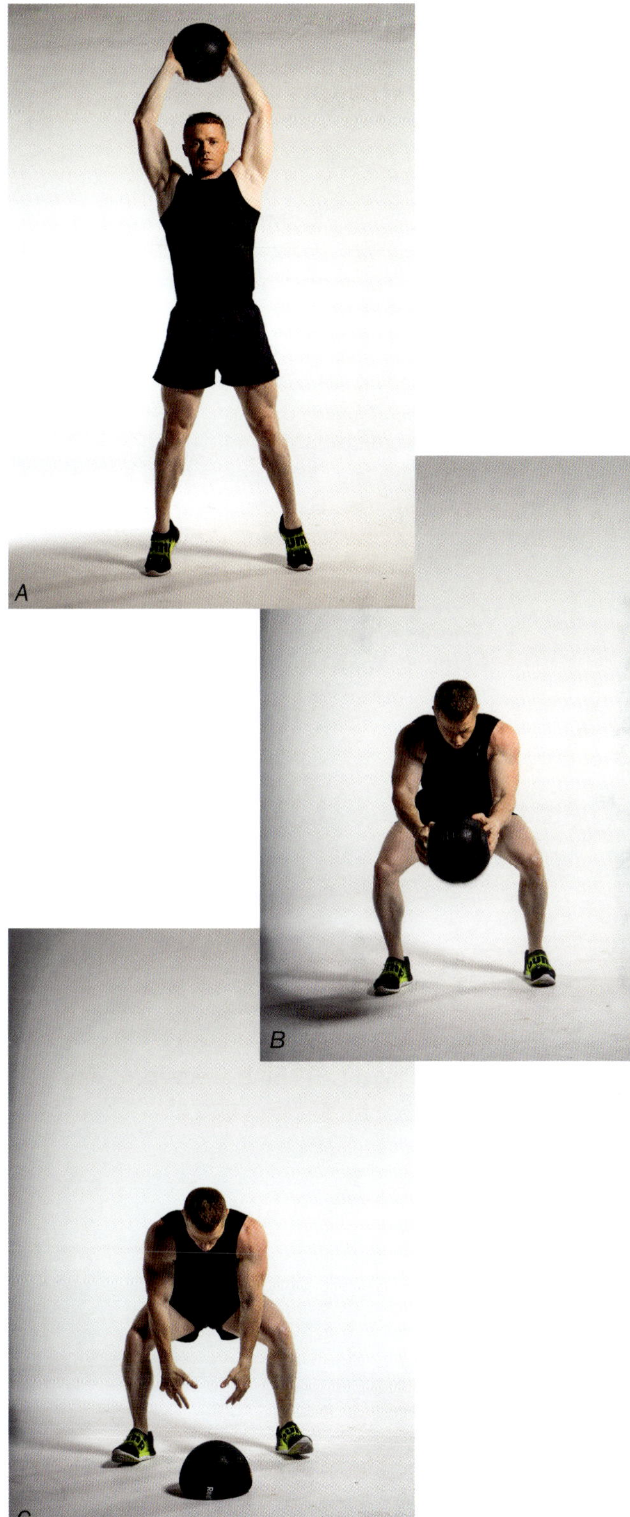

A–C: Der Bewegungsablauf.

K 76: Bruststoß nach vorne oben aus der Kniebeuge (Level 2)

Mit dieser Übung kräftigen Sie die Bein-, Gesäß-, Rumpf- und Oberkörpermuskulatur.

Ausführung

- Stellen Sie sich ein bis drei Meter frontal vor eine Wand. Die Füße sind schulterbreit auseinander, und vor der Brust halten Sie einen Medizinball.
- Spannen Sie die Bauch- und die Gesäßmuskulatur an und fixieren Sie ein hohes Ziel an der Wand. Im Crossfit® wird das Ziel mindestens drei Meter hoch gewählt.
- Bewegen Sie sich in eine tiefe Kniebeuge, wozu Sie das Gesäß nach hinten bringen.
- Dann schieben Sie explosiv die Hüfte nach vorne, strecken die Beine und stoßen gleichzeitig den Ball hoch zum Ziel.
- Fangen Sie den Ball und nehmen Sie dann wieder die Kniebeuge ein, um die Übung zu wiederholen.

Variante

Sie können bei der Übung die Fersen anheben, um die Wadenmuskulatur intensiver zu kräftigen. Sie vereinfachen die Übung, indem Sie die Kniebeuge wenig tief ausführen und die Stoßhöhe verringern (Level 1). Sie intensivieren die Übung, indem Sie aus der Kniebeuge hochspringen und dabei stoßen (Level 3).

Wenn Sie die Übung mit Trainingspartner ausführen, dann nutzen Sie am besten einen großen weichen Medizinball.

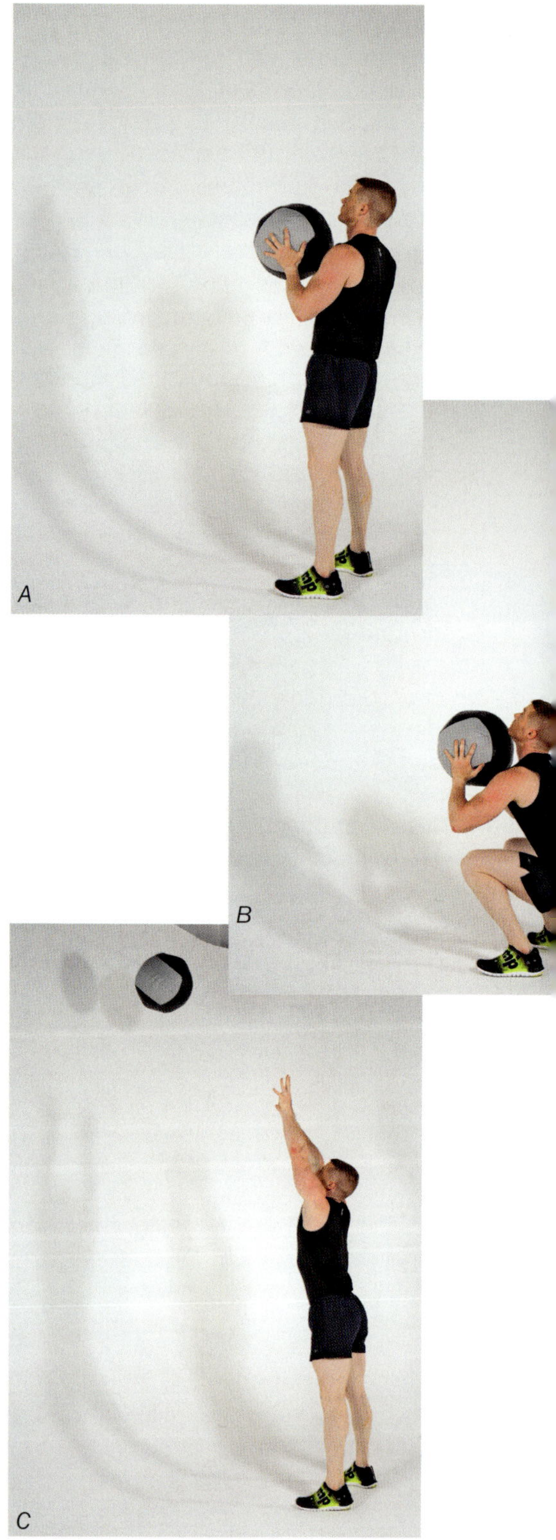

A–C: Der Bewegungsablauf.

K 77: Medizinball-Hochstoß aus der Kniebeuge mit Absprung (Level 2)

Für diese Übung benötigen Sie einen hohen Deckenabstand. Sie kräftigt die Brust-, Schulter-, hintere Oberarm-, Rumpf-, Bein- und Gesäßmuskulatur.

Ausführung

- Sie befinden sich im schulterbreiten Stand mit leicht gebeugten Beinen. Den Medizinball halten Sie über der Brust.
- Spannen Sie die Bauch- und die Gesäßmuskulatur an und die Schultern nach hinten unten.
- Bewegen Sie sich in die beidbeinige Kniebeuge, indem Sie das Gesäß nach hinten schieben, und halten Sie kurz die Position.
- Drücken Sie sich explosiv hoch und springen dabei gerade in die Luft. Gleichzeitig stoßen Sie den Ball möglichst weit senkrecht nach oben.
- Fangen Sie den Ball in hoher Position. Bringen Sie den Ball wieder zur Brust und bewegen Sie sich in die Kniebeuge. Nun wiederholen Sie die Übung.

Variante

Sie vereinfachen die Übung, wenn Sie nur leicht in die Kniebeuge gehen und auf die Zehen gehen, anstatt abzuspringen (Level 1). Fortgeschrittene können aus der einbeinigen Kniebeuge nach oben abspringen und dabei den Ball stoßen (Level 3).

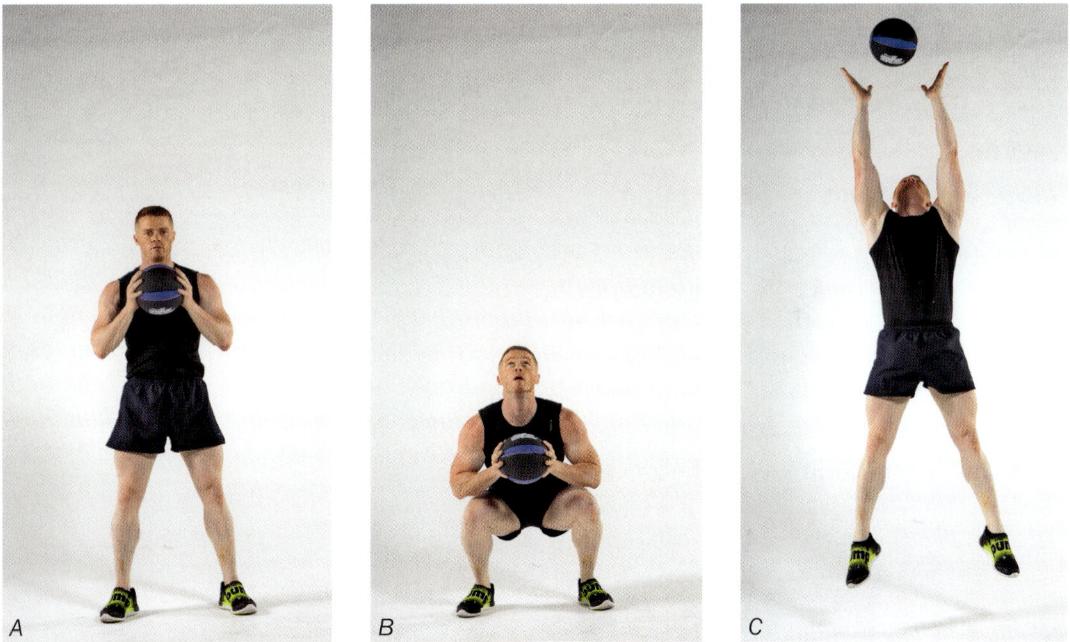

A–C: Der Bewegungsablauf.

K 78: Ballheben aus der Kniebeuge mit Absprung (Level 2)

Diese Übung kräftigt die Beinmuskulatur, insbesondere die vordere Oberschenkelmuskulatur, die Gesäß- und Wadenmuskulatur. Die Rumpf-, Brust- und Schultermuskulatur werden mitgekräftigt.

Ausführung

- Sie stehen aufrecht im etwa schulterbreiten Stand und halten einen Medizinball vor dem Körper.
- Spannen Sie die Bauch- und die Gesäßmuskulatur an.
- Bewegen Sie sich in die Kniebeuge, indem Sie das Gesäß nach hinten schieben. Gleichzeitig bringen Sie den Ball nach unten.
- Springen Sie aus der Kniebeuge gerade hoch in die Luft und bewegen dabei den Ball nach oben mit.
- Kommen Sie kontrolliert auf dem Boden auf und bewegen Sie sich dann wieder in die Kniebeuge, um die Übung zu wiederholen.

Variante

Einsteiger führen die Übung ohne Absprung aus und heben bei der Streckbewegung die Fersen an (Level 1). Fortgeschrittene können die Übung einbeinig ausführen (Level 3).

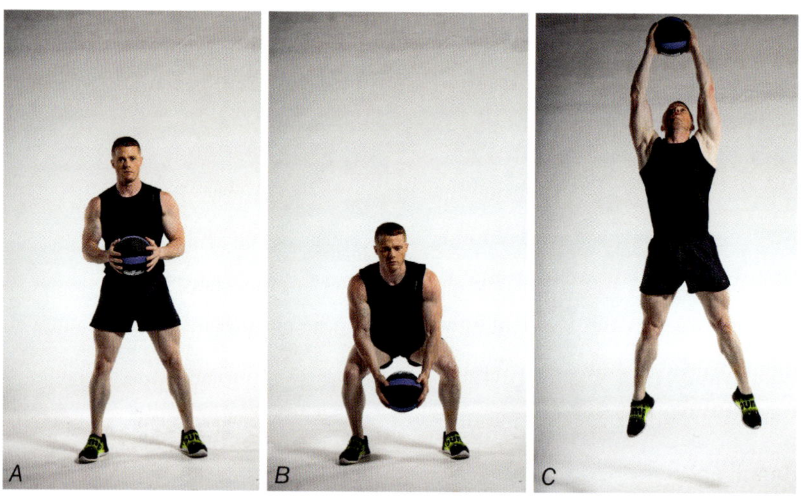

A–C: Der beidbeinige Bewegungsablauf.

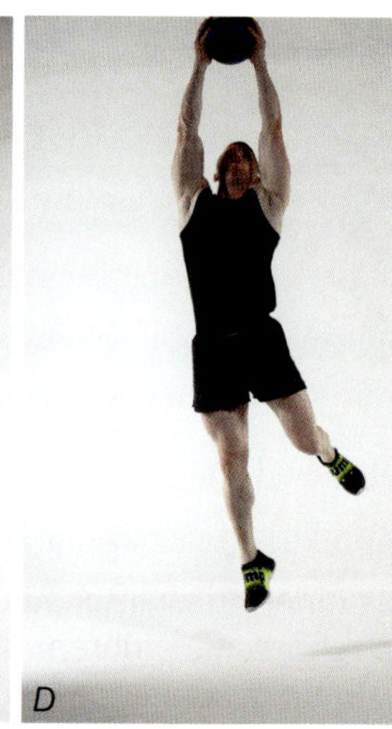

D: Die einbeinige Ausführung.

K 79: Einarmiges Hochziehen (High-Pull) vom Boden (Level 3)

Mit dieser Ganzkörper-Übung trainieren Sie effektiv die Explosivkraft, da viele Muskeln zusammenspielen müssen.

Ausführung

- Sie stehen gerade, die Beine sind leicht gebeugt und mindestens schulterbreit auseinander. Vor Ihnen steht eine Kettlebell.
- Beugen Sie sich nach vorne, wobei Sie in eine leichte Kniebeuge gehen, und greifen Sie die Kettlebell. Spannen Sie die Bauch- und die Gesäßmuskulatur an.
- In einer explosiven Bewegung drücken Sie die Hüften vor, ziehen die Kettlebell hoch und gehen auf die Zehenspitzen. Bei der Zugbewegung beugt sich der Arm, so dass der Ellbogen zum höchsten Punkt wird.
- Bewegen Sie sich wieder kontrolliert in die Ausgangsposition zurück, indem Sie sich vorbeugen und die Kettlebell zum Boden bringen. Wiederholen Sie die Übung.

Nachdem Sie alle Wiederholungen für eine Seite ausgeführt haben, trainieren Sie die andere Seite.

Variante

Sie vereinfachen die Übung, wenn Sie die Übung mit beiden Händen gleichzeitig ausführen (Level 2). Sie können die Übung auch mit einer Kurzhantel oder beidarmig mit einer Langhantel ausführen.

Alternativ können Sie das Hochziehen aus dem Hang üben. Dazu stehen Sie in der Ausgangsposition aufrecht, mit der Hantel vor dem Körper. Zuerst bewegen Sie sich mit dem Oberkörper etwas vor, die Hantel eng an den Schienbeinen entlang. Dann richten Sie sich schnell auf, wobei Sie die Hantel hochreißen und auf die Zehenspitzen gehen, entsprechend dem Hochziehen vom Boden.

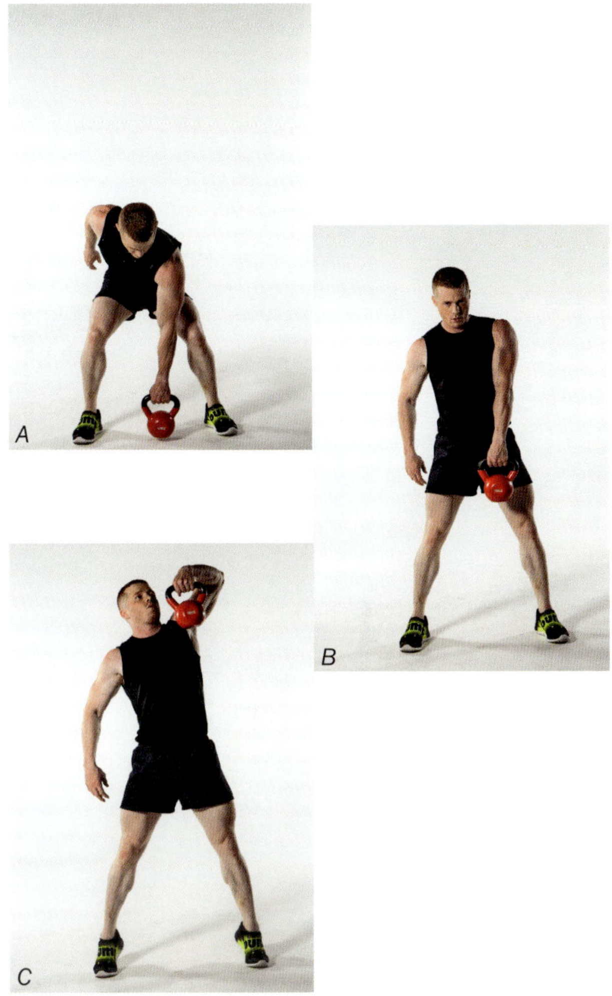

A–C: Der Bewegungsablauf mit Kettlebell.

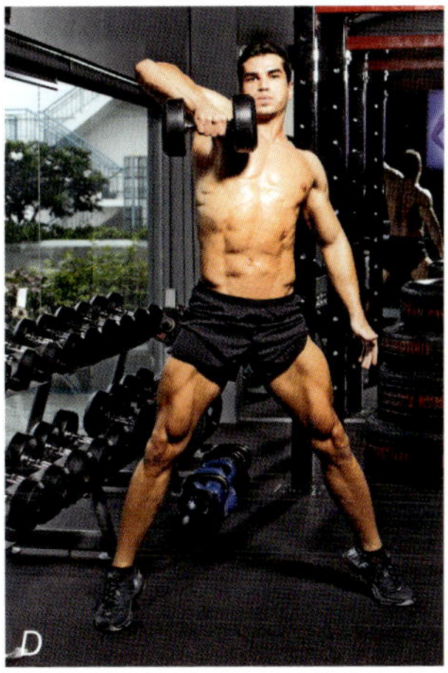

D: Die Übung mit Kurzhantel.

K 80: Reißen (Level 3)

Mit der Ganzkörper-Übung trainieren Sie effektiv die Schnellkraft, da viele Muskeln zusammenspielen müssen. Es werden keine hohen Gewichte eingesetzt. Es geht um das Training der Schnellkraft, nicht hingegen um die Bewältigung großer Lasten, ansonsten wäre die Verletzungsgefahr als Kampfsportler zu groß. Es wird hier beim Reißen auf eine zusätzliche Kniebeuge als Zwischenbewegung verzichtet.

Ausführung

- Sie stehen aufrecht im schulterbreiten Stand, mittig vor den Füßen haben Sie eine Kurzhantel abgelegt.
- Bewegen Sie sich in die tiefe Kniebeuge, wozu Sie das Gesäß nach hinten schieben, und greifen Sie fest die Hantel. Der Handrücken zeigt nach vorne, der Rücken ist gerade und der Rumpf ist in Spannung.
- Bringen Sie die Hüften vor und reißen Sie die Hantel gerade nach oben, nahe am Körper entlang. Sie können dabei auf die Zehen gehen.
- Wenn die Hantel eine hohe Position erreicht, schleudern Sie die Hantel mit Armstreckung nach oben, wobei Sie die Hantel drehen, so dass die Handfläche in hochgestreckter Position nach vorne zeigt. Der Körper befindet sich unter dem Arm.
- Senken Sie die Hantel kontrolliert zum Körper ab und bewegen Sie sich dann in die Kniebeuge und bringen die Hantel wieder mittig nach unten, um die Übung zu wiederholen.

Nachdem Sie alle Wiederholungen für eine Seite ausgeführt haben, trainieren Sie die andere Seite.

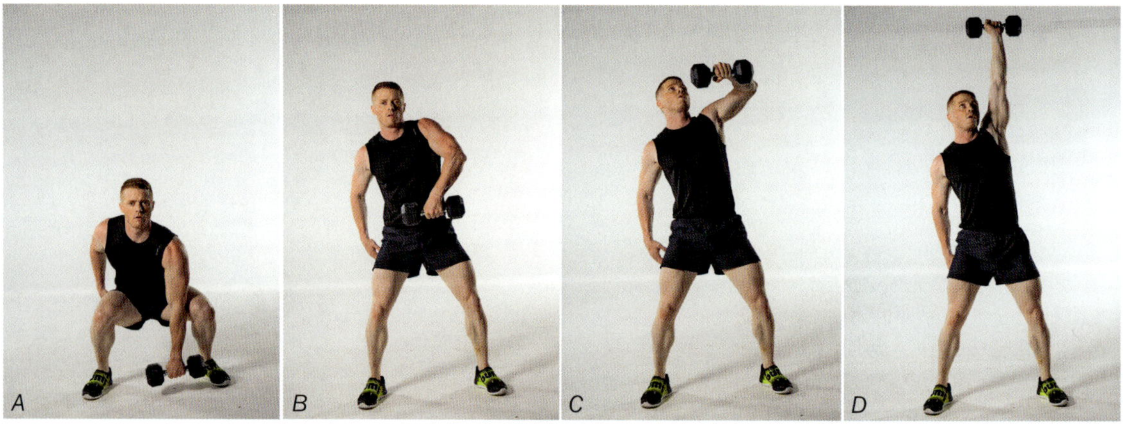

A–D: Der Bewegungsablauf.

Variante
Sie können die Übung auch mit einer Langhantel ausführen. Reißen Sie die Langhantel an den Schienbeinen entlang und achten Sie auf einen geraden Rumpf.

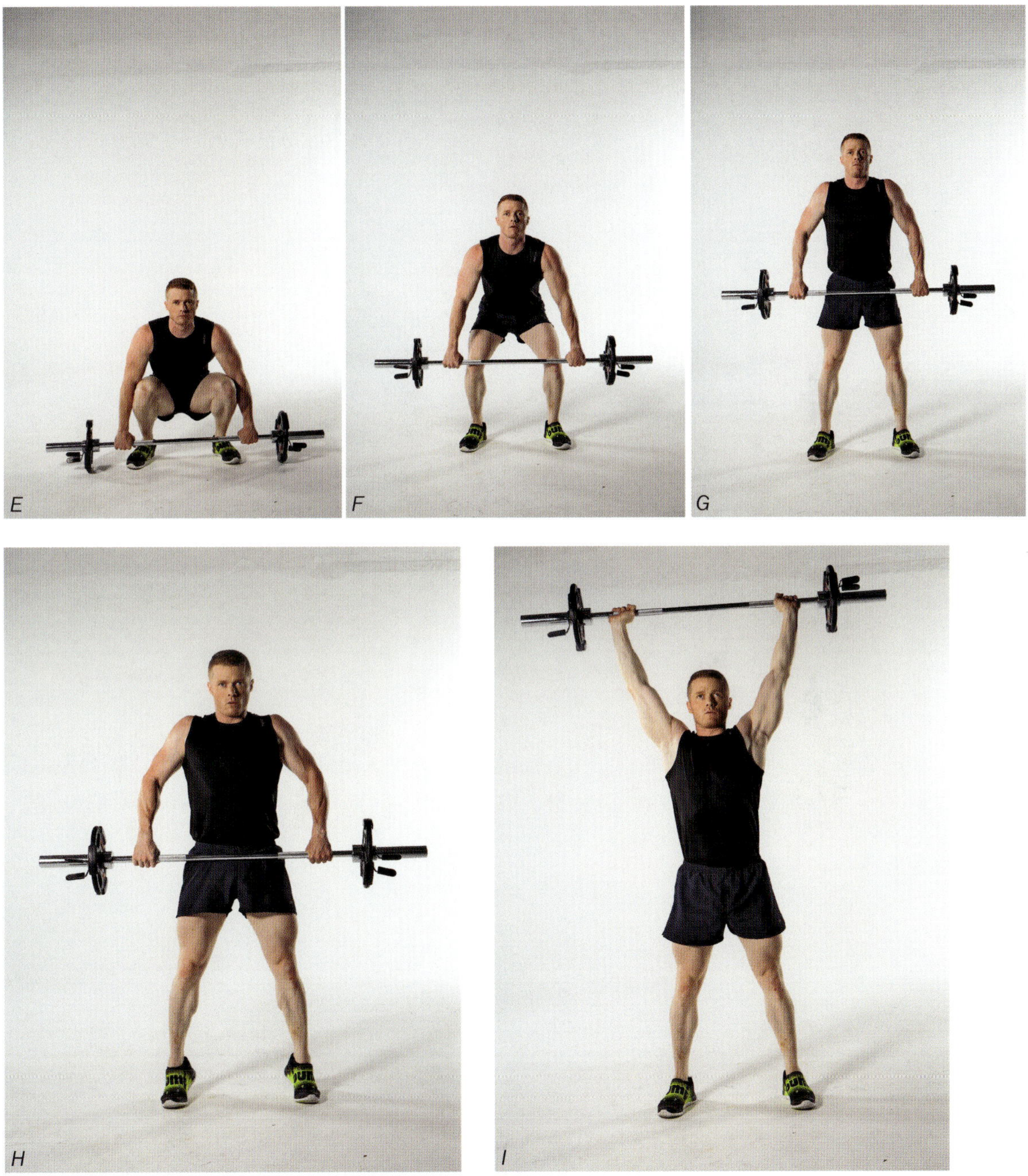

E–I: Der Bewegungsablauf.

III. Trainingsaufbau

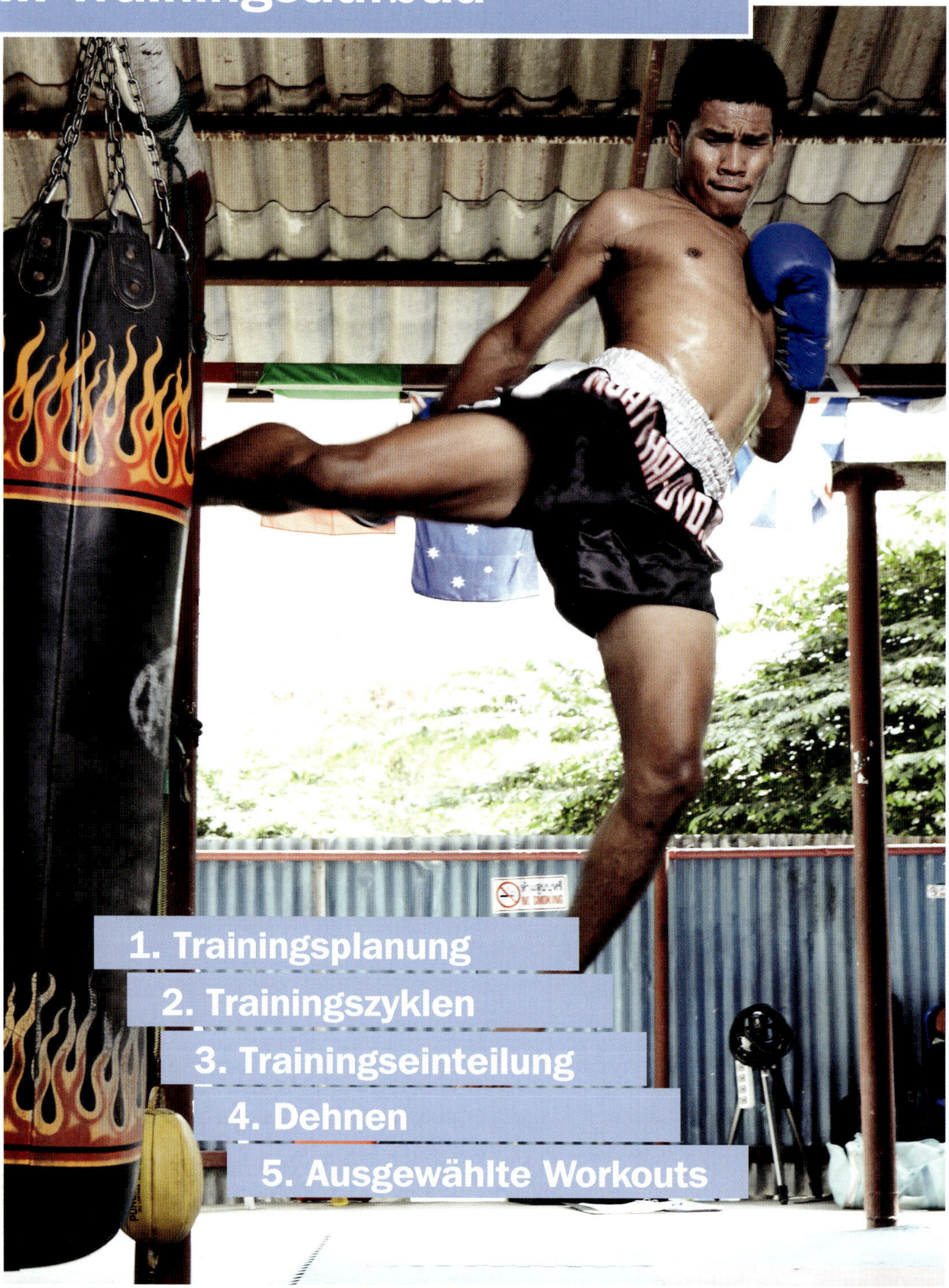

1. Trainingsplanung
2. Trainingszyklen
3. Trainingseinteilung
4. Dehnen
5. Ausgewählte Workouts

1. Trainingsplanung

Damit Sie mit Ihrem Kampfsport-Training ebenso wie mit dem ergänzenden Fitnesstraining langfristig erfolgreich sind, ist es wichtig, dass Sie Ihr Training planen. Nehmen Sie sich Zeit für Ihre Trainingsplanung. Bewusstes Training nach einem sinnvollen Programm führt zu den besten Ergebnissen.

Tipp

Trainingsbuch

Am besten führen Sie ein Trainingsbuch und machen in diesem regelmäßig Notizen zu Ihren Fortschritten im Kampfsport- und Fitnesstraining. Dies hilft auch, eine Leistungsstagnation zu erkennen und dieser gegenzusteuern. Sie können Ihre Trainingsnotizen in ein einfaches Heft eintragen oder in Tabellen, die Sie am Computer entwerfen. Notieren Sie für jede Trainingsperiode die Ziele sowie die geplanten Programme aus Kampfsport- und Fitnesseinheiten. Zu jeder Trainingseinheit halten Sie die wichtigsten Eckdaten fest, wozu Sie aus den folgenden Optionen wählen können.

- Vor dem Kampfsport- oder Fitnesstraining: Datum, Uhrzeit, körperliche Verfassung, Gewicht, Ernährung
- Zur Kampfsport-Einheit: Technikschwerpunkte, Dauer und Intensitäten der Trainingsinhalte, Gesamtdauer
- Zur Fitness-Einheit: Übungen, Intensität/Gewicht, Wiederholungen/Satzdauer, Sätze, Pausen, Gesamtdauer
- Nach dem Training: Regenerationsgestaltung, Ernährung, körperlicher Zustand nach dem Training, Schlaf, körperlicher Zustand am Folgetag.

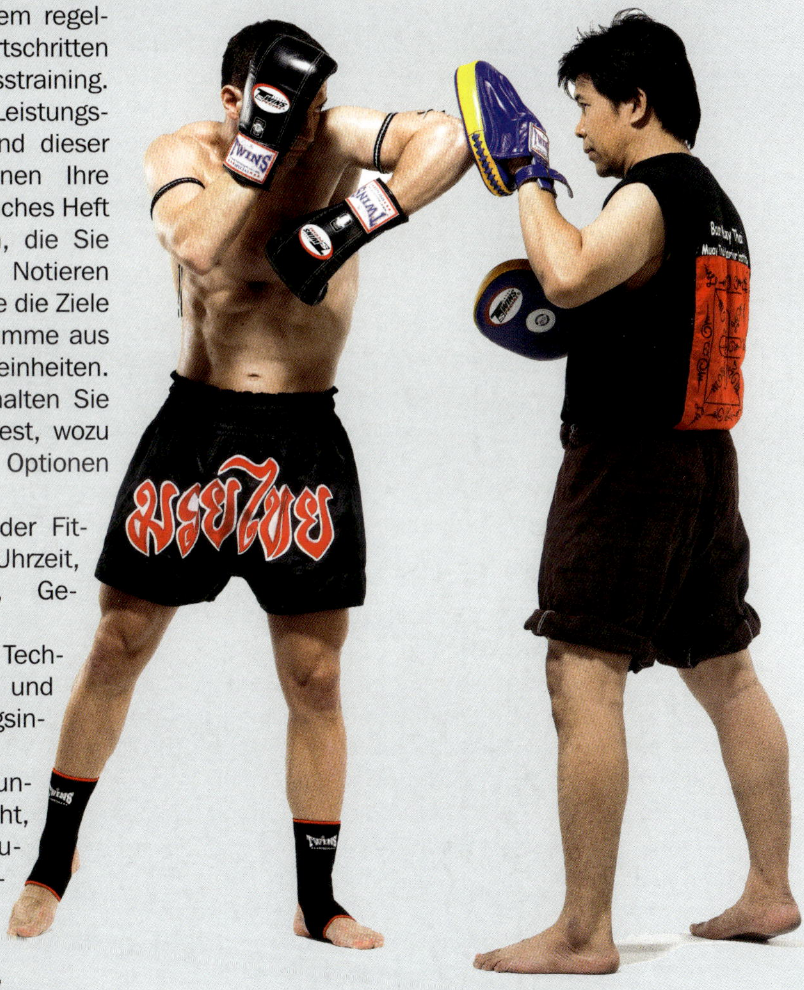

Planung und Durchführung

Bei der Trainingsplanung machen Sie sich zuerst Ihre Leistungsfähigkeit im Kampfsport und im Kraftbereich bewusst und notieren dies im Trainingsbuch. Halten Sie fest, was Sie für Ihr Training als wichtig erachten und worin Sie sich verbessern möchten. Auch können Sie das körperliche Erscheinungsbild protokollieren, wozu Sie Gewicht, Körperfett und Körpermaße ermitteln und Fotos in aufrechter Stellung anfertigen lassen. Diese Informationen sind die Grundlage für die Erfolgskontrolle Ihres Trainings.

Nun definieren Sie Ihre Trainingsziele für den Kampfsport und für das unterstützende Fitnesstraining, denn eine klare Zielsetzung ist die Voraussetzung für ein effektives Training. Beachten Sie bei Ihrer Zielbestimmung die Ausgangssituation ebenso wie vorhandene Trainingsmöglichkeiten und Trainingszeit. Bestimmen Sie realistische Trainingsziele und notieren Sie diese in Ihrem Trainingsbuch. Wählen Sie ein kurzfristiges Trainingsziel aus, auf dessen Erreichen Sie sich im nächsten Trainingszyklus konzentrieren. Ein kurzfristiges Ziel kann beispielsweise eine Wettkampfvorbereitung, eine Leistungsverbesserung bei bestimmten Kraftübungen oder eine Körperfettreduktion um einen bestimmten Prozentsatz sein.

Auf Grundlage des kurzfristigen Trainingsziels bestimmen Sie ein Trainingsprogramm, das darauf abzielt, Ihr Ziel bestmöglich zu erreichen. In diesem Programm müssen die wöchentlichen Kampfsport-Einheiten ebenso wie die Fitness-Einheiten enthalten sein. Üblicherweise wird der Trainingsplan für einen sechs bis zwölf Wochen langen Zyklus ausgeführt. Im Ausnahmefall können Sie einen kurzen Trainingszyklus über zwei bis vier Wochen ausführen, beispielsweise wenn sich ein kurzfristiger Wettkampftermin ergibt oder um sich der Steigerung einer bestimmten Leistungsfähigkeit intensiv zu widmen. Im Trainingsprogramm müssen Sie bestimmen, wie Sie Ihren Wochentrainingsplan aufbauen, wie oft Sie also Kampfsport und Fitness trainieren. Auch sind für das Krafttraining die Übungen, die Satzzahlen und die Intervall-Längen beziehungsweise die Wiederholungszahlen festzulegen.

In der Trainingsperiode führen Sie die zuvor geplanten Kampfsport- und Fitness-Einheiten aus. Halten Sie die erbrachten Trainingsleistungen im Trainingsbuch fest, beispielsweise im Kampfsport die Schwerpunkte und Rundendauern und im Krafttraining die Übungen, Intensitäten und Intervall-Dauern beziehungsweise Wiederholungen. Auch empfiehlt es sich, Informationen zu den Rahmenbedingungen des Trainings zu notieren, wie Schlaf und Ernährung. Vermeiden Sie es, Ihren Körper in einzelnen Trainingseinheiten deutlich zu überlasten, intensivieren Sie vielmehr kontinuierlich die Anforderungen. Versuchen Sie, die Trainingstage in Ihrem Plan möglichst einzuhalten; bei Krankheit müssen Sie jedoch das Training unterbrechen.

Am Ende der Trainingsperiode führen Sie einen Abschlusstest durch, um zu ermitteln, ob Sie das Trainingsziel erreicht haben. Basierend auf den Trainingsergebnissen und unter Berücksichtigung der langfristigen Trainingsziele bestimmen Sie ein neues kurzfristiges Trainingsziel und legen dann einen neuen Trainingszyklus fest. Nutzen Sie dazu die Informationen aus dem Trainingsbuch über die Reaktionen des Körpers auf unterschiedliche Trainingsreize. Schließlich beginnen Sie mit der neuen Trainingsperiode. Führen Sie das beschriebene Vorgehen für die Trainingsplanung fort, um sicherzustellen, dass Sie fortlaufend Ihre Leistungsfähigkeit verbessern.

2. Trainingszyklen

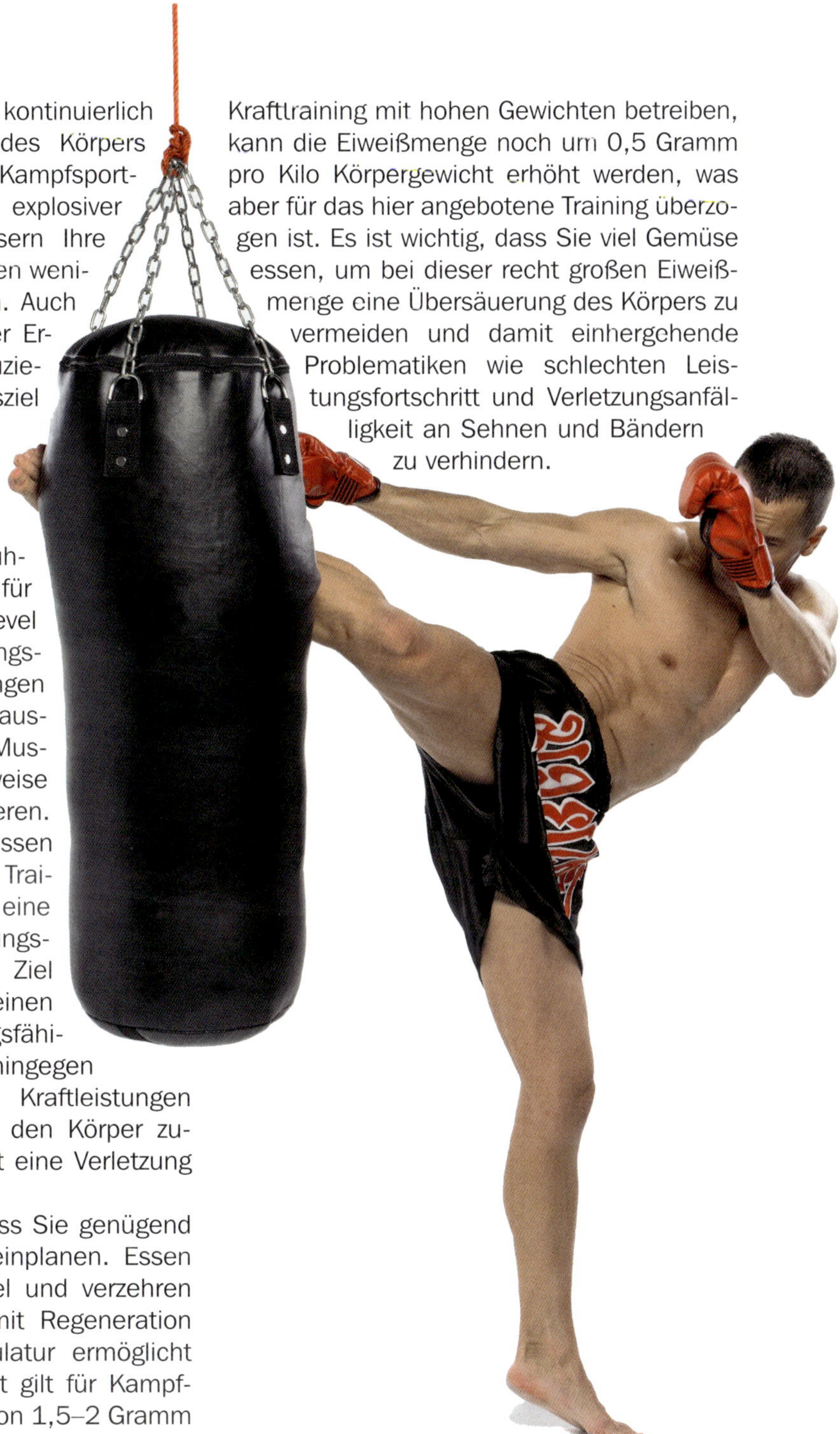

Dieser Plan zielt darauf ab, kontinuierlich die Kraftleistungsfähigkeit des Körpers zu steigern. Sie werden die Kampfsport-Techniken kraftvoller und explosiver ausführen können, verbessern Ihre Nehmerqualitäten und werden weniger anfällig für Verletzungen. Auch können Sie bei kontrollierter Ernährung das Körperfett reduzieren, falls dies ein Trainingsziel darstellt.

Sie können einzelne Zyklen aus dem Programm wählen oder aber die verschiedenen Level hintereinander ausführen. Trainieren Sie mit dem für Sie geeigneten Trainingslevel und den passenden Übungsvarianten. Sie können Übungen variieren und mit solchen austauschen, die dieselbe Muskelgruppe beziehungsweise Bewegungsrichtung trainieren. Insbesondere Einsteiger müssen darauf achten, dass sie das Training nicht übertreiben, um eine Überlastung des Bewegungsapparates zu vermeiden. Ziel des Krafttrainings ist es, einen für den Kampfsport leistungsfähigen Körper zu entwickeln; hingegen nicht, möglichst intensive Kraftleistungen kurzzeitig zu erbringen, die den Körper zusätzlich belasten, und somit eine Verletzung zu riskieren.

Achten Sie auch darauf, dass Sie genügend Zeit für die Regeneration einplanen. Essen Sie gesunde Nahrungsmittel und verzehren Sie genügend Protein, damit Regeneration und Wachstum der Muskulatur ermöglicht werden. Als empfehlenswert gilt für Kampfsportler eine Eiweißmenge von 1,5–2 Gramm pro Kilo Körpergewicht. Nur falls Sie umfangreich Muskelmasse vergrößern wollen, um beispielsweise eine höhere Gewichtsklasse zu erreichen, und dementsprechend intensives Krafttraining mit hohen Gewichten betreiben, kann die Eiweißmenge noch um 0,5 Gramm pro Kilo Körpergewicht erhöht werden, was aber für das hier angebotene Training überzogen ist. Es ist wichtig, dass Sie viel Gemüse essen, um bei dieser recht großen Eiweißmenge eine Übersäuerung des Körpers zu vermeiden und damit einhergehende Problematiken wie schlechten Leistungsfortschritt und Verletzungsanfälligkeit an Sehnen und Bändern zu verhindern.

Plan 1: Einsteiger

Dieser Trainingsplan über sechs Wochen bietet Einsteigern die Möglichkeit, sich im Kampfsport zu verbessern und die Kraftleistungsfähigkeit kontinuierlich zu steigern. Trainieren Sie mindestens zweimal Kampfsport, um den Trainingserfolg sicherzustellen.

Für das Krafttraining sieht der Plan das Ganzkörper-Workout Kraft A vor, mit kontinuierlich gesteigerten Belastungen. Wenn Sie bereits an regelmäßiges Krafttraining gewöhnt sind, dann können Sie die Intensität intensivieren, indem Sie die Belastungszeit etwas verlängern. Eine Trainingseinheit »Abrollen und Dehnen (A+D)« ist empfehlenswert, da diese hilft, schneller zu regenerieren.

Nach der Beendigung dieses Plans über sechs Wochen können Sie zum Level 2 übergehen. Fühlen Sie sich jedoch bereits im Level 1 ausgelastet, dann behalten Sie die bisherige Trainingshäufigkeit bei. Verändern Sie aber Ihr Workout im Krafttraining, indem Sie Übungen verändern und austauschen.

	Tag 1	Tag 2	Tag 3	Tag 4	Tag 5	Tag 6	Tag 7
Woche 1	Kampfsport	Kraft A 2 Sätze à 30 sek	A+D oder Pause	Pause	Kampfsport	Kraft A 2 Sätze à 30 sek	Pause
Woche 2	Kampfsport	Kraft A 3 Sätze à 30 sek	A+D oder Pause	Pause	Kampfsport	Kraft A 3 Sätze à 30 sek	Pause
Woche 3	Kampfsport	Kraft A 3 Sätze à 35 sek	A+D oder Pause	Pause	Kampfsport	Kraft A 3 Sätze à 35 sek	Pause
Woche 4	Kampfsport	Kraft A 3 Sätze à 40 sek	Kampfsport oder A+D oder Pause	Pause oder A+D	Kampfsport	Kraft A 3 Sätze à 40 sek	Pause
Woche 5	Kampfsport	Kraft A 3 Sätze à 45 sek	Kampfsport oder A+D oder Pause	Pause oder A+D	Kampfsport	Kraft A 3 Sätze à 45 sek	Pause
Woche 6	Kampfsport	Kraft A 3 Sätze à 50 sek	Kampfsport oder A+D oder Pause	Pause oder A+D	Kampfsport	Kraft A 3 Sätze à 50 sek	Pause

Abrollen und Dehnen (A+D): An diesem Tag können Sie abrollen (siehe Seiten 168-169) und dehnen (siehe Seiten 146-147).
Kampfsport: An diesem Tag trainieren Sie Ihre Kampfsport-Disziplin.
Kraft A: Machen Sie das Workout Kraft A (siehe Seite 149).
Pause: An diesem Tag wird zur Regeneration auf Training verzichtet.

Plan 2: Leicht-Fortgeschrittene

Mit diesem Zyklus stellen Sie mit drei Einheiten »Kampfsport« und zwei Einheiten »Kraft« pro Woche sicher, dass Sie Ihre technischen Fähigkeiten im Kampfsport ebenso wie Ihr Kraftpotential steigern. Sie können diesen Zyklus nutzen, nachdem Sie den Zyklus »Einstieg« durchgeführt haben; als geübter Fitnesssportler können Sie aber auch direkt mit dem Level 2 anfangen.

Im Krafttraining ist das Ganzkörper-Workout B mit steigenden Belastungen vorgesehen. An einem Tag pro Woche empfiehlt sich eine Trainingseinheit mit dem Hauptteil »Abrollen und Dehnen (A+D)«, um Muskelverspannung zu beseitigen; dies ist jedoch nicht zwingend erforderlich, wenn Sie sich bereits regelmäßig nach Kampfsport- und Krafttraining abrollen und dehnen.

Führen Sie das Programm über eine Trainingszeit von sechs Wochen aus, dann wird sich Ihre körperliche Leistungsfähigkeit deutlich verbessern, und Sie können zu Level 3 übergehen. Genügt Ihnen die Trainingsintensität bereits zum Erreichen Ihrer Ziele, dann können Sie diese auch beibehalten. Nehmen Sie allerdings Änderungen am Workout vor, wählen Sie beispielsweise Varianten oder tauschen Sie Übungen aus.

	Tag 1	Tag 2	Tag 3	Tag 4	Tag 5	Tag 6	Tag 7
Woche 1	Kampfsport	Kraft B 3 Sätze à 30 sek	Kampfsport	A+D oder Pause	Kraft B 3 Sätze à 35 sek	Kampfsport	Pause
Woche 2	Kampfsport	Kraft B 3 Sätze à 40 sek	Kampfsport	A+D oder Pause	Kraft B 3 Sätze à 40 sek	Kampfsport	Pause
Woche 3	Kampfsport	Kraft B 3 Sätze à 45 sek	Kampfsport	A+D oder Pause	Kraft B 3 Sätze à 45 sek	Kampfsport	Pause
Woche 4	Kampfsport	Kraft B 3 Sätze à 50 sek	Kampfsport	A+D oder Pause	Kraft B 3 Sätze à 50 sek	Kampfsport	Pause
Woche 5	Kampfsport	Kraft B 3 Sätze à 55 sek	Kampfsport	A+D oder Pause	Kraft B 3 Sätze à 55 sek	Kampfsport	Pause
Woche 6	Kampfsport	Kraft B 3 Sätze à 60 sek	Kampfsport	A+D oder Pause	Kraft B 3 Sätze à 60 sek	Kampfsport	Pause

Abrollen und Dehnen (A+D): An diesem Tag können Sie abrollen (siehe Seiten 168-169) und dehnen (siehe Seiten 146-147).
Kampfsport: An diesem Tag trainieren Sie Ihre Kampfsport-Disziplin.
Kraft B: Machen Sie das Workout »Kraft B« (siehe Seite 150).
Pause: An diesem Tag wird zur Regeneration auf Training verzichtet.

Plan 3: Fortgeschrittene

Diesen Plan können fortgeschrittene Kampfsportler einsetzen, um ihre funktionelle Kraftleistungsfähigkeit weiter zu verbessern. Es sind wöchentlich drei Einheiten »Kampfsport« und drei Einheiten »Kraft« vorgesehen. Für wenig trainierte Sportler hingegen ist der Umfang zu intensiv; der Körper würde überlastet. Im Krafttraining werden zwei Split-Programme ausgeführt, primär unterteilt in Übungen für den Oberkörper und Übungen für die Beine und Gesäß. Die Anzahl der Kraft-Workouts stellt sicher, dass Leistungssteigerungen erreicht werden. An einem Tag pro Woche können Sie Ihren Körper mit »Abrollen und Dehnen« pflegen, oder aber Sie können pausieren, vorausgesetzt, dass Sie regelmäßig nach Kampfsport- und Krafttraining abrollen und dehnen.

Die Trainingsdauer von sechs Wochen bewirkt eine deutliche Stärkung Ihrer Kraftleistungsfähigkeit. Danach legen Sie ein neues kurzfristiges Trainingsziel fest und entwickeln darauf aufbauend einen neuen Trainingszyklus. Sie können die Trainingshäufigkeit beibehalten, steigern oder aber etwas reduzieren, je nachdem was das Erreichen Ihres nächsten Trainingsziels erfordert.

	Tag 1	Tag 2	Tag 3	Tag 4	Tag 5	Tag 6	Tag 7
Woche 1	Kampfsport	Kraft C 3 Sätze à 35 sek	Kampfsport	Kraft D 3 Sätze à 35 sek	Kampfsport	Kraft C 3 Sätze à 40 sek	A+D oder Pause
Woche 2	Kraft D 3 Sätze à 40 sek	Kampfsport	Kraft C 3 Sätze à 45 sek	Kampfsport	Kraft D 3 Sätze à 45 sek	Kampfsport	A+D oder Pause
Woche 3	Kampfsport	Kraft C 3 Sätze à 45 sek	Kampfsport	Kraft D 3 Sätze à 45 sek	Kampfsport	Kraft C 3 Sätze à 50 sek	A+D oder Pause
Woche 4	Kraft D 3 Sätze à 50 sek	Kampfsport	Kraft C 3 Sätze à 50 sek	Kampfsport	Kraft D 3 Sätze à 50 sek	Kampfsport	A+D oder Pause
Woche 5	Kampfsport	Kraft C 3 Sätze à 55 sek	Kampfsport	Kraft D 3 Sätze à 55 sek	Kampfsport	Kraft C 3 Sätze à 55 sek	A+D oder Pause
Woche 6	Kraft D 3 Sätze à 55 sek	Kampfsport	Kraft C 3 Sätze à 60 sek	Kampfsport	Kraft D 3 Sätze à 60 sek	Kampfsport	A+D oder Pause

Abrollen und Dehnen (A+D): An diesem Tag können Sie abrollen (siehe Seiten 168-169) und dehnen (siehe Seiten 146-147).
Kampfsport: An diesem Tag trainieren Sie Ihre Kampfsport-Disziplin.
Kraft C, D: Machen Sie das Workout »Kraft C« oder »Kraft D« (siehe Seiten 151-152).
Pause: An diesem Tag wird zur Regeneration auf Training verzichtet.

Plan 4: Fortgeschrittene

Dies Zyklus zeigt, wie fortgeschrittene Kampfsportler einen intensiven Trainingszeitraum gestalten können. Der Plan enthält vier Kampfsport-Einheiten, zwei Ausdauer-Einheiten und je zwei Kraft-Einheiten »Kraft E« (Ganzkörper) und »Kraft F« (Rumpf). Wenn an einem Trainingstag »Kampfsport« und »Rumpf F« beziehungsweise »Ausdauer« vorgesehen sind, können Sie den zweiten Trainingsinhalt im Anschluss an den Kampfsport ausführen, oder Sie verteilen die Inhalte auf zwei Tageshälften. Für das Ausdauertraining wählen Sie Intervall-Training wie Laufen oder Seilspringen mit unterschiedlichen Intensitäten. An einem Wochentag können Sie den Körper mit Abrollen und Dehnen pflegen; oder aber Sie pausieren.

Nach dem Trainingszyklus empfiehlt es sich, die Intensität wieder etwas zu reduzieren, wenn Sie keine professionellen Wettkampfziele im Kampfsport verfolgen. Außerdem sind Veränderungen an den genutzten Workouts notwendig.

	Tag 1	Tag 2	Tag 3	Tag 4	Tag 5	Tag 6	Tag 7
Woche 1	Kampfsport + Kraft F 3 Sätze à 35 sek	Kraft E 3 Sätze à 35 sek	Kampfsport + Ausdauer-Intervall 30 min	Kampfsport + Kraft F 3 Sätze à 35 sek	Kraft E 3 Sätze à 35 sek	Kampfsport + Ausdauer-Intervall 30 min	A+D oder Pause
Woche 2	Kampfsport + Kraft F 3 Sätze à 40 sek	Kraft E 3 Sätze à 40 sek	Kampfsport + Ausdauer-Intervall 35 min	Kampfsport + Kraft F 3 Sätze à 40 sek	Kraft E 3 Sätze à 40 sek	Kampfsport + Ausdauer-Intervall 35 min	A+D oder Pause
Woche 3	Kampfsport + Kraft F 3 Sätze à 45 sek	Kraft E 3 Sätze à 45 sek	Kampfsport + Ausdauer Intervall 40 min	Kampfsport + Kraft F 3 Sätze à 45 sek	Kraft E 3 Sätze à 45 sek	Kampfsport + Ausdauer-Intervall 40 min	A+D oder Pause
Woche 4	Kampfsport + Kraft F 3 Sätze à 50 sek	Kraft E 3 Sätze à 50 sek	Kampfsport + Ausdauer Intervall 45 min	Kampfsport + Kraft F 3 Sätze à 50 sek	Kraft E 3 Sätze à 50 sek	Kampfsport + Ausdauer-Intervall 45 min	A+D oder Pause

Abrollen und Dehnen (A+D): An diesem Tag können Sie abrollen (siehe Seiten 168-169) und dehnen (siehe Seiten 146-147).
Kampfsport + Kraft F: An diesem Tag trainieren Sie Ihren Kampfsport und im Anschluss das Workout »Kraft F« (siehe Seite 154); oder Sie splitten in zwei Einheiten.
Kampfsport + Ausdauer: An diesem Tag trainieren Sie Ihre Kampfsport-Disziplin und machen anschließend Ausdauertraining; oder Sie splitten in zwei Einheiten.
Kraft E: Machen Sie das Ganzkörper-Workout »Kraft E« (siehe Seite 153).
Pause: An diesem Tag wird zur Regeneration auf Training verzichtet.

3. Trainingseinteilung

Jedes Kampfsport- und Fitnesstraining ist in drei Phasen einzuteilen: Zuerst erfolgt das Vorbereiten des Körpers (Aufwärmphase), dann der Hauptteil und schließlich der Trainingsabschluss (Abwärmphase).

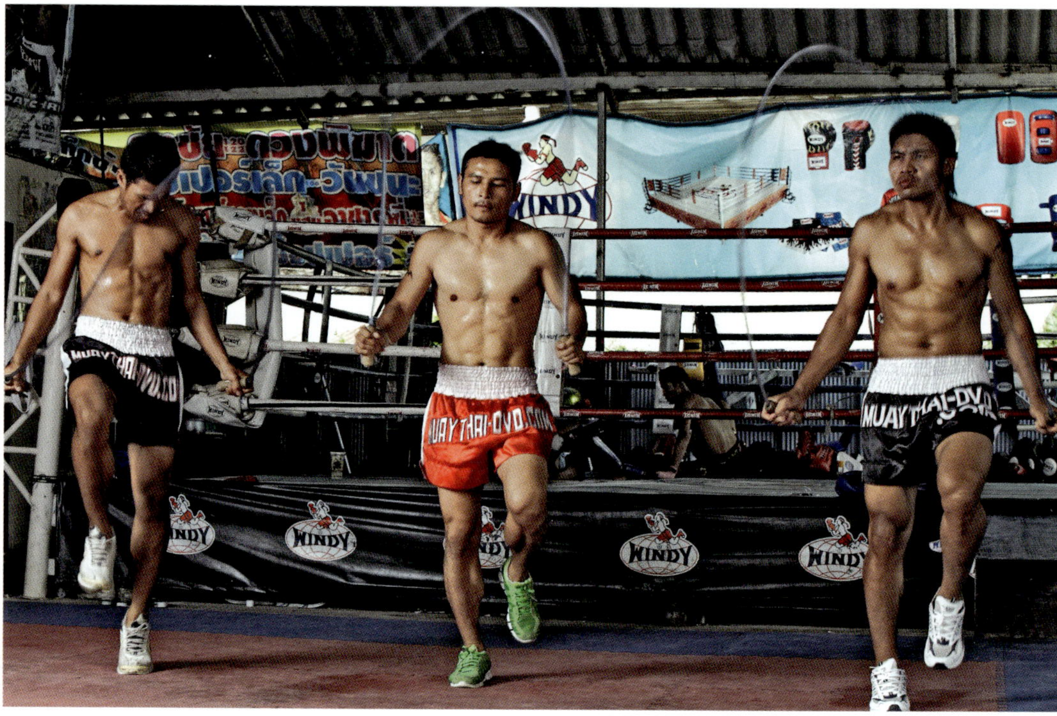

Aufwärmphase

In der Aufwärmphase bereiten Sie Ihren Körper auf das Training vor, um optimale Leistungsfähigkeit abrufen zu können und die Verletzungsgefahr zu minimieren. Es bestehen verschiedene Möglichkeiten zur Trainingsvorbereitung. Entscheiden Sie Ihr Vorgehen abhängig von Ihren Erfahrungen und davon wie sich Ihr Körper vor der Trainingseinheit fühlt.
Sie können mit einer Aufwärmübung starten, die Sie locker für fünf bis zehn Minuten ausführen, beispielsweise Laufen oder Seilspringen. Dies hilft, sich mental auf das Training einzustellen, und außerdem bildet der Körper mehr Gelenkflüssigkeit, wodurch die Gelenke besser aufeinander gleiten und die Knorpel geschützt sind. Einige Kampfsportler verzichten zur Zeitersparnis auf ein solches allgemeines Erwärmen des Körpers, wenn sie nur ein kurzes Kraft-Workout zuhause ausführen. Fühlen Sie vor dem Training verspannte Muskeln, dann empfiehlt es sich, diese Muskeln abzurollen. Machen Sie dazu gleichmäßige Rollbewegungen, um Verklebungen zu lösen; hingegen ist von einem intensiven Abrollen mit Triggerpunkt-Behandlung in der Aufwärmphase abzuraten (siehe Seiten 159-160). Intensives Abrollen können Sie nach dem Kraft- beziehungsweise Kampfsport-Training machen, oder aber Sie führen eigenständige Einheiten zur gezielten Schmerzbehandlung aus. Wenn Sie im Kampfsport-Verein trainieren und dort die Faszienrolle nicht genutzt wird, dann können Sie vor dem Kampfsport-Training zuhause abrollen.
Sie können verspannte Muskeln andehnen, d. h. statische Dehnübungen mit einer Haltedauer von maximal zehn Sekunden ausführen

(siehe Seite 138). Dies hat zum Ziel, dass die Kampfsport-Techniken oder die Kraftübungen im vollständigen Bewegungsrahmen möglich sind, es soll also verhindert werden, dass Verspannungen zu Ausweichbewegungen führen. Von einem intensiven Dehnprogramm mit statischem Halten der Positionen für 20 Sekunden ist nach dem aktuellen Stand der Trainingslehre abzuraten. Intensives Dehnen zur Verbesserung der Beweglichkeit machen Sie nach dem Trainingshauptteil, oder Sie führen eigenständige Dehneinheiten aus. Alternativ können Sie dynamisch Dehnen beziehungsweise Schwungbewegungen einsetzen. Infos zu diesen Dehnmethoden finden Sie in dem Buch »Dehnen für Kampfsportler« (Delp 2014).
Bevor Sie intensive Kraftübungen ausführen, sollten Sie zuerst einige Wiederholungen mit geringer Intensität beziehungsweise eine einfache Variante ausführen. Körpergewichtsübungen eignen sich gut, um den Körper in Leistungsbereitschaft zu versetzen, wie beispielsweise Ausfallschritte in alle Richtungen und einfache Liegestütz-Varianten.

Hauptteil

Auf die Aufwärmphase folgt der Trainingshauptteil. Im Rahmen dieses Buches werden Workouts zur Steigerung der funktionellen Kraft sowie zur Beseitigung von Schwachstellen und Ungleichgewichten in der Muskulatur ausgeführt. An den anderen Wochentagen können Sie Kampfsport trainieren, die Ausdauer oder die Beweglichkeit fördern, oder Sie widmen sich der Muskulatur mit Abrollen und der Behandlung von Triggerpunkten.
Für die Workouts sind Übungen und Zeitdauern angegeben. Wählen Sie diese abhängig von Ihrem Leistungsstand. Als Einsteiger nutzen Sie Übungsvarianten mit geringer Intensität, um den Körper an die neuen Anforderungen zu gewöhnen. Kalkulieren Sie als Einstiegszeit mit einer Dauer von mindestens sechs Wochen. Als Fortgeschrittener steigern Sie fortlaufend die Satzdauern und wählen intensive Übungsvarianten.
Achten Sie immer darauf, dass Sie auch am Ende eines Satzes die Übung noch technisch korrekt ausführen. Vermeiden Sie es, Wiederholungen durch Fehlstellungen des Körpers zu bewältigen; ansonsten riskieren Sie, Ihren Körper zu verletzen, beispielsweise an Sehnen und Bändern. Trainieren Sie explosive Übungen zuerst vorsichtig und lernen Sie dabei, den Körper insbesondere den Rumpf, durchgehend in Spannung zu halten. Weitere Informationen zu den Trainingsmethoden finden Sie auf den Seiten 23-28.

Abwärmphase

Die Abwärmphase dient dazu, die Regenerationsprozesse einzuleiten und sicherzustellen, dass die Muskulatur elastisch und beweglich bleibt. Einige Kampfsportler verzichten zur Zeitersparnis auf die Maßnahmen in der Abwärmphase; dies kann dazu führen, dass sich die Muskulatur einige Stunden nach dem Training deutlich verspannt anfühlt.
Sie können Ihre Muskulatur mit der Faszienrolle abrollen, um Verspannungen zu lösen und die Regeneration zu beschleunigen. Insbesondere nach einer intensiven Trainingseinheit ist dies sehr hilfreich und bewirkt ein deutlich angenehmeres Körpergefühl.
Führen Sie zum Abschluss einige Dehnübungen für die beanspruchte Muskulatur aus, um zu verhindern, dass sich die Muskulatur zusammenzieht und langfristig Muskelverkürzungen entstehen. Nutzen Sie eine statische Dehnmethode (siehe Seiten 138-139) und machen Sie die Übungen sowie Haltedauer der Positionen davon abhängig, wie intensiv Sie im Hauptteil trainiert haben. Wenn Sie bereits sehr müde sind, dann vermeiden Sie extreme Dehnpositionen und langes Halten, da die Muskulatur zu Krämpfen neigt. Ansonsten können Sie sich umfangreich dehnen.

4. Dehnen

Das regelmäßige Ausführen von Dehnübungen ist grundlegend für Kampfsportler, um die Kampfsport-Techniken im gewünschten Bewegungsumfang auszuführen. Auch verbessern die Dehnübungen die Körperhaltung und fördern die Entspannung. Sie lernen, Ihre Muskulatur besser wahrzunehmen, und können Körpersignale wie Überlastungsanzeichen frühzeitig erkennen. Deshalb gehören Dehnübungen zum Workout, gleich in welcher Trainingsphase Sie diese einsetzen. Auf den folgenden Seiten finden Sie die Grundlagen zum Dehnen; wenn Sie weiterführende Informationen und eine größere Übungsauswahl benötigen, finden Sie diese in dem Buch »Dehnen für Kampfsportler« (Delp 2014).

Anwendungsmöglichkeiten

Beim Dehnen im Kampfsport- und Fitnesstraining gilt es zu unterscheiden, wann gedehnt wird: in der Aufwärmphase, in der Abwärmphase oder beim Dehnen als Haupttrainingsteil. In der Aufwärmphase gilt es, den Körper auf das Training vorzubereiten. Dehnübungen haben dann den Zweck, lokale Verspannungen zu beseitigen, und sollen somit sicherstellen, dass der Sportler bei seinen Bewegungen – gleich ob im Kampfsport- oder Krafttraining – nicht eingeschränkt ist. Die Positionen werden nur jeweils zehn Sekunden gehalten, was auch als »Andehnen« bezeichnet wird.

Am Ende des Trainings dehnen Sie die Muskeln, die sich deutlich gespannt anfühlen, da sie beim Kampfsport- oder Krafttraining intensiv belastet wurden. Dies verhindert, dass Muskelverkürzungen entstehen, und hilft auch, vom Training abzuschalten.

Beabsichtigen Sie, die Beweglichkeit Ihrer Muskulatur schnell und umfangreich zu verbessern, dann sind eigenständige Dehn-Einheiten notwendig. Zuerst wärmen Sie sich fünf bis zehn Minuten lang auf, dann dehnen Sie alle Muskelgruppen ausführlich. Machen Sie zwei bis drei Durchgänge pro Dehnübung und halten Sie die statischen Positionen mindestens 20 Sekunden.

Dehnprogramme

Wenn Sie ein Dehnprogramm zusammenstellen, müssen Sie überlegen, ob Sie es fürs Aufwärmen, Abwärmen oder für ein spezielles Dehntraining nutzen wollen. Auch ist zu berücksichtigen, dass die Anforderungen an das Dehnprogramm sich immer etwas anders darstellen, da die Muskelspannung tagtäglich unterschiedlich ist, und ebenso gilt es, das jeweilige Trainingsziel zu berücksichtigen.

Als erfahrener Kampfsportler können Sie für jede Übungseinheit ein auf die spezifischen Anforderungen abgestimmtes Programm nutzen. Als Einsteiger empfiehlt sich ein Ganzkörper-Programm, bei dem gegebenenfalls Übungen für die persönlichen Schwachstellen ergänzt werden können. Auf den Seiten 146–147 ist ein solches Ganzkörper-Programm vorgestellt, das Sie als Grundlage nutzen und an Ihre Bedürfnisse anpassen können.

Dehnmethoden

Die beiden folgenden Methoden werden von vielen Kampfsportlern erfolgreich eingesetzt. Sie können diese Methoden nach dem Kampfsport- oder Fitnesstraining sowie in speziellen Dehntraining-Einheiten nutzen. Sie können aber auch vor dem Training eine dieser statischen Methoden nutzen, vorausgesetzt, dass Sie die jeweilige Dehnposition nur maximal zehn Sekunden halten (Andehnen).

- **Methode »Entspannen – Erweitern«:** Zuerst nehmen Sie vorsichtig eine Position ein, in der Sie den Dehnreiz leicht spüren. Halten Sie nun diese Position, entspannen Sie bewusst die Muskeln und atmen Sie gleichmäßig weiter. Nach einigen Sekunden wird die Dehnspannung etwas nachlassen, und Sie können dann die Position erweitern, bis Sie einen erneuten Dehnreiz spüren. Dieses Vorgehen können Sie wiederholen, wobei die mögliche

Dehnerweiterung immer geringer wird, bis nahezu keine mehr erkennbar ist. Nach der Dehnung bewegen Sie sich vorsichtig aus der Dehnposition wieder heraus. Nutzen Sie die Dehnmethode nach dem Kampfsport- oder Krafttraining oder in einer eigenständigen Trainingseinheit zur Verbesserung der Beweglichkeit, dann halten Sie die Dehnpositionen wie beschrieben und erweitern diese mehrfach; bei großen Muskeln kann die Position auch bis zu einer Minute gehalten werden. Dehnen Sie sich allerdings beim Aufwärmen, dann halten Sie die Dehnposition nur etwa zehn Sekunden (Andehnen) und erweitern Sie die Position nicht mehr, um eine Verringerung des Muskeltonus und somit eine Reduktion der Leistungsfähigkeit zu vermeiden.

- **Methode »Anspannen – Entspannen – Erweitern«**: Bewegen Sie sich zuerst langsam in eine Position, in der Sie den leichten Dehnreiz spüren. Dann spannen Sie den zu dehnenden Muskel mit mittlerer Intensität gegen einen Widerstand, ohne aber dabei die Dehnposition zu verändern. Als Widerstand können Sie eine Wand, eine Stange, den Boden oder den Trainingspartner nutzen. Sie können die Spannung alternativ gegen einen imaginären Widerstand aufbauen. Halten Sie die Spannung mit mittlerer Intensität für etwa fünf Sekunden. Von kürzeren Anspannungen mit voller Intensität ist abzuraten, da dies zu erhöhter Verletzungsgefahr führt. Nun entspannen Sie den aktivierten Muskel für 2–3 Sekunden, ohne aber die Dehnposition zu verlassen. Danach intensivieren Sie die Position, bis Sie wieder einen leichten Dehnreiz spüren, und wiederholen das Anspannen, Entspannen und Erweitern. Beim Aufwärmen können Sie die Dehnposition einmal intensivieren; in der Abwärmphase sowie im Dehntraining können Sie dies häufiger ausführen. Bei jedem Durchgang wird die mögliche Erweiterung der Position geringer, bis nahezu keine mehr erkennbar ist.

Info

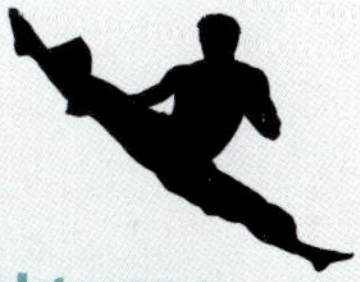

Anspannen der Muskelgruppe

Fühlen Sie, wo genau der Dehnreiz erfolgt. Spannen Sie dann die gereizte Muskelgruppe an, und zwar erfolgt die Spannung entgegen der Richtung, in welcher Sie den Körper bewegen. Die Spannung erfolgt aber, ohne das Gelenk zu bewegen, d. h., die Dehnposition wird nicht verlassen. Es wäre ansonsten nicht möglich, anschließend eine Erweiterung der Dehnposition vorzunehmen.

Richtlinien

Beim Dehnen ist es wichtig, dass Sie in einer stabilen Ausgangsposition beginnen, damit Sie sich vollständig auf die Dehnung konzentrieren können. Besonders bei einer hohen Dehnintensität kann ein unsicherer Stand dazu führen, dass Sie die optimale Position überschreiten und sich verletzen. Bewegen Sie sich langsam, um die richtige Dehnposition zu finden. Lösen Sie sich anschließend ebenso vorsichtig aus der Position.

Das eigene Leistungsvermögen entscheidet über die Dehnposition. Versuchen Sie nicht, die gleiche Position wie der Darsteller auf den Bildern einzunehmen, denn jeder hat andere körperliche Voraussetzungen. Außerdem stellt sich die Muskelspannung von Tag zu Tag unterschiedlich dar, weshalb es sein kann, dass Sie in einer vorherigen Trainingseinheit bereits eine intensivere Position erreicht haben. Nehmen Sie die für Sie momentan geeignete Dehnposition ein. Stellen sich Schmerzen ein, dann müssen Sie umgehend die Dehnposition verringern, da sich der Muskel ansonsten verhärtet. Die Beweglichkeit der Muskulatur verbessert sich, indem Sie den entspannten Muskel langsam an die neue Position gewöhnen und diese regelmäßig üben.

Nachdem Sie die richtige Position gefunden haben, konzentrieren Sie sich auf den zu dehnenden Muskel. Atmen Sie gleichmäßig und nehmen Sie wahr, wie die Spannung nachlässt. Die Erweiterung einer Dehnposition nehmen Sie bei einer Ausatmung vor.

Dehnübungen

Auf den folgenden Seiten finden Sie wichtige Übungen für das Beweglichkeitstraining von Kampfsportlern. Sie können einzelne Übungen nutzen, um eine Verspannung zu beseitigen, oder Sie nutzen ein Ganzkörperprogramm (siehe Seiten 146-147).

Info

Übungsdurchführung

Nehmen Sie eine Ausgangsposition ein, in der Sie einen leichten Dehnreiz spüren. Die Pfeile auf den Übungsbildern zeigen die Bewegungsrichtung. Dehnen Sie sich mit der Methode »Entspannen – Erweitern« oder mit der Methode »Anspannen – Entspannen – Erweitern« an. Sie müssen immer beide Körperseiten dehnen.

D 1: Kopf zur Seite neigen

Um die Hals- und die Nackenmuskulatur zu dehnen, stellen Sie sich gerade hin und lehnen den Kopf zur rechten Seite. Schieben Sie langsam den linken Arm eng am Körper nach unten, bis Sie einen leichten Dehnreiz in der Nackenmuskulatur spüren. Wenn die Dehnspannung nach einigen Sekunden nachlässt, greifen Sie mit dem rechten Arm über den Kopf und ziehen ihn weiter nach unten, bis Sie einen erneuten Reiz spüren. Anschließend dehnen Sie die andere Seite.

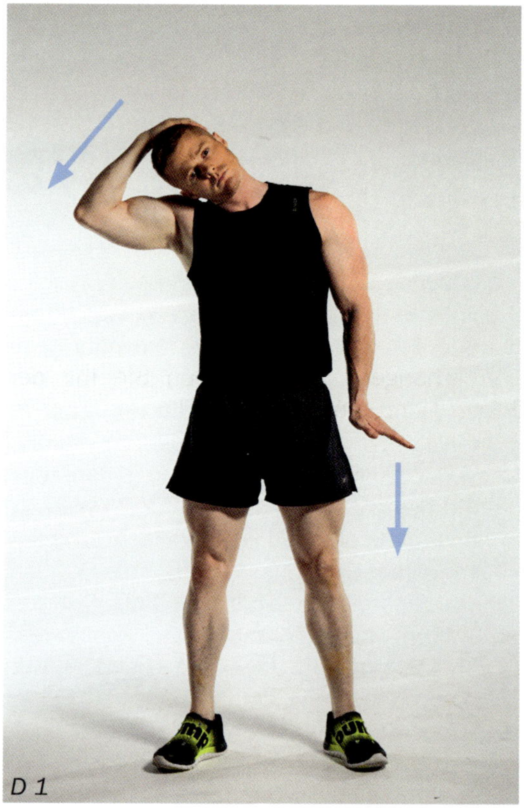

D 1

D 2: Arme-Abspreizen

Sie dehnen die Brust- und die vordere Schultermuskulatur, indem Sie im Stand die Arme nach außen spreizen. Sie können die Arme u-förmig halten oder aber gestreckt, um den Bizeps mitzudehnen. Schieben Sie den Brustkorb vor und bewegen Sie die Arme nach hinten, bis Sie einen leichten Dehnreiz spüren.

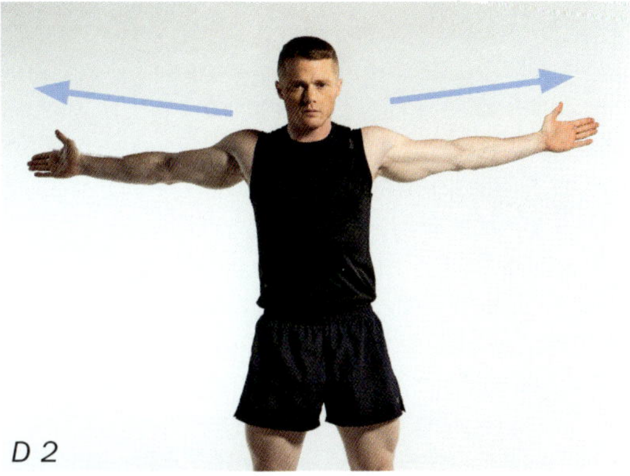

D 2

D 3: Arm am Kopf vorbei seitlich nach hinten schieben

Die Schulter- und die obere Rückenmuskulatur dehnen Sie, indem Sie im aufrechten Stand einen Arm am Kopf vorbei seitlich nach hinten schieben. Der Arm bleibt dabei in waagrechter Position. Mit der Hand des anderen Armes verstärken Sie den Druck, bis Sie eine leichte Dehnspannung spüren. Danach dehnen Sie die andere Seite.

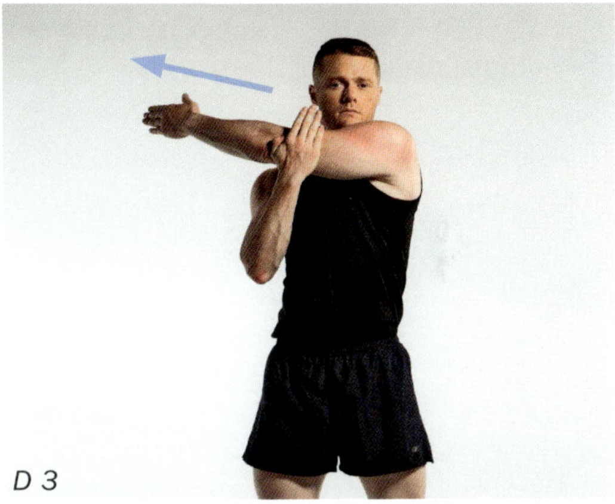

D 3

D 4: Hände greifen hinter dem Rücken

Diese Übung dehnt die Schulter-, die Arm-, die Brust- und die obere Rückenmuskulatur. Stellen Sie sich aufrecht hin und lassen Sie den rechten Unterarm hinter dem Kopf nach unten hängen. Nun schieben Sie mit der linken Hand den rechten Ellbogen gerade nach unten, bis Sie einen Dehnreiz spüren. Nachdem Sie in der ersten Position gedehnt haben, halten Sie den rechten Arm in dieser Stellung. Die linke Hand führen Sie hinter dem Rücken von unten nach oben, bis Sie einen erneuten Dehnreiz spüren. Fortgeschrittenen gelingt es, dass sich beide Hände greifen. Gelingt dies noch nicht, dann können Sie die Hände an einem Handtuch entlang aufeinanderzubewegen (wie dies in der Abbildung gezeigt wird). Danach führen Sie erste und zweite Dehnposition für die andere Seite aus.

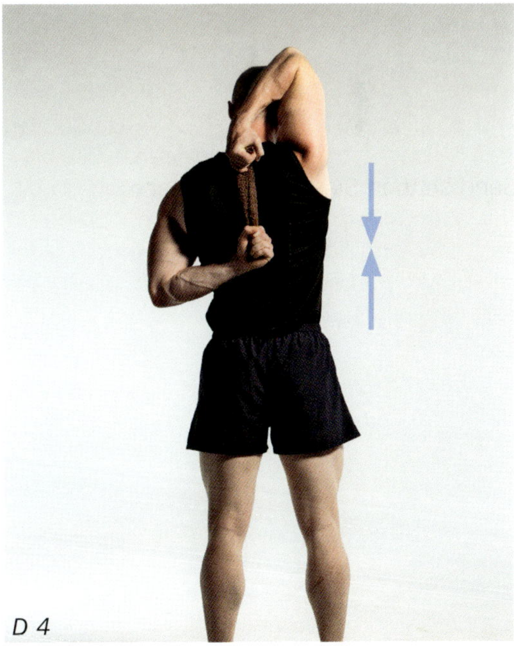

D 4

D 5: Bein-Anheben in Rückenlage

Diese Übung dehnt sehr wirkungsvoll die hintere Oberschenkel-, die Waden-, die Rücken- und auch die Gesäßmuskulatur. Zuerst ziehen Sie in Rückenlage ein Knie zum Körper und halten die erste Dehnposition. Danach geben Sie etwas nach, fassen um die Beinrückseite und strecken das Bein. Nun ziehen Sie das gestreckte Bein mit den Händen oder alternativ mit einem Handtuch oder Seil zu sich, bis Sie eine erneute Dehnspannung spüren (zweite Dehnposition). Danach können Sie noch die Fußzehen des gestreckten Beines zu sich ziehen, wodurch sich die Dehnung der Wadenmuskulatur intensiviert.

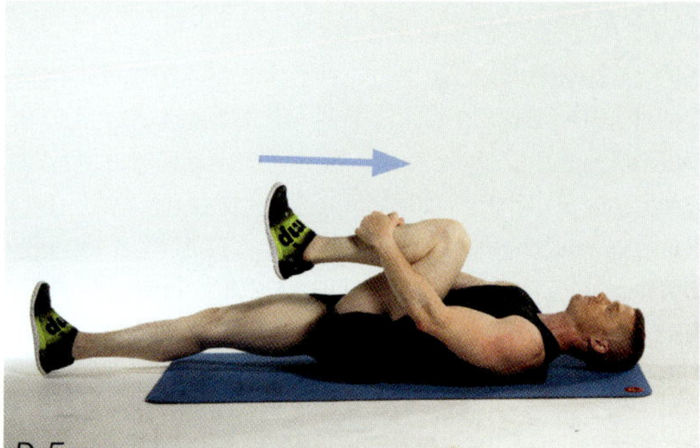

D 5

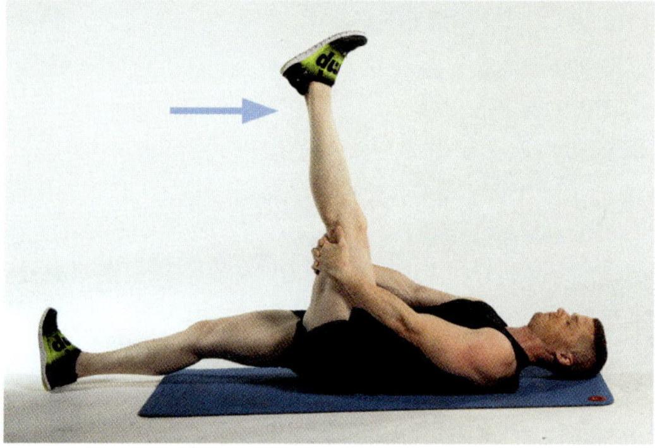

Bei einigen Kampfsportlern ist ein deutliches Beweglichkeitsdefizit der hinteren Beinmuskulatur vorhanden. Dagegen können Sie über einige Wochen hinweg alle zwei bis drei Tage wie folgt vorgehen, bis sich das Defizit beseitigt hat: Legen Sie sich vor einen Türrahmen und positionieren Sie das gebeugte Übungsbein mit der Ferse am Rahmen, so dass die Oberschenkelrückseite zum Rahmen weist. Das andere Bein ist zwischen dem Türrahmen gestreckt am Boden. Rutschen Sie mit der Ferse am Rahmen entlang nach oben, bis sich die Dehnspannung einstellt.

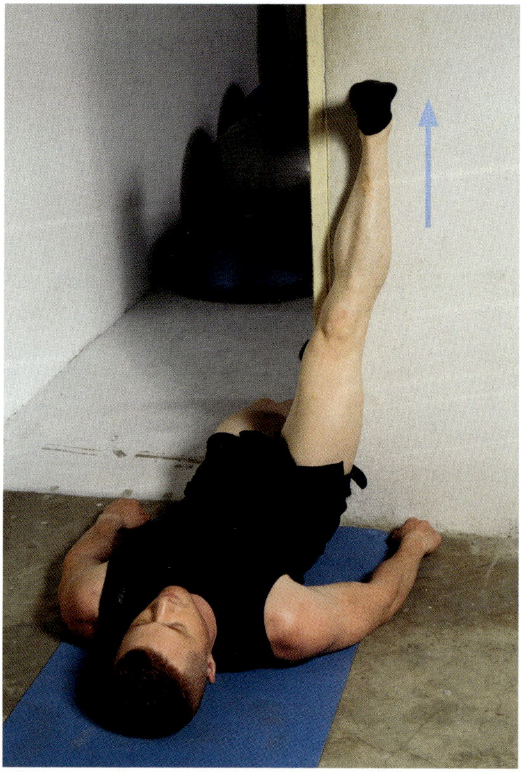

D 6: Oberkörper vorbeugen

Zur Dehnung der hinteren Oberschenkel-, der Waden- und der unteren Rückenmuskulatur nehmen Sie den geraden Stand ein. Die Füße sind aneinandergestellt, und die Knie sind durchgedrückt. Bewegen Sie langsam die Hüfte und gleichzeitig den Oberkörper in Richtung Boden, bis Sie einen leichten Dehnreiz spüren. Schieben Sie dazu die Hüften vor und vermeiden Sie es, den Oberkörper durch Abknicken nach unten zu bringen.
Alternativ können Sie die Übung mit gestreckten Beinen auf dem Boden ausführen.

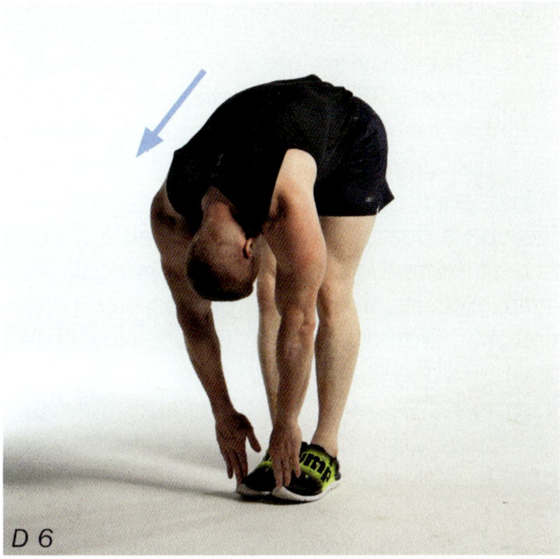
D 6

D 7: Hüfte vorbeugen im Ausfallschritt

Diese Übung dehnt die Hüft- und die vordere Oberschenkelmuskulatur. Beginnen Sie mit einem großen Ausfallschritt und legen das hintere Bein auf dem Boden ab. Entspannen Sie die Hüfte und lassen Sie diese nach vorne unten sinken, bis Sie die Dehnspannung fühlen. Zur Stabilisierung können Sie sich mit den Händen innen auf dem Boden abstützen. Nach der Dehnung in der ersten Position geben Sie etwas nach und ziehen dann den Unterschenkel in Richtung Gesäß.

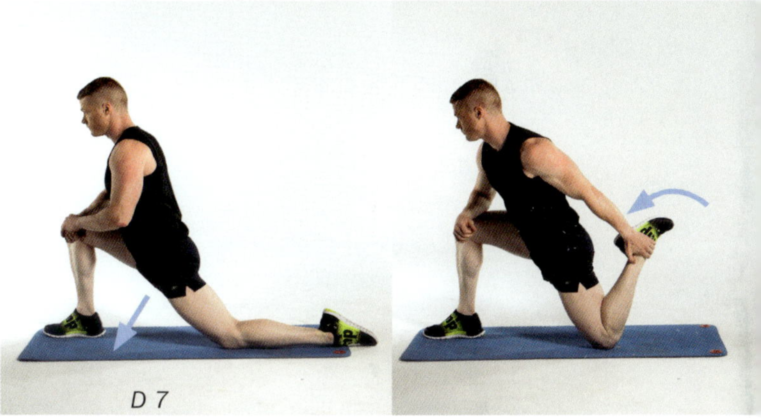
D 7

D 8: Unterschenkel-Anziehen

Auch mit dieser Übung dehnen Sie die Oberschenkel- und die Hüftmuskulatur. Bringen Sie im Stand einen Fuß so weit wie möglich zum Gesäß. Greifen Sie den Fuß mit einer Hand und ziehen Sie den Fuß weiter zum Gesäß, dabei drücken Sie bewusst die Hüfte vor. Einsteiger können sich mit der freien Hand an einer Stuhllehne oder einer Wand festhalten. Sie können die Muskulatur auch in Bauchlage oder in Seitenlage dehnen.

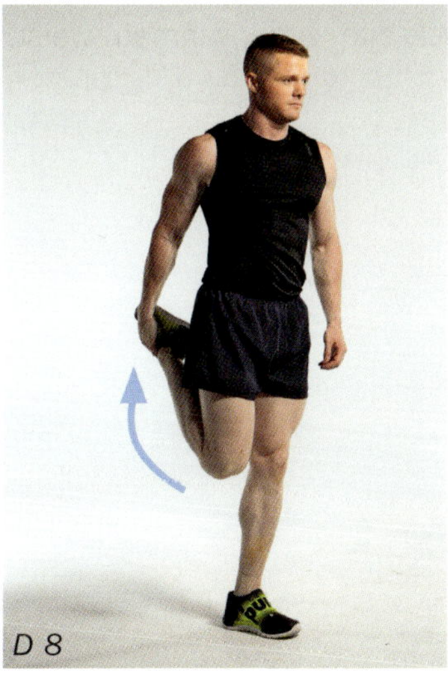
D 8

D 9: Körperdrehung

Diese Übung dehnt die Rumpf- die Brust-, die vordere Schulter- und die vordere Oberarmmuskulatur. Begeben Sie sich in Seitenlage, das obere Bein ist angezogen und das untere Bein gestreckt abgelegt. Fixieren Sie das obere Bein mit der unteren Hand am Boden. Nun drehen Sie den Rumpf zur anderen Seite, der obere Arm und der Kopf bewegen sich mit. Geübte können die obere Schulter und den oberen Arm auf dem Boden ablegen. Anschließend führen Sie die Drehung zur anderen Seite aus.
Alternativ begeben Sie sich in Rückenlage mit angezogenen Beinen. Lassen Sie die Beine so weit zur Seite sinken, bis Sie eine leichte Dehnspannung spüren.

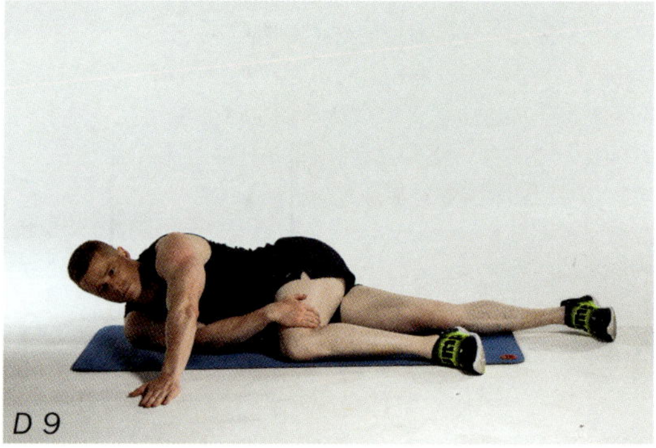

D 9

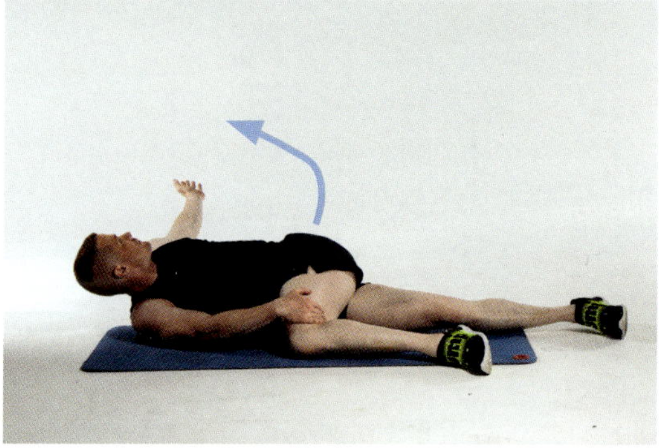

D 10: Füße hinter dem Rücken zu den Händen bewegen (Skorpion)

Diese Übung dehnt die Rumpf-, die Rücken-, die Oberschenkel und die Hüftmuskulatur. Sie begeben sich in Bauchlage und strecken die Arme zur Seite. Bewegen Sie abwechselnd über den Rücken hinweg den rechten Fuß zur linken Hand und umgekehrt. Führen Sie die Bewegungen langsam und kontrolliert aus, ohne dabei abzustoppen.

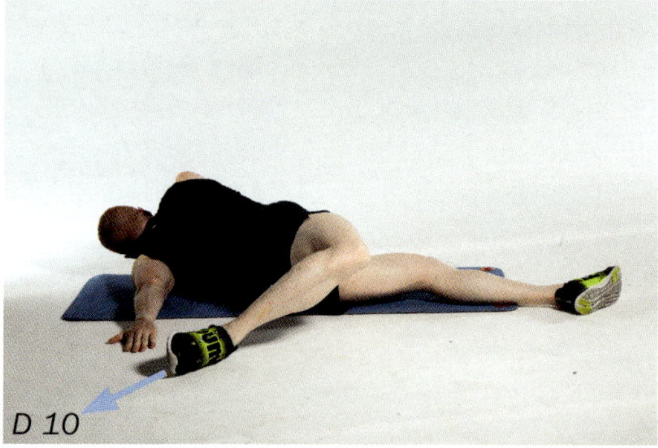

D 10

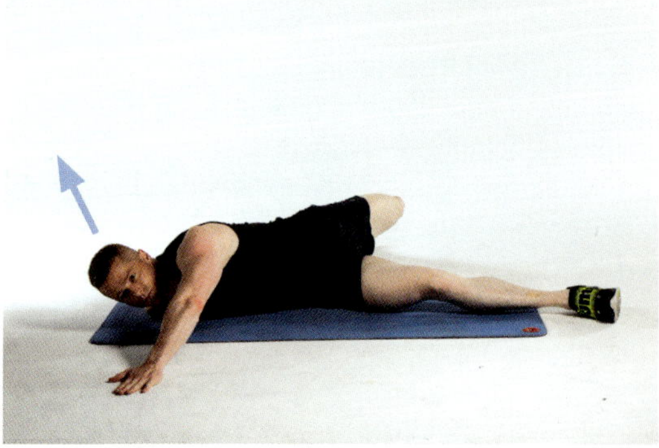

D 11: Beine spreizen

Diese Übung dehnt vorrangig die innere Oberschenkelmuskulatur. Dazu spreizen Sie im aufrechten Stand die Beine auseinander, bis Sie eine leichte Dehnspannung spüren. Wenn die Dehnspannung nach einigen Sekunden nachlässt, beugen Sie ein Bein, bis Sie eine erneute Dehnung spüren. Danach strecken Sie das Bein und führen die Übung zur anderen Seite aus. Anschließend können Sie sich etwas tiefer in den Grätschstand begeben.

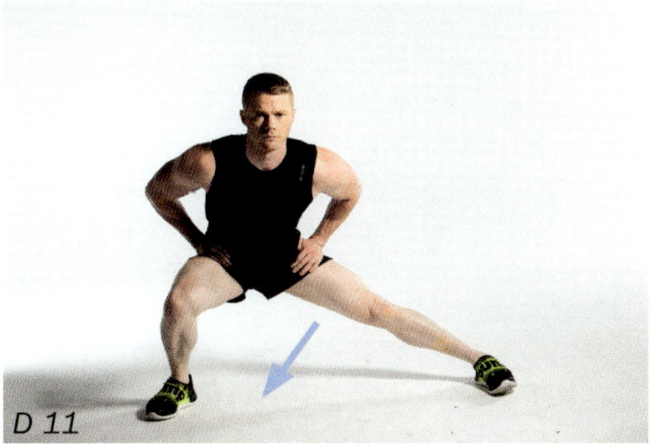

D 11

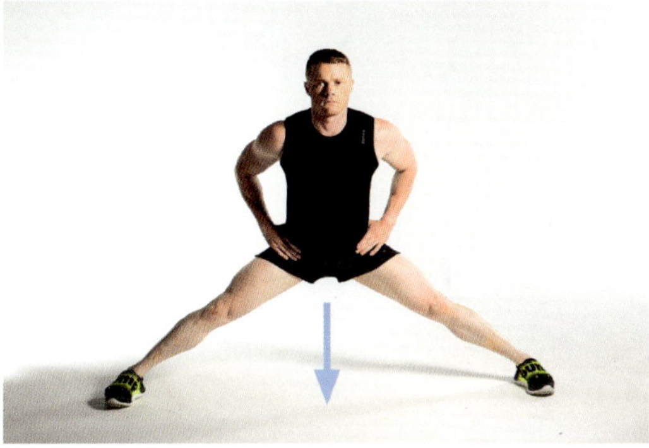

Diese Muskulatur können Sie auch in Rückenlage dehnen, indem Sie die gestreckten Beine seitlich nach außen sinken lassen. Wenn Sie ein deutliches Defizit bei der inneren Beinmuskulatur haben beziehungsweise sich der seitlichen Spagatposition nähern wollen, dann können Sie wie folgt üben: Legen Sie sich auf den Rücken vor eine glatte Wand; die Beine sind nach oben gestreckt, und das Gesäß ist sich möglichst nahe der Wand. Lassen Sie die gestreckten Beine unter der Last des Eigengewichts sinken, bis Sie einen leichten Dehnreiz spüren. Sie können den Druck mit den Händen etwas intensivieren. Achten Sie darauf, dass die Beine und das Gesäß an der Wand bleiben. Verbleiben Sie in der Position jeweils zwei bis drei Minuten und führen Sie drei Durchgänge aus. Konzentrieren Sie sich dabei auf das Loslassen, d. h. das bewusste Entspannen der inneren Oberschenkelmuskulatur, damit der Körper sich an die Position gewöhnt. Üben Sie dies einige Wochen lang alle zwei bis drei Tage, dann werden Sie schnell deutliche Beweglichkeitsverbesserungen erzielen. Falls Sie allerdings Schmerzen verspüren, müssen Sie umgehend die Dehnspannung verringern beziehungsweise sich aus der Position herausbewegen.

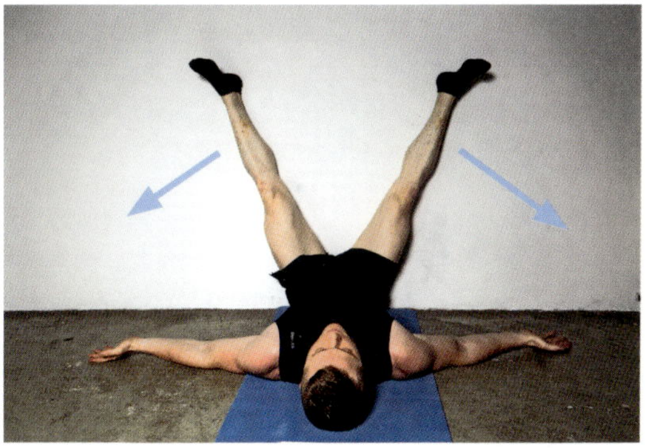

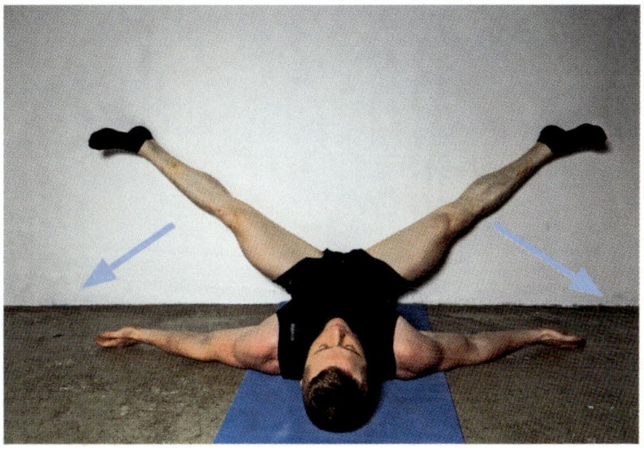

Als Variante können Sie einseitig dehnen, indem Sie einen Fuß seitlich auf einen Gegenstand auflegen. Außerdem können Sie üben, die gestreckten Beine im Sitz nach außen zu bewegen. Dazu können Sie die Fußinnenseiten an eine glatte Wand anlegen. Stützen Sie sich mit den Händen hinter dem Körper ab und drücken Sie sich langsam nach vorne, wobei Sie die Beine immer weiter auseinander schieben, bis Sie die Dehnspannung spüren.

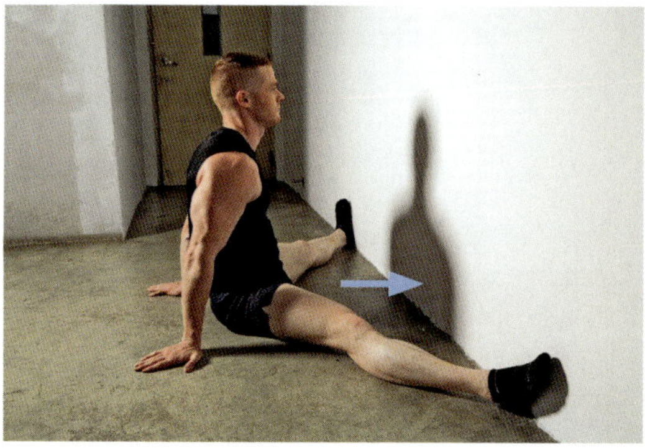

Workout Dehnen: Ganzkörper

Dieses Programm dehnt den ganzen Körper mit einer möglichst geringen Übungszahl. Sie können die Übungen gemäß den Methoden »Entspannen – Erweitern« und »Anspannen – Entspannen – Erweitern« ausführen. Es ist empfehlenswert, jedoch nicht zwingend, den Körper vor den Dehnübungen aufzuwärmen, und auch können Sie den Körper vor dem Dehnen abrollen. Es sind alle Übungen im Stand ausgeführt; die Bodenübung »D 9: Körperdrehung« oder »D 10: Skorpion« lassen sich bei Bedarf am Ende ergänzen.

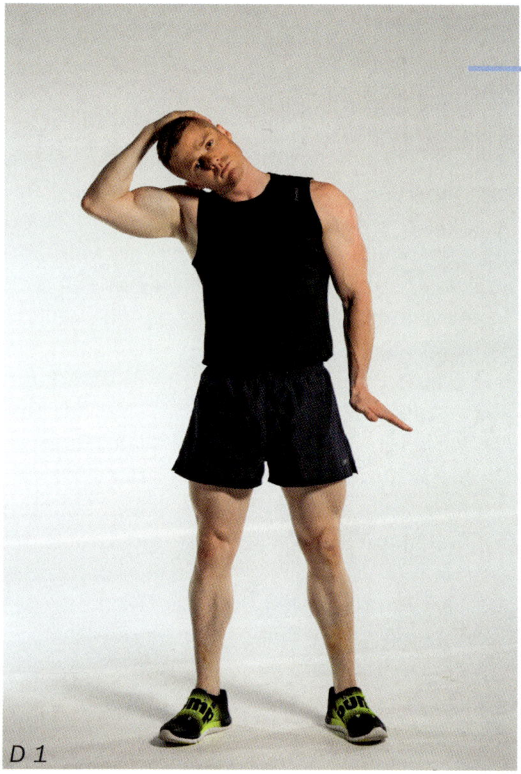
D 1

D 1: Kopf zur Seite neigen.

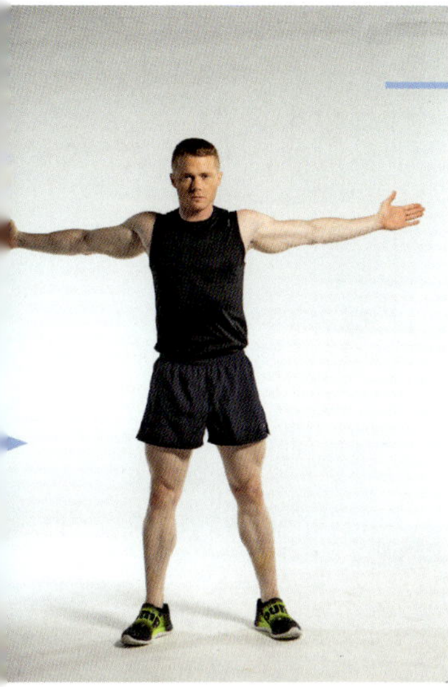

D 2: Arme-Abspreizen.

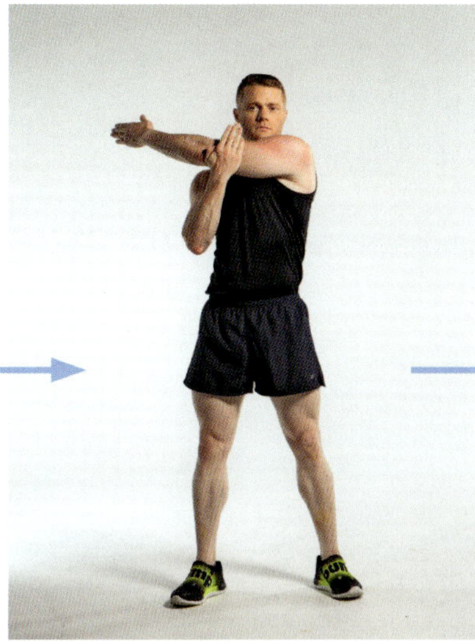

D 3: Arm seitlich schieben.

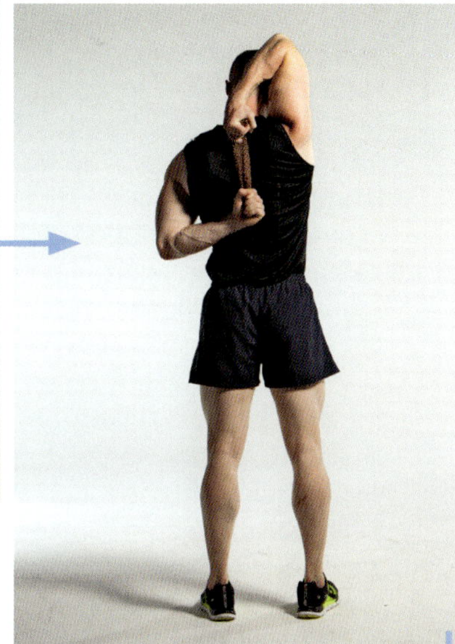

D 4: Hände greifen hinter dem Rücken.

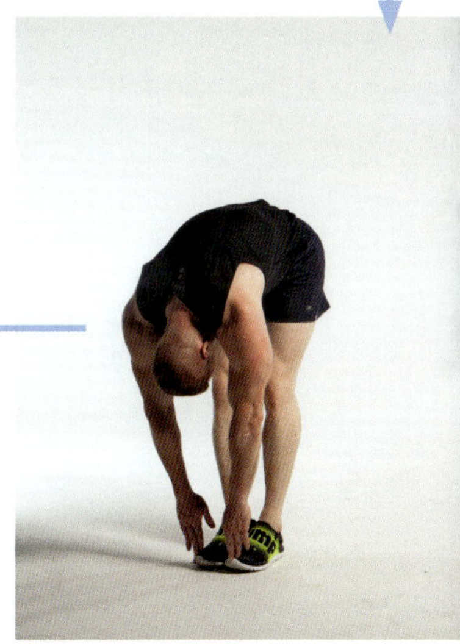

D 6: Oberkörper vorbeugen oder D 5: Bein-Anheben in Rückenlage.

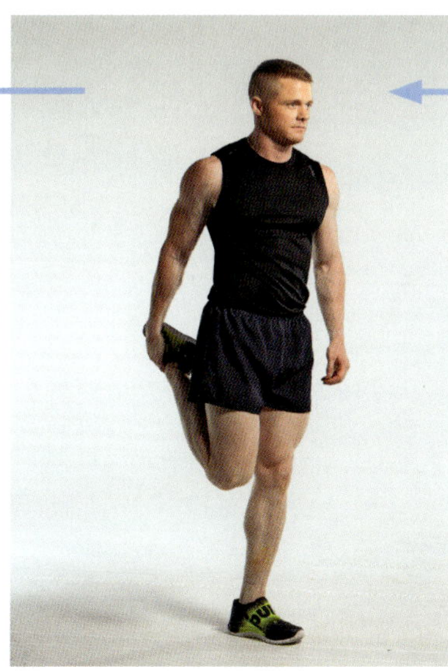

D 8: Unterschenkel-Anziehen oder D 7: Hüfte vorbeugen im Ausfallschritt.

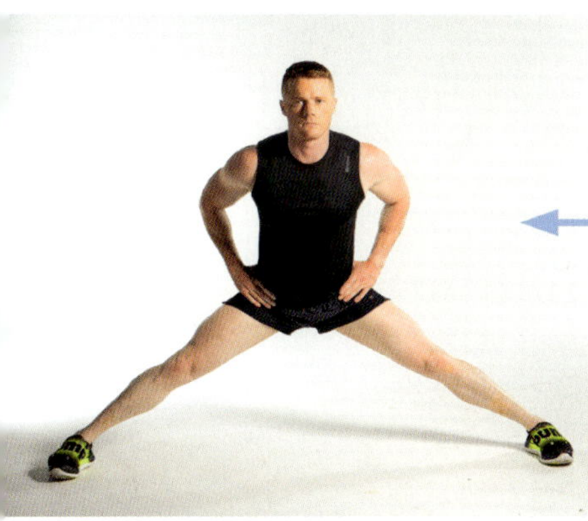

D 11: Beine spreizen.

5. Ausgewählte Workouts

Auf den folgenden Seiten werden Workouts vorgestellt, die darauf ausgerichtet sind, die Leistungsfähigkeit bei den Kampfsport-Techniken zu verbessern. Die Muskeln werden gekräftigt und gefördert, besser zusammen zu agieren. Auch verringert sich die Verletzungsgefahr im Kampfsport, indem Schwachstellen wie mögliche Muskelungleichgewichte beseitigt und die Stabilisatoren gekräftigt werden. Die Workouts A, B, E zielen auf die Muskulatur des ganzen Körpers ab, die Workouts C, D sind Split-Programme, und das Workout F widmet sich intensiv der Rumpfmuskulatur. Finden Sie in einem Workout eine Übung, für die Sie nicht die Trainingsvoraussetzungen verfügbar haben, dann wählen Sie eine der vorgestellten Alternativen für die gleiche Bewegungsrichtung.
Die Kraft-Workouts werden in Aufwärmphase, Hauptteil und Abwärmphase eingeteilt.

- **Aufwärmphase**: Sie können das Workout mit einer Aufwärmübung wie beispielsweise lockerem Seilspringen für 5–10 Minuten beginnen. Sie können aber auch direkt mit Abrollen und Andehnen starten oder mit einfachen Körpergewichtsübungen. Für das Aufwärmen gibt es viele Methoden vorzugehen, entscheidend ist, was Ihrem Körper gut tut.

- **Hauptteil**: Bei den Workouts wird das Intervall-Training in Zirkelform empfohlen. Machen Sie einen Satz für eine Übung und folgen Sie umgehend mit einem Satz für die nächste Übung. Fahren Sie so fort, bis Sie einen Satz für alle Übungen, also einen kompletten Zirkel, durchgeführt haben. Nun pausieren Sie zwei bis drei Minuten, bevor Sie den Zirkel wiederholen. Im Timer stellen Sie eine Trainingszeit von 30–60 Sekunden pro Übungssatz ein sowie eine Pausenzeit von 10–15 Sekunden. Dabei ist zu beachten, dass bei einigen Übungen die linke und die rechte Seite trainiert werden; im Timer muss dann jeweils eine Übung mehr eingestellt werden. Wenn Sie während eines Zeitintervalls feststellen, dass Sie eine Übung nicht mehr fortführen können, dann wechseln Sie zu einer leichteren Variante, um den Übungssatz zu beenden. Besitzen Sie keinen Timer (siehe Seite 19), dann können Sie einen Timer online im Internet nutzen (www.tabatatimer.com und www.beach-fitness.com/Tabata/).

- Falls Sie es bevorzugen, mit Wiederholungen zu trainieren, dann starten Sie mit 8 (15) Wiederholungen und machen Sie möglichst nach jeder Trainingseinheit, aber zumindest nach jeder zweiten Trainingseinheit eine Wiederholung mehr. Sobald Sie dann 12 (20) Wiederholungen erreicht haben, erhöhen Sie die Belastung, allerdings nur soviel, dass Sie noch zumindest 8 (15) Wiederholungen ausführen können. Die Steigerungen tragen Sie ins Trainingsbuch ein, um sie nicht zu vergessen.

- **Abwärmphase**: Jedes Workout wird mit der Abwärmphase abgeschlossen. Am besten rollen Sie über die beanspruchte Muskulatur, da dies hilft, die Regenerationsprozesse zu beschleunigen. Zumindest aber sollten Sie statisch dehnen, insbesondere die stark beanspruchten Muskelgruppen.

Workout Kraft A: Ganzkörper

Schwierigkeitslevel 1: Einsteiger

Mit dem Workout trainieren Sie den Körper ausgeglichen; dazu sind zehn Bewegungskategorien enthalten. Wählen Sie aus den Bewegungskategorien solche Übungen, für die Sie die Trainingsutensilien verfügbar haben. Es sind zwei optionale Rubriken angeboten, die Sie bei Bedarf ergänzen können. Für »Ergänzende Oberkörper-Übungen« wählen Sie eine Übung aus, die sich für Ihre Kampfsport-Disziplin anbietet, wie als Kontaktsportler das Training der Hals- und Nackenmuskulatur. Die »Hüftdominante Übung angewinkelt« trainiert vorrangig die Gesäßmuskulatur, welche schon bei tiefen Kniebeugen sowie gegebenenfalls bei den Rubriken 7. und 10. mittrainiert wird. Haben Sie Defizite in der Gesäßmuskulatur oder aber sind mit der bisherigen Workout-Gestaltung nicht vollständig ausgelastet, dann ergänzen Sie eine Übung aus dieser Rubrik in Ihrem Workout.

Aufwärmphase	
1. Ganzkörper-Übungen	K 67: Burpees ohne Ball, K 69: Kettlebell-Swing beidarmig, K 74: Hüftwurf oder K 75: Bodenwurf
2. Druck- und Stoßbewegungen nach vorne	K 1: Liegestütz, K 8: Brust-Drücken auf Bank oder K 10: Einarmiger Bruststoß
3. Zugbewegungen nach hinten	K 17: Hochziehen vom Boden (mit aufgestellten Füßen), K 15: Beidarmiger Zug mit Band oder K 18: Einarmiges Rudern abgestützt
4. Druck- und Stoßbewegungen nach oben	K 12: Handstand-Liegestütz an Wand mit reduziertem Bewegungsumfang, K 13: Vorgebeugtes Schulter-Drücken oder K 14: Überkopf-Drücken ohne Schwung
5. Zugbewegungen nach unten	K 20: Klimmzug (falls nötig: vereinfacht)
Optional: Ergänzende Oberkörper-Übungen	K 27: V-, U-, T-Haltung am Boden ohne Gewicht, K 22: Kopfspannen gegen Hand oder K 28: Außenrotation mit Band beidarmig
6. Kniebeuge-Übungen	K 30: Beidbeinige Kniebeuge, K 31: Gerader Ausfallschritt oder K 42: Beidbeiniger Strecksprung
Optional: Hüftdominante Übungen angewinkelt	K 36: Beckenlift beidbeinig
7. Hüftdominante Übungen fast gestreckt	K 37: Bein-Rückheben im Einbeinstand gestützt oder K 41: Unterschenkel-Anziehen
8. Vorrangig vordere Rumpfmuskulatur	K 47: Bein-Heben gebeugt im Hang, K 51: Klappmesser oder K 54: Oberkörper-Senken ohne Gewicht
9. Vorrangig seitliche Rumpfmuskulatur	K 58: Seitlicher Unterarmstütz ohne Gewicht
10. Vorrangig hintere Rumpfmuskulatur	K 63: Kreuzheben, K 64: Körper-Anheben ohne Gewicht oder K 66: Rückwärtiger Unterarmstütz
Abwärmphase	
Belastung	2–3 Sätze je Übung Belastungszeit 30–60 (60–90) sek je Übungssatz/ alternativ: 8–12 (15–20) Wiederholungen je Übungssatz

Workout Kraft B: Ganzkörper

Schwierigkeitslevel 2: Leicht-Fortgeschrittene

Das Workout können Sie nutzen, nachdem Sie zumindest einige Wochen Ihre Kraft trainiert haben und die Übungen im Level 1 beherrschen. Das Workout umfasst alle wichtigen Bewegungsrichtungen und wird mit einer Übung zur Steigerung der Explosivität oder mit einer komplexen Ganzkörper-Übung gestartet. Wählen Sie je eine Übung aus den Kategorien für die Bewegungsrichtungen aus. Sie können auch Übungen aus Level 1 nutzen, indem Sie diese mit höheren Intensitäten üben. Um das Programm zu verlängern, gelten die Überlegungen zu Workout Kraft A entsprechend.

Aufwärmphase	
1. Ganzkörper-Übungen	K 78: Ballheben aus der Kniebeuge mit Absprung, K 76: Bruststoß nach vorne oben, K 86: Beidbeinige Kniebeuge und Schulterpresse oder K 70: Kettlebell-Swing einarmig
2. Druck- und Stoßbewegungen nach vorne	K 1: Liegestütz auf Fäusten, K 2: Liegestütz mit seitlichem Kastensprung, K 3: Liegestütz auf Medizinball mit Handwechsel, K 7: Gleiten im Liegestütz, K 8: Einarmiges Brust-Drücken auf Bank oder K 11: Einarmiger Bruststoß aus der Kniebeuge
3. Zugbewegungen nach hinten	K 16: Hochziehen in Schräglage, K 17: Hochziehen vom Boden, K 15: Einarmiger Zug oder K 18: Einarmiges Rudern
4. Druck- und Stoßbewegungen nach oben	K 12: Handstand-Liegestütz an Wand, K 13: Vorgebeugtes Schulter-Drücken mit erhöhten Füßen oder K 14: Schwungdrücken
5. Zugbewegungen nach unten	K 20: Klimmzug oder K 21: Hochziehen am Seil mit Fußeinsatz
Optional: Ergänzende Oberkörper-Übungen	K 27: V-, U-, T-Haltung auf Ball oder mit Gewicht, K 22: Kopfspannen mit Bewegungen, K 23: Kopfspannen gegen Band, K 24: Kopfspannen gegen Ball oder K 25: Vordere Nackenbrücke
6. Kniebeuge-Übungen	K 32: Ausfallschritt mit Rotation, K 33: Ausfallschritt zur Seite mit Arm-Vorstrecken oder K 34: Ausfallschritt mit Rückgleiten
Optional: Hüftdominante Übungen angewinkelt	K 36: Beckenlift einbeinig
7. Hüftdominante Übungen fast gestreckt	K 38: T-Stand, K 39: Kreuzheben mit fast gestreckten Beinen oder K 40: Bein-Anziehen im Beckenlift
8. Vorrangig vordere Rumpfmuskulatur	K 54: Oberkörper-Senken mit Gewicht, K 56: Sit-up mit Gewicht, K 57: Hand- und Unterarmstütz im Wechsel, K 49: Knie-Anziehen im Schlingentrainer, K 50: Rollout mit Langhantel oder K 51: Klappmesser mit Gewicht
9. Vorrangig seitliche Rumpfmuskulatur	K 58: Seitlicher Unterarmstütz mit Gewicht, K 61: Oberkörper-Anheben in Seitenlage oder K 62: Seitliches Oberkörper-Beugen
10. Vorrangig hintere Rumpfmuskulatur	K 63: Kreuzheben einarmig, K 64: Körper-Anheben mit Gewicht, K 65: Oberkörper-Anheben oder K 66: Rückwärtiger-Handstütz
Abwärmphase	
Belastung	2–3 Sätze je Übung Belastungszeit 30–60 (60–90) sek je Übungssatz/ alternativ: 8–12 (15–20) Wiederholungen je Übungssatz

Workout Kraft C: Oberkörper

Schwierigkeitslevel 3: Fortgeschrittene

Das Workout ist für Fortgeschrittene und vorrangig auf den Oberkörper ausgerichtet. Wählen Sie je eine Übung aus den Kategorien für die Bewegungsrichtungen aus. Sie können auch Übungen mit einem leichteren Schwierigkeitslevel nutzen, indem Sie die Intensitäten/Gewichte anpassen. Ist Ihnen das Workout nicht intensiv genug, dann können Sie eine komplexe Ganzkörper-Übung ergänzen und/oder eine Übung für die seitliche Bauchmuskulatur.

Aufwärmphase	
1. Ganzkörper-Übungen	K 79: Einarmiges Hochziehen vom Boden oder K 80: Reißen
Optional: Ganzkörper-Übung	K 71: Bein-Anziehen gestreckt und Liegestütz mit Schlingentrainer, K 72: Liegestütz und Rotation mit Gewicht oder K 73: Klimmzug mit Bein-Anziehen gestreckt
2. Druck- und Stoßbewegungen nach vorne	K 5: Liegestütz mit Medizinball-Anheben, K 9: Einarmiges Brust-Drücken auf Gymnastikball oder K 4: Liegestütz mit Händeklatschen
3. Zugbewegungen nach hinten	K 16: Einarmiges Hochziehen in Schräglage, K 17: Hochziehen vom Boden mit gestreckten Beinen und einem Fuß in Luft, K 15: Einarmiger Zug im einbeinigen Stand mit Band oder K 18: Beidarmiges Rudern vorgebeugt
4. Druck- und Stoßbewegungen nach oben	K 12: Handstand-Liegestütz an Wand mit einem Fuß in Luft, K 13: Vorgebeugtes Schulter-Drücken auf instabilem Untergrund oder K 14: Schwungdrücken einarmig
5. Zugbewegungen nach unten	K 20: Klimmzug mit Gewicht oder K 21: Hochziehen am Seil ohne Fußeinsatz
6. Ergänzende Oberkörper-Übungen	K 23: Kopfspannen gegen Band, K 24: Kopfspannen gegen kleinen Ball intensiv oder K 27: V-, U-, T-Haltung auf Gymnastikball mit Gewicht
7. Ergänzende Oberkörper-Übungen	K 29: Handbewegungen mit Gewicht
8. Vorrangig vordere Rumpfmuskulatur	K 48: Scheibenwischer im Hang, K 49: Bein-Anziehen gestreckt im Schlingentrainer oder K 57: Hand- und Unterarmstütz im Wechsel mit einem Fuß angehoben
Optional: Vorrangig seitliche Rumpfmuskulatur	K 58: Seitlicher Handstütz mit Gewicht oder K 61: Oberkörper-Anheben in Seitenlage auf Gymnastikball mit Gewicht
9. Vorrangig hintere Rumpfmuskulatur	K 63: Kreuzheben einbeinig oder auf instabilem Untergrund oder K 66: Rückwärtiger Handstütz mit Bein-Anziehen
Abwärmphase	
Belastung	2–3 Sätze je Übung Belastungszeit 30–60 (60–90) sek je Übungssatz/ alternativ: 8–12 (15–20) Wiederholungen je Übungssatz

Workout Kraft D: Beine

Schwierigkeitslevel 3: Fortgeschrittene

Das Workout ist für Fortgeschrittene und vorrangig auf den Unterkörper ausgerichtet. Wählen Sie je eine Übung aus den Kategorien für die Bewegungsrichtungen aus. Sie können auch Übungen mit einem leichteren Schwierigkeitslevel nutzen, indem Sie die Intensitäten/Gewichte anpassen. Ist Ihnen das Workout nicht intensiv genug, dann können Sie eine Übung für die speziellen Anforderungen Ihrer Kampfsport-Disziplin ergänzen. Auch können Sie das Training der inneren und äußeren Oberschenkelmuskulatur intensivieren.

Aufwärmphase	
1. Ganzkörper-Übungen oder Sprung-Übungen	K 78: Ballheben aus einbeiniger Kniebeuge mit Absprung, K 76: Bruststoß nach vorne oben aus der einbeinigen Kniebeuge, K 43: Einbeiniger Strecksprung oder K 42: Frontaler Kastensprung einbeinig
2. Kniebeuge-Übungen beidbeinig	K 30: Beidbeinige Kniebeuge intensiv (z. B. hochgestreckte Arme oder instabiler Untergrund)
3. Hüftdominante Übungen angewinkelt	K 36: Beckenlift einbeinig mit Gewicht und/oder auf instabilem Untergrund
4. Kniebeuge-Übungen einbeinig	K 35: Einbeinige Kniebeuge mit Gewicht oder auf instabilem Untergrund oder K 34: Ausfallschritt mit Rückgleiten und Gewicht
5. Hüftdominante Übungen fast gestreckt	K 38: T-Stand mit Gewicht oder K 39: Kreuzheben mit fast gestrecktem Bein oder beidbeinig auf instabilem Untergrund
Optional: Ergänzende Unterkörper-Übungen	K 45: Bein-Abspreizen gegen Band im Stand und K 46: Bein-Anziehen gegen Band im Stand oder K 43: seitliche Kastensprünge
6. Vorrangig vordere Rumpfmuskulatur	K 53: Crunch auf Gymnastikball mit Gewicht oder K 51: Klappmesser mit Gewichten zwischen Händen und Füßen
7. Vorrangig seitliche Rumpfmuskulatur	K 59: Seitlicher Handstütz mit Rotation, K 60: T-Stütz mit Gewicht oder K 58: Seitlicher Stütz auf instabilem Untergrund
8. Vorrangig hintere Rumpfmuskulatur	K 64: Körper-Anheben mit Gewichten oder K 65: Oberkörper-Anheben auf Gymnastikball mit Gewicht (und einem Fuß angehoben)
Abwärmphase	
Belastung	2–3 Sätze je Übung Belastungszeit 30–60 (60–90) sek je Übungssatz/ alternativ: 8–12 (15–20) Wiederholungen je Übungssatz

Workout Kraft E: Ganzkörper

Schwierigkeitslevel 3: Fortgeschrittene

Mit diesem intensiven Workout können Fortgeschrittene den ganzen Körper trainieren. Wählen Sie je eine Übung aus den Kategorien für die Bewegungsrichtungen aus. Sie können auch Übungen mit einem leichteren Schwierigkeitslevel nutzen, indem Sie die Intensitäten/Gewichte anpassen. Bei Bedarf können Sie eine Übung »Hüftdominante Übung angewinkelt« ergänzen. Eine Übung, die vorrangig auf die seitliche Bauchmuskulatur ausgerichtet ist, kann ergänzt werden, falls Sie kein spezielles Rumpftraining wie Workout »Kraft F« im Wochentrainingsplan vorgesehen haben.

Aufwärmphase	
1. Ganzkörper-Übungen	K 79: Einarmiges Hochziehen vom Boden, K 80: Reißen oder K 68: Beidbeinige Kniebeuge und einarmige Schulterpresse
2. Druck- und Stoßbewegungen nach vorne	K 9: Einarmiges Brust-Drücken auf Gymnastikball, K 5: Liegestütz mit Medizinball-Anheben oder K 4: Liegestütz mit Händeklatschen
3. Zugbewegungen nach hinten	K 16: Einarmiges Hochziehen in Schräglage, K 17: Hochziehen vom Boden mit einem Fuß angehoben oder K 18: Beidarmiges Rudern vorgebeugt
4. Druck- und Stoßbewegungen nach oben	K 12: Handstand-Liegestütz an Wand mit einem Fuß in Luft oder K 14: Schwungdrücken einarmig
5. Zugbewegungen nach unten	K 20: Klimmzug intensiv (z. B. mit Gewicht) oder K 73: Klimmzug mit Bein-Anziehen gestreckt
6. Ergänzende Oberkörper-Übungen	K 27: V-, U-, T-Haltung auf Gymnastikball mit Gewicht oder K 24: Kopfspannen gegen kleinen Ball mit Fuß-Anheben
7. Kniebeuge-Übungen	K 43: Einbeiniger Strecksprung oder K 30: Beidbeinige Kniebeuge intensiv (hochgestreckte Arme, instabiler Untergrund oder hohe Gewichte)
Optional: Hüftdominante-Übungen angewinkelt	K 36: Beckenlift einbeinig mit Gewicht und/oder auf instabilem Untergrund
8. Hüftdominante Übungen fast gestreckt	K 39: Kreuzheben mit fast gestrecktem Bein oder beidbeinig auf instabilem Untergrund oder K 38: T-Stand mit Gewicht
9. Vorrangig vordere Rumpfmuskulatur	K 50: Rollout intensiv mit Langhantel oder K 57: Hand- und Unterarmstütz im Wechsel mit einem Fuß angehoben
Optional: Vorrangig seitliche Rumpfmuskulatur	K 59: Seitlicher Handstütz mit Rotation
10. Vorrangig hintere Rumpfmuskulatur	K 63: Kreuzheben einbeinig oder auf instabilem Untergrund oder K 65: Oberkörper-Anheben auf Gymnastikball mit Gewicht
Abwärmphase	
Belastung	2–3 Sätze je Übung Belastungszeit 30–60 (60–90) sek je Übungssatz/ alternativ: 8–12 (15–20) Wiederholungen je Übungssatz

Workout Kraft F: Rumpf intensiv

Schwierigkeitslevel 3: Fortgeschrittene

Das Workout bietet ein sehr intensives Rumpftraining für Fortgeschrittene. Wählen Sie je eine Übung aus den Kategorien für die Bewegungsrichtungen aus. Sie können auch Übungen mit einem leichteren Schwierigkeitslevel nutzen, indem Sie die Intensitäten/Gewichte anpassen. Möchten Sie die Intensität des Workouts noch weiter erhöhen, dann können Sie Übungen mit Medizinball-Würfen und Kettlebell-Schwüngen ergänzen, die den Rumpf veranlassen, intensiv zu stabilisieren.

Aufwärmphase	
Optional: Ganzkörper-Übungen	K 75: Bodenwurf einarmig (im Einbeinstand), K 74: Hüftwurf im Einbeinstand (in seitlicher Position), K 77: Einarmiger Medizinball-Hochstoß aus der Kniebeuge mit Absprung oder K 70: Kettlebell-Swing einarmig mit Handwechsel
1. Vorrangig vordere Rumpfmuskulatur	K 47: Bein-Heben gestreckt im Hang mit Gewicht oder K 51: Klappmesser mit Gewichten zwischen Händen und Füßen oder K 52: Medizinball-Übergeben in Rückenlage
2. Vorrangig vordere Rumpfmuskulatur mit Rotation	K 56: Twist mit gestreckt angehobenen Beinen und Gewicht oder K 54: Oberkörper-Senken und -Anheben mit Drehungen und Gewicht
3. Vorrangig seitliche Rumpfmuskulatur	K 61: Oberkörper-Anheben in Seitenlage (auf Gymnastikball) mit Gewicht(en) oder K 60: T-Stütz mit Gewicht
4. Vorrangig hintere Rumpfmuskulatur	K 64: Körper-Anheben aus Bauchlage mit Gewichten, K 65: Oberkörper-Anheben (auf Gymnastikball) mit Gewicht oder K 63: Kreuzheben einbeinig oder beidbeinig mit hohen Gewichten
5. Vorrangig vordere Rumpfmuskulatur im Stütz	K 57: Hand- und Unterarmstütz im Wechsel mit einem Fuß angehoben oder Unterarmstütz auf instabilem Untergrund
6. Vorrangig seitliche Rumpfmuskulatur im Stütz	K 58: Seitlicher Handstütz mit Gewicht und/oder auf instabilem Untergrund
7. Vorrangig hintere Rumpfmuskulatur im Stütz	K 66: Rückwärtiger Handstütz mit einem Fuß angehoben oder Bein-Anziehen
Abwärmphase	
Belastung	2–3 Sätze je Übung Belastungszeit 30–60 (60–90) sek je Übungssatz/ alternativ: 8–12 (15–20) Wiederholungen je Übungssatz

IV. Massage mit der Faszienrolle

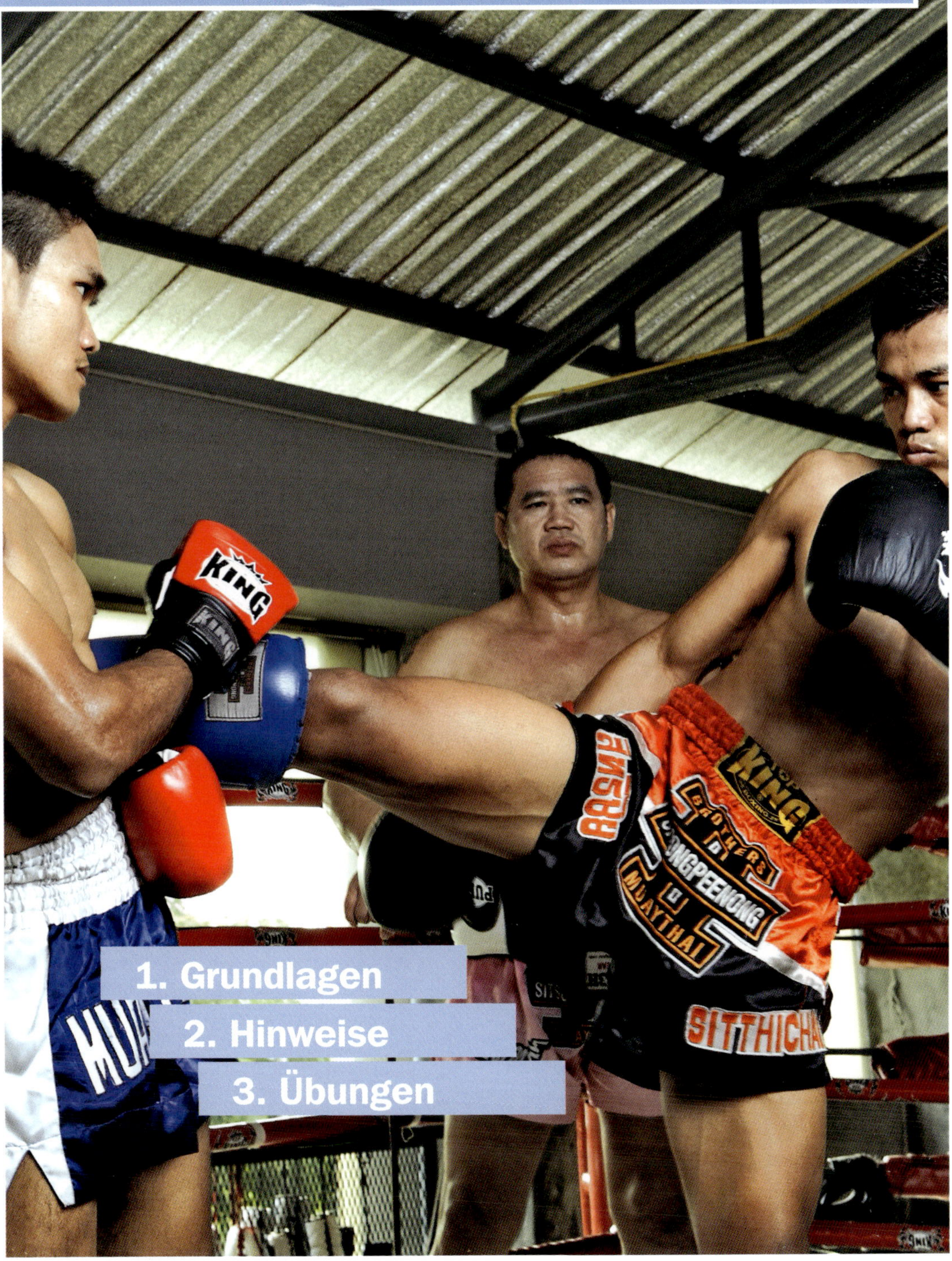

1. Grundlagen
2. Hinweise
3. Übungen

1. Grundlagen

Das intensive Kampfsport-Training kann verursachen, dass unsere Muskulatur mit Verhärtungen und Verspannungen reagiert. Diese Problematik tritt vermehrt ein bei hoher Trainingsintensität sowie mit fortschreitendem Alter. Eine stark belastete Muskulatur fühlt sich nicht nur unangenehm an, sondern verringert auch die Leistungsfähigkeit und erhöht das Verletzungsrisiko, denn sie verhindert eine optimale Technikausführung über den vollständigen Bewegungsradius. Mit der Faszienrolle und der Faszienkugel lassen sich hervorragende Ergebnisse beim Behandeln der Muskulatur erzielen, ebenfalls ermöglich diese, die Regeneration nach dem Training zu beschleunigen.

Faszien

Unter der Haut befindet sich ein Netz aus Bindegewebe, als Faszien bezeichnet, das die Muskeln, Knochen und Organe umschließt und den Körper schützt. Die Faszien umfassen die Muskeln wie Hüllen und ermöglichen, dass die Muskeln zusammenagieren, da die Faszien miteinander verbunden sind. Die Faszien sind entscheidend bei der Ausführung von Kampfsport-Techniken ebenso wie bei allen anderen körperlichen Aktivitäten, denn sie wirken als Energiespeicher und leiten Kräfte im Körper weiter. Dies gelingt umso besser, je elastischer die Faszien sind.

Die Faszien reagieren auf körperliche Überlastung, schlechte Körperhaltung, einseitige Belastung sowie auf Stress, indem sie sich zusammenziehen.

Durch das Fasziensystem werden die Lymphe geleitet, womit die Flüssigkeit bezeichnet wird, welche die Aufbauprodukte zu den Zellen und die Abbauprodukte aus den Zellen herausbringt. Verspannungen beziehungsweise Verletzungen können einen Lymphstau verursachen, in Folge dessen Faszien miteinander verkleben. Eine verspannte beziehungsweise verklebte Faszie beeinträchtigt die Leistungsfähigkeit der gesamten Bewegungskette, da der ganze Körper über Faszien miteinander verbunden ist. Dies verhindert eine optimale Energie- und Kraftübertragung bei den Kampfsport-Techniken und erhöht auch die Verletzungsgefahr. In den Faszien befinden sich eine große Anzahl von Nervenzellen und Rezeptoren, die Empfindungen an das Gehirn weiterleiten, weshalb wir Schmerzen als Folge von Verspannungen und Verklebungen fühlen.

Für eine optimale Leistungsfähigkeit müssen Sie verklebte Strukturen lösen, was durch eine Selbstmassage mit Faszienrolle und Faszienkugel gut gelingt. Diese Hartschaumgeräte ermöglichen eine Massage durch Rollbewegungen. Diese Massagemethode hat den Vorteil, dass die Druckintensität selbst reguliert werden kann; außerdem sind die Rolle und der Ball nicht teuer.

Die Massage ermöglicht es, verklebte Bindegewebsschichten zu lösen, verspannte Körperpartien zu lockern und verkürztes Gewebe zu dehnen. An einer Problemstelle wird mit dem Rollen alte Gewebsflüssigkeit wegbewegt, so dass neue Nährstoffe zu den Zellen gelangen. Auch setzt der tiefe Druck einen Nervenreiz, der den verhärteten Muskel entspannen lässt. Durch regelmäßiges Rollen werden Ihre Muskeln weicher, Problematiken werden verschwinden und Bewegungen können wieder optimal erfolgen, auch Schmerzbildung und -wahrnehmung werden reduziert.

Mit dem Abrollen beschleunigen Sie auch die Regeneration nach einer körperlichen Belastung, da das Abrollen intensiv die Durchblutung des Körpers anregt. Muskel- und Gelenkschmerzen resultieren oftmals aus Ausweichbewegungen in Folge eines verspannten Muskels beziehungsweise eines Triggerpunktes. Ein konsequentes Behandeln der Schmerzpunkte kann Gelenkschmerzen reduzieren. Sie können die Massage als Diagnoseinstrument zur Einschätzung Ihres Muskelzustandes ansehen: Je weniger Schmerz Sie beim Rollen fühlen, in umso besserer Verfassung ist Ihr Bindegewebe.

Erproben Sie die Massage mit der Faszienrolle und der Faszienkugel zuerst mit geringer Druckintensität. Sie werden die hier vorgestellten Übungen leicht erlernen, und bereits nach wenigen Anwendungen werden Sie deutlich weniger Schmerzen und Verhärtungen fühlen. Ihr Bindegewebe wird weicher und elastischer, und mit der Zeit wird das Abrollen angenehm und wohl tun.

Mit der Massage können Sie auch eine starke Verspannung lösen, die sich über eine lange Zeit entwickelt hat. Dicke Verklebungen können beim Rollen starke Schmerzen verursachen, auch kann eine Körperseite deutlich verspannter als die andere Seite sein. Reduzieren Sie an Problemstellen den Druck, gehen Sie nicht mit Gewalt vor und rollen Sie nicht über Schwellungen, sondern achten Sie auf die Signale des Körpers. Nach einem Tag Pause können Sie die nächste Rollmassage durchführen und werden schon eine leichte Verbesserung feststellen.

Generell können Sie das Abrollen so oft einsetzen, wie Sie das Bedürfnis dazu haben – gleich ob direkt nach dem Kampfsport- oder Fitness-Training oder zu einem späteren Zeitpunkt, vorausgesetzt, Sie werden nicht von einer Schwellung oder Verletzung beeinträchtigt.

2. Hinweise

Achten Sie bei der Selbstmassage auf die folgenden Hinweise, damit die positiven Behandlungseffekte sichergestellt sind.

- Sie können Ihre Muskeln immer abrollen, wenn Sie Ihren Körper pflegen wollen. Rollen Sie über einzelne Verklebungen, um diese zu beseitigen. Generell ist es sinnvoll, regelmäßig über alle Muskeln zu rollen, denn so stellen Sie sicher, dass Ihr Bindegewebe in einer guten Verfassung bleibt.
- Wählen Sie eine Rolle, die Ihrem Muskelzustand entspricht; meistens ist die mittelharte Rolle eine gute Wahl. Nutzen Sie hingegen nicht die härteste verfügbare Rolle, um stark schmerzende Muskeln zu behandeln.
- Machen Sie pro Körperpartie zumindest 5–10 Rollbewegungen über eine Dauer von 30–60 Sekunden. Sie können aber auch länger über eine Muskelgruppe rollen, solange es sich gut anfühlt.
- Beginnen Sie an einem Muskelansatz und rollen Sie zum Ende des Muskels. Machen Sie langsame Rollbewegungen vor und zurück. Manche Muskelgruppen wie beispielsweise die Rumpfseite müssen Sie in mehreren Schritten abrollen und dazu die Rolle etwas umlegen.
- Vermeiden Sie es möglichst, über Knochen und Gelenke zu rollen. Rollen Sie beispielsweise nicht über Kniegelenke und über die Wirbelsäule von einer zur anderen Seite.
- Halten Sie den Rumpf durchgehend in Spannung. Der Rücken muss gerade sein und darf beim Rollen nicht in ein Hohlkreuz durchhängen. Spannen Sie immer wieder die Bauch- und die Gesäßmuskulatur bewusst nach.
- Die Druckintensität variieren Sie, indem Sie Stützpositionen der Arme oder Beine verändern und Gewicht verlagern. Gewöhnen Sie sich langsam an die Härte sowie die Tiefenwirkung der Massage.

- Rollen Sie immer über beide Körperseiten, auch wenn hier die Massage nur für eine Körperseite beschrieben ist. Alternativ können Einsteiger die Übungen für den Oberkörper zuerst im Stand ausführen, um den Körper langsam an den Druck zu gewöhnen.
- Erreichen Sie eine verspannte Stelle, dann verlagern Sie das Gewicht davon etwas weg und rollen sehr langsam hierüber. Wenn Sie nach dem Training oder in einer eigenständigen Einheit rollen, dann können Sie einige Sekunden auf dieser Stelle verbleiben und dabei den Druck vorsichtig erhöhen. Danach rollen Sie wieder großflächig über die ganze Region.
- Führen Sie Abrollen und Dehnübungen in einer Trainingsphase aus, dann rollen Sie, bevor Sie dehnen, da die Muskeln durch die Massage weicher werden und danach besser gedehnt werden können.
- Vor dem Kampfsport- oder Krafttraining ist es das Ziel, leichte Verklebungen zu lösen und die Durchblutung der Muskulatur zu steigern, wozu ein gleichmäßiges Abrollen erfolgt. Im Normalfall sind dazu etwa fünf Minuten ausreichend. In der Aufwärmphase sollen Sie hingegen nicht intensiv gegen Triggerpunkte vorgehen, da dies zu Schwellungen im Bindegewebe führen kann, was beim Training einschränken würde.
- Nach dem Training sowie in einer eigenständigen Rolleinheit, beispielsweise nach einem anstrengenden Arbeitstag, ist ein intensives Abrollen sinnvoll. Es empfiehlt sich, nach dem Training fünf bis zehn Minuten zu rollen und in der Freizeit fünf bis zwanzig Minuten, abhängig vom Körperempfinden.
- Um gegen deutliche schmerzende Körperstellen vorzugehen, können Sie diese Stellen täglich abrollen. Dies ist auch zweimal täglich möglich, beispielsweise morgens und abends, vorausgesetzt, es entsteht keine Schwellung an dieser Körperstelle; ansonsten müssen Sie warten, bis diese abgeklungen ist, was meistens zwei bis drei Tagen dauert.
- Eine schmerzende Körperstelle kann aus Verklebungen und Verspannungen resultieren oder aber von tiefliegenden ausstrahlenden Triggerpunkten verursacht werden. Eine schmerzende Körperstelle behandeln Sie durch Druck mit der Faszienrolle. Liegt eine kleine Schmerzfläche vor beziehungsweise handelt es sich um einen Triggerpunkt, dann benutzen Sie die kleine Kugel, z. B. am Gesäß, oder drücken Sie mit dem Daumen beziehungsweise mit einem Thai-Massagestäbchen auf diesen Punkt.
- Eine schmerzende Stelle beziehungsweise einen Triggerpunkt behandeln Sie, indem Sie 30 Sekunden lang fest daraufdrücken. Der Schmerz lässt dann etwas nach; nun erhöhen Sie den Druck auf den Punkt. Halten Sie auch den intensivierten Druck für 30 Sekunden aufrecht. Dann bearbeiten Sie die nächste schmerzende Stelle. Bearbeiten Sie hingegen nicht erneut die gleiche Stelle, um keine Schwellungen zu verursachen. Kommt es jedoch zu Schwellungen, dann warten Sie für etwa zwei bis drei Tage, bis diese abgeklungen sind, bevor Sie diese Stelle erneut behandeln. Diese Form der intensiven lokalen Druckbehandlung machen Sie nach dem Training oder besser in einer eigenen Abrolleinheit, hingegen nicht in der Aufwärmphase des Trainings.
- Um einen Triggerpunkt zu lokalisieren, tasten Sie langsam die Muskulatur ab. Oftmals befindet sich der Triggerpunkt tief in einer unteren Muskelschicht. Fühlen Sie den harten Punkt und bearbeiten Sie diesen, wie zuvor beschrieben.

3. Übungen

Hier wird die Massage von Körperregionen vorgestellt, die oft deutlich verspannt sind und die Leistungsfähigkeit von Kampfsportlern einschränken. Grundsätzlich können Sie die Massage für alle Körperbereiche einsetzen; das Prinzip des langsamen Rollens ist dasselbe.

Für die Übungen benötigen Sie die große Hartschaumrolle und zumindest die kleine Hartschaumkugel; alternativ zu der kleinen Kugel können Sie einen Tennisball oder einen Lacrosse-Ball einsetzen. Die große Kugel wäre auch sinnvoll, falls Sie diese im Paketpreis erwerben können (weitere Infos siehe Seite 17). Im Handel werden weitere Geräte angeboten, die sich zur Behandlung von Triggerpunkten eignen, wie z. B. ein kleiner Thai-Massagestab, welcher sich für 5–10 EUR erwerben lässt.

Info

Anwendung des Abrollens

In diesem Buch wird davon ausgegangen, dass Sie das Abrollen einsetzen, um Ihr Bindegewebe zu pflegen und Verspannungen und Verklebungen zu beseitigen. Liegt jedoch eine ernsthafte Verletzung vor, dann müssen Sie sich vor dem Abrollen mit der Faszienrolle mit einem Orthopäden absprechen.

Einsatz des Thai-Massagestabs

Wenn Sie einen kleinen Triggerpunkt in der Muskulatur ertasten (meistens befindet er sich tief in der Muskulatur), dann können Sie diesen Punkt gezielt mit einem kleinen Thai-Massagestab behandeln. Falls Sie keinen solchen Stab verfügbar haben, dann drücken Sie mit dem Daumen, was jedoch recht anstrengend ist, oder mit der kleinen Massagekugel. Behandeln Sie den Punkt, indem Sie etwa 30 Sekunden lang fest draufdrücken. Dann lässt der Schmerz etwas nach, und Sie erhöhen den Druck; halten Sie diesen wieder etwa 30 Sekunden lang aufrecht. Anschließend können Sie langsam am Muskel entlangrutschen und wenn Sie dabei einen weiteren schmerzenden Punkt beziehungsweise einen kleinen schmerzenden Bereich finden, diesen behandeln. Bearbeiten Sie hingegen nicht erneut die gleiche Stelle, um keine Schwellungen zu verursachen.

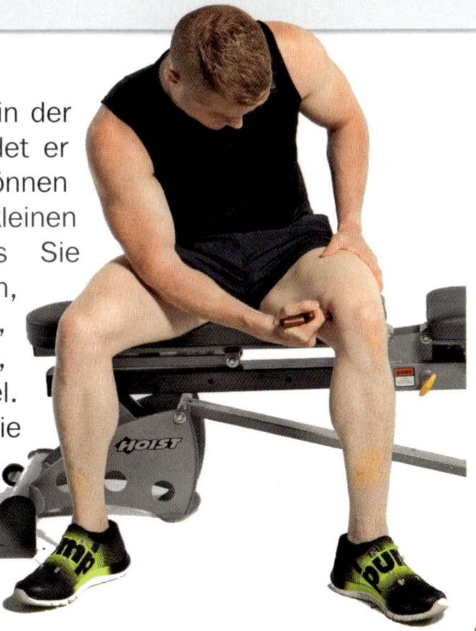

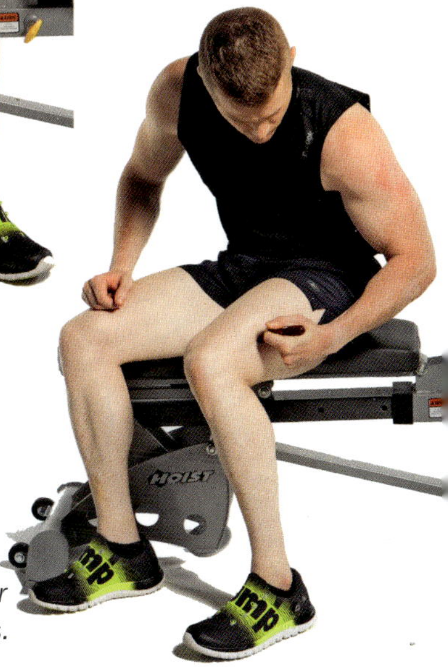

Der Einsatz des Thai-Massagestabs an der Innen- und Außenseite des Oberschenkels.

Mobilisation der Brustwirbelsäule

Bei einigen Kampfsportlern ist eine eingeschränkte Beweglichkeit der Brustwirbelsäule festzustellen, die sich beispielsweise aus einseitigem Kampfsport-Training und häufig sitzender Tätigkeit in vorgebeugter Haltung entwickeln kann. Ist die Brustwirbelsäule eingeschränkt beweglich, führt dies zu Ausweichproblemen bei Kampfsport-Techniken und bei Kräftigungsübungen, und es können sich Schmerzen und Entzündungen in den Armen entwickeln. Wenn Sie solche Problematiken haben, dann empfehlen sich Mobilisationsübungen wie die folgende, damit die Wirbelsäule ihre Fähigkeit bewahrt, alle Beugungen und Drehungen zu vollziehen. Sie können die Übung vor dem Training oder zuhause in der Freizeit ausführen.

Für die Übung legen Sie sich vorsichtig mit dem oberen Rücken auf die Rolle; die Enden der Rolle zeigen nach außen. Heben Sie das Gesäß an, so dass es sich auf gleicher Höhe mit dem Rücken befindet, und halten Sie die Bauch- und Gesäßmuskulatur in Spannung. Erst heben Sie die Arme hoch und dann lehnen Sie die Arme und den Oberkörper vorsichtig zurück, um den Brustkorb zu dehnen. Halten Sie diese Position für mindestens 30 Sekunden. Bewegen Sie sich sehr langsam und stoppen Sie sofort bei Schmerzen. Wenn Ihre Beweglichkeit groß genug ist, können Sie die Hände und den Kopf auf dem Boden ablegen und noch kleine Rollbewegungen machen. Der Rumpf bleibt durchgehend in Spannung. Ist Ihnen diese Überstreckung zu intensiv, dann halten Sie die reduzierte Position oder nutzen Sie zwei zusammengeklebte Tennisbälle anstatt der großen Rolle. Treten allerdings Schmerzen auf trotz langsamer und kontrollierter Bewegung, dann stoppen Sie die Übung und besprechen Sie sich mit einem Orthopäden.

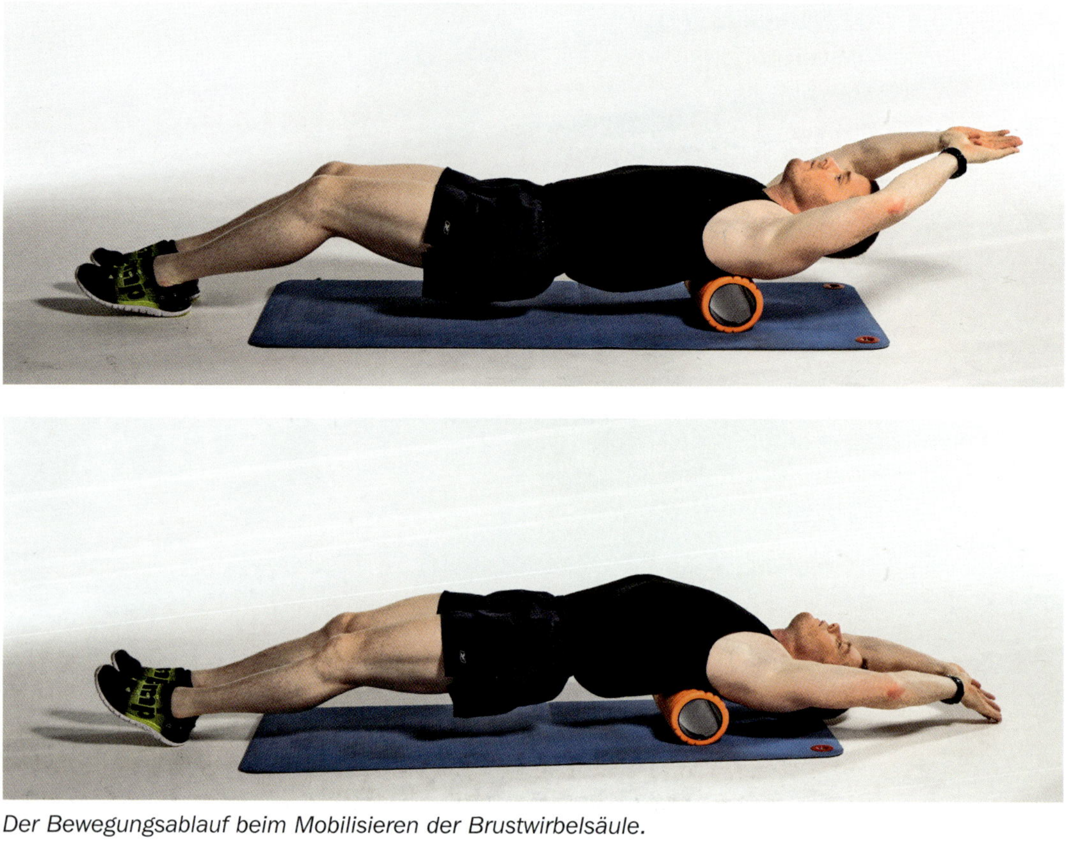

Der Bewegungsablauf beim Mobilisieren der Brustwirbelsäule.

R 1: Rollen über die Fußsohlen

Diese Übung nutzen Sie, um die Muskulatur der Fußsohlen zu massieren. Sie können im Stand (Bild 1a) oder im Sitzen üben. Stellen Sie den Fuß auf die Kugel, erzeugen die gewünschte Druckintensität und rollen dann vor und zurück. Bearbeiten Sie das ganze Fußgewölbe und auch die Innenseite. Um an der Innenseite Druck aufzubauen, können Sie mit der anderen Fußinnenseite oder mit der Hand gegen den Ball drücken (Bild 1b). Als Alternative können Sie die kleine Rolle für die Füße einsetzen.

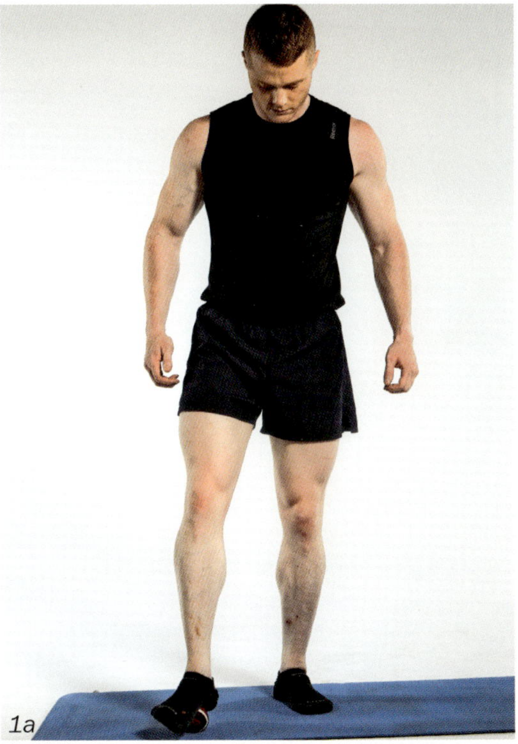
1a

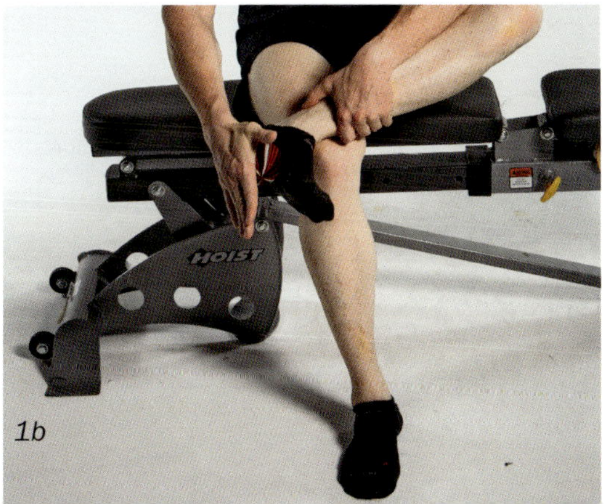
1b

R 2: Rollen über die Wadenmuskulatur

Setzen Sie sich auf den Boden mit gestrecktem Übungsbein und platzieren Sie den Unterschenkel auf der querliegenden Rolle. Stützen Sie sich mit den Händen und dem Fuß der anderen Seite ab oder positionieren Sie beide Beine auf der Rolle (Bild 2a). Einsteiger lassen das Gesäß am Boden; Fortgeschrittene heben das Gesäß an. Nach dem Rollen über den einen Unterschenkel wechseln Sie die Übungsseiten. Sie können den Druck intensivieren, indem Sie die Beine übereinanderlegen.

Falls Sie Schmerzpunkte beispielsweise am Schienbeineinsatz oder an der Außenseite des Unterschenkels spüren, dann drehen Sie sich etwas und richten die Rolle entsprechend aus, damit Sie den schmerzenden Bereich bearbeiten können. Sie können schmerzende Bereiche der Waden sowie die Innen- und die Außenseite des Unterschenkels auch mit der Kugel (Bild 2b) abrollen.

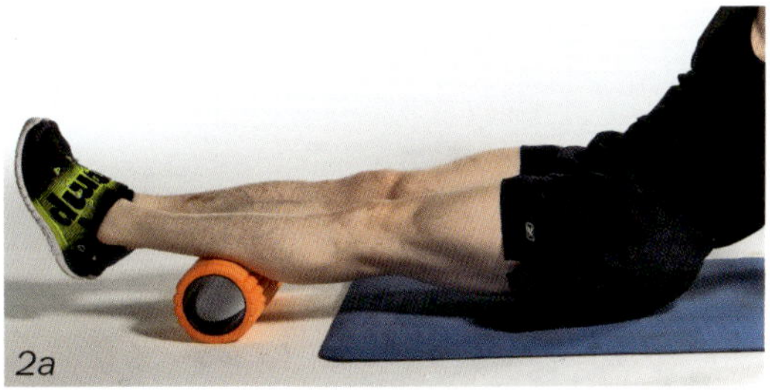
2a

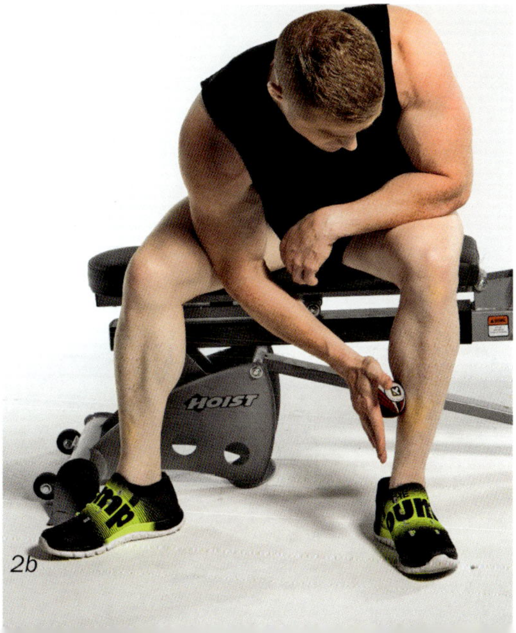
2b

R 3: Rollen über die Oberschenkelrückseiten

Setzen Sie sich mit den Oberschenkelrückseiten auf die Rolle und stützen Sie Ihr Körpergewicht mit den Händen ab. Sie können gleichzeitig über beide Oberschenkel rollen oder aber die Beine übereinanderlegen, um den Druck zu erhöhen, und dann die Beine nacheinander abrollen (Bild 3). Falls der Druck zu hoch sein sollte, können Sie den freien Fuß auf den Boden aufstellen.

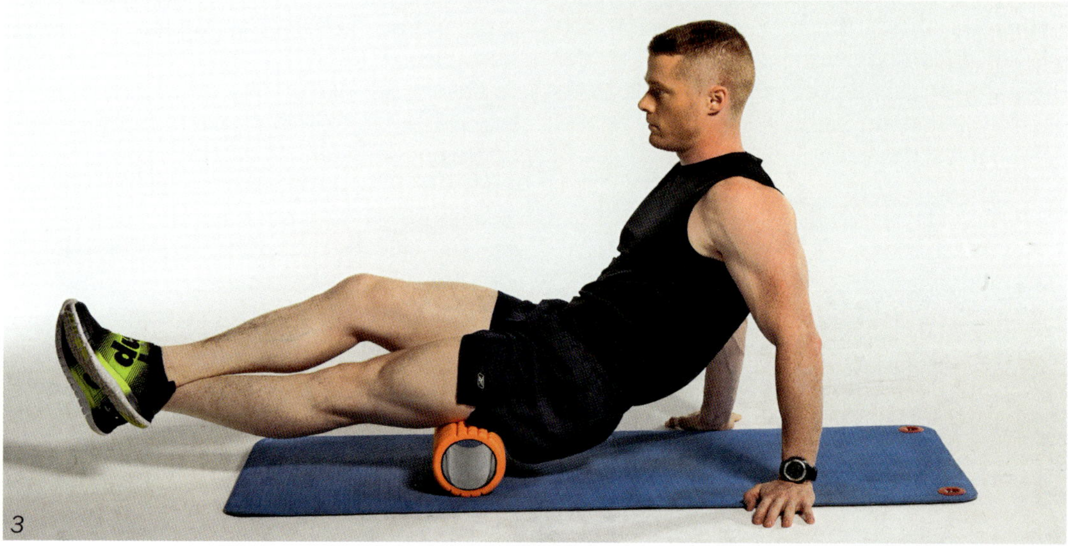

3

R 4: Rollen über die Oberschenkelaußenseiten

Für diese Übung begeben Sie sich in Seitenlage, das untere Bein ist gestreckt abgelegt. Mit der oberen Hand und dem oberen Fuß stützen Sie sich vor dem Körper ab. Als Fortgeschrittener können Sie den Druck erhöhen, indem sie beide Beine gestreckt in der Luft halten (Bild 4a).

Manchmal bestehen kleine schmerzende Stellen am Hüftansatz, in mittlerer Höhe der äußeren Oberschenkelmuskulatur oder an Muskelansätzen nahe zum Knie. Solche Stellen können Sie in Seitenlage mit der Kugel abrollen (Bild 4b). Ist der Druckschmerz zu intensiv, dann können Sie das Abrollen im Sitz durch Druck mit der Hand ausführen oder mit dem Thai-Massagestab (siehe Seite 161) arbeiten.

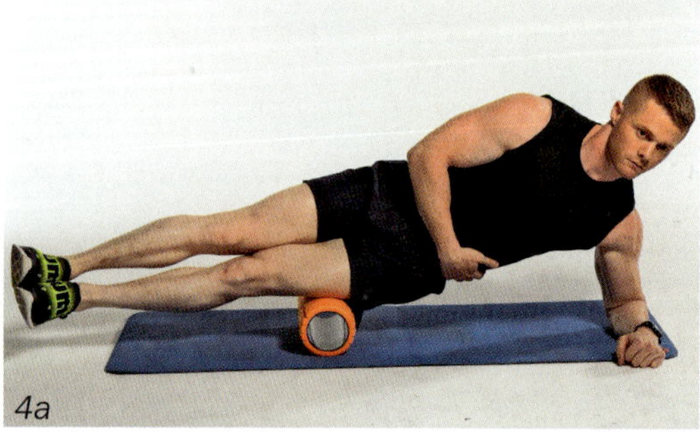

4a

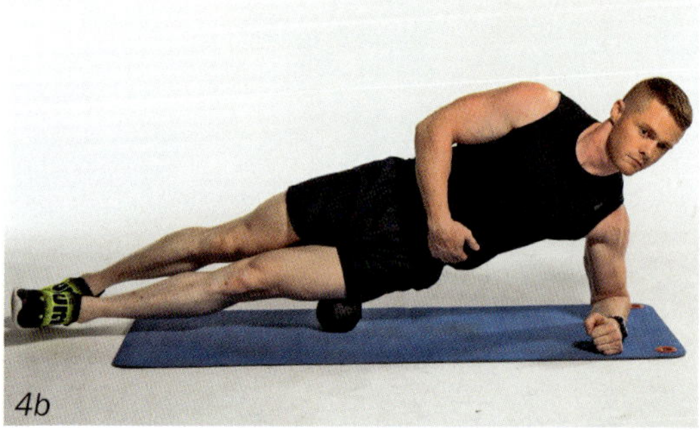

4b

R 5: Rollen über die Oberschenkelvorderseiten

Bei dieser Übung begeben Sie sich in den Unterarmstütz, um über die Oberschenkel zu rollen (Bild 5a). Wenn Sie den Druck hart empfinden, können Sie die Fußspitzen am Boden lassen; ansonsten halten Sie die Beine in der Luft.

Schmerzende Stellen an den Hüften lassen sich gut mit der Kugel bearbeiten. Dies können Sie in Bauchlage machen (Bild 5b) oder aber im Stand durch Druck mit der Hand.

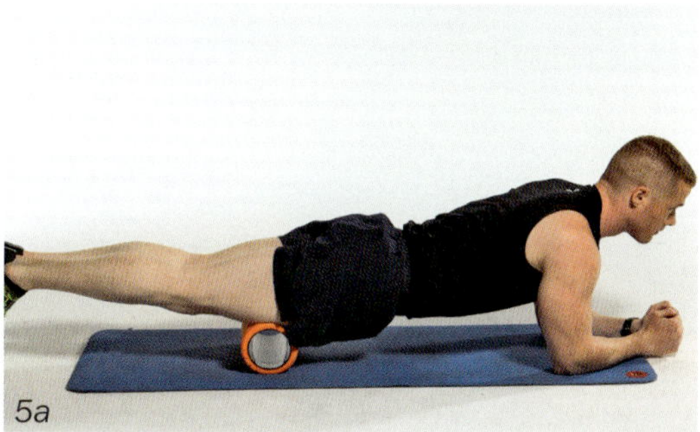

5a

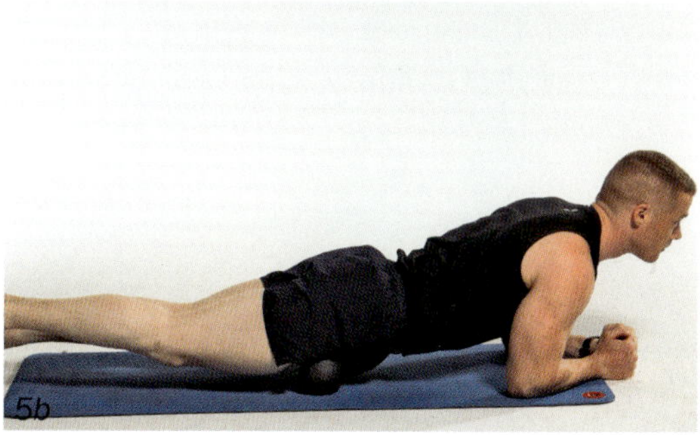

5b

R 6: Rollen über die Oberschenkelinnenseiten

Stützen Sie sich mit den Unterarmen und dem freien Fuß ab und rollen über die Innenseite des angewinkelten Beins (Bild 6a). Halten Sie den Bauch in Spannung und den Rücken gerade. Sie können die Massage intensivieren, indem Sie das Übungsbein gestreckt seitlich abspreizen und beide Beine in der Luft halten.

Alternativ können Sie die Übung in Seitenlage ausführen, indem Sie das untere Bein gebeugt vor dem Körper halten und die Innenseite des oberen Beins abrollen. So erreichen Sie die Muskulatur aus einer anderen Position.

Triggerpunkte bestehen oftmals am Knieansatz und an der Oberschenkelmitte. Diese können Sie im Liegen mit der Kugel (Bild 6b) oder im Sitzen mit Kugel, Daumen oder Thai-Massagestäbchen bearbeiten (siehe Seite 161).

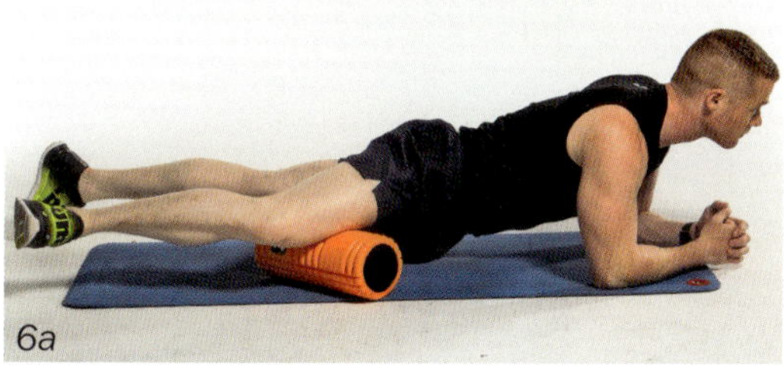

6a

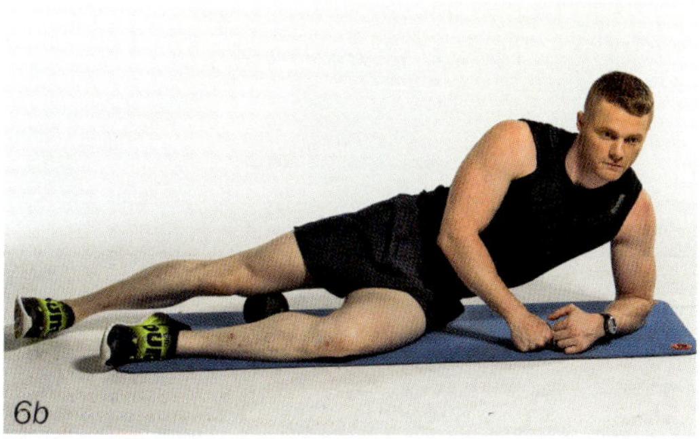

6b

R 7: Rollen über die Gesäßmuskulatur

Setzen Sie sich auf die Rolle und halten Sie die Hände (Bild 7a) oder die Beine in der Luft. Ist der Druck zu intensiv, dann können Sie sich mit den Füßen und den hinten abgestellten Händen abstützen.

Der Gesäßmuskel hat oft kleine schmerzende Stellen, die sich mit der Kugel abrollen lassen. Setzen Sie sich dazu mit einer Gesäßhälfte auf die Kugel (Bild 7b).

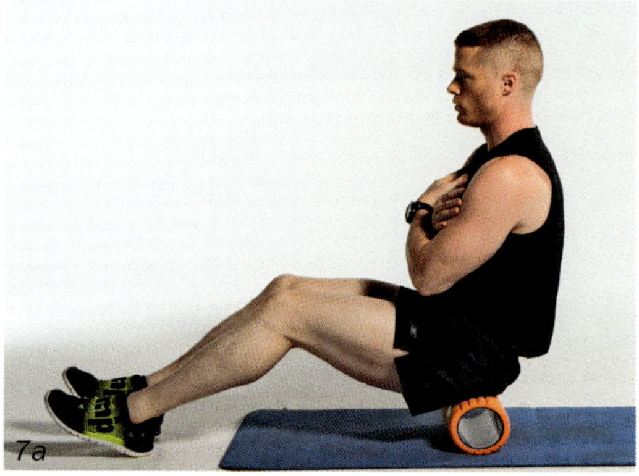

7a

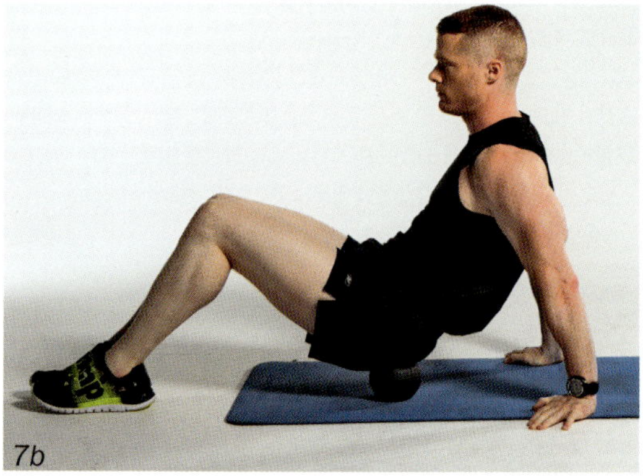

7b

R 8: Rollen über den unteren Rücken

Bei dieser Übung lassen Sie die Rolle über den unteren Rücken gleiten. Halten Sie dabei den Rücken gerade und die Bauchmuskulatur in Spannung.

Einsteiger stützen sich mit den Händen beziehungsweise Unterarmen ab; Fortgeschrittene halten die Hände vor dem Körper (Bild 8) oder hinter dem Kopf.

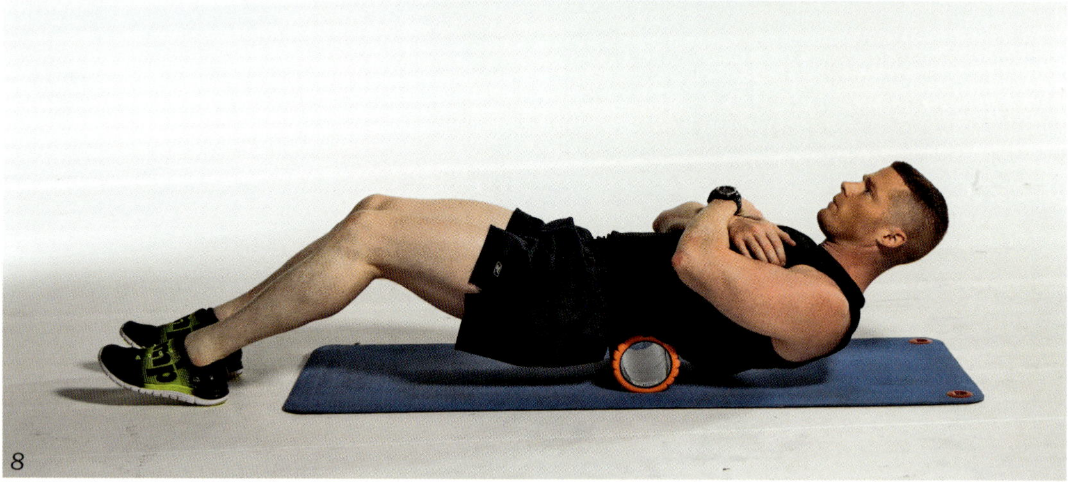

8

R 9: Rollen über den oberen Rücken

Für diese Übung legen Sie sich mit dem oberen Rücken auf die Rolle und heben das Gesäß an. Die Arme können Sie vor der Brust (Bild 9) oder über den Kopf gestreckt halten.

Achten Sie auf geraden Rücken und angespannte Bauch- und Gesäßmuskulatur. Wenn die Druckbelastung zu intensiv ist, dann können Sie sich mit den Händen am Boden abstützen.

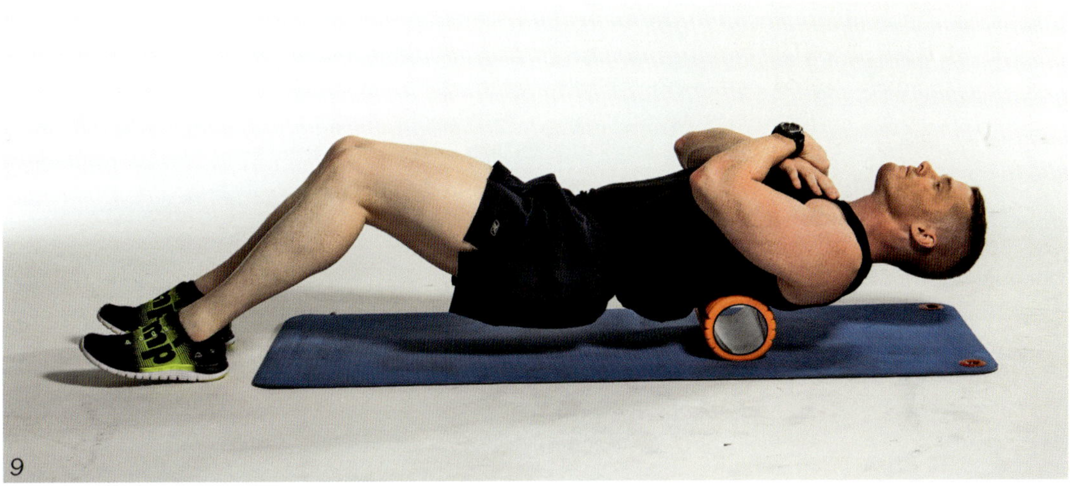
9

R 10: Rollen über die Oberkörperseiten

Das Abrollen der Oberkörperseiten machen Sie in Seitenlage, wobei Sie zuerst den unteren Bereich abrollen (Bild 10a). Danach legen Sie die Rolle etwas höher, strecken den unteren Arm nach oben aus und rollen über den oberen Bereich (Bild 10b). Ergänzend können Sie auch über die hintere Oberarmmuskulatur rollen.

Recht häufig entwickeln sich Verspannungen am Rand der Rückenmuskulatur, die sich mit einer Faszienkugel behandeln lassen (Bild 10c).

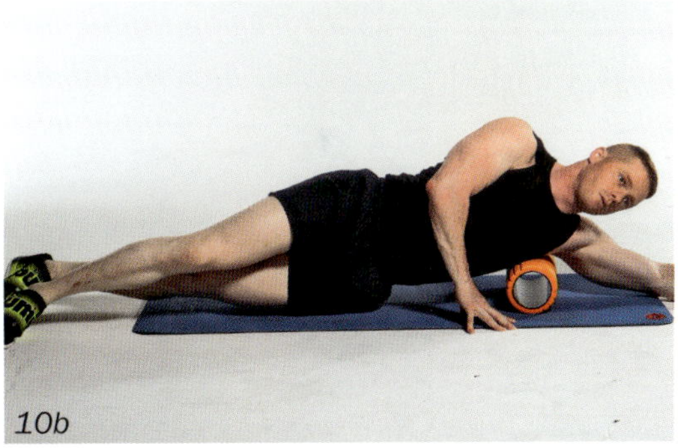
10b

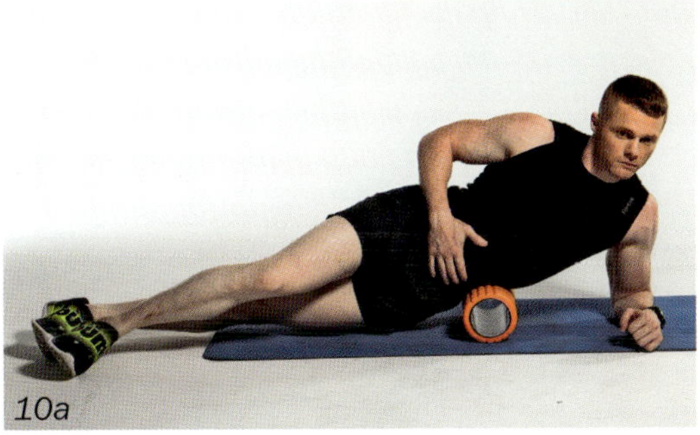
10a

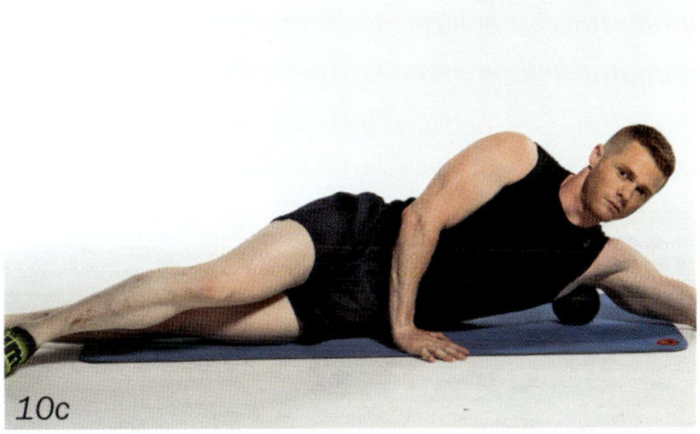
10c

R 11: Rollen über die Schulterblattmuskulatur

Den Bereich um die Schulterblätter können Sie mit der Kugel massieren, indem Sie sich auf diese legen und dann kleine Bewegungen mit dem Körper machen. Ziel ist es, kleine Rollbewegungen auf der Muskulatur zu machen. Sie können die Arme vor dem Körper (Bild 11a) oder aber den Arm der bearbeiteten Seite nach vorne gestreckt halten. Vermeiden Sie es, kraftvoll über die Schulterblätter zu rollen.

Alternativ können Sie die Muskulatur massieren, indem Sie die Kugel zwischen Muskulatur und Wand positionieren und Druck ausüben. Bei guter Beweglichkeit können Sie den Druck auch mit der Hand ausüben (Bild 11b).

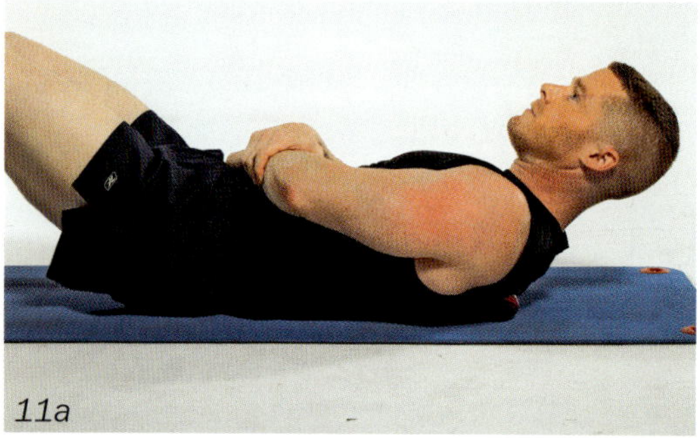

11a

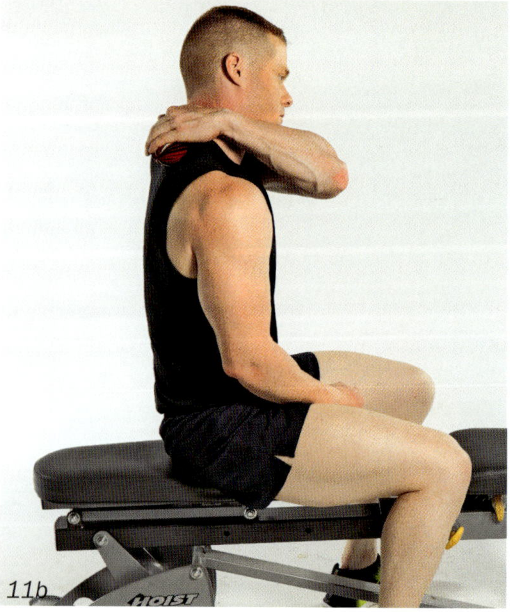

11b

R 12: Rollen über die Nackenmuskulatur

Sie können die Nackenmuskulatur lockern, indem Sie sich mit der verspannten Stelle auf die Rolle legen und den Kopf langsam von einer Seite zur anderen Seite drehen (Bilder 12a–b).

Sie können den Nackenbereich auch im Sitz mit der Kugel kreisend massieren. Vermeiden Sie es beim Abrollen des Nackens, auf den Halswirbel zu drücken. Die Variante im Sitz ermöglicht außerdem, den Trapezius durch Druck von oben abzurollen (Bild 12c).

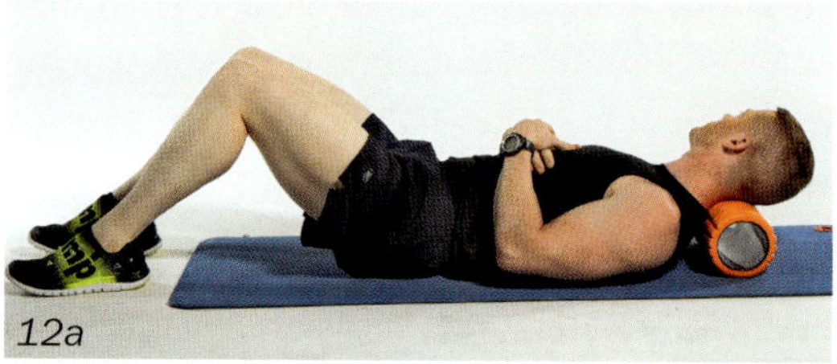

12a

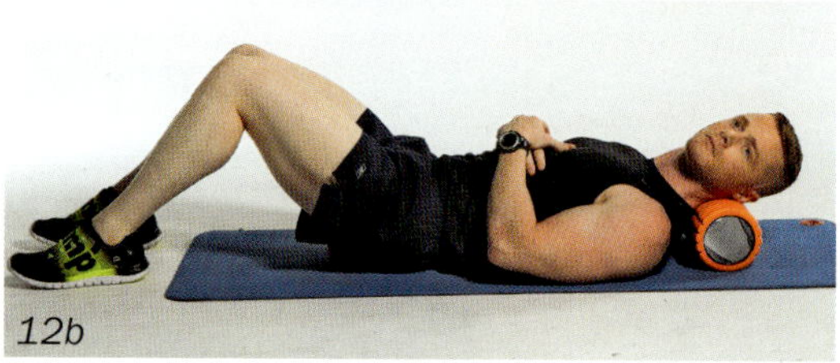

12b

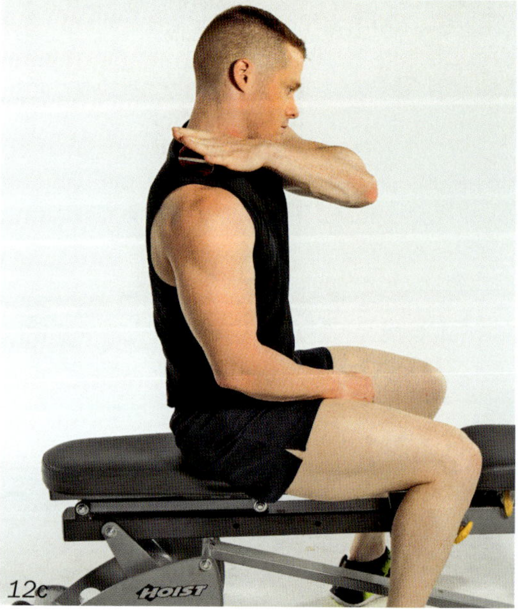

12c

R 13: Rollen über die Brustmuskulatur

Um die Brustmuskulatur im Liegen abzurollen, legen Sie in Bauchlage den Arm diagonal nach oben und auch die Rolle etwas schräg, so dass Sie den Muskel entlangrollen können (Bild 13a), oder Sie nutzen die Kugel.

Alternativ können Sie im Sitz die Brustmuskulatur mit der Kugel abrollen (Bild 13b), wozu Sie kreisende Bewegungen auf dem ganzen Muskel machen.

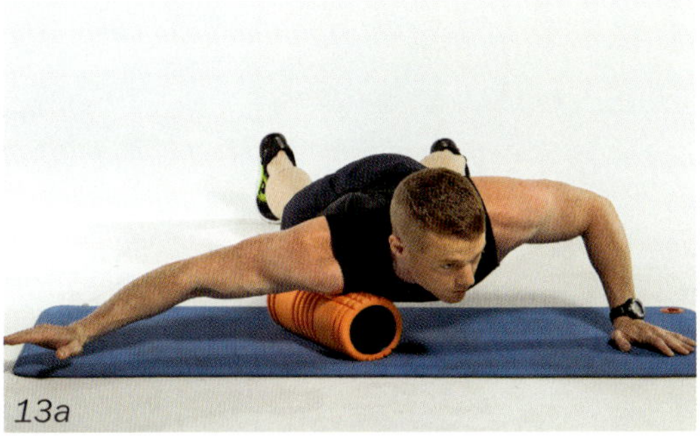

13a

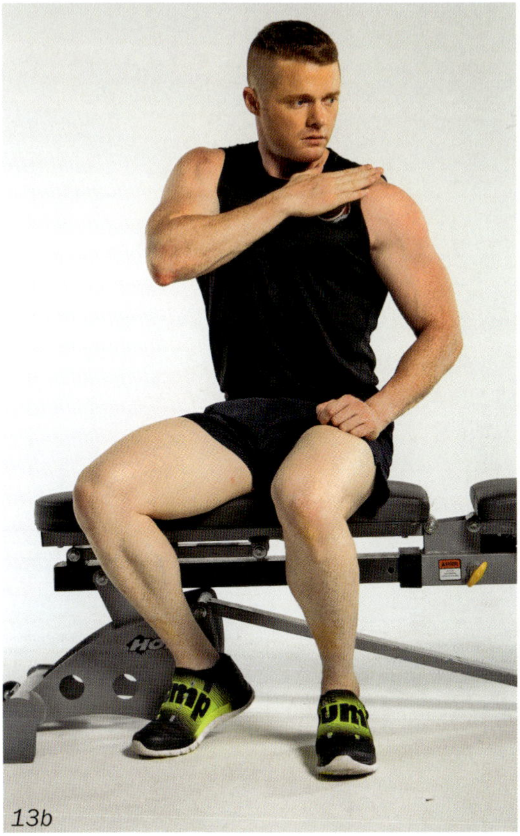

13b

R 14: Rollen über die Schultermuskulatur

Sie können die Schultermuskulatur in Seitenlage abrollen. Dazu rollen Sie zuerst über die Schultermuskulatur mit nach vorne zeigendem Arm. Dann legen Sie den Arm hinter den Körper und rollen in dieser Position, um unterschiedliche Muskelanteile zu erreichen. Sie können das Gewicht auf den Ball oder die Rolle verlagern oder sich mit der oberen Hand abstützen. Sie erreichen die besten Effekte mit der großen Kugel (Bild 14a); die Massage ist aber auch mit der kleinen Kugel möglich. Mit der Hartschaumrolle lässt sich der mittlere Anteil recht gut abrollen (Bild 14b), der hintere Anteil und der vordere Anteil allerdings nur teilweise durch Drehen der Rolle. Alternativ können Sie die Schultermuskulatur im Sitzen abrollen, indem Sie Druck mit der Hand auf die Kugel ausüben. So erreichen Sie alle Anteile der Schultermuskulatur (Bild 14c), allerdings mit weniger Druckintensität als im Liegen.

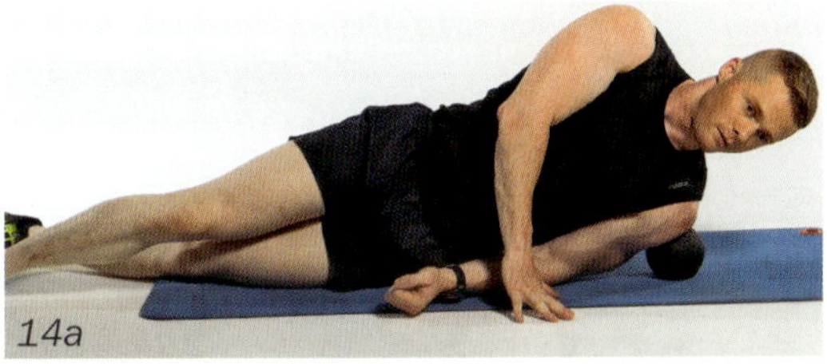

14a

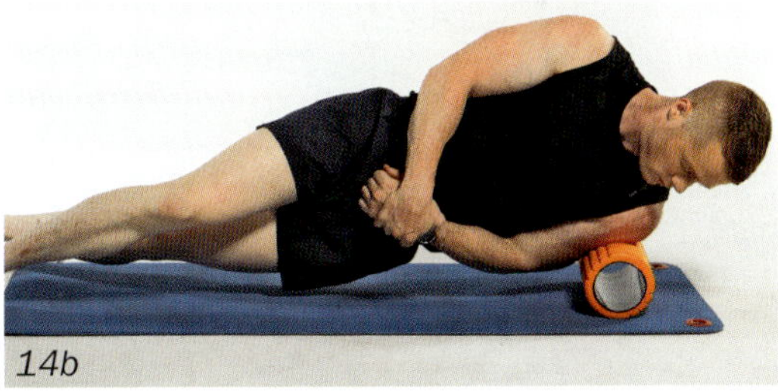

14b

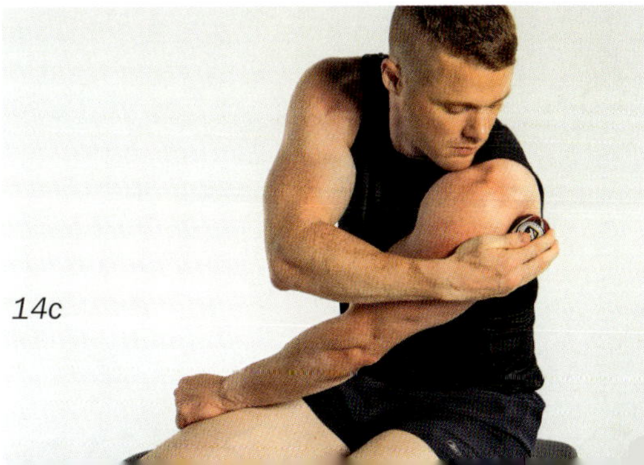

14c

R 15: Rollen über die Armmuskulatur

Um die Armmuskulatur zu lockern, rollen Sie von oben nach unten. Rollen Sie über die hintere Oberarm- und Unterarmmuskulatur sowie über die vordere Oberarm- und Unterarmmuskulatur. Wenn Sie die Massage im Liegen ausführen, wodurch intensiver Druck ermöglicht wird, müssen Sie die Position der großen Rolle (Bild 15a) beziehungsweise der Kugel jeweils anpassen.

Für das Massieren der Arme im Sitz können Sie eine Kugel (Bild 15b) oder eine dünne, kleine Rolle einsetzen.

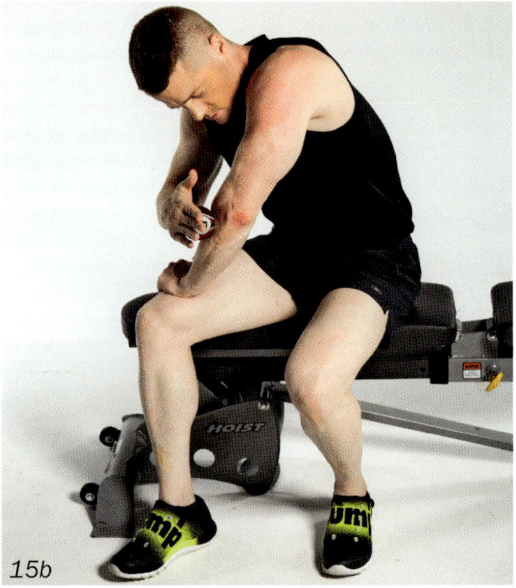

15b

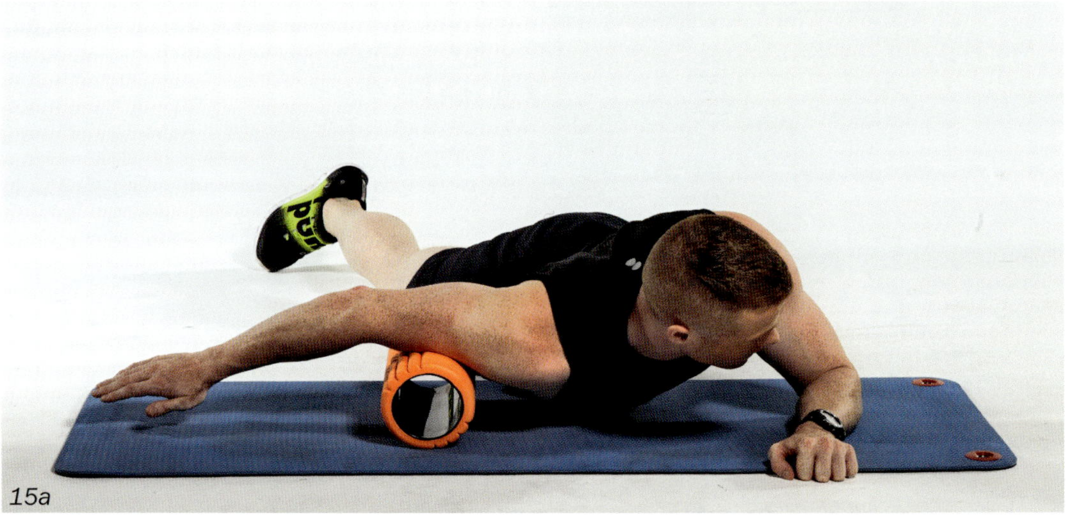

15a

Roll-Workout: Ganzkörper

Ganzkörper-Programm ist zur Zeitersparnis mit möglichst geringer Übungszahl gestaltet. Es konzentriert sich auf die Muskeln, die oftmals verspannt sind und somit die Bewegungskette einer Kampfsport-Technik einschränken können. Wenn bei Ihnen andere Körperbereiche verspannt sind, können Sie das Programm entsprechend anpassen. Bei Bedarf können Sie auch die Mobilisation der Brustwirbelsäule zuerst ausführen. Rollen Sie fünf- bis zehnmal über die Muskeln, beim Aufwärmen eher schnell und beim Abwärmen sowie an Regenerationstagen eher langsam.

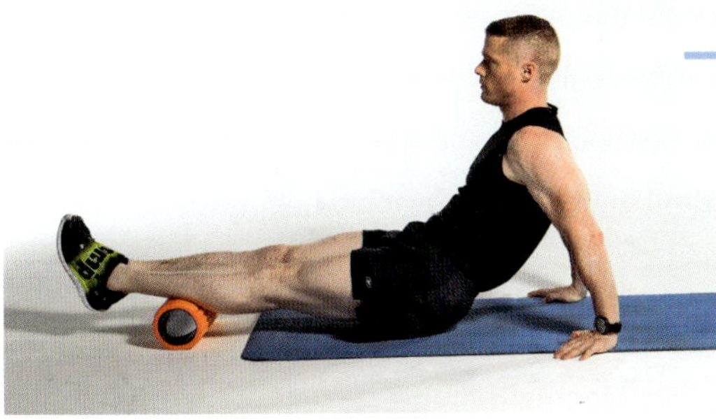

R 2: Waden.

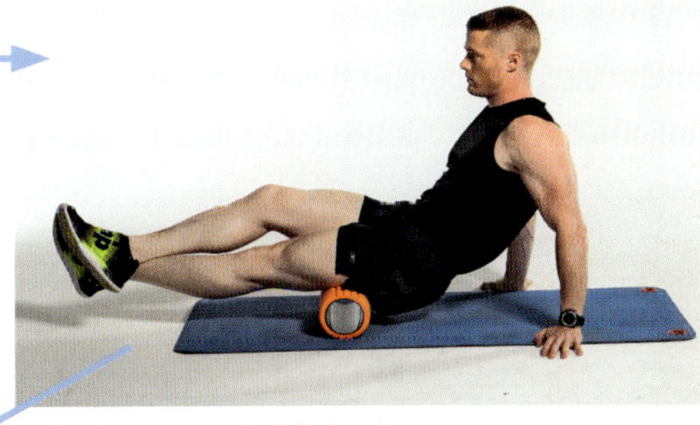

R 3: Oberschenkelrückseiten.

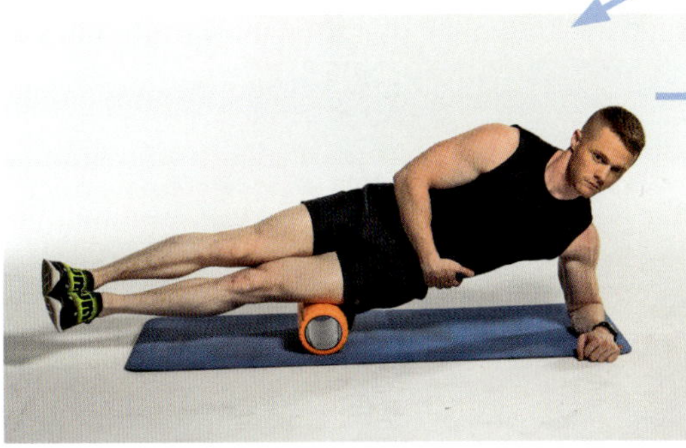

R 4: Oberschenkelaußenseiten.

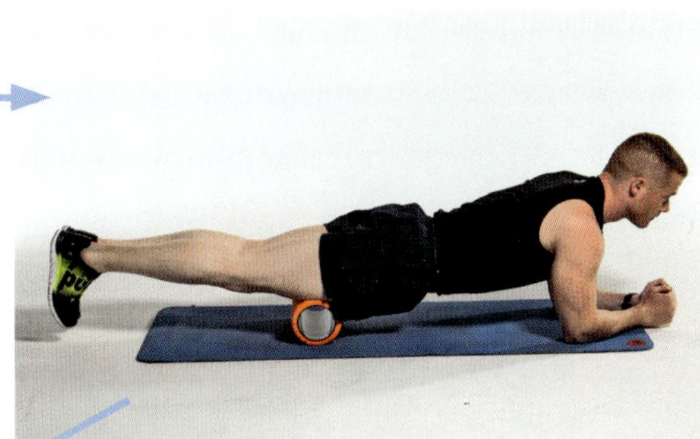

R 5: Oberschenkelvorderseiten.

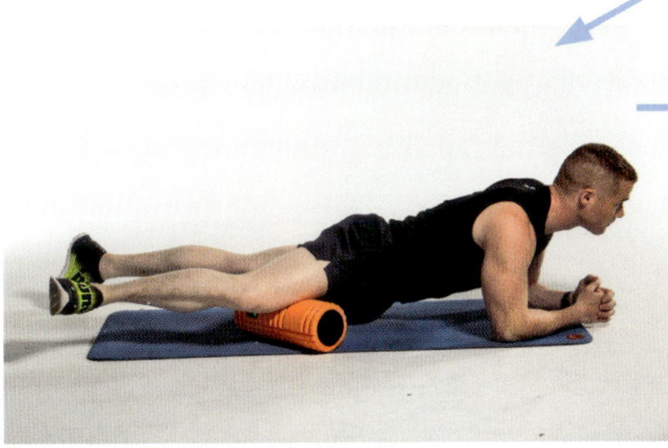

R 6: Oberschenkelinnenseiten.

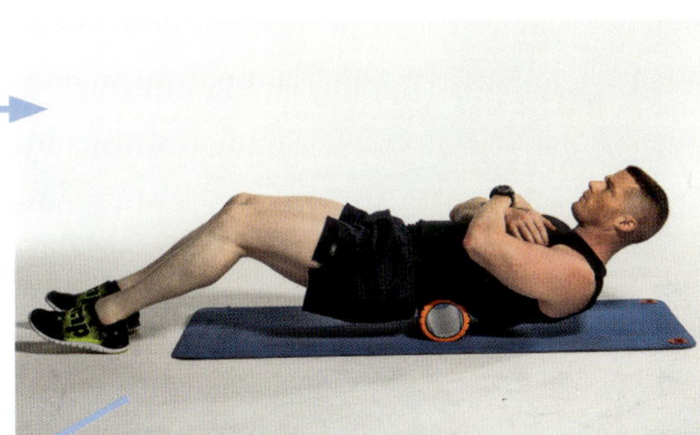

R 8: Unterer Rücken.

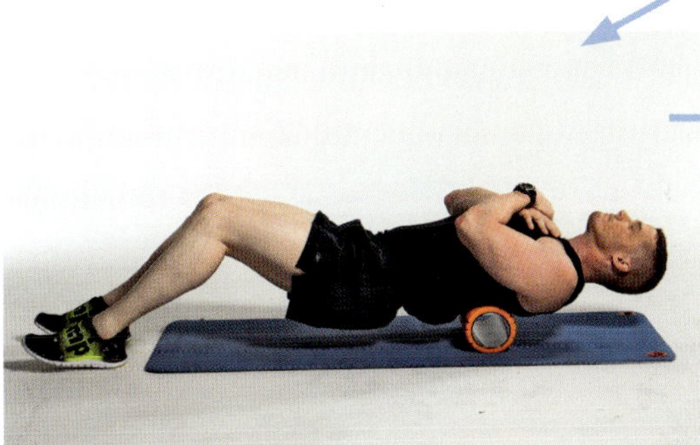

R 9: Oberer Rücken.

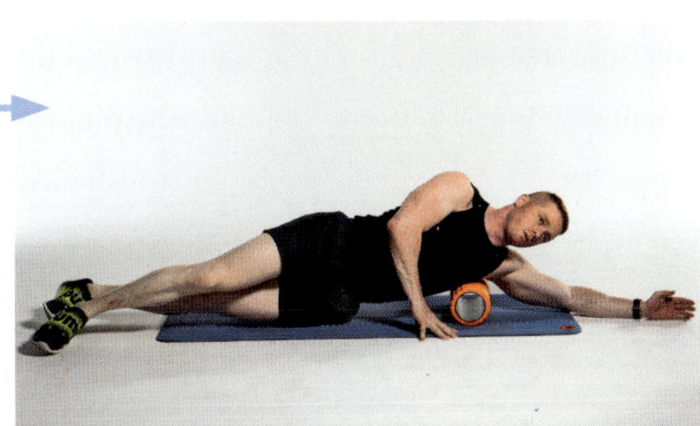

R 10: Oberkörperseiten.

V. Ernährung

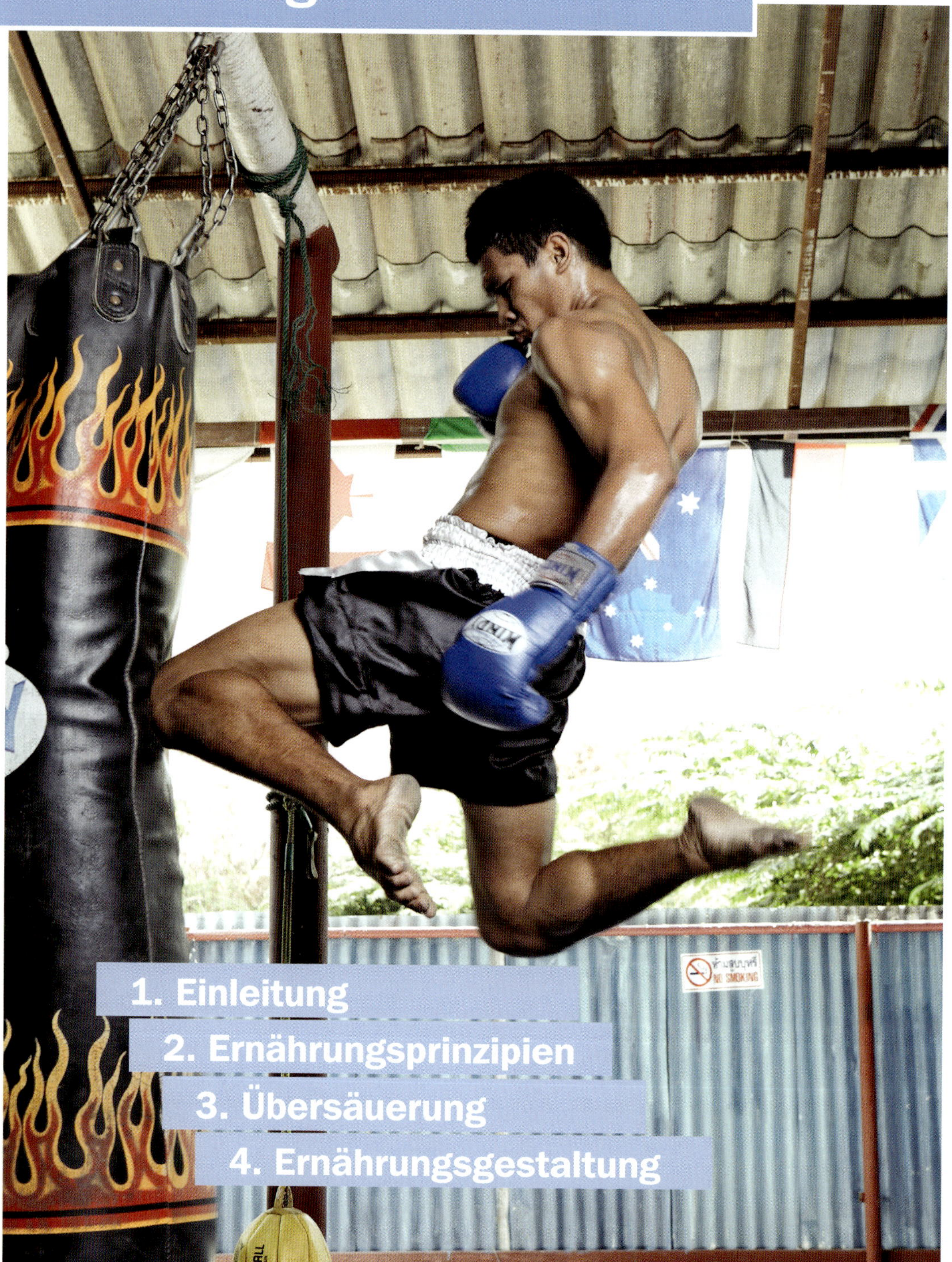

1. Einleitung
2. Ernährungsprinzipien
3. Übersäuerung
4. Ernährungsgestaltung

1. Einleitung

Als Kampfsportler müssen Sie auf Ihre Ernährung achten, denn eine den sportlichen Zielen sowie Trainingsanstrengungen angepasste Ernährung ist grundlegend für die optimale Entwicklung der Leistungsfähigkeit – ohne die geeignete Ernährung werden Sie Ihre Ziele nicht erreichen. Es ist wichtig, dass Sie die Ernährungsprinzipien verstehen und darauf achten, dass Sie Ihrem Körper die notwendigen Nährstoffe zuführen. Mit der richtigen Ernährung sind Sie leistungsbereit und fördern Muskelaufbau sowie schnelle Regeneration. Außerdem hilft dies, möglichen Verletzungen und frühzeitigem Verschleiß vorzubeugen.

Als Kampfsportler müssen Sie insbesondere auf eine mögliche Übersäuerung achten, weshalb diesem Thema ein ausführlicher Abschnitt gewidmet ist. Als junger Kampfsportler werden Sie vielleicht noch nicht die Notwendigkeit der gesunden Ernährung spüren, doch versorgen Sie Ihren Körper nicht mit den geeigneten Nährstoffen, dann werden Sie ihn schneller verschleißen, und wichtige Leistungspotentiale bleiben ungenutzt.

Es gibt immer wieder neue Erkenntnisse und Nahrungspräparate, die schnellere Erfolge bewirken sollen. Sie können diese testen, solange diese den grundlegenden Ernährungsprinzipien nicht deutlich wiedersprechen. Vergleichen Sie Ihre Ernährung mit den hier vorgestellten Prinzipien und nehmen Sie Anpassungen vor, um alle Möglichkeiten zur Leistungsoptimierung im Kampfsport zu nutzen. Weitere Informationen zu den Grundlagen der Ernährung finden Sie in dem Buch »Fitness für Kampfsportler« (Delp 2013).

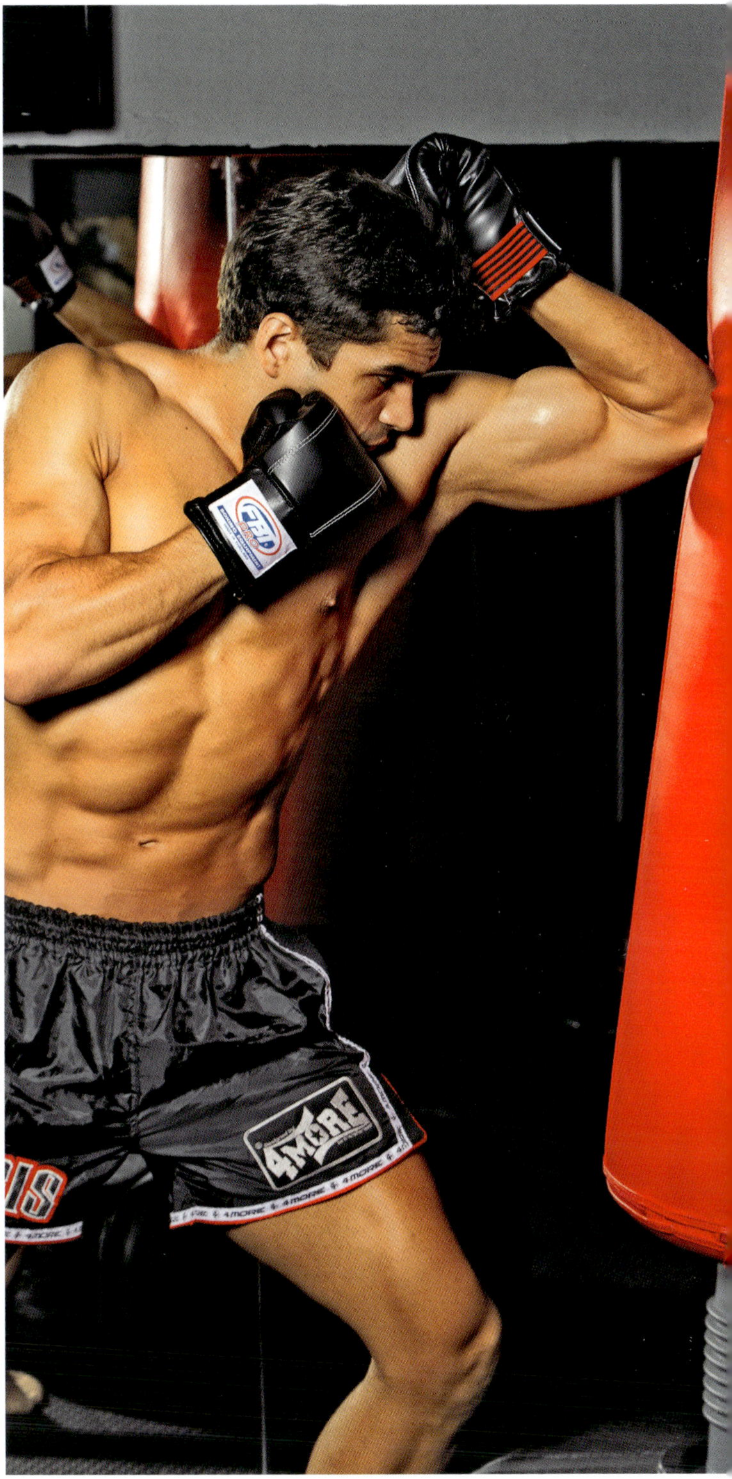

Kraftvoll und leistungsstark – die richtige Ernährung ist grundlegend für Kampfsportler.

2. Ernährungsprinzipien

Unsere Leistungsfähigkeit im Kampfsport ist nicht nur vom Training abhängig, sondern ebenso von unserer Ernährung. Als Kampfsportler wollen wir so stark und leistungsfähig wie möglich sein. Die Wettkämpfer, außer im Super-Schwergewicht, benötigen außerdem einen möglichst geringen Körperfettanteil, um in der optimalen Gewichtsklasse starten zu können. Die geeignete Ernährung stellt das Erreichen dieser Ziele sicher: Ernähren Sie sich richtig, dann fällt es leicht, Muskelmasse aufzubauen und Fettdepots zu verringern. Sie werden leistungsfähiger, weniger verletzungsanfällig und verkürzen die Regenerationszeit – eine sinnvolle Ernährungsgestaltung ist deshalb für jeden Kampfsportler erstrebenswert. Es gilt die Ernährungsprinzipien zu verstehen, sich seine eigene Ernährung bewusst zu machen und zu versuchen, diese immer besser den Prinzipien anzugleichen. Achten Sie dabei auf die Reaktionen Ihres Körpers, so dass Sie immer wieder Anpassungen vornehmen können, um die Ergebnisse zu optimieren. Gehen Sie dabei schrittweise vor, denn es ist schwierig, das bisherige Verhalten sofort vollständig zu ändern, da alle Veränderungen Zeit benötigen und der Körper sich daran gewöhnen muss.

Prinzip 1: Genügend Eiweiß

Als Kampfsportler müssen Sie darauf achten, dass Sie genügend Eiweiß zu sich nehmen. Als Eiweißlieferanten sind mageres Fleisch, Fisch, Eier, Milchprodukte und Hülsenfrüchte gut geeignet. Die Eiweißmenge sollte zwischen 1,5 und 2,0 g pro Kilo Körpergewicht liegen, die über den Tag verteilt verzehrt wird. Bei dem Ziel »Muskelaufbau« ebenso wie bei einer Diät sollte die Eiweißmenge eher an 2 g liegen, aber nicht über 2,5 g. Wenn Sie als Kampfsportler ein Gewicht von 70 kg haben, dann sollten Sie am Tag also 105–140 g Eiweiß aufnehmen. Ein Kampfsportler mit einem Gewicht von 100 kg muss entsprechend 150–200 g Eiweiß verzehren.

Die Angaben sind Orientierungswerte, und deren genaues Überprüfen wäre zu aufwendig. Auch besitzen viele Nahrungsmittel, die nicht zu den Eiweißträgern gezählt werden, eine zumindest kleine Menge Eiweiß. Gehen Sie deshalb wie folgt vor: Achten Sie darauf, dass Sie zumindest bei den drei Hauptmahlzeiten jeweils eine große Menge Eiweiß verzehren. Ist das nicht möglich, dann sind Zwischensnacks und Eiweiß-Shakes notwendig, um die benötigte Eiweißmenge sicherzustellen.

Kalkulation in Handflächengröße

Um die Menge schnell einzuschätzen, können Sie mit einer durchschnittlich großen Handfläche kalkulieren. Ein Eiweißträger im Umfang einer mittelgroßen Handfläche enthält grob etwa 30 g Eiweiß. Diese einfache Regel bietet eine Grundlage, um zu kalkulieren und abzuschätzen, denn beispielsweise passen 2 Hühnereier in die Handfläche, und die Eier enthalten 32 g Eiweiß. Ein mitteldick geschnittenes Stück Fleisch mit 150–200 g entspricht dem Umfang von 1½–2 Handflächen. Ein dünngeklopftes Schweineschnitzel benötigt entsprechend mehr und ein dickgeschnittenes Rumpsteak entsprechend weniger Umfang, um eine Menge von 30 g Eiweiß zu erreichen. Nach der Handflächenregel benötigt ein Kampfsportler mit einem Gewicht von 70 kg über den Tag verteilt Eiweißträger in der Menge von 3–4 Handflächen. Zusätzlich nimmt er noch etwas Eiweiß aus anderen Nahrungsmitteln ein, so dass die benötigte Menge erreicht wird. Wenn er allerdings die Gesamtmenge von 3–4 Handflächen in den Hauptmahlzeiten nicht erreicht, dann sollte er Eiweiß-Shakes ergänzen. Ein Kampfsportler mit 100 kg Gewicht benötigt an vorrangig eiweißhaltigen Nahrungsmitteln eine Menge von 4 ½–6 Handflächen.

Wichtige Eiweißquellen pro 100 g

Die Angaben zu den aufgelisteten Eiweißträgern sind in der Literatur nicht immer einheitlich, liegen jedoch recht nahe beieinander. Kalkulieren Sie, dass ein Hühnerei 16 g Eiweiß enthält. Mandeln besitzen viele

Pro 100 g	Eiweiß (g)	Kohlenhydrate (g)	Fett (g)
Garnelen	18,6	0	1,4
Harzer Käse	30,0	0	0,7
Hähnchenbrust	22,0	0	1,0
Hühnerei	12,9	1	11,2
Hüttenkäse, Magerstufe	13,3	1,4	3,3
Lachsfilet	23,0	0	7,0
Linsen rot	25,5	50,0	1,5
Mandeln	19,0	4	54,0
Parmesan	38,5	0	25,8
Putenfleisch	23,0	0	2
Quark, Magerstufe	13,5	4	0,2
Rindfleisch, Steak	28,6	0,3	12,6
Schinken, gekocht	23,0	0	4
Schweineschnitzel	22,0	0	1,9
Thunfisch	25,0	0	0,8
Tofu	15,5	2,8	5,6
Whey-Pulver	78,5	5,8	3,8

wertvolle Fette und sind deshalb auch aufgeführt. Die Angaben beim Whey-Pulver sind abhängig vom Produkt etwas unterschiedlich.

Whey

Gelingt es Ihnen nicht, die benötige Eiweißmenge mit den drei Hauptmahlzeiten einzunehmen, dann können Sie zur Ergänzung Eiweißpräparate wie Molkeprotein (Whey) einnehmen. Ein Eiweiß-Shake wird von vielen Kampfsportlern als Zwischenmahlzeit genutzt und damit die benötigte Eiweißmenge sichergestellt.

Kreatin

Beabsichtigen Sie, in einem Trainingszyklus Ihre Muskelkraft deutlich zu steigern, dann kann sich für diesen Zeitraum die Einnahme von Kreatin lohnen. Kreatin ermöglicht der Muskulatur, eine größere Leistung abzurufen, und beschleunigt außerdem die Regenerationsphase. In der Einnahmephase von Kreatin lagert der Körper mehr Wasser ein, wodurch sich das Gewicht auf der Waage schnell um 2–3 kg erhöht. Dieser Pumpeffekt verschwindet nach dem Ende der Einnahmephase wieder; der Kraftgewinn bleibt zum größten Teil erhalten. Das Zuführen von Kreatin sollten Sie nach einem Zyklus wieder stoppen, da Ihr Körper sonst seine eigene Produktion verringert. Allerdings erzielt nicht jeder Kampfsportler gleich gute Effekte mit der Einnahme von Kreatin. Auch müssen Sie beachten, dass Sie Kreatin nicht in der Vorbereitung auf einen Wettkampf einnehmen, damit sich Ihr Gewicht durch die Wassereinlagerung nicht erhöht; es sei denn, Sie beabsichtigen, in einer höheren Gewichtsklasse anzutreten. Weiterhin werden durch einen schnellen Leistungsgewinn die Sehnen und die Bänder stark belastet, was zu einer Überlastungsverletzung führen kann. Achten Sie in einer intensiven Aufbauphase besonders auf Ihre Regeneration sowie auf nährstoffreiche Mahlzeiten.

Prinzip 2: Viel Gemüse und Salat, etwas Obst

Essen Sie viel Gemüse, denn dieses liefert wichtige Nährstoffe und ist kalorienarm. Außerdem ist es als Basenträger wichtig, um die säurebildende eiweißhaltige Nahrung auszugleichen. Besonders wertvoll sind Brokkoli, Blumenkohl, Kraut und Spinat, wovon Sie möglichst oft und viel essen können. Die Gemüsemenge in einer Mahlzeit sollte möglichst die dreifache Menge von dem betragen, was Sie an eiweißhaltiger Nahrung verzehren. Wählen Sie frisches Gemüse; falls nicht verfügbar, dann ist das Tiefkühlgemüse dem Dosengemüse vorzuziehen.

Auch Salate mit gesundem Öl, beispielsweise Olivenöl, zubereitet, sollten Sie oft verzehren. Es ist empfehlenswert, Salate mit Kräutern und Sprossen anzureichern, und auch Pilze und Nüsse können zugefügt werden. Wenn Sie Rohkost gut vertragen, dann können Sie auch noch abends einen Salat essen, ansonsten zum Mittagessen.

Eine gute Aufteilung eines Mittagessens umfasst: ein Viertel Eiweißträger wie Fleisch oder Fisch, mindestens zwei Viertel Gemüse und Salat und höchstens ein Viertel Kohlenhydrate wie Reis oder Nudeln. Wenn Sie sich daran halten, stellen Sie sicher, dass Sie sich ausgeglichen ernähren und Ihren Körper nicht übersäuern.

Auch Obst ist ein wichtiges Nahrungsmittel, denn es enthält viele Vitamine, Mineralstoffe und Ballaststoffe und ist somit basenreich. Wählen Sie frisches Obst, da es viel mehr Vitamine enthält als frühzeitiges geerntetes Obst. Sie sollten allerdings aufgrund des hohen Fruchtzuckergehaltes nicht zu viel Obst verzehren und es bei einer geplanten Gewichtsabnahme minimieren. Ein bis zwei Portionen in der Größe einer Faust sind pro Tag empfehlenswert, beispielsweise beim Frühstück oder als Zwischenmahlzeit.

Prinzip 3: Hochwertige Fette, aber nicht zu viel

Fette enthalten eine hohe Kalorienmenge und führen, wenn sie zu viel verzehrt werden, zu einem Anstieg von Körperfett. Sie dürfen allerdings nicht auf wertvolle Fette verzichten, denn einige essenzielle Fette wie Omega-3-Fettsäuren kann der Körper nicht selbst herstellen, d. h., dass diese Fette dem Körper über die Nahrung zugeführt werden müssen. Fette sind für viele Aktivitäten in unserem Stoffwechsel wichtig, und auch ist zu beachten, dass einige Vitamine nur in Verbindung mit Fett gelöst werden können.

Die gesunden Fette befinden sich in beispielsweise in wertvollen Ölen wie Olivenöl und Leinöl, in Avocados, Nüssen und Samen sowie in fetten Fischen, die sich von Algen ernähren. Essen Sie diese Nahrungsmittel – jedoch nicht zu viel davon. Verzehren Sie generell mehr Fette aus pflanzlichen als aus tierischen Nahrungsmitteln. Meiden hingegen sollten Sie möglichst die gehärteten Fette und insbesondere die Transfette, die oft in industriell gefertigten Lebensmitteln wie Fertiggerichten, Kuchen und Gebäck enthalten sind.

Nüsse bieten sich als Zwischenmahlzeiten an, insbesondere in Verbindung mit Trockenobst. Als besonders wertvolle Nüsse gelten Mandeln. Die geeignete Menge an Nüssen lässt sich anhand von zwei Fingern berechnen; zwei- bis dreimal täglich eine solche Menge, dann sind Sie gut versorgt.

Fischöl als Nahrungsergänzungsmittel

Das flüssige Fett von Fischen, als Fischöl bezeichnet, enthält u. a. die wichtigen Omega-3-Fettsäuren und Vitamin D. Der Einnahme von Fischöl werden viele positive Effekte zugeschrieben wie schnelle Regeneration, rasche Heilung nach einer Verletzung und bessere Konzentrationsfähigkeit. Deshalb nutzen mittlerweile viele Kampfsportler Fischöl als Nahrungsergänzung, entweder als Flüssigkeit oder in Form von Kapseln. Wenn Sie regelmäßig fetten Fisch wie Lachs, Hering und Aal sowie Nüsse und wertvolle Öle verzehren, dann sollte der Bedarf gedeckt sein. Wenn nicht, empfiehlt es sich, dass Sie Ihre Ernährung mit der Einnahme von Fischöl ergänzen. Eine Menge von 2 g pro Tag gilt allgemein als empfehlenswert, wobei es auch Kampfsportler gibt, die deutlich mehr einnehmen, insbesondere in einer Verletzungsphase. Allerdings sind die positiven Effekte von mehr als 2 g pro Tag nicht gesichert. Beachten Sie außerdem, wenn Sie bereits kombinierte Nahrungsergänzungspräparate einnehmen, dass in diesen oftmals Fischöl enthalten ist.

Prinzip 4: Kohlenhydratmenge kontrollieren

Sie müssen Kohlenhydrate verzehren, allerdings nicht zu viel. Insbesondere wenn es Ihr Ziel ist, Gewicht beziehungsweise Körperfett zu reduzieren, dann sollten Sie die Menge an Kohlenhydraten einschränken. Es gilt vorrangig, den Verzehr von kurzkettigen Kohlenhydraten zu reduzieren, wie sich diese in Weißbrot, Nudeln, geschältem Reis und Süßigkeiten befinden. Generell sollten Sie möglichst vollwertige Kohlenhydrate essen wie Vollkornreis, Vollkornnudeln und Vollkornbrot anstatt geschältem Reis sowie Nudeln und Brot aus Weißmehl. Auch Kartoffeln sind ein empfehlenswertes kohlenhydratreiches Nahrungsmittel.

Prinzip 5: Richtige Kombination der Nahrungsmittel

Es ist wichtig, dass Sie die Nahrungsmittel richtig miteinander kombinieren. Tierische Eiweißträger sind stark säurehaltig, was aber nicht bedeutet, dass man als Kampfsportler darauf verzichten soll, denn ansonsten ist die Einhaltung der notwendigen Eiweißmenge schwierig. Sie sollten vielmehr darauf achten, dass Sie möglichst in der gleichen Mahlzeit säurebildende Nahrung mit basenbildender Nahrung wie Gemüse, Salat und Obst ausgleichen. Ein Stück Fleisch oder Fisch sollten Sie mit der dreifachen Menge an Basenbildnern vorrangig aus Gemüse ausgleichen. Wenn Ihre Zwischenmahlzeiten basisch sind, dann kann die Menge etwas kleiner sein. Generell können Sie immer viel Gemüse und Salat essen, solange die Soße beziehungsweise das Dressing gesund ist.

Sie können sich das Vorgehen so vorstellen, dass wenn Sie ein Stück Fleisch oder Fisch in der Größe einer Handfläche verzehren, dann sollten Sie Gemüse mit dem Umfang von mindestens 2 Fäusten essen und am besten etwas Salat dazu. Ist der Umfang des Eiweißträgers größer, dann sollten Sie entsprechend auch die Menge der Basenträger steigern.

Prinzip 6: Essen Sie natürlich und wählen Sie Freilandhaltung

Kaufen Sie Gemüse, Salat, Obst und Kräuter möglichst frisch, anstatt Produkte mit Konservierungsstoffen zu sich zu nehmen. Wählen Sie oft Produkte, die Saison haben und reif geerntet werden, was zumeist für Produkte aus regionalem Anbaugebiet zutrifft. Verarbeitete Lebensmittel wie Fertiggerichte und Dosengerichte haben viel weniger essenzielle Nährstoffe und besitzen mehr Kalorien. Lagern Sie frische Nahrungsmittel richtig und essen Sie oft roh. Gemüse, welches Sie nicht roh verzehren, sollten Sie mit möglichst wenig Hitze und in geringer Flüssigkeit dünsten. Nutzen Sie den entstehenden Gemüsesaft für die Zubereitung einer Gemüsebrühe oder einer Gemüsesauce, damit wenig Nährstoffe verloren gehen. Am besten kochen Sie oft selbst, um die optimale Zusammenstellung und Zubereitung der Mahlzeiten sicherzustellen.

Wählen Sie Fleisch möglichst aus Freilandhaltung. Freilaufende Tiere bekommen eine bessere Ernährung und können durch die Bewegung mehr Muskulatur aufbauen, wodurch ihr Fleisch eine größere Menge an Aminosäuren, Mineralstoffen und Vitaminen enthält. Ebenso ist Wildfisch empfehlenswert, da Fische in Zuchtbetrieben oftmals minderwertig gefüttert werden. Fleisch aus Freilandhaltung und wild gefangener Fisch sind zwar deutlich teurer, doch ist der Nährwert so viel besser, dass man diese Eiweißträger kaum mit Fleisch aus dem Stall und Fisch aus Zuchthaltung vergleichen kann.

Mineralstoff- und Vitaminpräparate

Wenn Sie sich in einer sehr intensiven Trainingsphase befinden, kann die Einnahme von Nahrungsergänzungsmitteln lohnen, wobei insbesondere auf die Versorgung mit Magnesium und Zink zu achten ist. Ein Apotheker kann die geeigneten Produkte empfehlen. Die Einnahme sollte zeitlich begrenzt sein, denn normalerweise sollte die Aufnahme durch eine gesunde Ernährung mit frischen Produkten sichergestellt werden.

Prinzip 7: Viel Trinken

Damit Sie die sportliche Leistung erbringen können, müssen Sie darauf achten, genügend zu trinken, denn bereits der Verlust von 5 % Prozent Körperflüssigkeit führt zu einer deutlich geringeren Leistungsfähigkeit. Es ist auch für wenig aktive Menschen notwendig, mindestens 2–2,5 Liter Flüssigkeit aufzunehmen, um den täglichen Flüssigkeitsverlust zu ersetzen. Wenn Sie intensiv trainieren und viel schwitzen, erhöht sich die notwendige Flüssigkeitsmenge deutlich. Wir nehmen zwar auch Wasser durch den Verzehr von Obst und Gemüse auf, doch sollten wir zusätzlich mindestens 2 Liter Mineralwasser trinken. An

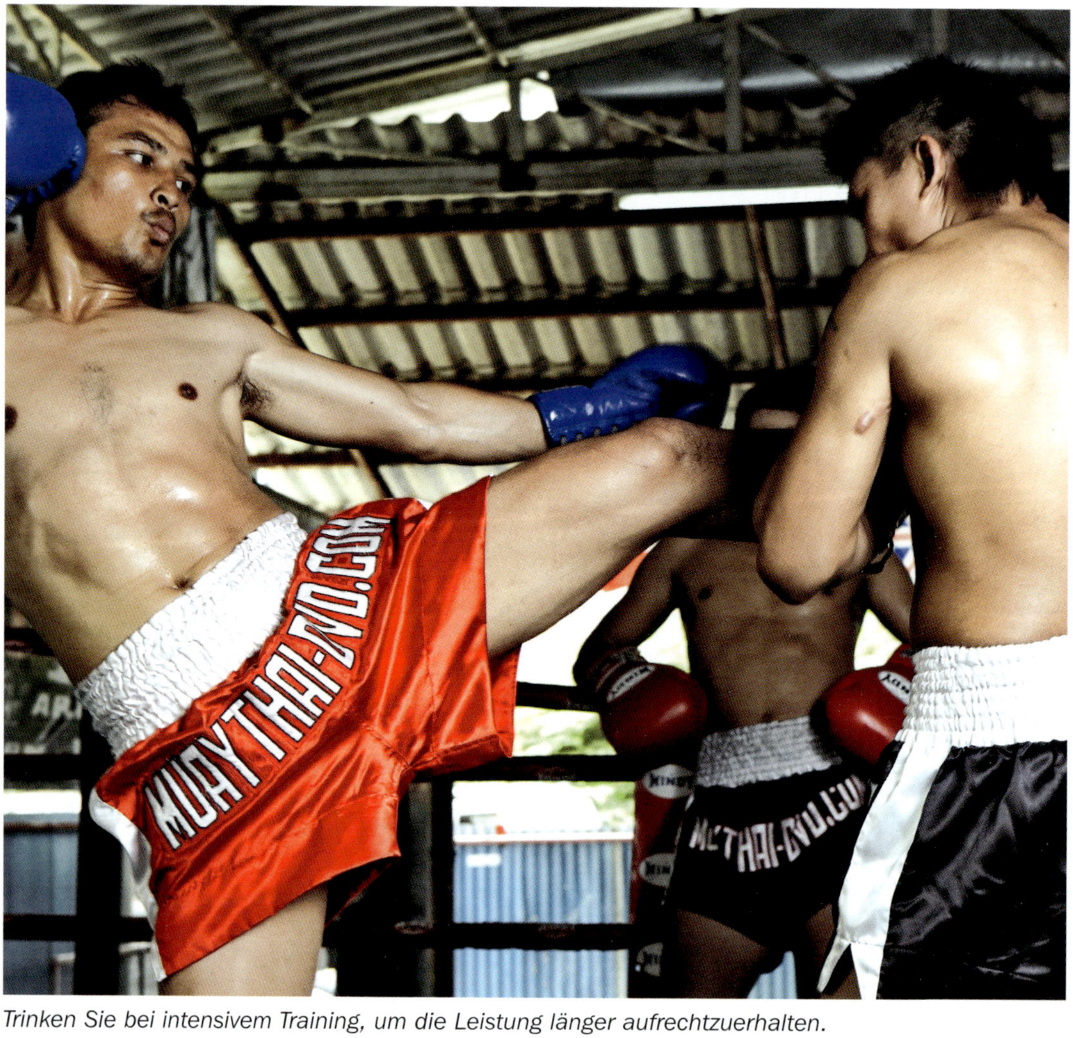

Trinken Sie bei intensivem Training, um die Leistung länger aufrechtzuerhalten.

einem Trainingstag sollten Sie 2,5–3,0 Liter trinken, bei hohem Flüssigkeitsverlust sogar noch mehr. Überprüfen Sie hin und wieder, ob Sie tatsächlich genügend trinken, indem Sie die Flüssigkeitsmenge über den Tag hinweg notieren. Achten Sie darauf, dass Sie ein Mineralwasser wählen, das reich an Magnesium, Kalium und Natrium ist. Außerdem sollte das Mineralwasser keine oder wenig Kohlensäure besitzen, da auch zuviel Kohlensäure zu vermehrter Säurebildung führt. Alkohol und koffeinhaltige Getränke sind zum Einhalten der Wasserbilanz nicht geeignet, da sie stark harntreibend wirken und somit zu verstärkter Wasserausscheidung führen. Deshalb empfiehlt es sich, Kaffee und Bier mit einer jeweils größeren Menge an Mineralwasser auszugleichen.

Auch während des Trainings sollten Sie viel trinken, insbesondere wenn die Trainingseinheit intensiv ist, lange andauert und Sie dabei viel schwitzen. Zumindest alle 30 Minuten sollten Sie etwas trinken, um die bestmögliche Leistung erbringen zu können. Als Sportgetränk empfiehlt sich eine Apfelsaftschorle im Mischverhältnis: ein Drittel reiner Apfelsaft ohne Zuckerzusatz und zwei Drittel Mineralwasser ohne Kohlensäure. Wenn kein Apfelsaft verfügbar ist, dann wählen Sie Mineralwasser; die teuren isotonischen Getränke sind hingegen im Normalfall unnötig.

Prinzip 8: Essen Sie kontrolliert und bewusst

Essen Sie zu regelmäßigen Zeiten, nehmen Sie sich dazu Zeit und kauen Sie gründlich, um die Verdauung zu unterstützen. Essen Sie die geeignete Menge und beachten Sie, dass sich das Sättigungsgefühl erst etwas später einstellt. Essen Sie hingegen nicht, bis der Topf und der Teller leer sind. Empfehlenswert sind drei Hauptmahlzeiten: Frühstück, Mittagessen und Abendessen. Eiweißhaltige Nahrungsmittel sollten in allen drei Mahlzeiten enthalten sein. Am besten verzehren Sie auch morgens Gemüse, um eine mögliche Übersäuerung zu vermeiden. Wenn Ihnen dies nicht schmeckt, dann gleichen Sie die säurebildenden Eiweißträger mit Obst aus. Generell sollten Sie Kohlenhydrate eher wenig und diese vorrangig morgens und mittags verzehren. Empfehlenswert sind vollwertige Kohlenhydrate, beispielsweise Vollkornbrot oder ein vollwertiges Müsli zum Frühstück. Wenn Sie allerdings vor dem Abendessen ein Training ausführen, dann benötigen Sie auch danach eine kleine Menge an Kohlenhydraten. Vor einer langen Trainingseinheit können Sie einen kleinen kohlenhydrathaltigen Snack verzehren, um Ihr Energielevel hoch zu halten, beispielsweise eine Banane oder eine Scheibe Brot mit Honig. Nach dem Training sollten Sie innerhalb von 30 Minuten zumindest einen Snack einnehmen, der Eiweiß und Kohlenhydrate enthält. An den Tagen, an denen Sie nicht trainieren, sollten Sie weniger Kohlenhydrate verzehren als an Trainingstagen.

Zwischen den Hauptmahlzeiten empfehlen sich zwei kleine Zwischensnacks aus Obst, Gemüse oder Nüssen. Auch am Abend können Sie noch einen kleinen Zwischensnack verzehren. Essen Sie jedoch nicht zu viel als Zwischensnack.

Generell sollten Sie Rohkost besser bis zum frühen Nachmittag verzehren, da sie sich schwerer verdauen lässt und der Verdauungsprozess während des Schlafens nicht erschwert werden soll. Am Abend können Sie leicht gedünstetes Gemüse wählen.

3. Übersäuerung

Viele Kampfsportler ernähren sich mit einer zu großen Menge an säurebildenden Lebensmitteln und einer zu kleinen Menge an Nahrungsmitteln mit basischen Mineralstoffverbindungen. Die basenbildenden Lebensmittel sind jedoch sehr wichtig, weil sie Verbindungen mit den Säuren eingehen und so dem Körper ermöglichen, die Säuren zu neutralisieren und auszuscheiden. Auch Stress, Umweltgifte und intensive Belastung bei Arbeit und Training erhöhen die Säurebelastung des Körpers. Als Kampfsportler sind intensive Trainingseinheiten und eiweißhaltige Ernährung notwendig, was das Risiko erhöht, den Körper zu übersäuern. Eine kurzzeitige Übersäuerung kann der Körper ausgleichen; eine anhaltende Übersäuerung führt zu vielen gesundheitlichen Problemen. Wenn wir unserem Körper über viele Jahre hinweg übersäuern, dann können sich schwerwiegende Krankheitsbilder entwickeln.

Sie können eine Übersäuerung verhindern, indem Sie sich richtig ernähren und die Lebensweise anpassen. Auch bereits bestehende gesundheitliche Probleme, die sich aus einer langfristigen Übersäuerung entwickelt haben, lassen sich mit einer Ernährungs- und Lebensumstellung deutlich verbessern und oftmals auch beheben. Achten Sie darauf, dass Sie Ihren Körper nicht übersäuern, damit Sie Ihre Ziele im Kampfsport auch langfristig verwirklichen können.

Info

Zeichen einer Übersäuerung

Wenn Sie bei sich einige der folgenden Zeichen feststellen, kann dies auf eine Übersäuerung hindeuten:

- Müdigkeit
- Konzentrationsschwäche
- Unwohlsein und Stressgefühl
- Magen-Darm-Probleme
- häufig kalte Hände und Füße
- abbauende Leistungsfähigkeit in Beruf, Alltag und Sport
- mangelnde Spannkraft der Haut
- Verletzungsanfälligkeit an Muskeln, Sehnen und Bändern
- Muskel- und Gelenkschmerzen
- anhaltende Entzündungen und Infektanfälligkeit
- lange Regenerationszeit nach dem Training
- keine beziehungsweise schlechte Fortschritte beim Muskelaufbau.

Was ist eine Übersäuerung?

Die Flüssigkeiten in unserem Körper enthalten Säuren und Basen, welche aus den aufgenommenen Nahrungs- und Genussmitteln sowie aus den Stoffwechselvorgängen entstehen. Damit die Prozesse im Körper reibungslos ablaufen, müssen die Säuren und die Basen im richtigen Verhältnis zueinander stehen, ansonsten nimmt der Körper Schaden. Es müssen genügend Basen vorhanden sein, damit die Säuren neutralisiert werden können. Ist dies nicht gegeben, dann spricht man von einer Übersäuerung.

Weil dieses Säure-Basen-Verhältnis elementar wichtig ist, hat der Körper mehrere Möglichkeiten, dieses zu regulieren. Ist jedoch eine andauernde Übersäuerung gegeben, dann erschöpft sich die Leistungsfähigkeit der Schutzvorrichtungen, und es entstehen gesundheitliche Problematiken. Zuerst äußern sich Fehlfunktionen so, dass unspezifische Beschwerden auftreten, die nicht direkt zugeordnet werden können, wie Unkonzentriertheit, schwache Leistungsfähigkeit und Müdigkeit. Dies resultiert daraus, dass der Körper ständig Höchstarbeit leisten muss, um die überschüssige Säure abzubauen, wobei Organe wie der Darm übermäßig belastet werden. Außerdem werden Körperdepots angezapft und aufgebraucht, was zu Muskelverhärtungen, Krämpfen, Infektanfälligkeit, Blähungen und Kopfschmerzen führen kann. Auch unreine Haut, brüchige Nägel, Cellulitis, Mundgeruch und Schuppenbildung können aus einer Übersäuerung resultieren. Die überschüssige Säure wird abgelagert, beispielsweise an den Nerven, und führt so zu Schmerzen und Unwohlsein.

Langfristig, das bedeutet über Jahre hinweg, macht eine andauernde Übersäuerung den Körper krank, beispielsweise können starke Muskel- und Gelenkschmerzen und eine Magen-Darm-Erkrankung auftreten. Auch kann dies die Entstehung von Krankheiten begünstigen wie Arthritis, Osteoporose, Gicht und chronische Schmerzen an den unterschiedlichsten Stellen.

Info

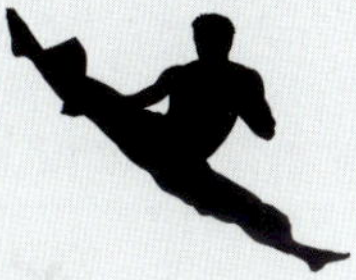

Formen der Übersäuerung

Über die Nahrung werden Säureträger zugeführt, und durch die körperlichen Prozesse entstehen Säuren. Kann der Körper diese Säuren nicht durch die zugeführten Basenträger ausgleichen, dann ist er übersäuert. Eine kurzfristige Übersäuerung kann der Körper mit seinen Puffersystemen abfangen.

Bei einer latenten Übersäuerung wird der Körper häufig übersäuert und die Puffersysteme überlastet. Es bilden sich Schlackenstoffe, die im Bindegewebe und in der Muskulatur abgelagert werden und zu Schmerzen führen und die Verletzungsanfälligkeit erhöhen.

Von einer chronisch latenten Übersäuerung spricht man, wenn der Körper über Jahre hinweg immer wieder übersäuert wird. Das Potential der Puffersysteme erschöpft sich, und es kommt zu einer Vielzahl von körperlichen Beschwerden und Krankheiten.

Wenn in einer anstrengenden Situation, beispielsweise während eines intensivem Trainings, alle Puffersysteme im Körper aufgebraucht sind, dann wird dies als akute Übersäuerung bezeichnet. Durch ein tiefes Ein- und Ausatmen versucht der Körper, die Übersäuerung über die Lungen loszuwerden.

pH-Wert

Der pH-Wert wird als Maß genutzt, um die Säure-Basen-Konzentration zu messen. Die pH-Werte verlaufen von 1 (stark sauer) bis 14 (stark basisch). Ein pH-Wert von 7 besitzt die gleiche Menge an sauren Teilchen wie an basischen Teilchen. In den Körperflüssigkeiten und den Organen müssen unterschiedliche pH-Werte vorliegen, damit die Prozesse optimal ablaufen können. Es ist besonders auf den pH-Wert im Blut, dem Haupttransportmittel, zu achten; hier gilt ein pH-Wert 7,4 als optimal.

Beim Messen des pH-Wertes ist zu beachten, dass nach einer Mahlzeit eine Basenflut entsteht, um den sauren Mageninhalt zu neutralisieren.

Schutzmechanismen

Die Säuren entstehen aus der zugeführten Nahrung und aus den Abbauprodukten des Körpers und müssen mit den zugeführten basischen Elementen neutralisiert werden. Ist der Körper übersäuert, muss der Organismus umgehend reagieren, damit es zu keinen Verätzungen kommt. Der Körper besitzt Schutzmechanismen, sogenannte Puffersysteme, zum Ausgleichen von Schwankungen des pH-Wertes. Säuren werden über die Nieren durch den Urin, über die Lunge durch Ausatmen sowie über die Leber und den Darm abtransportiert und über die Haut ausgeschwitzt. Überschüssige Säuren können im Bindegewebe gelagert und dann schrittweise an die Organe abgegeben werden. Ist die Säurelast zu groß, werden Säuredepots angelegt und Mineralstoffdepots aus dem Körper genutzt, um die Säuren zu neutralisieren.

Folgen einer chronischen Übersäuerung

Säuren muss der Körper beim täglichen Stoffwechsel durch Verwendung der über die Nahrung aufgenommen basenbildenden Mineralstoffe neutralisieren, da sie ansonsten die Eingeweide verätzen würden. Werden nicht genügend Basenträger zugeführt, dann muss der Körper die eigenen Mineralstoffdepots nutzen. Die neutralisierten Säuren werden zu Salzen, auch Schlacken genannt. Allerdings setzen wir unseren Körper einer so großen Menge von Säuren aus, dass unsere Ausscheidungsorgane diese nicht mehr vollständig entsorgen können. Der Körper muss gebildete Schlacken zwischenlagern beziehungsweise einlagern. Aus dem Überschuss an Säurebildnern können eine Vielzahl von gesundheitlichen Problemen entstehen. Erste Symptome können Sie feststellen, wenn Sie sich oft müde und energielos fühlen, infektanfällig sind und schnell beim Training übersäuern. Über einen längeren Zeitraum baut die körperliche Leistungsfähigkeit ab, die Muskeln verlieren an Masse, die Knochen werden brüchig, und die Ablagerungen in Muskeln und Sehnenansätze verursachen chronische Schmerzen und Entzündungen. Auch Durchblutungsschwächen, chronische Ermüdungserscheinungen, Magen-Darm-Erkrankungen, Gewebsschwächen, Gelenkschmerzen, Rheuma, Allergien und Hautkrankheiten sind oftmals die Auswirkungen einer anhaltenden Übersäuerung. Ebenso resultieren trainingsspezifische Problematiken mit dem Bindegewebe, Verletzungsanfälligkeiten an Sehnen und Bändern, Muskelverletzungen und Schmerzen oftmals aus einer anhaltenden Übersäuerung; die Übersäuerung als Ursache wird aber selten von Ärzten erkannt und diagnostiziert. Für Kampfsportler stellt eine anhaltende Übersäuerung ein sehr erstzunehmendes Problem dar, und es muss darauf geachtet werden, eine solche zu vermeiden.

Entmineralisierung

Wenn unser Organismus nicht genügend Mineralstoffe aus der Nahrung erhält, um die Säuren zu neutralisieren, muss er die körpereigenen basischen Mineralstoffdepots nutzen. Nach Bedarfsfall werden basische Mineralstoffe aus Knochen, Muskeln, Knorpeln, Sehnen, Bindegewebe, Haaren, Zähnen, Nägeln und anderen mineralstoffreichen Geweben gelöst und zur Neutralisierung der Säuren verwendet. Deshalb werden beispielsweise bei einer anhaltenden Übersäuerung die Fingernägel brüchig, die Sehnen verletzungsanfällig, und es entstehen leicht Muskelkrämpfe. Aus den Knochen werden Knochenmineralien wie Kalzium herausgelöst, was bei lange anhaltender Übersäuerung dazu führen kann, dass ein Knochen schneller bricht und sich sogar Osteoporose entwickeln kann. Außerdem nutzt der Körper Eiweiße wie Glutamin, was aus der Muskulatur abgebaut wird. So kann bei einer anhaltenden starken Übersäuerung Muskulatur nicht aufgebaut werden, sondern die Muskelmasse verringert sich sogar. Unsere Ernährung stellt sich zumeist mineralstoffarm dar, so dass es dem Körper nicht gelingt, seine Depots wieder aufzufüllen. Werden die Puffersysteme des Körpers über einen langen Zeitraum mit einer zu großen Säurelast überlastet, erschöpfen die Puffersysteme allmählich durch die andauernde Belastung. Unser Körper wird in einem fortlaufenden Prozess geschwächt und Depots entleert. Es entsteht ein mineralstoffarmer und ausgelaugter Körper, was wir dann auch im alltäglichen Leben ebenso wie beim Kampfsport-Training fühlen.

Übersäuertes Bindegewebe

Wenn Säuren nicht mehr abgeben werden können, da eine zu große Säuremenge entstanden ist, dann werden sie unter Verbrauch von Basen gepuffert und verbleiben in einer lagerfähigen Form im Bindegewebe. Das Bindegewebe verliert Wasser, da die Teilchen, die das Wasser binden, nun für den Säureausgleich genutzt werden; es entsteht beispielsweise Cellulitis. Ebenso werden Nährstoffe, die Wasser in den Knorpeln binden und Gelenkmobilität und Schutz ermöglichen, im Prozess bei den Säurebindungen genutzt. In Folge wird Wasser aus den Knorpeln gezogen und die Knorpel verletzungsanfällig. Bei zunehmender Einlagerung verschlackt das Bindegewebe immer mehr, was insbesondere bei einer Überernährung mit Eiweißen auftritt. Das Bindegewebe verliert seine Elastizität, wodurch der Kampfsportler verletzungsanfällig wird, beispielsweise für Zerrungen. Auch verlangsamen die Ablagerungen die Fließfähigkeit des Blutes, woraus eine schlechte Nährstofflieferung zu den Zellen resultiert. Ist das Bindegewebe überlastet, dann werden Säuren auch an anderen Stellen abgelagert.

Schmerzen und rheumatische Beschwerden

Ein Anstieg von eingelagerten Schlacken und Verhärtungen bewirkt eine Reizung der Nervenenden im Muskel- und Bindegewebe. Mit anhaltender Säurebelastung werden immer mehr Schlacken in Sehnen, Muskelgeweben und Gelenken abgelagert und somit deren Funktionen eingeschränkt; es entwickeln sich Schmerzzustände. Auch kann sich Arthritis und Arthrose aus Ablagerungen in Gelenken entwickeln. Eine lange anhaltendende Übersäuerung verursacht einen entzündlichen Körper mit Gelenkbeschwerden. Auch in Nieren, Galle und Blase werden Schlacken gelagert und wachsen dort zu Nieren-, Gallen- beziehungsweise Blasensteinen. Schlacken werden sogar in Blutgefäßen gelagert, weshalb sich die Blutleitfähigkeit durch Verengungen verringert, was zu Bluthochdruck, Herzinfarkt oder Schlaganfall führen kann.

Wie entsteht eine Übersäuerung?

Es gibt zahlreiche Quellen über, die wir dem Körper säurebildende Stoffe zuführen. Die entstehenden Säuren ebenso wie Gifte versucht der Körper zu neutralisieren beziehungsweise auszuscheiden. Die überschüssige Menge wird als Schlacken abgelagert.

Die Lebensmittel lassen sich unterscheiden in sauer, basisch und neutral. Säure entsteht vor allem durch den Verzehr von säurebildenden Nahrungsmitteln wie Fleisch, Wurst, Käse und Getreideprodukten, wobei insbesondere die tierischen Eiweißträger zu einer großen Säurenbildung führen. Frisches Gemüse, Salat und Obst hingegen liefern die notwendigen Basen in Form von basischen

Mineralstoffverbindungen. Oftmals werden zu viele Säurebildner und zu wenig Basenbildner verzehrt. Ein starker Verzehr von Alkohol und Kaffee führt über die vermehrte Wasserausscheidung zu einem Verlust von basischen Mineralstoffen.

Große Anspannung und seelische Belastungen wie Stress, Ärger und Angst führen dazu, dass der Organismus mit einer erhöhten Säurebelastung kämpfen muss.

Leichte Bewegung an der frischen Luft ermöglicht, vermehrt Säure über den Schweiß auszuscheiden. Im Kampfsport hingegen trainieren Sie intensiv, wodurch eine zusätzliche Säurebelastung entsteht.

Die Einnahme von Medikamenten kann eine Übersäuerung des Körpers bewirken. Unterstützen Sie Ihren Körper bei Krankheit mit einer basenhaltigen Ernährung.

Bei einer Diät werden Fettdepots abgebaut, und dabei entwickelt sich Säure als Stoffwechselprodukt. Verhindern Sie während einer Diät eine mögliche Übersäuerung, indem Sie viel Gemüse, Salat und Kräuter essen.

Mit fortschreitendem Alter verringert sich die Fähigkeit des Körpers, Säuren zu neutralisieren und über die Nieren auszuscheiden; außerdem nimmt generell die Säurebelastung zu. Es wird deshalb mit zunehmendem Alter immer wichtiger, auf eine ausgewogene Ernährung zu achten, um die sportliche Leistung erbringen zu können.

Eine starke Belastung des Organismus entwickelt sich durch Vergiftungen wie Rauchen sowie Umweltgifte. Ist eine basenreiche Ernährung sichergestellt und die gesundheitlichen Problematiken sind weiterhin gegeben, dann kann eine Vergiftung durch eine Zahnfüllung der Grund sein und muss abgeklärt werden.

Maßnahmen gegen Übersäuerung

Wenn bei Ihnen Symptome bestehen, die auf eine Übersäuerung hindeuten, dann lohnt es sich, den pH-Wert im Urin für einige Tage zu überprüfen und zu notieren. Als erste Maßnahmen zur Beseitigung einer Übersäuerung gilt es, die Ernährung umzustellen, die Säureausscheidung zu intensivieren und für mehr Regeneration zu sorgen. Beachten Sie, dass der Körper umso mehr Schlacken ausscheiden kann, je höher die Temperatur des Blutes ist. Die Temperatur steigt mit jeder Form von Bewegung, ebenso in der Sonne sowie mit Sauna, Massagen und Baden im warmen Wasser.

Sprechen Sie bei einem bestehenden Krankheitsbild mit Ihrem Arzt über Ihre Vermutung, dass die Beschwerden aus einer Übersäuerung resultieren könnten; einige Ärzte sind aber leider über diese Problematik nicht ausreichend informiert.

Bei gesundheitlichen Problemen, die aus einer latenten Übersäuerung resultieren, sind basenreiche Ernährung sowie regelmäßige Maßnahmen zur Säureausscheidung und Entspannung langfristig auszuführen. Um eine schnelle erste Verbesserung zu erzielen, kann eine Woche Basenfasten helfen; gegebenenfalls ist davor eine Darmsanierung sinnvoll. Auch können Procain-Basen-Infusionen genutzt werden. Außerdem werden Methoden wie Heilfasten und Kuren zur Entsäuerung und Entschlackung des Körpers angeboten, die helfen können, die körperliche Verfassung zu verbessern. Diskutieren Sie solche Möglichkeiten mit Ihrem Arzt oder einem Ernährungsberater. Informationen im Internet finden Sie unter den Stichworten »Basenfasten« und »Darmsanierung«.

- **Ernährungsumstellung**: Damit Sie eine Beschwerdeverbesserung erreichen und solchen Beschwerden vorbeugen können, gilt es, die Ernährung umzustellen. Achten Sie darauf, viele basische Lebensmittel zu verzehren, möglichst viel frisches oder leicht gedünstetes Gemüse sowie Obst und Salate. Außerdem

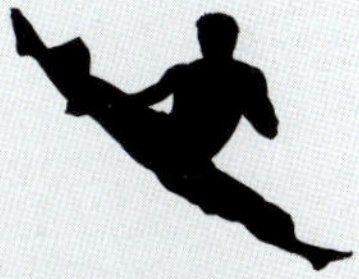

Info

Vorteile einer Säure-Basen-Balance

Wenn Sie eine ausgeglichene Säure-Basen-Bilanz einhalten, dann können Sie bereits nach einigen Tagen erste positive Effekte verspüren:

- Sie werden sich vitaler und kräftiger fühlen.
- Das Allgemeinempfinden wird besser.
- Kreislaufstörungen wie kalte Hände und Füße werden abgebaut.
- Verdauungsstörungen werden weniger.

Halten Sie langfristig Ihre Säure-Basen-Balance ausgeglichen, dann führt dies zu:

- körperlicher und geistiger Leistungsfähigkeit
- geringerer Verletzungsanfälligkeit, z. B. an Muskeln, Sehnen und Bändern
- gutem Schlaf und schneller Regenerationsfähigkeit
- einer kräftigen, geschmeidigen und schmerzfreien Muskulatur
- starker Immunabwehr.

müssen Sie viel Mineralwasser trinken, damit viel Säure über den Urin und den Schweiß abgegeben werden kann. Als Kampfsportler müssen Sie darauf achten, dass Sie den hohen Säuregehalt der eiweißhaltigen Ernährung möglichst bei jeder Mahlzeit ausgleichen. Wenn Ihnen dies zu Beginn noch schwer fällt, dann notieren Sie einige Male, welche Menge Sie an säurebildender Nahrung essen und wie Sie diese mit basischen Nahrungsmitteln ausgleichen. Verzichten Sie auf Genussmittel wie Süßigkeiten, koffeinhaltige Getränke und Alkohol; oder halten Sie diese zumindest gering.

- **Säureausscheidung intensivieren**: Machen Sie leichte sportliche Tätigkeiten an der frischen Luft, auch Spazierengehen und Wandern sind hilfreich, da dies ermöglicht, mehr Säure auszuatmen. Auch ein Sauna-Besuch ist empfehlenswert, da dieser entspannt und ermöglicht, viel Säure über den Schweiß auszuscheiden. Trinken Sie viel Mineralwasser ohne Kohlensäure sowie Frucht- und Gemüsesäfte, was den Körper unterstützt, mehr Säure abzugeben. Auch ein wöchentliches Säurebad kann die Säureausscheidung erhöhen.

- **Entspannung**: Vermeiden Sie möglichst Stress und seelische Anspannung, und nehmen Sie Entspannungsmaßnahmen vor, um Stresshormone und sich daraus entwickelnde Säurebildung zu reduzieren. Nutzen Sie gezielt Möglichkeiten, um von den Belastungen abzuschalten und sich zu regenerieren. Regelmäßige Regenerationstage zumindest einmal pro Woche sind empfehlenswert, wozu auch eine Massage sehr unterstützend wirkt, insbesondere die thailändische Heilmassage Nuat. Außerdem können Sie Entspannungsmethoden nutzen wie Autogenes Training, Progressive Muskelentspannung und meditative Verfahren sowie eine wenig anstrengende Yoga-Methode oder Tai-Chi praktizieren.

- **Basenpräparat**: Für einen stressigen Zeitraum über einige Wochen kann ein Basenpräparat hilfreich sein, das den Ausgleich des Säure-Basen-Verhältnisses unterstützt. Ebenso kann das Präparat beim Essen außer Haus und auf Reisen ergänzend eingesetzt werden, falls Sie die Ernährungszusammenstellung schlecht kontrollieren können. Ein solches Präparat kann allerdings bei der falschen Dosierung zu Magenproblemen führen und auch andere gesundheitliche Probleme hervorrufen. Es darf deshalb nur gemäß Absprache mit dem Arzt eingenommen werden und in einer Dosierung, die Ihren individuellen Anforderungen entspricht. Auch darf ein Säure-Basen-Präparat nicht langfristig eingenommen werden, denn das Ziel muss lauten, den Säure-Basen-Haushalt durch eine gesunde Ernährung mit genügend Basenspendern auszugleichen.

- **Basenfasten**: Beim Basenfasten wird über einen bestimmten Zeitraum, zumeist eine Woche, auf alle sauren Lebensmittel verzichtet. Es werden ausschließlich basenreiche Mahlzeiten eingenommen, viel Mineralwasser und Kräutertee getrunken und besonders auf die seelische Erholung geachtet. Nach einer Woche können sich bereits viele körperlichen Problematiken reduziert haben. Allerdings muss ein Kampfsportler während des Basenfastens auf intensives Training verzichten.
- **Procain-Basen-Infusion**: Bei dieser Methode werden insgesamt 5–10 Infusionen alle 2–7 Tage gemacht, um den Körper zu entsäuern und die Schmerzen zu verringern. Diese Methode ist insbesondere wirksam zur Entsäuerung von Ablagerungen im Gewebe. Die Infusionen sind jedoch teuer, etwa 100 EUR pro Behandlung, und werden nicht von jeder Krankenkasse übernommen.

Kontrolle des pH-Wertes/Bestimmung Säure-Basen-Status

Wenn bei Ihnen körperliche Beschwerden vorliegen, die aus einer Übersäuerung resultieren können, dann empfiehlt es sich, den Urin-pH-Wert zu überprüfen. Auch ein Hautfaltentest ermöglicht eine schnelle Einschätzung. Es hätte hingegen wenig Sinn, den Säurewert im Blut zu testen, da dies aufwendig ist und dessen Säuregehalt nur minimal schwankt.

Für den Urin-pH-Test benötigen Sie ein pH-Indikatorpapier, das Sie in der Apotheke für einen geringen Preis erwerben können. Wählen Sie einen Endlos-Teststreifen auf einem Papierspender, an dessen Hülle sich eine aufgedruckte Farbskala befindet. Sie können den Teststreifen in den Urinstrahl halten oder den Urin in einem Gefäß auffangen und dann kurz den Streifen eintunken. Wichtig ist, dass Sie nicht den Anfangsstrahl nutzen, sondern den Urin nach einigen Sekunden. Der optimale Urin-pH-Wert liegt bei 7,4. Allerdings ist der Urin-pH über den Tag hinweg Schwankungen unterworfen, und deshalb

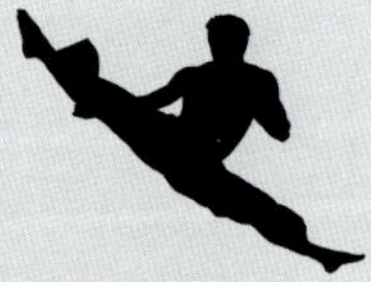

Tipp

Hautfaltentest

Sie können einen schnellen Hautfaltentest ausführen, um eine Einschätzung zu erhalten, ob Ihr Bindegewebe übersäuert ist. Dazu kneifen Sie sich mit zwei Fingern in eine Hautfalte am Handrücken. Wenn die Falte nach dem Loslassen deutlich länger als drei Sekunden zu sehen ist, dann hat das Bindegewebe nicht mehr seine natürliche Spannfähigkeit, was ein Zeichen für eine Übersäuerung sein kann.

sind einzelne Werte wenig aussagekräftig. Morgens ist der pH-Wert auf dem niedrigsten Niveau; er ist sauer und liegt zwischen 5 und 6. Nach den Mahlzeiten steigt der Wert deutlich an, da der Körper verstärkt Basen bereitstellt, um die Säure der Nahrung auszugleichen. Einige Zeit nach einer Mahlzeit fällt er dann wieder etwas ab. Abends vor dem Schlafengehen ist der Urin-pH wieder etwas im sauren Bereich.

Sie können als Test ein Urin-pH-Tagesprofil erstellen. Dazu empfiehlt es sich, über fünf Tage hinweg mehrfach täglich den Urin mit dem Indikatorpapier zu überprüfen. Nehmen Sie im Testzeitraum alle Mahlzeiten und alle Tests zu den gleichen Zeiten vor, damit Schwankungen besser nachvollziehbar werden. Stellen Sie mehrfach große Abweichungen zwischen Ihren Ergebnissen und dem optimalen Wert fest, insbesondere nach den Mahlzeiten, dann sollten Sie sich bewusst basenreich ernähren und erneut testen. Auch kann es in einer anstrengenden Lebens- und Trainingsphase sinnvoll sein, für einige Wochen ein Basenpulver einzunehmen. Sie können später immer wieder einzelne Tests machen und diese mit den Ergebnissen des 5-Tages-Test vergleichen.

	Tag 1	**Tag 2**	**Tag 3**	**Tag 4**	**Tag 5**
Nach dem Aufstehen					
Nach dem Frühstück					
Vor dem Mittagessen					
Nach dem Mittagessen					
Vor dem Abendessen					
Nach dem Abendessen					
Vor dem Schlafengehen					

4. Ernährungsgestaltung

Die Ernährung eines Kampfsportlers muss gesund, basenreich und eiweißhaltig sein. Studieren Sie die Prinzipien der Ernährungsgestaltung und ernähren Sie sich entsprechend. Achten Sie darauf, dass Sie genügend basische Nahrungsmittel essen, denn die meisten Kampfsportler müssen deren Menge erhöhen. Gleichen Sie die tierischen Eiweißträger mit Gemüse, Salat und Obst möglichst in jeder Mahlzeit aus; da der Säuregehalt der tierischen Eiweißprodukte sehr hoch ist, sollte die Säurelast mit mindestens der dreifachen Menge an basenhaltigen Nahrungsmitteln ausgeglichen werden. Wenn Sie sich langfristig ausgeglichen ernähren, dann werden Sie die beste Leistungsfähigkeit abrufen können und aus einer Übersäuerung resultierende Krankheitsbilder vermeiden. Sie fördern damit nicht nur Ihre Karriere im Kampfsport, sondern auch Ihr allgemeines Wohlbefinden. Außerdem ermöglicht die richtige Ernährung, einen Zustand von Übertraining länger zu vermeiden und somit intensiver zu trainieren. Bieten Sie Ihrem Körper die besten Voraussetzungen, um die optimale sportliche Leistung entwickeln und abrufen zu können.

Lebensmittelübersicht

Bei der Einteilung von Lebensmitteln in sauer, neutral und basisch gilt zu beachten, dass nicht einheitlich geklärt ist, zu welchem Zeitpunkt des Umwandlungsprozesses die Nahrungsmittel getestet werden, wodurch sich verschiedene Einteilungen und Wertangaben finden lassen. Es wird oft die Einteilung gemäß dem PRAL-Modell empfohlen, bei dem die potentielle Säurebelastung der Niere gemessen wird. Außerdem ist zu beachten, dass es deutliche Schwankungen bei den Lebensmitteln gibt, da Frische, Sorte und Zubereitung der Lebensmittel den Säure- und Basengehalt umfangreich verändern können. Auch stellt sich die Situation bei jedem Menschen etwas anders dar. Es wird hier deshalb eine Einteilung von oft verzehrten Nahrungsmitteln ohne genaue Werte vorgenommen in: basisch, eher neutral und sauer.

Anmerkungen zur Tabelle

Bei einigen Nahrungsmitteln gibt es keine einheitliche Einteilung. Der Rosenkohl beispielsweise wird gemäß unterschiedlichen Quellen als sauer oder neutral, und selten sogar als basisch eingeteilt. Hier wird die Einteilung so

Info

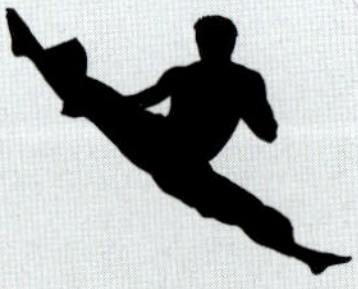

Kaffee und Alkohol

Über Kaffee und alkoholische Getränke gibt es unterschiedliche Meinungen; in sehr geringem Maß sind sie neutral und einige Getränke sogar gering basenbildend. Doch sobald solche Getränke in etwas stärkerem Maße konsumiert werden, müssen sie den Säurebildnern zugeordnet werden, da sie harntreibend wirken, dem Körper also Flüssigkeit entziehen. Dabei werden basische Mineralstoffe ausgeschwemmt und so die Säure-Basen-Balance in den negativen Bereich verschoben. Es ist deshalb empfehlenswert, gleichzeitig zu Kaffee und Alkohol ein mineralstoffhaltiges Wasser zu trinken, was den Mineralstoffverlust und somit den säurebildenden Effekt verringert.

vorgenommen, dass sie den häufigsten Einteilungen entspricht.

- Die 3-zu-1-Regel: Als Kampfsportler müssen Sie viel Eiweiß einnehmen, was Säure bildet und somit mit basischen Nahrungsmitteln ausgeglichen werden muss. Essen Sie möglichst dreimal soviel Gemüse, wie Sie in einer Mahlzeit an tierischen Eiweißträgern verzehren. Dies bedeutet: Wenn Sie ein 150-g-Steak essen, sollten Sie 450 g Gemüse verzehren. Einige Ernährungsberater empfehlen sogar die vierfache Menge an Gemüse.
- Tierische Eiweißträger wie Fleisch, Fisch und Eier sind grundsätzlich säurehaltig.
- Früchte sind basenhaltig; auch aus diesem Grund ist beispielsweise eine Banane oder ein Apfel eine geeignete Zwischenmahlzeit. Zu den reichen Basenträgern werden getrocknete Früchte wie Apriko-

	Basisch	Eher neutral	Sauer
Eier			Hühnerei
Fleisch, Wurst und Fisch			alle
Früchte	alle		
Gemüse, Hülsenfrüchte	Auberginen, Blumenkohl, Brokkoli, Karotten, Kartoffeln, Kohlrabi, Spinat, Zucchini	Grünkohl, Paprika, Rotkohl, Tomaten, Wirsing, Zwiebel, Mais, Artischocken	Rosenkohl, Spargel, Erbsen getrocknet
Getränke	Reine Obstsäfte (ohne Zuckerzusatz), Gemüsesäfte, Mineralwasser ohne Kohlensäure, Kräutertee	grüner Tee, Früchtetee, Trinkwasser, Mineralwasser mit Kohlensäure	Colagetränke, Limonaden, Kaffee, alkoholische Getränke, Getränke mit viel Kohlensäure
Getreideprodukte und Ähnliches, Reis	Sojabrot	Rosinenbrot, Vollkornreis, Vollkornbrot	alle Teigwaren und Nudeln, Brot, besonders Laugengebäck, Reis
Milch, Milchprodukte	Sojadrink, Molke	Joghurt, Sahne, Süßrahmbutter, Buttermilch, Frischmilch	H-Milch, Quark, Käse besonders Schmelzkäse, Parmesan, Scheibletten-käse
Nüsse	Haselnuss, Kokosnuss, Kastanie	Cashewnuss, Pistazie, Mandel, Walnuss	Erdnuss
Pilze	alle, besonders Pfifferlinge		
Salate	alle		
Süßspeisen und Süßigkeiten	Apfelmus, Kompott, Obstsalat, Rote Grütze	Apfelstrudel, Apfelpfannkuchen, Vanillepudding, Fruchteis	Fruchtgummis, Schokolade, Pfannkuchen, Schokopudding, Schokoeis
Fertigspeisen	Auberginen-Gericht, Rahmspinat, Brokkoli-Gericht, Pfifferlinge, Kartoffelbrei, Kartoffelgratin, Bratkartoffel, Gemüsereis		Fertigpizza, Zwiebelkuchen, Nudeln mit Fleischfüllung, Nudeln mit Käsesauce, Nudelauflauf, Maultaschen, Nasi Goreng, Hamburger, Bockwurst, Paella

sen, Feigen und Pflaumen gezählt. Auch die Avocado ist ein guter Basenträger und enthält außerdem wertvolle Fette. Ein Spritzer Zitrone ins Wasser wird von einigen Ernährungsberatern für den Säureabbau empfohlen.

- Gemüse ist zumeist basisch. Getrocknete Erbsen sind allerdings als hoher Eiweißlieferant eher säurebildend. Zum Rosenkohl gibt es unterschiedliche Angaben. Achten Sie darauf, dass Sie frisches, reifes Gemüse und Obst essen, da dieses deutlich mehr Mineralstoffe und Vitamine enthält als Nahrungsmittel aus der Konserve.
- Empfehlenswert als Getränke sind Saftschorlen aus Säften ohne Zuckerzusatz und Mineralwasser mit einem hohen Gehalt an Mineralien und möglichst wenig Kohlensäure sowie Kräutertees, da sie zumindest leicht basisch sind. Cola-Getränke, Limonaden und andere Getränke mit starkem Zuckerzusatz sowie Mineralwasser mit viel Kohlensäure sind hingegen weitestgehend zu meiden, da sie Säure bilden.
- Getreideprodukte wie Brot und Nudeln sind meistens Säureträger. Vollkornprodukte sind bessere Nährstoffträger und deshalb eher als neutral einzustufen.
- Die Milch und Milchprodukte befinden sich im eher neutralen Bereich. Eine Ausnahme stellt Molke dar, die zu den Basenträgern gezählt wird. Joghurts lassen sich als eher neutral einstufen, und Quarks werden zu den Säurebildern gezählt. Käse ist zu den Säureträgern zu zählen: Emmentaler, Parmesan, Scheiblettenkäse, Schmelzkäse und Tilsiter werden sogar als sehr sauer eingestuft.
- Zu den Nüssen gibt es recht unterschiedliche Angaben, wobei die Erdnuss als wenig empfehlenswert und die Mandeln als empfehlenswert eingeschätzt werden.
- Pilze sind eher basisch, solange sie frisch sind und nicht aus einer Konserve stammen.
- Salate sind alle basisch und demnach immer als Beilage oder auch als eigenständige Speise empfehlenswert. Am besten wählen Sie in der Region geerntete Salate.
- Süßspeisen sind normalerweise säurebildende Nahrungsmittel. Wenn diese Speisen allerdings mit Obst in Verbindung stehen, dann können sie neutral oder sogar zu basischen Nahrungsmitteln werden. Süßigkeiten sind zumeist säurehaltig, besonders stark beispielsweise Gummibärchen.
- Wenn Sie oft Fertiggerichte verzehren, dann achten Sie darauf, dass Teigwaren wie Nudelgerichte und Pizzen säurebildend sind; eine Extra-Käse-Pizza sehr stark. Auch Fleischgerichte sind häufig stark säurebildend, da die Beilage an Gemüse recht klein ist und wenige Nährstoffe enthält und außerdem dem Gericht noch Soßen und Teigwarenbeilagen beigefügt sind. Fertige Gemüsegerichte wie Rahmspinat und Kartoffeln können basenhaltig sein; jedoch nicht alle, und auch enthalten sie weniger Mineralstoffe, als wenn Sie das Gericht in gesunder Art und Weise selbst zubereiten.
- Generell sollten Sie darauf achten, die Menge an Kochsalz zu reduzieren, da das Salz die Regulationsfunktion beim Säureausgleich der Nieren negativ belastet.

Empfehlungen zum Ausgleich einer Mahlzeit

Als Kampfsportler benötigen Sie viel Eiweiß und auch eine gewisse Menge Kohlenhydrate, um kraftvoll und leistungsfähig zu sein. Da sich diese Nährstoffe in säurebildenden Nahrungsmitteln befinden, müssen Sie darauf achten, Ihre Ernährung mit Gemüse, Salat und Obst auszugleichen, möglichst in jeder einzelnen Mahlzeit. Wählen Sie oft Sojaprodukte wie Tofu und verzichten Sie möglichst oft auf säurebildende Genussmittel wie

Süßigkeiten. Essen Sie Vollkornprodukte statt Weißmehlprodukte, da diese mehr Nährstoffe enthalten. Als Snacks empfehlen sich Trockenfrüchte sowie Nüsse mit wertvollen Fetten. Es ist hingegen nicht empfehlenswert, den Eiweißkonsum einzuschränken, vielmehr geht es darum, die Nahrung richtig zusammenzustellen.

- Fügen Sie jeder Mahlzeit viel frisches Gemüse, Salat, Obst und Kräuter bei. Essen Sie generell oft Gemüse wie Brokkoli, Blumenkohl und Kartoffeln sowie Trockenobst, da diese Nahrungsmittel gute Basenspender darstellen.
- Nutzen Sie »gute« Fette, wie sich diese in Olivenöl, Mandeln und Avocados befinden.
- Trinken Sie viel Mineralwasser und verzichten Sie möglichst oft auf Getränke mit viel zugefügtem Zucker sowie Alkohol und koffeinhaltige Getränke.
- Verzichten Sie weitestgehend auf Genussmittel und wählen Sie Süßspeisen, die auch viel Obst enthalten. Reduzieren Sie Zucker, Weißmehl, fettes Fleisch, Wurst und Käse.
- Sie können Nahrungsergänzungsmittel wie Magnesium und Kalzium einnehmen, um bei einer Übersäuerung zu verhindern, dass der Körper eigene Depots wie Kalzium aus den Knochen zum Ausgleich nutzt. Auch die Einnahme von kombinierten Mitteln beispielsweise Orthomol Sport bietet sich an, ist aber meist recht teuer. Außerdem können Sie Glutamin ergänzen, um beim Ausgleichen einer Übersäuerung zu verhindern, dass Glutamin aus der Muskulatur genutzt wird, was zu einem Muskelabbau führt.

Allerdings ist der Effekt von Nahrungsergänzungsmitteln strittig, und diese Mittel sollten nur in intensiven Trainingsphasen und stressigen Lebensphasen genutzt werden; im Normalfall soll der Körper über die Ernährung die notwendigen Nährstoffe erhalten.

Längere Leistungsfähigkeit beim Sport

Durch intensive Trainingsbelastung beim Kampfsport- und Fitnesstraining verliert der Körper beim Schwitzen auch eine große Menge an Mineralstoffen (Elektrolyte). Diese sind jedoch wichtig, damit der Körper seine Leistungsfähigkeit aufrechterhalten kann, d. h., dass er unter Belastung gebildete Säuren wie Milchsäuren und Ketosäuren neutralisieren und ausscheiden kann. Sind nicht genügend Mineralstoffe vorhanden, kommt es zu Leistungseinbrüchen, und es können Muskelkrämpfe entstehen. Der Körper übersäuert, wenn er zu viel Flüssigkeits- und Mineralstoffverluste hat. Es wird nicht nur die Leistungsfähigkeit eingeschränkt, sondern es entsteht eine Überlastung des Körpers; die Muskeln und das Bindewebe verspannen sich, und auch die Gefahr für Verletzungen an Sehnen und Bänder erhöht sich. Deshalb sollte dem Körper auch während des Trainings mineralstoffhaltige Flüssigkeit zugeführt werden, insbesondere bei intensivem und langem Training. Mit einer basenreichen Ernährung im Vorfeld von Training und Wettkampf stellen Sie sicher, dass der Körper größere Depots an Mineralstoffen zur Verfügung hat und so seine Leistung länger erbringen kann, wodurch sich auch die Verletzungsgefahr verringert.

Literaturverzeichnis

Delp C.: Funktionelles Hanteltraining, München 2016.

Delp C.: Medizinball-Training, München 2015.

Delp, C.: Perfektes Hanteltraining, 5. Aufl., Stuttgart 2015.

Delp, C.: Dehnen für Kampfsportler, 2. Aufl., Stuttgart 2014.

Delp, C.: Kickboxen Basics, 2. Aufl., Stuttgart 2014.

Delp, C.: Perfektes Training für Bauch und Rücken, Stuttgart 2013.

Delp, C.: Fitness für Kampfsportler, 3. Aufl., Stuttgart 2013.

Delp, C.: Muay Thai DVD – Grundtechniken, 2. Aufl., Lampertheim 2013.

Delp, C.: Muay Thai DVD – Training mit Weltmeistern, Lampertheim 2013.

Delp, C.: Thai-Boxen Training, Stuttgart 2012.

Delp, C.: Das große Fitnessbuch, Stuttgart 2011.

Delp, C.: Thai-Boxen basics, 2. Aufl., Stuttgart 2011.

Delp, C.: Best Stretching. Dehn-Übungen für alle Sportarten, 2. Aufl., Stuttgart 2008.

Kraske, Eva-Maria: Säure-Basen-Balance, 3. Aufl., München 2013.

Verstegen, M.: Jeder Tag zählt, München 2014.

Vormann, Jürgen: Säure-Basen-Balance, 7. Aufl., München 2013.

Internetadressen

www.saeure-basen-ratgeber.de
(Zugriff 18.09.2015)

www.zentrum-der-gesundheit.de
(Zugriff 18.09.2015)

http://www.zentrum-der-gesundheit.de/ueber-saeuerung.html
(Zugriff 18.09.2015)

http://www.eiweisshaltige-lebensmittel.info/liste/
(Zugriff 18.09.2015)

http://gesuender-abnehmen.com/abnehmen/naehrwerttabelle-eier.html
(Zugriff 18.09.2015)

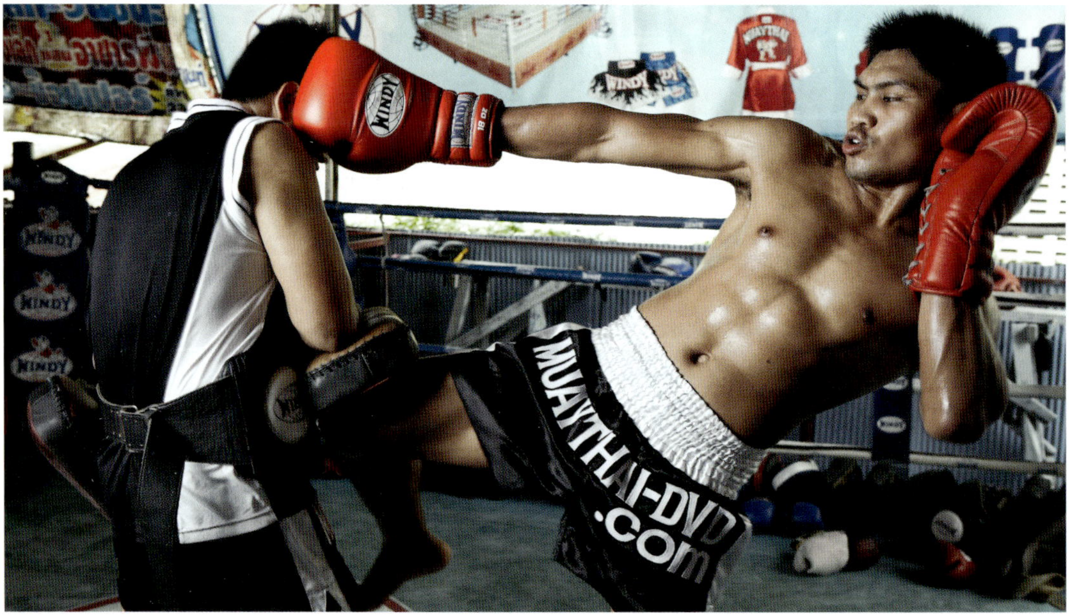

Buchteam

Darsteller

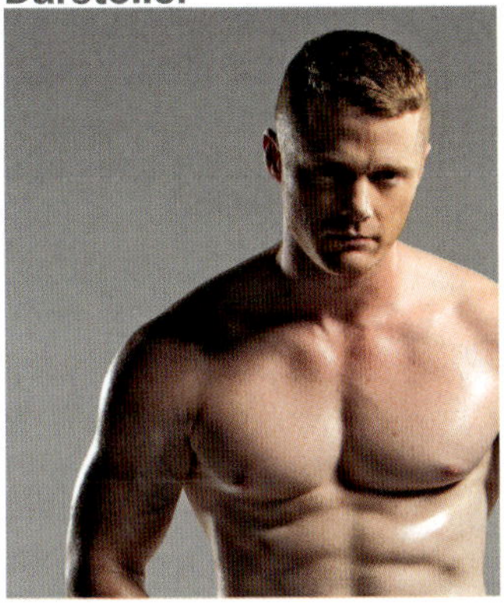

Mark Abbott
Kampfsportler (Taekwondo, MMA)
Fitness Presenter für Reebok und Fitwhey

Darsteller

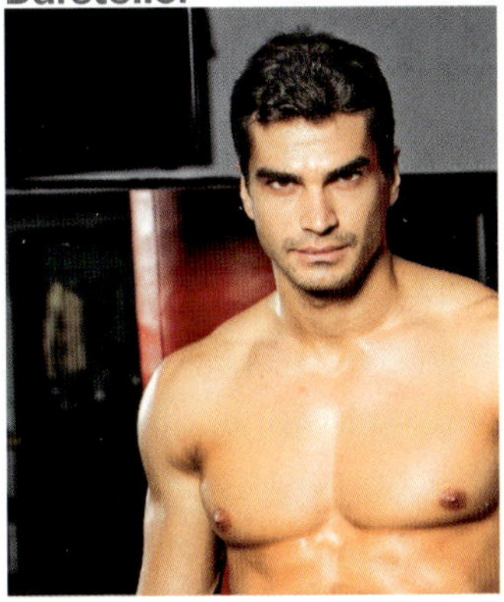

Artem Golubev
Kampfsportler (Muay Thai)
Pro-Fitness Model

Autor

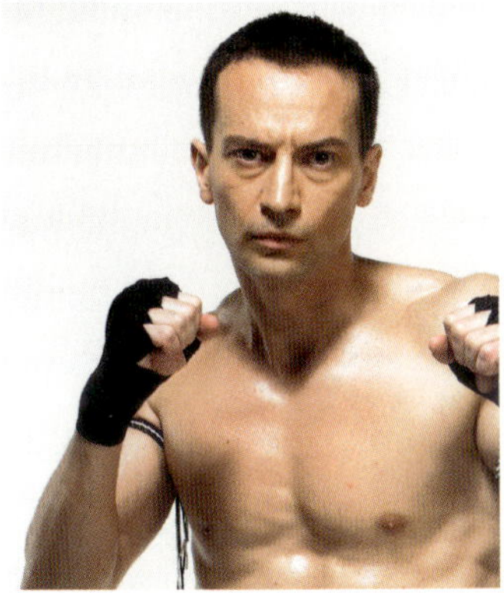

Christoph Delp
(Autor, Trainer und Diplom-Betriebswirt). Trainer für Functional Fitness und Muay Thai (Thai-Boxen) in Bangkok.
Neuste deutschsprachige Publikationen: »Medizinball-Training« (2015), »Dehnen für Kampfsportler« (2014), »Kickboxen Basics« (2014), »Perfektes Training für Bauch und Rücken« (2013), »Fitness für Kampfsportler (2013) «, »Muay Thai DVD – Training mit Weltmeistern« (2013), »Thai-Boxen Training« (2012).
www.christophdelp.de,
www.muaythai-dvd.com,
www.youtube.com/muaythaidvd

Fotograf

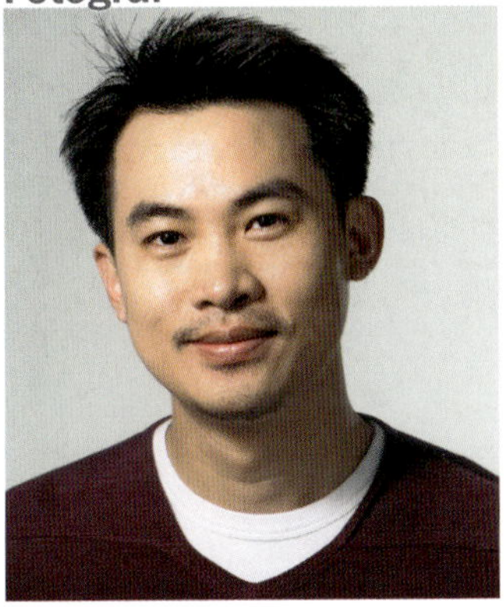

Alle Fotos von
Nopphadol Viwatkamolwat.
www.astudioonline.com

WEITERE INTERESSANTE BÜCHER ZUM THEMA

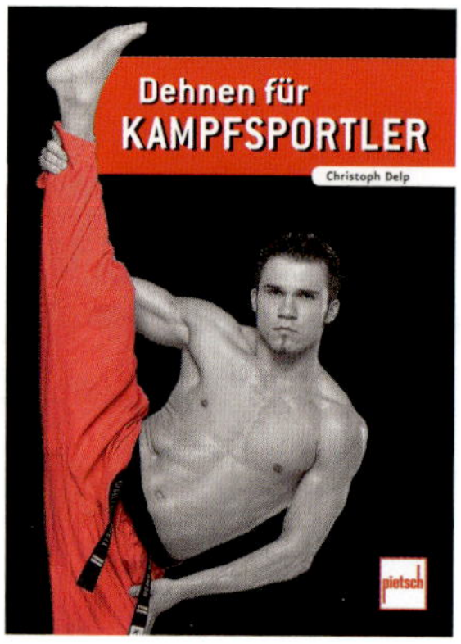

Kampfsportler benötigen ein spezielles Dehntraining, das die Besonderheiten der jeweiligen Disziplin berücksichtigt. Diese werden hier vorgestellt.
128 Seiten, 207 Bilder,
Format 170 x 240 mm
ISBN 978-3-613-50756-2
€ 14,95 / € (A) 15,40

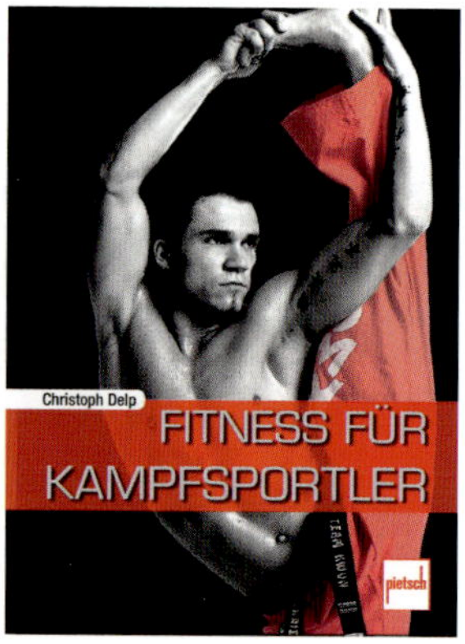

Christoph Delp, Kampfsportler und Trainer, stellt in diesem Buch die effektivsten Übungen zur systematischen Entwicklung aller körperlichen Voraussetzungen vor.
144 Seiten, 240 Bilder,
Format 170 x 240 mm
ISBN 978-3-613-50733-3
€ 14,95 / € (A) 15,40

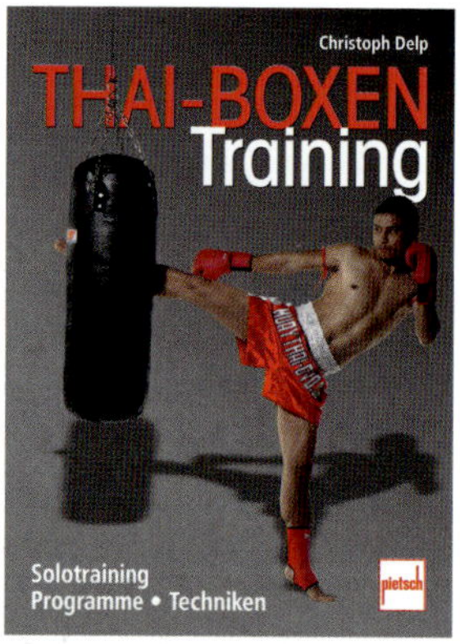

In diesem Buch des renommierten Thai-Box-Experten Christoph Delp erfahren Fitnesssportler, wie sie zuhause optimal selbstständig trainieren. Mit den in diesem Buch beschriebenen Methoden klappt der Schritt zum fortgeschrittenen Thai-Boxer.
160 Seiten, 308 Bilder,
Format 170 x 240 mm
ISBN 978-3-613-50702-9
€ 19,95 / € (A) 20,60

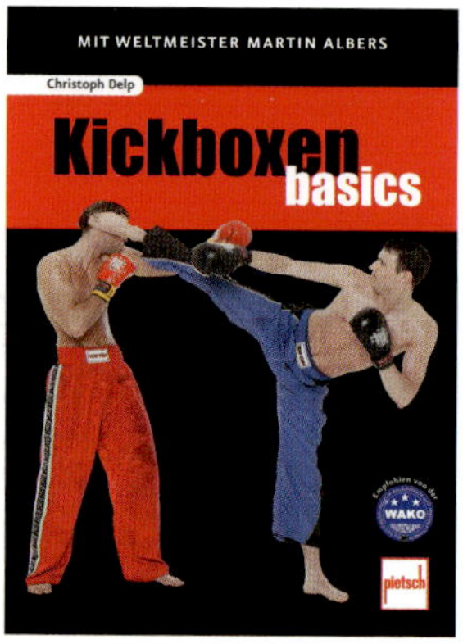

In Zusammenarbeit mit einigen der besten Trainer und Kämpfer des größten Kickboxverbandes WAKO präsentiert Christoph Delp in seinem Buch Training, Technik und Strategie des Kickboxens anhand präziser Fotostrecken und Beschreibungen
176 Seiten, 340 Bilder,
Format 170 x 240 mm
ISBN 978-3-613-50768-5
€ 19,95 / € (A) 20,60